历史中国书系

宋朝原来是这样

醉罢君山——作品

中国出版集团　现代出版社

图书在版编目（CIP）数据

宋朝原来是这样 / 醉罢君山著. -- 北京：现代出版社，2024.12. --（历史中国书系）. -- ISBN 978-7-5231-1098-0

Ⅰ. K244.09

中国国家版本馆CIP数据核字第2024C488P5号

宋朝原来是这样
SONGCHAO YUANLAI SHI ZHEYANG

著　　者	醉罢君山

选题策划	张　霆
责任编辑	袁子茵
责任印制	贾子珍
出版发行	现代出版社
地　　址	北京市安定门外安华里504号
邮政编码	100011
电　　话	010-64267325
传　　真	010-64245264
网　　址	www.1980xd.com
印　　刷	三河市宏盛印务有限公司
开　　本	710mm×1000mm　1/16
印　　张	21.75
字　　数	353千字
版　　次	2024年12月第1版　2024年12月第1次印刷
书　　号	ISBN 978-7-5231-1098-0
定　　价	898.00元（全14册）

版权所有，翻印必究；未经许可，不得转载

目 录

一 / 陈桥兵变：权力的游戏 /001

二 / 拒绝效忠皇帝的节度使 /006

三 / 杯酒释兵权 /012

四 / 大宋帝国的统一之路（上）/019

五 / 大宋帝国的统一之路（下）/025

六 / 斧声烛影：赵匡胤死亡之谜 /033

七 / "金匮之盟"的秘密 /040

八 / 最后一个割据政权的覆亡 /046

九 / 历史遗留问题引发的战争 /052

十 / 杨家将的故事 /059

十一 / 均贫富：哪里有压迫，哪里就有反抗 /067

十二 / 吕端大事不糊涂 /074

十三 / 澶渊之盟的得与失 /079

十四 / 装神弄鬼的宋真宗 /086

十五 / 西夏兴起：从李继迁到李元昊 /091

十六 / 大宋的精神胜利法 /096

十七 / 庆历新政：夭折的改革 /101

十八 / 开封有个"包青天" /106

十九 / 从小兵到统帅：狄青的高光时刻 /110

二十 / 士大夫的黄金时代 /115

二一 / 武力值偏弱，文艺值极高 /121

二二 / 东京梦华录：走向繁荣的经济 /127

二三 / 王安石与熙宁变法（上）/132

二四 / 王安石与熙宁变法（下）/138

二五 / 变法时代的开疆拓土 /145

二六 / 在新法与旧法之间摇摆 /150

二七 / 一流的艺术家，平庸的皇帝 /156

二八 / 方腊起义与水浒英雄 /162

二九 / 联金灭辽：海上之盟始末 /167

三十 / 从盟友到敌人只有一步之遥 /173

三一 / 大宋两个皇帝都当了俘虏 /180

三二 / 南宋在腥风血雨中开国 /186

三三 / 宗泽：挽狂澜于既倒，扶大厦之将倾 /193

三四 / 逃跑也是一种技能 /198

三五 / 金国打出两张牌：刘豫与秦桧 /204

三六 / 吴玠：川蜀的守卫神 /210

三七 / 南宋帝国中兴第一战 /216

三八 / 从战略相持到局部反攻 /221

三九 / 撼山易，撼岳家军难 /228

四十 / 岳飞之死背后的政治考量 /234

四一 / 海战史上以弱胜强的经典战例 /241

四二 / 一介书生如何拯救国家 /247

四三 / 孝宗北伐为什么失败 /252

四四 / 英雄无用武之地 /257

四五 / 南宋时代的党禁党争 /264

四六 / 从理学到心学：宋代儒学之革命 /270

四七 / 北伐失败，韩侂胄赔上一颗脑袋 /275

四八 / 成吉思汗蒙古帝国的崛起 /281

四九 / 政坛不倒翁史弥远 /289

五十 / 南宋与蒙古联手灭了金国 /295

五一 / 大宋双星：孟珙与余玠 /301

五二 / 钓鱼城：攻不破的堡垒 /307

五三 / 末世权臣贾似道 /312

五四 / 襄阳之战：宋亡元兴的大决战 /318

五五 / 临安陷落与南宋灭亡 /328

五六 / 涯山：波涛怒吼，风雨苍茫 /334

大事年表 /342

一 / 陈桥兵变：权力的游戏

城头变幻大王旗，这是乱世的写照。

乱世常有，但大王旗变得如此之快，却是罕见。

大唐帝国灭亡后，偌大的中国四分五裂。在短短的半个世纪里，仅仅中原政权就换了五个，平均每十年时间就完成一次政权交替。我们必须说，这是一个缺乏创意的时代，因为每个政权所使用的国号，无一例外都是历史上曾有过的。为了区别雷同的名称，史学家只好统统加上一个"后"字，因此有了后梁、后唐、后晋、后汉、后周五个中原政权。至于地方割据政权，那就更多了，所谓的"十国"，指的是势力较大、存在时间较长的十个地方割据政权，分别是前蜀、后蜀、吴、南唐、吴越、闽、楚、南汉、南平（荆南）、北汉。一时间，中国大地之上，皇上遍地都是。

万岁爷很多，可惜的是，这些大王命却不长。一万年太久，只争朝夕，过把皇帝瘾就死了。五代的历史，就是一连串的政变史。什么仁义道德法律人权，在这个时候统统失去价值了，剩下来的只是原始的本能，只有征服与被征服，杀人与被杀。

在说宋史之前，先简略说说五代，不略知其事，就不知宋的由来。

907年，朱温篡唐，改国号为大梁，五代史以此为开端。五年后，朱温被儿子朱友珪所杀，弑君者还没坐暖皇帝宝座，便被弟弟朱友贞干掉了。923年，李存勖称帝，国号大唐，灭了后梁。后梁存国仅十七年，共三任皇帝。

后唐开国仅仅三年，唐庄宗李存勖便被叛军所杀，李嗣源继位。李嗣源当了八年皇帝后去世，李从厚继位，很快被李从珂赶下台。936年，河东节度使石敬瑭反，借契丹之兵，灭了后唐，李从珂自焚身亡。后唐存国十四年，共四任皇帝。

石敬瑭在契丹支持下，建立后晋政权，割燕云十六州予契丹。石敬瑭死后，继位的石重贵与契丹翻脸，可是他高估了自己的力量。经过数年苦战，后晋败于契丹之手，石重贵成为阶下之囚，后晋灭亡。后晋存国十一年，共两任皇帝。

契丹人入主中原，改国号为辽。与此同时，后晋河东节度使刘知远自立为帝，号召诸道反契丹。在各地纷起反攻下，辽太宗耶律德光被迫撤出中原。刘知远改国号为大汉，史称后汉，这一年是947年。五代史没有一个皇帝当得久，仅仅一年后，刘知远去世，他的儿子刘承祐继位。在政权频繁更迭的年代里，君与臣之间的信任降至冰点。950年，刘承祐突下重手，连杀大臣，并打算除掉手握重兵的天雄节度使郭威。郭威不得不反，率军反攻开封，刘承祐败亡，后汉仅仅存在四年便灭亡了。

皇帝轮得可真快，这回轮到郭威加冕，改国号为周，史称后周，定都开封，这也是五代史里最后一个中原政权。郭威称帝后四年（954年）去世，其养子柴荣（又称郭荣）继位，他是五代史中出类拔萃的皇帝之一。柴荣在位期间，南征北战，败北汉，征南唐、后蜀，北伐辽国，大有鼎定乾坤之势。可惜的是，他与五代多数皇帝一样短命，在位六年便英年早逝，只活了三十九岁。

皇帝早死对一个国家来说，是不祥的信号，因为继位的小皇帝根本没有能力统御臣下，对野心家来说，此乃篡位夺权的最好机会。

七岁的柴宗训被推上皇帝宝座。说起"皇帝"这两个字，我们总是联想到无上权柄，但对五代时期的皇帝来说，这是一个危险的职业。五十年的时间，光是中原政权就换了十四个皇帝，其中有一半是以发动政变、兵变的形式夺权。皇帝被打倒、被推翻、被赶下台，甚至被杀，都是司空见惯的事。连朱温、李存勖这样的枭雄都栽了跟头，何况一个年仅七岁的小皇帝呢？

开封百姓都以冷漠的心态在猜想着：谁会是下一个皇帝呢？

天很冷，开封城却洋溢着喜庆的气息。

960年的农历大年初一，正是传统的新春佳节，那时称为"正旦"。一大早，文武百官就赶着上朝，向皇帝拜年。这本是君臣间其乐融融的时刻，岂料皇宫外一阵急促的马蹄声，打破了和谐的气氛。

一份边关的加急快报送到小皇帝手中：北方边境定州、镇州两地发现重大敌情，契丹与北汉联手，发兵入侵。

这还了得！要知道节庆之日，往往是守备最松懈的时候，若不果断派兵驰援，后果不堪设想。小皇帝当然不知道要怎么办，宰相范质、王溥等人推荐由帝国名将赵匡胤挂帅出征。此时赵匡胤任殿前都点检，即京城禁军的总头目，同时兼任归德军节度使与检校太尉。

岂料赵匡胤此去，竟是黄袍加身，推倒大周江山，创建起大宋王朝。

其实京城早有流言飘荡："策点检为天子。"这种流言怎么传出来的，谁也不知道。流言是有威力的，有人传，就有人听，就有人窃窃私语。第二天，第一支先锋部队出发了，由殿前副都点检慕容延钊统领，出了开封城。大年初三，赵匡胤亲自率领主力部队出发，晚上抵达开封城东北四十里处的陈桥驿。

契丹人入侵引发的恐慌情绪很快被开封城的寒风所驱散，有赵匡胤这位能征善战的名将亲自出马，北线无忧矣。新春浓浓的喜庆氛围并没有受到影响，可是就在这一晚，在陈桥驿，即将发生一件惊天动地的大事。

一个装神弄鬼的人出现了。

黄昏时分，太阳西沉。禁军部队正忙着安营扎寨，有个人远眺西方，凝望着红红的太阳，忽然开天眼似的说："瞧，日下复有一日，黑光摩荡。"什么意思呢？他看到了两个太阳。当然，除了他谁也没看到。在西沉太阳之下，还有另一个太阳，这意味着什么呢？自古以来，"天无二日，民无二主"乃是一种深入人心的观念，如今天上出现两个太阳这怎么行呢？映射到国家，一个国家怎么能有两位君主呢？

这个人名叫苗训，对天文地理颇有研究，在军中素有名望。观测天象后，他又神秘兮兮地说了一句话："此天命也。"尽管谁也没有看到两个太阳，苗训的话却很快传开了。这个暗示太明显了——要变天了。

于是乎军队开始骚动了，军官们鬼鬼祟祟，士兵们窃窃私语。入夜时分，一批军官与士兵凑到一起，有人提议说："如今主上幼弱，我等拼了老命杀敌，他能知道吗？不如先立点检（赵匡胤）为天子，然后再北征。"这一提议马上得到大家的鼓掌，好，就这么办！于是众人群情激昂，涌向主帅赵匡胤帐前请愿，要拥他为皇帝。

明眼人当然心中有数，大家都是在演戏罢了。这出戏的总导演就是赵匡胤，至于什么天象学家、什么请愿将士，统统都是临时演员罢了。可是戏既然演了，还是要演得逼真点，假戏也要真做。

将士们要把赵匡胤抬出来当皇帝，可是很不巧，赵匡胤醉倒了。他贪杯了，喝多了，醉得不省人事，正酣然入睡呢。

说是不巧，其实很巧。

我醉了，我睡了，你们搞什么兵变，搞什么阴谋，我一概不知。

请愿的将士没见着统帅赵匡胤，只见到他的弟弟赵匡义与军师赵普。大家以专业精神投入演戏中，这些"闹事"的将士慷慨陈词道："军中兄弟们已经决定，要拥立太尉为天子。"太尉就是赵匡胤，他除了是殿前都点检之外，还兼任检校太尉。赵匡义正色批评说：这怎么行，造反的事情，咱们可做不得。将士们据理力争，最后索性把刀枪剑戟等家伙亮出来，你赵匡义不答应，我等就要动用武力了。

营帐外动静很大，喧嚣声震天，赵匡胤却还在"酣睡"。在将士们的"逼宫"下，赵匡义让步了，他对诸将领说："好吧，改朝换代，虽说是天命，实际是人心所向。但你们要答应一件事，各回兵营后要约束好诸军，不得纵容士兵剽掠，只要都城人心安定，国家也会安定的，你们也可保富贵荣华。"

第二天清晨，赵匡胤终于"醒"了，他打了个哈欠，伸了个懒腰。就在这时，听得外面喊声一片。拉开帷幕，只见大帐之外，诸将领率士兵围成一圈，身着铁甲、手执兵刃。几个将军见赵匡胤出来，便径直上前，跪道："诸将无主，愿策太尉为天子。"还没等赵匡胤吭出声来，几个将军便一拥而上，把一件黄袍裹在他身上。此时诸将士齐刷刷地跪下，高呼"万岁"。

这就是所谓的"陈桥兵变""黄袍加身"。

谋反、篡位，这在中国政治里可是大逆不道之事。可是赵匡胤仿佛在整个兵变过程中都置身事外，似乎他是在全然无知的情况下，被无辜地推上前台。不得不说，此人深得厚黑学之精髓，名也捞了，利也捞了，却一副被逼无奈的模样。

戏还没完，我们看看他的演技。只见赵匡胤跺了跺脚，指着众人说："罢罢罢，你们这些人贪图富贵，立我为天子，我不当也不行了。只是我有号令，你们能听从吗？"大家齐呼道："唯命是从。"

这话说得够绝，够经典。不是我贪图富贵，是你们贪图富贵；不是我要兵变,是你们在搞阴谋;不是我要谋反,是被你们胁迫的。

一句话,把所有的罪名,统统推到别人身上了。

既然被拥立为天子,军队自然不向北挺进,而是浩浩荡荡杀回首都。辽军南下入侵的事情怎么办呢?不必担心,根本没有辽军入侵。所谓边关危急的情报,只是糊弄朝廷的幌子,只是这出闹剧里一个必不可少的情节罢了。

这支大周帝国最精锐的部队出门只逛了一天,就打道回府,杀回开封城了。包括宰相范质、王溥等在内的朝中大员不由得头皮发麻,他们知道,出大事了!

这是一次近乎完美的政变,几乎不流血。

但还是流了一点。京城之内,只有一个人企图反抗,此人是侍卫马步军副指挥使韩通。他得知赵匡胤部队兵变的消息后,从皇宫溜了出来,打算率领自己的部众拼死抵抗。但他运气欠佳,路上遇到赵匡胤手下大将王彦升。王彦升策马直追,一直追到韩通家中,把他及其家人全都杀了。

政变的军队包围皇宫,宰相范质、王溥等人被一帮将领押到赵匡胤面前。此时的赵匡胤还要演戏,要向世人昭示自己篡权绝非出于自愿。他呜咽流涕,哽咽道:"我深受先皇厚恩,只是被六军将士所逼迫,不得已才这样做。我深感惭愧,有负天地,我要怎么办?"还是那么无辜,还是那么无奈。

范质还没来得及吭声,只听到赵匡胤身边一位将领手按剑柄,厉声喝道:"我辈无主,今天须得天子。"这一喝,把范质吐到嘴边的话又堵了进去。倒是王溥比较识相,他退下台阶,向赵匡胤跪拜,承认他是新的皇帝。事到如今,范质也不得不跟着下拜。两位当朝权臣都屈服了,小皇帝不想退位也不行了。

很快,一纸禅让诏书下达。小皇帝乖乖交出权力,赵匡胤在众人的拥戴下,入皇宫崇元殿,即皇帝位,改元建隆,改国号为宋,他便是历史上赫赫有名的宋太祖。

第二天,开封百姓睁开睡眼,发现国家的名字改了。"周"已经成为过去,"宋"的历史拉开序幕。

这一年,赵匡胤三十三岁。

二 / 拒绝效忠皇帝的节度使

表面上看，赵匡胤夺取后周政权轻而易举，事实上，他通向权力之峰的路绝非一蹴而就。

我们且来看看赵匡胤早年的奋斗史。

927年，赵匡胤出生于洛阳夹马营，当时是五代中的后唐时代。他的曾祖父、祖父都是大唐帝国的官员，父亲赵弘殷原本是后唐皇帝李存勖手下的将领，他一生绝大多数时间都在五代乱世中度过，直到后周时才去世。

由于出身军人世家，赵匡胤从小就练成一身好武艺。在中国历朝皇帝中，赵匡胤大概算得上是功夫最厉害的人之一。现在武术里面有一套拳法叫"太祖长拳"，据说是他开创的。还有传闻说赵匡胤曾经在少林寺学过功夫，是真是假，现在也说不清了。正史对他的武艺也有所记载，"学骑射，辄出人上"。有一次他骑一匹烈马，脑袋重重撞在门楣上，大家以为他必死无疑，岂知竟一点事也没有，足见功夫确实不错。

948年，时年二十一岁的赵匡胤投奔郭威麾下，开始在军界崛起。作为"军二代"，他自小对兵法韬略烂熟于胸，加上精湛的武艺，很快得到郭威的器重。郭威在951年发动政变，推翻后汉政权，建立后周政权。赵匡胤先后担任滑州副指挥、开封府马直军使等职。

郭威去世后，他的继子柴荣（郭荣）继位。北汉政权乘机联合契丹大举入侵，周世宗柴荣亲自率军与北汉军决战于高平。战役之初，周军出师不利，甚至有些将领在战场上倒戈，投降北汉。在此危急时刻，赵匡胤挺身而出，身先士卒，率自己的骑兵部队勇闯敌阵。在他勇敢精神的激励下，士兵们无不奋力死战，以一当百，终于力挽狂澜，大破北汉军。

高平之战，赵匡胤脱颖而出，这让他赢得了皇帝的赞赏与器重。很快，他被提拔为殿前都虞候，成为禁军高级将领。当时周世宗柴荣深感后周军队建设存在很大弊端，决意改革，精兵简政。这项改革的重任便落在赵匡胤身上，这也给了他展露组织才能的机会，他淘汰老弱之兵，调选天下武艺高强之勇士重组禁军。此后，这支军队南征北战，所向披靡，堪称天下劲旅。

956年，赵匡胤追随周世宗柴荣征讨南唐。

在南唐之战中，赵匡胤仍然光芒四射。他先在水战中大败南唐水师，夺取敌舰五十余艘；紧接着又攻克滁州，生擒南唐将领皇甫晖等。特别在六合之战中，赵匡胤更是创造了令人难以置信的战争奇迹，他以不到两千人的区区之众，打败南唐两万军队的进攻，杀敌五千余人。战后，柴荣擢升他为定国军节度使兼殿前都指挥使。这样，赵匡胤成为禁军的第二号头目，仅次于殿前都点检、郭威的女婿张永德。

对中原政权来说，北方的契丹（辽）一直被视为头号敌人。959年，即周世宗显德六年，一代明君柴荣御驾亲征契丹，从水、陆两路分兵北进，赵匡胤为水路军总指挥。后周军队连战连捷，先后攻下益津关、瓦桥关、淤口关、莫州、瀛州、易州等，收取燕南之地。正当柴荣雄心勃勃欲收复幽州时，却突染重疾，不得不班师回朝。

周世宗柴荣一病不起，在弥留之际，他做出一个重大决定：把禁军一号头目张永德撤职，由赵匡胤出任殿前都点检。

有人认为张永德被撤职，乃是赵匡胤一手策划的阴谋。

据说周世宗柴荣在北伐契丹途中，看到一块木牌，木牌上写有"点检作天子"这几个字，便对张永德产生戒心。依笔者的看法，未必如此。柴荣并非后周开国皇帝的亲生子，而是养子。虽然他改名为郭荣，但在许多人看来，他继承帝业名不正言不顺。柴荣病重时，不得不考虑自己百年之后，他的儿子能否稳坐江山。殿前都点检张永德乃是郭威的女婿，手握重兵，这不得不让柴荣忧心忡忡。而赵匡胤与郭家无渊源，显然柴荣更倾向于把兵权交给他。

纵然柴荣英明一世，有件事还是出乎他的意料。在他死后不到两年，他所信任的赵匡胤居然陈桥兵变、黄袍加身，窃取了柴氏江山。

从二十一岁从军，到三十三岁坐上龙椅，赵匡胤只用了十二年的时间。

这位宋朝的开国皇帝此时年富力强、意气风发，他所发动的兵变夺权，几乎是不流血政变的典范。政变十分顺利，可是搞定了京师，改旗易帜，并不能说大功已告成。分散在全国各地的节度使，手握兵权，他们是否会对新朝廷俯首听命呢？

昭义节度使李筠旗帜鲜明地反对新政权。

李筠乃是后周的一员悍将，他武艺高强，能挽百斤强弓，早在后唐时代便入伍从军，历经后唐、后晋、后汉、后周诸政权。郭威称帝后，提拔李筠为昭义节度使，坐镇潞州（今山西长治）。李筠担任昭义节度使的时间很长，地位相当稳固，是非常有实力的地方诸侯。

赵匡胤政变夺权后，便积极拉拢诸地方势力。在这个"城头变幻大王旗"的年代，大家对政权更迭之迅速早已见怪不怪了，对许多人来说，管他龙椅上坐的是什么人，只要自己的权势不受动摇，又有什么关系呢？于是地方诸侯们纷纷向新的中央政权表示效忠。可是，昭义节度使李筠却没有动静。

宋太祖当然晓得李筠的实力，他主动拉拢，许以高官厚爵。赵匡胤开出的条件够令人心动的，他派使节抵潞州，加封李筠为中书令。

当李筠得知新皇帝的使节抵达时，却拒而不见。这种态度把手下的官员吓坏了，大家望着这位节度使大人，一脸不解：您这不是要跟朝廷对着干吗？说实话，李筠也是过来人，从唐朝灭亡至今，皇帝都不知换多少个了，如今又换一个，何必小题大做呢？大家赶紧纷纷上前劝谏，无奈之下，李筠勉强答应宴请朝廷使节。

酒菜备好了，助兴的乐器也摆上来了，所有人都以为李筠回心转意了。岂料酒宴刚开席，李筠出人意料地令人请出后周开国皇帝郭威的画像，悬挂于厅壁之上。大家觉得不对劲，此时李筠竟然对着郭威的画像号啕大哭起来。无论是在座的宾客还是左右侍从，无不看傻眼，李筠这种态度，不明摆着向皇帝使节示威吗？大家纷纷向使节敬酒赔罪道："我家主公酒喝多了，千万别见怪啊。"

其实李筠之所以不愿意归顺新朝廷，并非仅仅忠于后周，更大的原因，乃是他认为赵匡胤是晚辈，居然爬到自己头上，心有不满。况且赵匡胤授予他中书令之职，表面上是升官，实际是要让他离开潞州前往朝廷赴任，削夺其兵权。这一点，李筠岂有不知之理。

李筠的态度，乐坏了一个人，他就是北汉皇帝刘钧。

几天后，一名来自北汉的使节秘密会见李筠，并带来一封信。这封信乃是刘钧所写，约请李筠共同起兵，对抗新成立的大宋政权。李筠把这封信给儿子李守节过目，遭到儿子的强烈反对。李守节甚至以泪洗面，苦谏父亲莫要对抗中央。李筠哪里听得进去，拂袖而去。

建隆元年（960年）四月，李筠与赵匡胤的战争终于爆发。

昭义节度使李筠敢以一隅之地对抗朝廷，无非仗着有北汉的支持。为了取信北汉皇帝，他起兵后马上把朝廷派到潞州的监军周光逊生擒，押往北汉，并送上一笔巨款，以求北汉的军事援助。与此同时，他又派出一支军队袭取泽州（山西晋城），杀死刺史，占据其城。

对于这场战争，李筠信心十足，在他看来，"吾周朝宿将，与世宗（柴荣）义同兄弟；禁卫之士，皆吾旧人"。他认为只要自己扛起郭威、柴荣的大旗为号召，后周旧将以及禁军官兵势必会倒戈，推翻赵匡胤的政权。

可是李筠的判断完全错了。

赵匡胤对后周旧将恩威并施，官照当甚至还获得提拔，俸禄照领，有几个人想着为后周效忠呢？对于李筠的叛乱，赵匡胤是有充分准备的，当战火燃起时，他马上派大将石守信、高怀德率兵进讨。

李筠虽然得到北汉的援助，并被北汉皇帝刘钧封为西平王，可是很快矛盾就暴露了。北汉与后周是世仇，李筠口口声声自称后周遗臣，令北汉皇帝大为不满；同时，北汉皇帝刘钧派了一名监军到李筠军中，这也引起李筠的不满。这种互不信任严重削弱了双方联合作战的力量。

五月，李筠令儿子李守节镇守上党，自己率领三万多人向南挺进，欲与宋军一决雌雄。但是帝国禁军的战斗力名不虚传，在长平之战中，石守信力挫来势汹汹的潞州兵团。为了迅速平定叛乱，刚刚上台四个月的赵匡胤决定御驾亲征。很快，石守信与高怀德便给皇帝送上一份厚礼，他们在泽州南大破李筠及北汉联军三万余人。

连吃败仗后，李筠只得龟缩在泽州，婴城固守。

六月，宋太祖赵匡胤抵达泽州，亲自坐镇前线，指挥攻城。泽州的抵抗还是很顽强的，十几天过去了，城池仍然未被攻克。赵匡胤召将领马全义询问攻城之计，马全义自告奋勇，率领一支敢死队攻城。这支敢死队以一往无前的精神奋力登城，马全义更是身先士卒，在战斗过程中，他的手臂挨了一箭，他忍痛将箭杆拔出，不下火线，继续战斗。敢死队终于登上城墙，赵匡胤投入亲兵部队跟进，守军终于抵挡不住。

泽州终于陷落。李筠不愿成为宋军的俘虏，他在城池陷落后，自焚身亡。这位昭义节度使从起兵到败亡，不到两个月的时间。

攻克泽州后，宋军马不停蹄，进攻潞州。李筠的儿子李守节献城投降，由于他早先反对父亲造反，因而宋太祖格外开恩，赦免其死罪。

在李筠叛乱的同时，有一个人也蠢蠢欲动，他就是淮南节度使李重进。

在诸节度使中，李重进身份是比较特殊的。他是后周太祖郭威的外甥，也是战功赫赫的将领。在柴荣统治时期，他与张永德、赵匡胤等人分掌兵权。后周禁军有两大系统，一为殿前司，张永德为殿前都点检，赵匡胤为殿前都指挥使；二为侍卫司，李重进为侍卫马步军都指挥使。柴荣临死前，把张永德撤职，提拔赵匡胤为殿前都点检。可以说，后周帝国的兵权就掌握在赵匡胤与李重进两人手中。

柴荣死后，朝廷授李重进检校太尉，改淮南节度使，出镇扬州。不久后，赵匡胤黄袍加身，篡位夺权，而后削去李重进侍卫马步军都指挥使之职。李重进大惊失色，当即上表，请求进京面圣。赵匡胤担心他入京后号召旧部造反，遂拒绝其请求。李重进琢磨不透赵匡胤的内心，时不时寒意袭来，无所适从。

恰好这个时候，李筠起兵反宋，李重进反复盘算，决心与李筠联合。他派心腹翟守珣走小路到泽州，与李筠商谈联合的事宜。可是李重进忘了一件事，半个世纪的混乱，早已让忠诚的观念不值钱了。翟守珣一路奔往泽州，到那儿一瞧，泽州已被宋军围困，危在旦夕。他脑袋瓜一转，没去见李筠，而是跑去见宋太祖赵匡胤。干什么呢？告密！把李重进的阴谋和盘托出。

赵匡胤不愧是见过大世面的人，并没有惊慌。试想想，李重进连最信任的心腹都背叛他，他能掀得起狂风骇浪吗？宋太祖对翟守珣重重有赏，让他速速返回扬州，游说李重进暂缓起兵，以免政府军陷入两面作战的困境。

翟守珣回到扬州后，编了一套故事忽悠李重进，要点就是说，现在不能轻举妄动。李重进焉能想到自己已经被出卖了，他听信翟守珣的话，采取暂时观望的态度。这一观望，错失了起兵的最佳时机。

平定李筠之乱后，宋太祖并没有直接攻打李重进，毕竟到现在为止，他还没有谋反。可是绝对不能让他继续在扬州坐大，朝廷一纸令下，把李重进由淮南节度使调为平卢节度使。李重进担心一旦离开老巢，就会遭到赵匡胤的毒手。为了让李重进安心，赵匡胤特赐免死铁券，以表立场。

李重进仍然不放心，因为他身份特殊，乃是周室近亲，郭威的外甥，而且有兵权。像他这样的人，岂不是新皇帝的眼中钉、肉中刺吗？一道免死铁券，难道真能保全性命吗？显然，李重进更愿意拼死反击，而非把命运交到别人手中。他拒绝朝廷的调令，待在自己的地盘，修缮城池，积极备战，并向南唐求援。南唐早已没实力与大宋抗衡，哪里敢出兵相助，一口回绝李重进的请求。

既然李重进造反已是事实，赵匡胤就不客气了。

建隆元年（960年）十月，赵匡胤派石守信、王审琦、李处耘等将领，率领精锐禁军部队讨伐李重进。谋臣赵普指出："李重进凭恃长淮，缮修孤垒，外绝救援，内乏资粮，宜速取之。"为了迅速打垮李重进，赵匡胤下诏亲征，从开封乘舟顺流而下，直抵扬州。

在皇帝亲征的鼓舞下，前线官兵更是奋勇作战，终于一鼓作气攻破扬州。李重进的结局与李筠类似，但更凄惨，在城陷时，他纵火自焚——不仅是他一个人，还包括他的家人，都在灼热的火焰下化为灰烬。

李筠与李重进先后败亡，新兴的大宋政权顶住了考验，帝国局势暂得安定。可是，对深谋远虑的赵匡胤来说，危险无时无刻不存在。一批旧军阀倒下了，一批新军阀又兴起，皇帝的龙椅随时可能被踢翻。该怎么办呢？

三 / 杯酒释兵权

赵匡胤在担心什么呢？

他没理由不担心。自五代以来，没有一个皇帝能长期稳坐龙椅，短短半个世纪的时间，仅中原就换了十几个皇帝，平均每个皇帝当不到四年，比现代美国总统任期还短。在这些皇帝中，不乏雄才伟略之人，比如后唐李存勖便是个英雄人物，还是死于非命。谋杀、政变、叛乱交织为一幕幕血腥的政治史，对此，赵匡胤心里比谁都清楚。他一直在反思，那些死于非命的皇帝，究竟犯了什么致命的错误呢？

一个人，无论如何才华盖世，也不可能单枪匹马夺取天下，他需要盟友与支持者。这一点，赵匡胤早就心中有数。自从他投军以来，便想方设法拉拢一批人，团结在他周围。他甚至采用拜把兄弟的方式，与九人结为生死弟兄，这九人分别是石守信、王审琦、韩重赟、杨光义、李继勋、刘庆义、刘守忠、刘廷让、王政忠。这十个拜把兄弟又称为"义社十兄弟"，其中石守信、王审琦、韩重赟等人都参与了陈桥兵变，成为大宋帝国的开国功臣。除了义社十兄弟之外，赵匡胤在禁军中的亲信还包括慕容延钊、韩令坤、高怀德、赵彦徽、张令铎等人。

没有殿前禁卫军的支持，赵匡胤就不可能当上天子。坐上龙椅后，赵匡胤把殿前禁卫军副都点检慕容延钊提拔为都点检，将另一支禁军侍卫军的一号人物李重进挤掉，由韩令坤出任侍卫马步军都指挥使。

对于禁军在政治中举足轻重的地位，赵匡胤比谁都清楚。他们的实力足以左右政局，甚至可以再度发动政变夺权。慕容延钊与韩令坤虽是宋太祖的亲信，终究比不上结义兄弟亲。为了稳坐江山，赵匡胤对亲信也不能不防。

建隆二年（961年），鉴于李筠、李重进的叛乱都已镇压，国势初定，宋太祖赵匡胤着手削弱大将们的兵权。他罢免慕容延钊殿前都点检之职，改任山南东道节度使；罢免韩令坤侍卫马步军都指挥使之职，改任成德节度使。从此之后，殿前都点检一职不再设，而侍卫马步军都指挥使则由结义兄弟石守信担任。

此时殿前、侍卫两支禁卫军的重要头目如下：殿前副都点检高怀德、殿前都指挥使王审琦、殿前都虞候赵匡义、侍卫马步军都指挥使石守信、马步军都虞候张令铎、马军都指挥使张光翰、步军都指挥使赵彦徽。

在这些重要头目里，石守信与王审琦是赵匡胤的结义兄弟，赵匡义是亲兄弟，其他将领虽无结义，却也都是故交，情同兄弟。把禁军交给这帮兄弟，赵匡胤心里放心，只要禁军内部不动摇，其他人就难以窥视皇帝宝座。

史书上说，宋太祖"器度豁如"，确实如此。他从军队底层干起，一直到成为皇帝，若没有宽广的胸襟，就不可能让那么多人团结在他周围。甚至可以说，赵匡胤身上有着某种江湖义气，江湖义气最讲究兄弟之情，他对这些出生入死的兄弟是信得过的。

有一个人却不这样认为，他就是赵普。

赵普是宋代名臣，以"半部《论语》治天下"而闻名于世，也是赵匡胤手下的重要谋士。大宋开国后，赵普升迁为右谏议大夫兼枢密直学士，后又升为兵部侍郎兼枢密副使。

平定李筠、李重进叛乱后，宋太祖赵匡胤对大宋帝国的未来忧心忡忡，便召赵普问道："自唐末以来几十年时间里，帝王之家换了八个姓，混战不停，百姓流离失所，这原因何在呢？我想要平息这些混乱，使国家能长治久安，不知有何良策呢？"

赵普答道："陛下能想到这些事，真是天地人神之福。国家陷入混乱，没有别的原因，就是因为藩镇的权力太大，致使君弱臣强。若要彻底解决这些问题，只能夺藩镇之权，控制其钱粮，收其精兵，把财政、军权控制在朝廷手里，天下从此安定矣。"

宋太祖听完后，若有所思。

赵普是话中有话，矛头直接对准那些手握重兵的大将。自从石守信、王审琦分领侍卫、殿前禁军后，他们不仅是皇帝的结拜兄弟，也是开国元勋，战功赫赫，在平定二李之乱中起到重要作用，在禁军中的地位稳若泰山。在此之前，赵普就多次进言，劝宋太祖把石守信、王审琦等人调离禁军，另授他职，赵匡胤并没有听进去。

这次，赵普又旧话重提。皇帝不以为然地说："石守信、王审琦等人，我最了解，他们必定不会背叛我，你又何必操心这个呢？"

赵普回答道："臣也不担心他们造反。只是以我的观察，石守信、王审琦等人都没有统御之才，恐怕难以制服他们的部下。万一部下想造反，他们也会身不由己的。"

这个回答太巧妙了。

赵普果然老谋深算，甚至可以说老奸巨猾。

劝谏皇帝是一门学问，说得太轻没效果，说得太过适得其反，有些话不能直接说，却又不能不说，这些都要有技巧。赵普说这句话，令皇帝赵匡胤如梦初醒，为什么呢？当年陈桥兵变时，赵匡胤不是以受部下挟持为幌子，"不得不"当皇帝吗？这是他篡权的遮羞布，赵普当然不能去揭这块遮羞布，不然就犯忌了。可是赵普很聪明，他顺着皇帝的意思说话：当年您是被禁军胁迫当了皇帝，倘若现今禁军将领用同样的手段胁迫石守信、王审琦等人当皇帝呢？在这种情况下，谁能保证他们的忠诚呢？

这是语言的艺术。皇帝说兄弟们可信任，不会反叛，倘若赵普非说他们会反叛，那不仅会触怒皇帝，也会得罪石守信、王审琦这些大将，岂非吃不了兜着走吗？他拐弯抹角，既不得罪皇帝，也不得罪大将们，但他的话却如一把飞刀，刺向皇帝内心最脆弱的地方。赵匡胤听后毛骨悚然。

经过几天内心的挣扎，赵匡胤终于铁了一条心，必须剥夺这些弟兄的兵权。怎么夺呢？以皇帝的权威，当然有很多方法。比如说刘邦的办法，兔死狗烹，把功臣一一剪除，一黑到底。这种手段太黑了，若能和平解决，不伤兄弟情面，那才是最好的办法。赵匡胤不愧是权谋大师，他搜肠刮肚，想到了一个绝妙的办法。

这一天，赵匡胤在皇宫设宴，宴请石守信、王审琦等禁军高级将领。虽说现在有君臣之别，但兄弟情分尚在，喝起酒来，其乐融融。喝到酒酣时，赵匡胤吩咐左右退下，只留下他与座上嘉宾。

这时，赵匡胤忽然长叹了一口气。石守信等人一见，怎么回事呢？便斗胆问道:"陛下为何叹气呢?"

赵匡胤又"唉"了一声,缓缓说道:"我若不是依靠在座诸位,今天岂能坐在天子的宝座上。说实话,天子也不好当啊,还不如当个节度使快乐呢!我从早到晚,没有一刻能高枕无忧啊。"

听到这话,石守信等人面面相觑,不知发生了什么事,便细问其故。

赵匡胤装作半醉半醒的样子,叹道:"你们问这是为何,其实并不难知,谁不想坐我这个位置啊。"

石守信等人一听,不由得心里一惊,个个赶忙辞座下跪叩首道:"陛下何出此言?如今天下已定,谁敢复有异心?"

宋太祖并不看他们一眼,只是默默举起酒杯,把酒一饮而尽,黯然神伤道:

"我知道在座各位不会有异心,可是假若你们部下有人贪图富贵,若有一天把黄袍披在你们身上,你们就算想不干,又怎么做得到!"

轻轻的几句话,在石守信等人听来,却如五雷轰顶。皇帝这不是暗示他们会谋反吗?此刻他们一定深深体会到一句传统名言所包含的真理:伴君如伴虎。被皇帝怀疑,那是百口莫辩之事,古往今来,因为被皇帝怀疑而遭杀身之祸的人有多少!

石守信等人魂飞魄散,长跪不起,顿首流泪道:"我等虽然愚昧,却断断做不出这等事。望陛下开恩,给我等指示一条活路吧。"

赵匡胤动容道:"唉,人生短暂,如白驹过隙。人人都想要富贵,无非是为了多积累金钱,可享受欢愉,也让子孙后代不至于贫困。各位何不释去兵权,到地方去,多购置些良田大宅,也好为子孙留一份产业。同时也可以多置些歌女舞女,每天可饮酒相欢,以终其天年。我与各位结为亲家,从此君臣之间,两无相猜,上下相安,这样岂不是很好吗?"

这些禁卫军首领都不是傻子,一下子就全明白了。他们的权势太大,皇帝不放心了。说实话,皇帝能这样把心里话讲出来,也确实是把他们当作自家兄弟,总比背后找借口——灭口强吧。谁也没有据理反驳,只是叩头谢恩。

酒席散了。望着石守信等人的背影,宋太祖赵匡胤内心惴惴不安。这次摊牌的结果会怎样?他们会自动放弃兵权吗?或者明天他们将率领禁卫军杀向皇宫?这一夜注定很漫长,这一夜皇帝注定难眠。

不仅赵匡胤彻夜难眠，石守信、王审琦等人也一样。在此之前，他们当赵匡胤是带头大哥，亲密无间，可是这一天，他们领略到什么叫天威难测。

第二天，太阳照常升起，红霞映天。

皇城一如往昔，没有任何异动。到了上朝时间，石守信、高怀德、王审琦、张令铎、赵彦斌等人陆续来了，纷纷递交辞呈，称身体有疾，要求自行解除兵权。这可把朝中众臣给搞蒙了，这些人可都是皇帝的亲信与爱将啊。赵普脸上露出一丝不易察觉的微笑，赵匡胤却喜怒不形于色，当即批准辞呈，并下令重赏这几名将领。

一杯酒，就解去大将们的兵权，赵匡胤果然老谋深算。皇帝是最大的赢家，从此，赵匡胤可高枕无忧了。

赵普也是赢家，从此，文臣地位在武将之上了。

石守信被任命为天平节度使，高怀德为归德节度使，王审琦为忠正节度使，张令铎为镇宁节度使，皆罢军职。由于石守信与宋太祖关系密切且屡建战功，皇帝还是特别照顾他的面子，保留了侍卫马步军都指挥使一职，但也不过挂名罢了，不再过问禁军事宜。一年后，这虚职也被解除，石守信的名字彻底从禁军名单中删除了。

这些宿将离开后，如何预防新禁军将领兵权过重呢？赵匡胤对禁军实施了一系列改革，目的在于限制禁军首领的权力，将兵权牢牢握在皇帝手中。

宋朝开国时，禁军有两大系统：殿前司与侍卫司。先说说殿前司系统。杯酒释兵权前，殿前都点检一职已不设，杯酒释兵权后，殿前副点检一职也被取消，重要职位只剩下殿前都指挥使、殿前都虞候。再来看看侍卫司系统。在石守信之后，侍卫马步军都指挥使一职也被撤销。侍卫司被一分为二，分别是侍卫马军司与侍卫步军司。经过这一番调整后，禁军变为三大系统，兵权更分散了，特别是新上任的将领，在禁军的威望及影响力，完全不能与石守信、高怀德、王审琦这些开国功勋相提并论。

赵匡胤是凭借禁军的力量才登上皇帝宝座，他不能让历史重演，不能让其他人利用禁军来威胁其皇冠。

五代以来多政变，其原因就在于皇帝没有绝对的兵权。赵匡胤在赵普的协助下，恩威并施，果断收回兵权，这是宋朝得以长命的一大原因。赵匡胤在"杯酒释兵权"后，信守承诺，与这些卸职的将领结为亲家。宋太祖长女昭庆公主嫁给王审琦之子，次女延庆公主嫁给石守信之子，妹妹燕国长公主嫁给高怀德，弟弟赵匡美娶了张令铎的女儿。

除了抑制禁军首领专权之外，宋太祖也采取种种手段削夺地方节度使的权力。

自唐朝藩镇之乱以来，地方节度使往往拥兵自重，动辄以武力对抗中央朝廷，成尾大不掉之势。赵匡胤收回禁军兵权后，很快把矛头对准手握重兵的地方节度使，于是又上演了另一出"杯酒释兵权"。当王彦超、武行德、郭从义、白重赞、杨廷璋等节度使入朝时，皇帝在皇宫后花园摆下酒宴款待。待到酒酣时，赵匡胤便说道："卿等皆国家宿旧，久临剧镇，王事鞅掌，殊非朕所以优贤之意。"意思就是说，诸卿都是国家旧臣，长期待在政务繁剧的藩镇，职事纷扰繁忙，这不是朕优待礼遇贤臣的本意。王彦超政治觉悟高，一听就明白皇帝的意思，赶紧跪禀道："臣等本无勋劳，久冒荣宠，今已衰朽，愿乞骸骨，归息田园。"偏偏武行德等人是赳赳武夫，没听出皇帝的弦外之音，反而大谈往日的战功。赵匡胤听罢十分恼怒，冷冷地说："这都是前朝的事了，不值得再提。"次日，武行德等人都被罢除兵权，改授闲职，只有政治觉悟高的王彦超仍保留节度使之职。

宋太祖收回藩镇之权是有一个过程的。他依赵普之计，凡遇到地方节度使去世、调任或告老退休，便改用文官代替其职。从晚唐到五代，节度使威权甚重，往往统辖数州之地，集军、政、财诸大权于一身。为了解决这个问题，宋太祖下达诏令，诸节度使除了直辖州郡外，其余所管辖的州郡一概由中央接管，由朝廷直接派官员赴任。另外，宋太祖还将地方的财政权、司法权等收归中央。

削弱藩镇的兵权及势力，加强中央集权，这就是所谓的"强干弱枝"的政策。应该说，赵匡胤的政策是比较高明的，也是比较温和的。自唐代安史之乱后，历代中央政权都试图收回藩镇之兵权，无一不以失败而告终，因而形成朝廷与藩镇之间长期紧张对立局面，君臣之间很难建立一种互信。赵匡胤的成功之处，是在削夺军阀兵权的同时，给予优厚的补偿，并没有采取过河拆桥的手段，更没有兔死狗烹的血腥杀戮。

"杯酒释兵权"对宋朝历史产生极为深远的影响,《宋史》对此的评价是:"艺祖革命,首用文吏而夺武臣之权,宋之尚文,端本乎此。"防范武将兵权过重,成为宋朝一项长期基本国策,因而大宋三百年,尽管外患比较多,但国家内部相对来说是比较稳定的,中央的权力是比较强有力的。

但是有得也有失,对武将的压制,大大滋长大宋帝国重文轻武的倾向,缺少汉、唐时代开疆拓土、布国威于万里的慷慨豪迈精神,对外战争乏善可陈,这是其负面作用。以更长远的眼光看,三百年的宋朝史是汉民族性格的一个转折点,由尚武强悍转向崇文温和。

四 / 大宋帝国的统一之路（上）

中国向来有大一统的观念，对赵匡胤来说，摆在大宋帝国面前的一项艰巨任务，就是如何一统中国。

当时中国境内还分布着许多地方割据政权，北方有北汉，南方有南唐、吴越、后蜀、楚、南汉、南平等，有的称帝，有的称王，有的称节度使，各据一方，拥兵自重。在这些割据政权中，北汉威胁最大。北汉国家面积虽不大，但有契丹人撑腰，并不容易对付。宋太祖赵匡胤与赵普商量之后，决定先对南方用兵。

建隆三年（962年）十月，割据湖南的武平节度使周行逢病逝，把军政大权交给十一岁的儿子周保权。衡州刺史张文表闻讯勃然大怒，他与周行逢乃是老战友，曾经一起出生入死。张文表认为节度使之职，非自己莫属，岂能听一个小毛孩使唤呢？

张文表起兵反叛，挥师攻入潭州（湖南长沙）。周保权当即派遣大军讨伐叛军，并向荆南节度使高保勖紧急求援。不料割据荆南的高保勖刚好病逝，他的侄儿高继冲继承其位。

湖南、荆南的节度使先后去世，对赵匡胤来说，是扫平这两大割据势力的大好时机。

建隆四年（963年），宋太祖以慕容延钊为统帅，以枢密副使李处耘为都监，打着救援湖南的旗号，出兵讨伐张文表。

醉翁之意不在酒。

赵匡胤的真正目的，在于乘机夺取荆南与湖南。他派卢怀忠出使荆南，表面上是外交，实则是刺探荆南的虚实。卢怀忠从荆南回来后，向宋太祖报告："高继冲麾下控弦之士只有三万人，荆南谷物收成尚好，但官吏横征暴敛，百姓穷困，其势力已经一天不如一天了，取荆南易如反掌。"

这个情报相当重要，促使赵匡胤下定收取荆南的决心。如何以最小的代价获得最大成果呢？赵匡胤不愧是名将出身，他想起三十六计的"假道伐虢"，便提出自己的战略设想：政府军以平定张文表之乱为由，向荆南借道通行，乘机夺取荆南。

皇帝把密令传达给在前线督战的枢密副使李处耘，李处耘马上派人前往荆南，向新节度使高继冲提出借道通行的要求。高继冲刚刚上台，年龄比较小，政治经验不足，把军政大事都委托给孙光宪、梁廷嗣等人。对于宋朝军队借道通行的要求，荆南内部有不同看法。

孙光宪认为赵宋兴起，有一统天下的志向，不如早日归降朝廷，不仅可避免战祸，也可保全荣华富贵。然而，孙光宪的主张遭到军方将领的强烈反对，这让高继冲犹豫不决。高继冲只得先派遣心腹梁廷嗣以犒师为名，前去打探宋军的真实意图。李处耘热情接待梁廷嗣，并信誓旦旦地保证宋军只是借道而已。

然而，"兵者诡道也"，李处耘只是忽悠梁廷嗣罢了。李处耘趁荆南无备，亲率数千精锐骑兵为先锋，夤夜疾行，第二天出其不意地出现在江陵城外。高继冲大惊失色，只得惶恐不安地出城相迎。其实李处耘只是打心理战，否则以他区区数千人，怎么攻得下江陵城呢？高继冲自投罗网，李处耘留下一批部队看守，等待主力部队的到来，自己则率其他人马入江陵城。眼看自己的首领被绑架了，江陵守军岂敢轻举妄动，只得乖乖投降。

无可奈何的高继冲只得宣布，荆南三州十七县全部归顺大宋帝国。就这样，李处耘以自己的智慧与狡诈，兵不血刃地平定荆南，为大宋一统中国立下殊功。

在李处耘智取荆南的同时，割据湖南的周保权政权平定了张文表之乱。当初宋军是打着救援湖南的旗号，如今张文表之乱既平，但宋军并没有退师的迹象。慕容延钊、李处耘调兵遣将，进逼湖南。

周保权忧心忡忡，召判官李观象商讨对策。李观象直言：宋师以平乱为名出兵，实则要尽取湖湘之地。荆南已灭，湖南也难以独存，不如趁早归顺朝廷。这种投降言论同样遭到军方强硬派的强烈反对，无奈之下，周保权最后决定以武力抗拒宋师。

宋太祖赵匡胤派出特使抵达朗州，告诉周保权："我派遣大军拯救你等于危难之中，为何反而要抗拒王师？这岂非自取灭亡吗？"这话说得实在够厚黑，张文表从叛乱到灭亡，一个宋朝士兵都还未在前线露过脸呢。但是没关系，欲加之罪，何患无辞！明摆着俺横竖是要夺你地盘。

周保权当然不肯答应，宋太祖指示慕容延钊、李处耘，即刻发兵攻打湖南。湖南军陈兵于三江口，与宋师大战一场。慕容延钊挟平定荆南之威，兵多将广，士气如虹，一举大破敌军，攻占岳州。

此时湖南境内，已是风声鹤唳，人心惶惶。

慕容延钊乘机发动攻势，湖南军根本不是对手。周保权落荒而逃，躲进一处僧舍中。李处耘派军队展开拉网式搜捕，终于发现周保权的藏身之所，将他押回大营。周保权被俘，意味着湖南战事的结束。湖南十四州、六十六县悉数并入大宋帝国。

以前有光武帝刘秀"得陇望蜀"的故事，对宋太祖赵匡胤来说，则是得荆湖而望蜀。后蜀是盘踞西南的一大地方政权，934年由孟知祥所建立。孟知祥去世后，其子孟昶继位。蜀地天府之国，宋太祖自然垂涎欲滴，早有夺取之心。荆南、湖南平定后，宋太祖把精明能干的张晖调任为凤州（陕西凤县东北）团练使，目的是收集后蜀的军事情报。

张晖不负所望，通过种种手段，把后蜀的山川地势险易摸得一清二楚，他把情报上交朝廷，并写了一纸密奏，细述攻取后蜀的战略方针。

对于大宋帝国的野心，后蜀当然也是心知肚明。

后蜀宰相李昊预感大宋统一中国的趋势不可阻挡，他对皇帝孟昶说："依我的观察，宋与前代汉（指后汉）、周（指后周）不同，天下乱了这么久，所有人都厌倦战争了，能够一统海内的，也只有宋了。我们不如及早向大宋进贡，这也不失为保全蜀地的长久之计。"也就是说，后蜀成为宋的藩国，仍可保持国家完整与独立。

孟昶一想，反正只要能保这块天府之国就行，就听从李昊的建议，打算派使者向大宋进贡。然而，枢密院知事王昭远力谏皇帝，说蜀地易守难攻，资源丰富，粮食充足，何必屈居人下呢？孟昶当了三十年皇帝，面子还是要的，给王昭远这么一说，又把使者给撤回来了。不当宋的藩国，后蜀便积极备战，预防宋师入侵。

王昭远经常把自己比作三国时的诸葛亮,他也想与这位前代名臣一样建立伟大的勋业,其实两人只有一个共同点,那就是所效力的国家都是蜀国。大家都知道,诸葛亮经常手持一把羽扇,王昭远别出心裁地执一把铁如意,自以为这样更风流倜傥,更为潇洒。为了抗衡大宋政权,王昭远游说皇帝孟昶,联合北汉,结为战略同盟。

在王昭远的怂恿下,蜀帝孟昶派两名使节出使北汉,约北汉共同出兵,夹击大宋帝国。不过,蜀与北汉并未接壤,两名使节乔装打扮后,打算穿过大宋地盘,进入北汉。这两名使节中,有一人名唤赵彦涛,身上携带着蜀帝孟昶写给北汉皇帝刘钧的绝密信件,封装在一粒蜡丸中。

进入大宋国境后,赵彦涛居然带着密信溜了,直奔开封城去,交给宋太祖以换取赏钱。赵匡胤得此密信后,欣然笑道:"现在我西取巴蜀,可谓师出有名了。"

很快,朝廷任命王全斌为伐蜀远征军统帅,与刘光义、曹彬等率步骑六万,分路进讨后蜀。临行前,赵匡胤特别嘱咐说:"所至勿得焚荡庐舍,驱略吏民,开发丘坟,剪伐桑柘,违者以军法从事。"

后蜀皇帝得悉赵彦涛叛变的消息,知道联合北汉制宋的密谋已泄,不由得懊悔派错了人选。事已至此,只得硬着头皮抵抗宋师的进攻。蜀帝孟昶任命只会纸上谈兵的王昭远为西南行营都统,全权指挥前线作战。在饯别宴上,王昭远几杯热酒下肚,劲头上来了,攘臂喊道:"此行何止是抵抗宋师,我只要率两三万的健儿,夺取中原也是易如反掌罢了。"

吹牛也吹过了,王昭远本事究竟如何呢?很不幸,蜀军根本不是精锐宋师的对手。

伐蜀之战的大幕已经拉开。

宋军兵分两路,一路从凤州(陕西凤县)出发,由王全斌统率,以陆路行进;另一路则从归州(湖北秭归)出发,由刘光义统率,以水路行进。宋朝军队战前准备充分,对敌人的军事部署了如指掌,进攻目标十分明确。

先来看看北线战事。

王全斌挥师攻后蜀,夺取兴州,歼敌七千,紧接着又攻破鱼关、白水阁等二十几寨。连吃败仗后，后蜀军队退守西县。宋军将领史延德果断发起进攻，大败蜀军，夺得军粮三十多万斛。

面对战场上的一系列失败，后蜀军队不得不改变战略，烧毁栈道，以阻止宋军深入。唐朝大诗人李白曾经说过"蜀道难，难于上青天"，这也是后蜀自恃的资本，但是历史证明，地形上的优势，也难以抵挡外来的进攻。在历史上，秦取巴蜀、东汉初期西南公孙述政权的败亡、晋灭蜀等经验都表明，蜀道虽难，人类可凭意志超越之。

栈道毁后，宋军确实被迟滞了。但入蜀之路并非只有一条，还有一条通道称为罗川路，只是这条路极为险要难行，这么多部队要穿越，难度更大。王全斌决定兵分两路，一路走罗川路，另一路留下来修栈道。到宋朝时，工程技术已非秦汉时可比，加上宋军齐心协力，这条栈道很快便建成，两路大军顺利会师。

后蜀军队显然过于掉以轻心，他们不相信宋军能这么快克服障碍，故而疏于防备，居然连江上的桥也没有拆毁。宋军在夜晚发起突然攻击，夺取桥梁，大部队连夜过河，蜀军大骇，退守大漫天寨。王全斌兵分三路，夹击大漫天寨，大破蜀军。

在前线坐镇指挥的王昭远屁股再也坐不住了，他仍然那么潇洒，手执铁如意，亲自指挥对宋作战。可惜的是，他毕竟只是个会吹牛的家伙，一亮相水平就看出来了，三战皆败。王全斌的大军所向披靡，直挺进到利州（四川广元）。垂头丧气的王昭远一路撤退，沿途拆毁江面浮桥，退保剑门。

再看看东路军的情况。

东路军在刘光义、曹彬的指挥下，从归州出师，以水路进击，水师溯长江而上，连破蜀军设在两岸的要塞，歼敌五千余人，掳获敌舰二百余艘。

后蜀皇帝孟昶对东部防线很有信心，因为蜀军在夔州设有坚固的防御阵地。为了预防宋师通过长江溯流攻击，后蜀很早就开始营造夔州防线，在江面上拉起几条巨大的铁索，把巨大的浮木串起来，横跨两岸。不仅如此，蜀军在两岸还配置大量的大型投石机，一旦宋水师受阻于此地，巨大的石头将从两岸飞出，把江面上的战船砸得稀巴烂。

不过，夔州防御的情况，早就被宋朝间谍打探得清清楚楚。早在出兵之前，宋太祖赵匡胤就密嘱刘光义，当水师行进到夔州时，切莫在江面上争战，应当暗地里派出步兵、骑兵，从陆地发起攻击，在陆上而不是在水上破坏其防御线。赵匡胤不愧是名将出身，运筹帷幄之中，决胜千里之外。

刘光义谨记皇帝的嘱咐，在舟师行进到离蜀军防线三十里时，停止前进，秘密登陆，派出步兵及骑兵突袭蜀军阵地，摧毁投石机，并破坏铁索浮木。这次突袭十分成功，蜀军精心构筑的防线瞬间被突破了。此时刘光义、曹彬指挥舟师进攻夔州。蜀军大败，放弃州城，退守白帝城。

这样，宋军在北线与东线均取得重大胜利，蜀国的局势已是岌岌可危了。

又是新的一年。

965年，王全斌经过休整后，从利州直奔剑门。剑门乃是天险之地，一夫当关，万夫莫开，易守而难攻，何况蜀军在此布下上万名重兵。要如何攻克剑门呢？这是摆在王全斌面前的一道难题。此时，投降的蜀国士兵提供了一条非常重要的情报：有一条秘密小道可以通往剑门以南。

王全斌马上派一支军队，从小道直抄剑门后方，出其不意地出现在剑门以南。在前线指挥作战的王昭远大吃一惊，被迫分兵，自己率部退守汉原坡，把剑门的防务扔给手下的将军。剑门虽是天险，但蜀军兵力不足，王全斌严令宋军猛攻，终于攻破剑门。紧接着，王全斌全力进攻汉原坡，王昭远弃甲而逃。这位目空一切、自比诸葛亮的王昭远逃跑之后，藏身于民宅，最终仍然被宋军所俘，成为阶下囚。剑门之役，后蜀损失一万多人马，更要命的是，国都的大门已然洞开。

与此同时，东路军也捷报频传。夺取夔州后，刘光义、曹彬继续溯江挺进。所过之处，蜀军全无斗志，万州、施州、开州、忠州、遂州等刺史纷纷打开城门，举白旗投降。当时宋朝军队还袭承五代风气，每过一地，动不动就会发生屠戮事件。但是这种屠杀事件在东路军中却没有发生，这归功于曹彬，他不惜得罪诸将，力禁官兵屠杀无辜。

后蜀司空李昊劝皇帝孟昶，把国库封存起来，向大宋投降。如今两路宋军节节逼近，孟昶别无选择，遂写了降表，差人递交给宋军统帅王全斌。

从宋军发兵到后蜀投降，总计只用了六十六天，大约两个月的时间，伐蜀之役可谓是势如破竹。至此，后蜀灭亡，全国共计四十六个州、二百四十座县城以及五十三万户人口，全部归于大宋。赵匡胤在一统全国之路上，又迈出重要一步。

五 / 大宋帝国的统一之路（下）

孟昶投降后不久，蜀地爆发了大规模的叛乱。叛乱发生的原因，与宋军高级将领的恶行有直接的关系。

作为伐蜀总司令，王全斌仅仅用了两个月便平定蜀国，可谓是一时之良将。然而，入成都后，王全斌及其他一些将领，"日夜宴饮，不恤军务，纵部下掳掠子女货财，蜀人苦之"。正直的东路军副将曹彬屡屡建议班师回朝，但王全斌置之不理。

后蜀留下的庞大军队要如何处置呢？宋太祖下诏，令蜀兵开赴京师，一方面是增加禁军的力量；另一方面也预防发生蜀兵叛乱。这批蜀兵要从成都开赴开封，当然得发给军饷兵粮，宋太祖为了笼络蜀人，下令多发钱粮。可是皇帝诏令的执行结果令人失望，王全斌等将领擅自克扣军饷，还纵容自己的部队阻挠、骚扰蜀兵。这些做法令蜀兵大为不满，当不满累积到一定程度时便爆发了。蜀兵行至绵州，军队哗变，大家推举蜀军旧将全师雄为统帅，占据县城，扯起复国的旗帜，号为"兴国军"。

由于王全斌所部军队军纪极坏，蜀地军民怨恨已久，兴国军兴起后，人数迅速增长到了十万人之多。闹出这么大的事，王全斌心里也很不安，遂派马军都监朱光绪前往招抚叛军。岂料朱光绪非但不是以招抚为手段，反而将叛军首领全师雄的全家都杀了，还把他的女儿强行纳为小妾。悲剧传来，全师雄咬牙切齿，悲愤万分，发誓血战到底，绝不投降宋朝。

全师雄率军攻克彭州，作为根据地，自称"兴蜀大王"。与此同时，成都附近十座县城同时起兵，积极响应兴国军。招抚已经是不可能了，只能以武力平定叛乱。王全斌立即派兵镇压，讨伐全师雄。在攻蜀一战中战无不胜的宋军出师不利，不仅吃了败仗，前线指挥官也被叛军击毙。此役大胜后，全师雄的声势越发壮大，他出兵占领剑阁，切断成都与外界的联系，并沿江设立兵营，做好进攻成都的准备。在蜀地的四十六个州中，有十七个州追随全师雄叛乱，蜀地的形势越发严峻。

王全斌对战局的恶化忧心忡忡。后蜀立国三十余年，尽管蜀帝孟昶投降了，但军民的国家观念尚存，特别是一部分宋军官兵的暴行激起民愤，越来越多的人拥护"兴蜀大王"全师雄。由于参与叛乱的蜀军官兵太多，为了预防类似事件的发生，王全斌下令把成都一带的蜀兵迁到夹城内。这批蜀兵先被解除武装，最后遭到集体屠杀，死了两万七千人。

大屠杀的消息传出后，蜀国旧将吕翰在嘉州发动起义，与全师雄的部将刘泽会师，攻破州城，杀死刺史、通判，部众达到五万人之多。不过，蜀叛军人数虽众，战斗力却不强，远不是政府军的对手。在曹彬等将领的指挥下，宋军扭转不利的战局，屡挫叛军，先后消灭吕翰、刘泽等起义军。

全师雄的起义持续了一年多。乾德四年（966年），宋太祖委任丁德裕为西川都检巡使。王全斌也加大对全师雄的清剿力度，在战场上连战连捷。该年十二月，全师雄病死，叛军遂群龙无首。丁德裕、王全斌等分兵招抚叛军，这场大规模的叛乱方才得以平定。

后蜀臣民仍然为自己的权利而不屈不挠地斗争，他们改变斗争方式。第二年（967年），蜀人到皇城开封告御状，控告王全斌等将领在蜀地豪取强夺的种种罪行。宋太祖下令把征蜀将领全部召回，深究王全斌等人贪污、逼反全师雄、杀蜀降兵二万余人之罪行。有关部门调查后，奏请皇帝，要求将王全斌等三名主要将领依法处死。宋太祖考虑到三人讨平后蜀的功绩，赦免其死刑，降级留用。惩罚虽然轻了点，好歹给蜀人一个交代，也算安抚民心了。

征服蜀国后，宋太祖把下一个目标对准盘踞两广的南汉。南汉割据政权存在时间已超过半个世纪，到了刘𬬮统治时，朝政混乱得不得了，已到国将不国的地步。

开宝三年（970年），宋太祖遣大将潘美率领大军南征。宋军势如破竹，连克贺州、昭州、韶州等地。次年，潘美再克英州、雄州，进逼广州。刘𬬮大为惊慌，他准备了十艘大船，满载金银财宝以及宫中妃嫔，打算逃往海外。岂料他还没上船，这十艘船便离岸远去了。怎么回事呢？原来你皇帝要逃命，其他人就不逃命吗？大家也顾不得你是皇帝，把船给盗走，开走了。刘𫓧走投无路，只得向潘美投降。

继荆、楚、蜀后，南汉全境六十州、二百一十四县并入大宋版图。南汉灭亡，令邻国南唐大为震恐，唇亡则齿寒，后主李煜不免有兔死狐悲之慨叹。

南唐是盘踞在东南的一个地方割据政权，建国于937年，开国皇帝是雄才大略的李昪。李昪去世后，其子李璟继位，此时正好遇上如日中天的后周政权。周世宗柴荣对南唐发动大规模战争，此役令南唐元气大伤，尽失江北之地，李璟被迫取消帝号，向后周称臣。赵匡胤发动陈桥兵变建立大宋政权后不久，南唐国主李璟去世，继位的便是在中国文学史上大名鼎鼎的南唐后主李煜。

李煜是很有才华的一个人，他当国主却是悲剧，非但是个人的悲剧，也是国家的悲剧。原因很简单，他的才华乃是在文学上，而非政治军事上。如果仅仅是没有政治才能，能兢兢业业、日理万机也不失为一个好君主，可李煜完全就是昏君一个。史书上说他"性骄侈，好声色，又喜浮图，为高谈，不恤政事"，一眼望去，便是个亡国之君的样子。

大家想想，当时大宋帝国连灭荆、楚、蜀等割据政权，南唐偏安一隅，难道后主李煜就没有一点危机感吗？

当然不是了，他也有危机感。

但他并不是励精图治、富国强兵，而是沉溺于佛学中，幻想着佛法无边，帮他渡过危机。他信到什么地步呢？他甚至把国库里的钱掏出来，招募人削发为僧，一时间满大街都是和尚，国都的僧人超过一万人，而这些人的供给都由官府承担，无疑令国家财政不堪重负。宋太祖赵匡胤知道李煜非常信佛，便耍了一个阴谋，挑选了一些精通佛法、口才又好的人，南渡到了南唐，忽悠李后主说他原本乃是一佛转世。李后主居然信以为真，既然自己是佛，还犯得着担心宋国入侵吗？于是他的心思完全不放在治国守边之上，遂令国家一天比一天糟糕。

正所谓上行下效，后主李煜崇佛，自然有一大群人跟着吆喝。中书舍人张洎投其所好，每见后主，不谈政事，只论佛法，结果很快便得到恩宠。其他大臣为了讨国主欢心，也不吃肉食了，只吃蔬菜，持戒修佛。当然，也有一些人不信佛的，比如中书舍人徐铉，但这不等于他是务实派，他只是更偏好鬼神之说。

对李煜来说，他并没有什么大野心，只要能保住东南地盘不失即可。然而，随着各地方割据政权的陆续败亡，大宋帝国已经吞并中南、西南、南方，地处东南的南唐早已是风雨飘摇。

尽管李煜仍然相信自己是一佛出世，现实却不能不让他有几分心虚。他思来想去，为了表示对大宋的效忠，决定把国号改了，不再使用"唐"的国号，而称为"江南"。同时，他还降低政府部门的规格，比如说，中书门下省改称为左、右内史府，尚书省改为司会府，御史台改为司宪府。这一切，说白了，是要讨宋太祖的欢心。

在与大宋帝国的外交上，李煜小心谨慎，以藩臣之礼巴结宋太祖。可他还是有一个底线的，这个底线，就是保持南唐的独立。当了那么多年的国主，他对奢侈的宫廷生活已经习惯了，要他放弃怎么可能呢？

有一件事让李煜感到惶惶不安：宋太祖要求他入朝。

一旦离开自己的老巢，去了大宋国都开封，岂非羊入虎口？只要几个壮汉就可以把他收拾了。他不敢去，找借口推辞。到了这个时候，李煜开始想到有必要缮甲募兵，预防宋师入侵。

南唐虽然国力不如大宋，但几代人的经营，使得这个小国文化颇为繁荣，人才也不少。宋太祖意欲一统全国，有觊觎南唐之野心，但他顾忌一个人——江南南都留守林仁肇。此人有本事，素有威名。在发兵攻打南唐之前，必须先除掉此人。宋太祖设计一出反间计，放出风声，诈称林仁肇欲投降大宋。李煜本是昏君一个，轻易上当，不分青红皂白，处死林仁肇，为宋太祖除一心腹之患。

973年，宋太祖赵匡胤派遣翰林学士卢多逊出使南唐（江南）。

卢多逊此来别有深意，他对后主李煜说："朝廷重修天下图经，史馆仅缺江东各州图，愿各求一本。"此言一出，李煜不由得怔住了。别看李煜是昏君，他文化修养极高，十分聪明，岂听不出卢多逊言外之意吗？地图乃是重要的军事情报，山川形势，皆在其中。很显然，卢多逊就是来收集情报的。大宋帝国之所以能在统一中国之战中连战连捷，一个重要原因就是非常注重军事情报的搜罗。

卢多逊非常狡诈，李煜明知他的意图，可是面对上国大使，不给也不行。李后主让人绘了一幅复本，交给卢多逊，至于图上有没有做手脚，史书上没写。此时李后主已经可以确认一件事，大宋对南唐动武，只是时间早晚的事。卢多逊回国后，立即向宋太祖报告说："江东衰弱，可以削平。"

古代打仗讲究师出有名，虽然宋太祖想吞并南唐，可是人家已经低声下气、纳贡称臣了，要如何出兵呢？其实找一个借口并不难。第二年（974年），宋太祖两度派人出使南唐，召后主李煜入朝。他早就料定李煜肯定不敢来的，事实也是如此，而这正好给了他出兵的理由。

在伐蜀之战中表现卓越的曹彬被任命为伐南唐军总指挥，临行前，宋太祖特别交代说："南方之事，一以委卿，切勿暴掠生民。务广威信，使自归顺，不须急击。"当年王全斌在蜀地杀降的暴行，令宋军形象大为受损，宋太祖希望仁厚的曹彬能挽回宋师的声誉。

曹彬是宋初一位优秀的将领，他从蕲阳发兵，攻入南唐。南唐守将望风而逃，宋军兵不血刃，占领池州。战争爆发后，擅于写诗的后主李煜把胜利的希望寄托在水师上，然而在铜陵之战中，南唐水师大败，战舰被曹彬缴获二百余艘。

宋军乘胜而下，连下芜湖、当涂，屯兵于采石矶。采石矶是金陵的西南门户，后主李煜派两万兵马阻敌，南唐军队的战斗力实在不能让人恭维，被曹彬打得大败。唯一能阻止宋军的，只有长江天险。为此，李煜派水师、陆师各一万人，严阵以待，预防宋军渡江。

李煜万万没有想到，宋军并非用战船强行渡江，而是采用一种十分冒险的方法：架设浮桥。在宽广的江面上架设浮桥，有可能吗？这在当时是不可想象的，李煜听到曹彬架浮桥的消息，笑道："此儿戏耳。"然而他错了。

宋太祖为了征伐南唐，早就派人秘密研究在宽广江面搭设浮桥的方法，并已经试验成功。曹彬用了三天的时间，用巨缆把大船与竹排系在一起，建起一座巨大的浮桥，飞跨长江，整个浮桥设计尺寸计算完美，不差分毫。大军从浮桥过江，如履平地。

南唐军队的反应能力低下，待宋军过了河后，方才如梦初醒。李煜有大祸临头之恐，下令金陵全城戒严，以图固守。曹彬的军队仍节节进逼，先后在白鹭洲、新林港口，已兵临金陵城下。

金陵约有南唐水陆军十万人，要攻下显然不是容易的事。为了给李煜施加压力，宋军除陈兵于金陵城外，还在多个方向打击南唐军队。在宋帝国的授意下，吴越国进攻常州，牵制南唐的兵力。同时，黄州刺史王明在西线发动攻势，渡江进攻武昌。这些军事行动有力地配合了曹彬对金陵的围攻。

宋开宝八年（975年），金陵之役拉开帷幕。

对宋军来说，南唐水军的威胁是很大的，南方人善舟楫，在水战中比中原人要强。为了削弱南唐水师的力量，曹彬派出一部分兵力渡淮南，进攻设在这里的南唐水寨。宋军用大船装满苇草，顺着风向纵火，把淮南水寨变成一片火海，大量战船被摧毁。这一偷袭，令南唐水师遭到重创。

此时曹彬大军已进抵秦淮，远眺南唐军队的阵地。南唐十余万军队驻守于城外，背靠金陵城，显然李煜并不想让隆隆战鼓声影响自己的花天酒地。南唐军这种布阵，没有坚固城墙的保护，给了宋军击破的机会。副帅潘美自告奋勇，率自己的部队渡河，果断发起进攻，曹彬大军随后开进，大破南唐军。

为了化被动为主动，南唐军队策划了一个作战方案，打算动用一支水师，溯江而上，进攻宋军搭设在采石矶的浮桥，只要破坏浮桥，宋军战船不足，大军的退路就会被切断，到时粮草不足，不战则自乱。这个战略颇为高明，只是被曹彬识破。曹彬马上派潘美截击南唐水师，又一次大获全胜，粉碎了南唐的计划。

金陵围城战持续了十个月之久。

南唐之所以能坚持这么久，一是因为实力不弱，二则是曹彬有意控制攻城节奏，意图以最小的代价取得最大的战果。这场战争令南唐国力疲敝，后主李煜把希望寄托在外地援兵上。

南唐将领朱全赟在湖口集结了一支大军，号称十五万，其实没那么多人。为了增援金陵，朱全赟修建了巨大的战舰，长百余丈，大者可容纳千人。这支水师从湖口顺流而下，打算攻击宋师在采石矶的浮桥。

朱全赟运气着实很差，时值长江枯水期，在一些河段，水位极低，战船太大反倒成了麻烦，没法开动。南唐水师在江面迟滞，令宋师有机会从容布阵应战。当朱全赟的舰队开到皖口时，遭到宋军水师的阻击，不仅损失数万人，舰队指挥官也战死，援救金陵的计划破产。

李煜最后的希望破灭了。

他毕竟是一国之主，性格又清高，不愿意投降。曹彬多次派人告诫李煜说："城必破矣，宜早为之所。"李后主不听。事已至此，曹彬决定发动最后的总攻。就在宋军即将发动总攻之前，主帅曹彬却忽然称病了。

诸将赶紧前来探望，岂料曹大帅身体根本无恙，只是有一块心病。曹彬对诸将说："我这病，不是开药方能治好的。只要诸位在这里立个誓言，攻破金陵后，不得妄杀一人，那我的病就痊愈了。"原来曹大帅担心出现征蜀时残杀无辜的惨剧，故而特地演了这么一出戏给大家看。诸将纷纷表示，决不妄杀一人，并与主帅焚香立誓。于是曹彬的"病"好了，对金陵的总攻开始了。

此时金陵城内已是物资匮乏，士气低落，加上援军被消灭的消息传来，将士全无斗志。金陵城终于被攻破，李后主神情木讷，他不知道等待自己的将是怎样的命运。他让人在宫殿里堆满木柴，若是曹彬不接受他投降，就举火自焚。

作为一位君主，作为一名艺术家，李煜还是要活得有尊严。

曹彬并没有为难李后主。他进城后，约束军纪，不杀无辜，很快金陵城内就恢复了秩序。宋军以往常见的打家劫舍的现象并没有出现，包括李后主以及南唐诸臣的家都没有遭到洗劫。对于亡国之君，曹彬也表现出大将风度，并无不敬之处。曹大帅亲自领着军队，整整齐齐地抵达宫城，李煜与众臣在宫门处迎拜，奉表投降。曹彬对李后主道："介胄在身，拜不敢答。"算是十分客气了。受降结束后，曹彬留下一千人守住宫门，严禁外人擅入。

伐南唐之役前后历时一年，南唐的历史被终结，十九州一百零八县归入大宋领土。

作为亡国之君，李煜在政治上是蹩脚的，但在文学艺术上，他则是才华横溢。他能书善画，精通音律，在诗词上的成就特别高，成为中国历史上最杰出的词人之一。南唐灭亡后，李煜虽然没被处死，但是从君主到俘虏，心理上的落差之大，可想而知。宋太祖拜他为左千牛卫将军，封违命侯。这个封侯，明显带有贬意。

在半囚徒的最后日子里，他写了不少词章，其中最著名的当数《虞美人》。"春花秋月何时了，往事知多少？小楼昨夜又东风，故国不堪回首月明中。雕栏玉砌应犹在，只是朱颜改。问君能有几多愁，恰似一江春水向东流。"正因亡国之痛，才能写下如此传诵千古的词篇。

回首自己身为帝王时的春花秋月，遥想王宫中的雕栏玉砌，再看看如今的自己，被囚禁于小楼，仿若隔世。想到这里，怎么能不满腹忧伤哀愁呢，那愁啊，就像一江春水，绵绵不绝。

在李煜写下这首词时，宋太祖赵匡胤已经去世，宋太宗在气量上显然不如哥哥，他见了这篇词后，非常不高兴。一个亡国之君，能保全性命，这已是朝廷莫大的恩赐，还牢骚这么多，难不成想造反吗？宋太宗不能容忍有这样的臣子，他送一杯毒酒给李煜，这位南唐后主终于解脱了。

在临死前的那刻，他是否在恍恍惚惚中，又回到繁华的金陵，与爱妾们在富丽堂皇的宫殿里举头望月，饮酒作诗呢？

六 / 斧声烛影：赵匡胤死亡之谜

宋太祖赵匡胤是中国历史上赫赫有名的开国皇帝之一。自陈桥兵变代周称帝后，内则削藩镇之权，把军、政、财等权力收归于中央；外则平定荆南、南汉、后蜀、南唐等割据势力，初步实现国家统一。尚未归附的地方政权，只有北汉、吴越、闽等。

976年，即宋开宝九年，宋太祖出兵发动对北汉的战争，欲一鼓作气消灭这个最强对手。宋军在战场上节节胜利，推进到太原城下。北汉政权摇摇欲坠，就在这时，传来一个令人震惊的消息：宋太祖突然驾崩了！

一向身强体壮的宋太祖怎么会暴死呢？这是一桩历史谜案。

宋朝的史料，较前代要丰富得多，史事记载也十分详细。偏偏在宋太祖离奇死亡这件事上，史书却轻描淡写，讳莫如深，令人怀疑史官企图隐瞒什么。

我们且来看看《宋史·太祖本纪》上简略的记载："癸丑夕，帝崩于万岁殿，年五十，殡于殿西阶。"这简直是流水账，不要忘了在封建王朝，皇帝的死亡是大到不能再大的事情，对宋太祖的死因，官方也无意说明。为什么要遮遮掩掩呢？究竟是谁想要尘封这段历史呢？揭开真相，将会引起怎样的动荡呢？

我们把日历回拨到宋朝开宝九年（976年）的十月二十日。

在那晚的离奇事件发生之前，没有人觉得这一天有什么特别之处。稍稍令人感到意外的，只是天气变化得太快了。这天晚上，夜空晴朗，星光闪烁，皇帝赵匡胤登上太清阁，四处张望，似乎心事重重。忽然起风了，阴霾四起，天气陡变，雪花骤然飘落，夹杂着些许的冰雹。

也许是天气突变让皇帝感到不舒服，他下了太清阁，进了万岁殿。虽说已是夜晚，天气又寒冷，赵匡胤却全无睡意，他突然下旨：传晋王赵光义入宫。

赵光义是皇帝赵匡胤的亲弟弟，原名赵匡义。古代封建帝王家有一种避讳的传统，皇帝叫"匡胤"，这两个字，别人就用不得，得改才行，于是赵匡义改名为赵光义。赵光义是陈桥兵变的主谋之一，可以说，哥哥能当上皇帝，他也有一份功劳。宋太祖对这个弟弟十分器重，先后让他担任殿前都虞候、恭宁军节度使、开封尹兼中书令，封为晋王。

皇帝召弟弟来做什么呢？喝酒！宋太祖摆了酒席，哥儿俩"酌酒对饮"。

这里有让人纳闷狐疑之处。其一，要喝酒解闷，宫里有的是人陪，犯得着在一个风雪阴霾之夜把弟弟召进宫吗？其二，皇帝让太监、宫女全部退出去，偌大的殿里，只有他与弟弟赵光义两个人。若只为喝酒何必这样呢，皇帝一定是要对皇弟说些话，而这些话，是不允许被第三者知道的。

赵匡胤与赵光义究竟密谈了什么呢？除了他们二人之外，没有人知晓了。

那一夜皇宫内的情形，北宋僧人文莹在《续湘山野录》一书中有所体现，这大概是皇宫太监所见所闻的记录。

当时雪花纷飞，风声呼呼，太监们远望着皇帝寝殿内烛火摇曳，两个人影被烛光投射在门窗上，也随着烛火抖动着。他们看到晋王赵光义的身影有几次起身离席，而后又坐了回去。

到三更时分（夜十一点到一点），雪还在下着，殿前的积雪已有数寸。皇帝的酒终于喝完了，殿门打开，只看到他手持一把柱斧，在雪地上戳了几下，回头对弟弟说了一句莫名其妙的话："好做！好做！"说完后，晋王赵光义告辞离开。皇帝回到寝殿，解了衣服，倒头便睡，不一会儿时间，就鼾声如雷。

看上去一切都很正常。

皇帝喝多熟睡了，太监们当然不敢马上去把他吵醒。就这样，到了四更天（一点至三点）时，快接近五更天了，看来皇帝也睡了有两三个小时，这时听不到呼噜声了。几个太监这才蹑手蹑脚走进去，担心皇上着凉了。可是他们全都吓傻了，这时的皇上全身冰凉，没有气息，已经驾崩了！

喝几杯酒就给喝死了吗？会不会是心脏病突发？或者脑出血？要知道皇帝的身体一直是很强壮的，就算突发性疾病，也很少有人一声没吭就死了。如果不是自然死亡，那会是怎么死的呢？这一疑问令人不寒而栗，因为最后一个见到皇帝的人，正是晋王赵光义！难道皇帝竟然是被弟弟害死的吗？

太监们可以做证,在晋王赵光义离开后,皇帝还没有死。

即便赵光义有不在场的证明,他仍然是最大的嫌疑人。倘若他偷偷在哥哥的酒里下了毒药,致命的毒性在一两个时辰后发作夺去皇帝的性命,这种可能性仍然是存在的。有人会站出来反驳:晋王赵光义是被召入宫,怎么可能会预谋去毒杀皇帝呢?以犯罪心理学来说,他有什么动机,有什么理由作案呢?

在历史上,认为赵匡胤乃是死于赵光义之手的大有人在。我们且来做一个假设性的分析,假定晋王是杀害皇兄的凶手,他为什么要杀兄,又为什么要选择在这一晚动手呢?

这里有一个非常关键的问题:赵匡胤与赵光义到底在密谈什么呢?显然这件事是非常机密的,所以没有第三者在场。这一晚后,赵匡胤死了,赵光义成为皇帝,他也用不着向别人解释谈话内容。因此,寝殿密谈的内容永远也不会为人所知。

有两个细节一定要引起注意,一个是"烛影",一个是"斧声"。这是殿外之人唯一能看到的两个特别的细节,特别在什么地方呢?

首先看看"烛影"。远看过去,隐约看到的情况,是晋王赵光义在喝酒过程中,有几次避席的举动。避席有何含义呢?如果是权位高的人避席,是一种尊重的表示;如果是权位低的人避席,则是一种谢罪的表示。晋王数次避席,是不是意味着皇帝对他的严厉批评呢?

其次再说说"斧声"。皇帝出寝殿时,手上持着一把柱斧。柱斧是什么东西,有不同的看法,一般认为是"玉斧"。宋代不少史料都记载宋太祖赵匡胤喜欢拿柱斧打大臣,有的大臣牙齿都被打掉了。皇帝把柱斧操在手中,是不是想打晋王赵光义呢?再联系晋王数次避席之举,这种可能性很大。如果这个推测成立,赵光义干了什么事,让皇帝勃然大怒呢?最可能的事,是赵光义有觊觎皇位之野心。如果晋王赵光义非要在这一晚毒杀哥哥,也只有一个理由:自己的野心已经被哥哥知道,哥哥不死,他永无出头之日。

皇位的诱惑太大了。正因为如此,五代时期中原政权十几个皇帝,有一半死于非命,且多死于政变。为了当皇帝,子弑父、弟杀兄的事情都发生过,这在那个年代只算是寻常事。晋王赵光义是否想当皇帝呢?答案是肯定的。自从他担任开封尹后，便大量培植党羽，结交朝中文武官员，其势力可谓是根深叶茂。宋太祖三十三岁当上皇帝，至今五十岁，仍是年富力强，出于谨慎，他一直未立太子，这给了赵光义谋夺皇位的机会。

我沿着这个思路，作一个大胆的假设，情景回放如下：

宋太祖赵匡胤得悉弟弟赵光义有当皇帝的企图，或者是想通过政变，或者是想要手段成为皇位接班人。皇帝对这个消息十分沮丧，那一晚风雪交加，他愁绪难解，决定召弟弟前来，把话摊开来说。赵光义知道阴谋泄露，此去凶多吉少，遂携带毒药前往。寝殿之上，别无他人，只兄弟俩谈话。皇帝严厉呵斥，还操起一把柱斧，终究没忍心下手，晋王多次避席，以示谢罪。晋王心知自己就算不受惩罚，政治生命也将结束，于今只有冒险一拼了。他假意为哥哥盛酒，暗中把毒药投入酒中。这种毒药大约放了蒙汗药，令人吃了后困意来袭，昏昏欲睡。晋王乘机告辞，皇帝把弟弟送出殿门，持着柱斧戳几下雪地，说了一句："好做！好做！"这句话什么意思，也是个谜，以我的理解，应该是"好自为之"的意思。

以上只是我的猜测，至于历史真相究竟是否如此，只有赵氏兄弟两人才真正知晓。那一夜，并不比其他夜晚漫长，可是发生的事情，却太多太复杂又太蹊跷离奇了。

让我们接着看那一夜的故事。

在凌晨两三点时，太监们发现皇帝驾崩了。大家吓得魂不附体，此时能做的事情，便是火速通知孝章皇后。从睡梦中被唤醒的孝章皇后脸色苍白，不敢相信皇帝真的驾崩了，他身体那么强壮，怎么说没就没了呢？可是她确实不是在做梦，一种巨大的恐惧感涌上心头，顿时嗅到皇宫内外的血腥味，此时最重要的事，是要赶紧让新皇帝继位。

赵匡胤生前没有立太子，他曾有四个儿子，两个早夭，剩下两个，一为二十六岁的赵德昭，一为十八岁的赵德芳。赵德昭远在兴元府（陕西汉中），没时间通知他回来了，留在皇城的只有赵德芳。孝章皇后果断密令内侍总管王继恩连夜召赵德芳进宫。

然而，王继恩出了皇宫，并没有去找赵德芳，而是去了晋王府。显然他要迎立的是晋王赵光义，而非皇子赵德芳。这件事从一个侧面佐证了赵光义确实为夺权称帝蓄谋已久，连内侍总管都被他收买了。

当王继恩来到晋王府门外时，又有一件怪事，府门之外居然坐着一个人。你想想，凌晨三四点钟时，天寒地冻，怎么有个人跑到晋王府门口呢？王继恩定睛瞧时，却是左押衙程德玄。据《宋史》所载，程德玄是晋王赵光义的心腹，"颇亲信用事"，还有一点要特别留意，他"善医术"。那程德玄为何半夜三四点钟时跑到晋王府门口呢？

程德玄解释说："半夜时有人敲我家门，说是晋王要召见我。我打开门时，却看不到人影。岂料一进屋，敲门声又响起，再去开门，还是没人。如此三次，我心里狐疑，遂自己来了晋王府，府门关闭着，我不敢在这个时候敲门，只得坐等于此了。"

这种说法，简直是胡说八道。

看来程德玄似乎预先知道今夜有大事发生，他在晋王府外苦苦等待，一定是这个大事与自己有着切身的关系。

让我们再来发挥点想象力吧。

如果赵匡胤真的是被毒死的，那么这种秘制的、杀人于无形的毒药又是从哪里来的呢？能够配制如此高明毒药的人，一定是行医高手，而被史书称为"善医术"的程德玄就是这样的高手。假设程德玄真的配制这样的药丸交给晋王，他与晋王就坐在一艘船上，这事情若失败，自己绝对死得很难看。试想想，这个晚上，程德玄哪里睡得着呢？他急切地等待消息：药丸究竟有没有用？皇帝究竟死了没有？皇帝若死了，谁能当皇帝？会不会追查此事呢？这是生死攸关的时刻，他宁可在晋王府外等待确切的消息。

当他看到王继恩匆匆前来时，心里的石头怕是落了一半。

王继恩有要事在身，顾不得听程德玄解释，两人一起去敲晋王府大门。

当王继恩把皇帝之死以及皇后紧急召赵德芳入宫的消息告诉晋王赵光义后，晋王是什么反应呢？史书上的写法是，"王大惊，犹豫不行"。这个写法，很有些为晋王脱罪的味道，似乎他对于皇兄之死真的一点也不知道。

王继恩催道："不能拖啦，不然别人会捷足先登的。"孝章皇后明明是叫他召赵德芳，他却跑来召晋王，他难道不知道违抗懿旨的下场吗？他敢这样做，不是自己比别人多出几个脑袋，而是因为他早与晋王串通好了。

于是晋王便与王继恩、程德玄两人一起冒着风雪赶往皇宫。这里请注意，程德玄跟着去了，若他只是局外人，断然不可能一起跟着进皇宫。入宫后，王继恩对晋王说："大王先在此等一下，我先进去禀报。"这时程德玄跳出来说道："直接进去就好，有什么可等的呢？"看来他心急的程度，绝不亚于晋王。

三人便匆匆奔向太祖寝殿，这个时候，孝章皇后已经守在宋太祖冰冷尸体之旁。当她听到一阵急促的脚步声，一回头看到王继恩的身影，脱口而出道："德芳来了吗？"

王继恩神情冷漠，声音冷酷："是晋王来了。"

当看到晋王的脸庞时，孝章皇后惊呆了，仿佛看到魔鬼似的。

在那短短几秒里，孝章皇后脑袋里可能掠过几个念头。在此皇宫之内，皇帝已死，名义上说，皇后权力最大，她只要唤上几个卫兵，立马可以把自作主张的王继恩连同晋王一起拿下。

可是，天下有如此轻而易举的事吗？

这皇宫中究竟隐藏着怎样的一股势力，她完全猜不出、摸不透。皇帝在深宫之内暴死，内侍总管公然违抗懿旨，明摆着要在选帝一事上插一脚。试问，这皇宫之中，究竟有多少内侍、卫兵已经成为晋王的人呢？孝章皇后不敢再往下想了。在那短短的几秒里，在晋王锐利如箭的目光下，皇后不由得全身发抖，似乎找到丈夫死亡的原因。她屈服了，怯生生地转向晋王道："我们母子性命都托付给官家了。"

这句话，无疑承认了晋王的帝位继承权。"官家"乃是五代、宋时对皇帝的称呼，取义于"三皇官天下，五帝家天下"，故名为"官家"。

贵为皇后与皇子，竟然把身家性命交给别人。即便一千多年后，我们仍可以从这句话中感受到皇后的恐惧与无奈。宋太祖离奇死亡的原因众说纷纭，民间一直认为他死于赵光义的谋杀，虽然没有铁证，但是联想到孝章皇后惊恐万分的表情，这种说法恐怕并非完全空穴来风。

擅长演戏的晋王从眼角挤出几滴泪，哽咽地对皇后说："共保富贵，勿忧也。"

天亮了。

皇宫里丧钟敲响。

群臣脸色沉重地赶往万岁殿，太祖皇帝已经仙逝，晋王赵光义皇袍加身，接受大臣们的谒见。仅仅一个晚上的时间，短短几个时辰，一个旧的时代结束了，一个新的时代开始了。赵光义成为大宋王朝的第二位皇帝，史称宋太宗。

"斧声烛影"的故事，在之后一千年的时间里，为人所津津乐道，大家都试图寻找更多的证据，解开历史之谜。但是，想要找出确切的证据已是不太可能了。因为宋太祖生前接触的最后一个人，正是赵光义，他若不开口，那一晚在寝殿之内发生的事情，就没有人知晓了。再者，朝廷也没有披露宋太祖的死因，也就是说，没有验尸，仅仅公布是"猝死"而已。若要解开宋太祖是否被毒杀之谜，恐怕只有把他的尸骨挖出来化验了，让死人"开口"说话，这或许是解开历史谜团的唯一途径。

且不说宋太祖赵匡胤是怎么死的，他的两个儿子都已经长大成人，以"父子相传"的传统，皇位也不可能由弟弟赵光义来继承。赵光义虽然抢先一步，当上皇帝，可毕竟名不正言不顺。在"斧声烛影"过去六年后，名臣赵普突然甩出所谓"金匮之盟"的秘密，为宋太宗继承皇位辩护。那么，什么是"金匮之盟"呢？为什么赵普在时隔六年后才要揭开这个秘密呢，这个秘密是真的或是伪的呢？

七 / "金匮之盟"的秘密

赵光义以"兄终弟及"这样一种有别于传统的方式继承皇位，为了避免众臣的闲议，他极力表现出一个皇帝的"慷慨"。

宋太宗即位后，把弟弟赵廷美提拔为开封尹兼中书令，封齐王。由于赵光义自己是以开封尹之衔继承帝位，故而此举颇有立弟弟为皇储的意味。宋太祖的两个儿子也得到优待，赵德昭任永兴节度使兼侍中，封武功郡王；阴差阳错没能当上皇帝的赵德芳任山南西道节度使，同平章事。不仅如此，宋太宗还把赵匡胤、赵廷美的子女与自己的子女一视同仁，都称为皇子皇女，暗示赵德昭、赵德芳仍然有继承皇位的资格。

表面上看，宋太宗没有食言，他恪守对孝章皇后所做出的"共保富贵"的承诺。可是，从性格上说，宋太宗并不是豁达之人，至少与哥哥相比，他心胸明显要狭隘得多。举一个例子，宋太祖容得下南唐后主李煜，而宋太宗即位没多久，就毒死这位构不成任何威胁的亡国之君。

还记得当初孝章皇后那句恐惧万分的话吗？——"我们母子性命都托付给官家了。"她是否杞人忧天呢？还真不是。

太平兴国四年（979年），宋太宗北征辽国，赵德昭随行。

有一天夜里，辽军偷袭，宋兵营大乱，皇帝不知去向。这时，有一批军官或许是出于忧心，或许是出于阴谋，打算拥立赵德昭为皇帝。若是把黄袍披到赵德昭身上，几乎就是"陈桥兵变"的翻版。就在这个时候，宋太宗回营了，拥立新皇帝一事就不了了之。

这件事令宋太宗内心大为不安，作为当年陈桥兵变的参与者，他不相信有人能抵御住黄袍加身的诱惑。从这一夜起，皇帝对侄儿赵德昭已经不信任了。

伐辽之战，最终以失败而告终。失败令宋太宗很沮丧，他迟迟不对战场上有功的将士进行封赏。当时很多将士对此颇有微词，人心浮动。赵德昭为平息众怨，亲自入宫向太宗皇帝进谏，建议早日论功行赏。宋太宗勃然大怒，他带着讥讽的语气训斥说："等你当了皇帝，再来论功行赏也不迟！"

这一句话，无疑有弦外之音，你赵德昭，不就是想当皇帝吗？语言不是刀，有时却比刀更锋利。

赵德昭的心猛然一沉，如同置身于冰窖之中，恐惧如癌细胞扩散全身。他回到王府后，神情恍惚，忽然问左右："你们带刀了吗？"左右侍者一听，觉得不对劲，便说道："宫府之中，不敢带刀。"赵德昭也不多问，他走进茶酒阁，把门反锁了。他记得茶酒阁有一把刀，很小的刀，削水果用的，但是够了，因为小刀同样可以置人于死地。

当侍从破门而入时，赵德昭已经倒在血泊之中，他自杀身亡了，时年二十九岁。宋太宗不失时宜地作秀一番，扑在赵德昭的尸体上，抚尸大哭道："痴儿，何至于此？"

有人会问，赵德昭是不是过于敏感呢？皇帝不过就是斥责一句，犯得着自杀身亡吗？他并非神经过敏，而是看清了事实。自杀，至少死得明明白白，至少犯不着夜夜惊魂。

相比之下，赵德芳就死得不明不白。

赵德芳死于太平兴国六年（981年），即赵德昭死后两年。与父亲一样，他也死得莫名其妙，死时年仅二十三岁。历史学者多怀疑赵德芳之死，与宋太宗有直接关系。倘若宋太祖赵匡胤真的是被毒药毒杀于睡梦之中，赵德芳也完全可能被毒杀，只是他的死受到的关注度远远不及父亲宋太祖。

短短几年时间，赵德昭、赵德芳兄弟先后死了。这证明宋太宗上台前信誓旦旦的"共保富贵"不过是忽悠人的把戏罢了。宋太祖的两个儿子，已经被淘汰出局，那么弟弟赵廷美呢？他真的有机会成为皇帝的接班人吗？

宋太宗与宋太祖一样，迟迟没有正式立太子，在大家看来，其弟赵廷美应该是接班人。难道宋朝真的要改变父位子承的传统吗？人都是自私的，谁不想把继承权交给儿子呢？宋太宗实有难言的苦衷。若他非要把皇位传给儿子，如何解释他继承哥哥的皇位，却不向下传给弟弟呢？

赵廷美起初心安理得，自以为接班人非自己莫属。当赵德昭、赵德芳兄弟先后毙命，他开始变得不安。作为开封尹，赵廷美有自己的一帮势力，他与执掌中枢大权的宰相卢多逊来往甚密，势力不可小觑。越来越多的迹象表明，宋太宗要拿他开刀了。

皇帝不必亲自出马，自有一班察言观色的人揣测圣意，替皇上办事，为自己升官发财。柴禹锡是宋太宗早年的幕僚，他揣准皇帝心思，告发赵廷美"将有阴谋窃发"。这种告密，纯属空穴来风。注意哦，他不是发现赵廷美的"阴谋"，而是说他"将有阴谋"。——现在没有，但未来有。

无凭无据，如何能扳倒开封尹赵廷美呢？

宋太宗想起一个人，他就是大宋开国名臣赵普。

说起赵普，是大宋历史上赫赫有名的人物，在"陈桥兵变""杯酒释兵权"等事件中，都活跃着赵普的身影。在宋太祖时代，赵普当了十年宰相，后来干了一些非法勾当，阴沟里翻船，被贬出京师，担任河阳节度使。宋太宗即位后，赵普回到京师，当了太子太保，没什么实权，又受到政敌卢多逊处处掣肘，故而郁郁不得志。赵普与卢多逊是政敌，而卢多逊与赵廷美关系密切，岂不是可以利用赵普来对付赵廷美、卢多逊吗？想到这里，宋太宗赶紧召赵普前来，给他看了柴禹锡关于赵廷美"将有阴谋"的密奏，并询问他的意见。

精明过人的赵普马上意识到，重出江湖的机会来了。他马上向皇帝提出："只要我能进入中枢，就能查出他们的奸变阴谋。"这是向宋太宗讨要权力，皇帝并没有马上答应。这天晚上，赵普上了一道密奏，道出了一个天大的秘密，声称手上有一份"金匮之盟"，乃是杜太后（赵匡胤、赵光义、赵廷美的母亲）临终前的遗命。这个遗命，就是要宋太祖百年之后，把皇位传给弟弟赵光义。

令人惊讶的是，这份所谓的"金匮之盟"，只有赵普一人知晓。

我们来看看赵普是怎么解释的。

那是在大宋开国不久的建隆二年（961年），宋太祖赵匡胤的生母杜太后病重，眼看快不行了，便召太祖及赵普前来。杜太后问赵匡胤说："你知道自己是怎么得到天下的吗？"赵匡胤回答说："这都是祖先与太后积福的结果。"

杜太后答道："不对。你能得天下，乃是因为周世宗把皇位传给幼子。假若大周由年长的人来统治，你是没有机会的。因此，你若有个三长两短，就应当把帝位传给弟弟，这才是国家之福。"赵匡胤听后跪着说："我怎敢不听太后的教诲呢？"于是太后吩咐赵普拿来笔墨，写成誓书，藏在金匮（就是金柜）之中，故而称为"金匮之盟"。

依赵普的说法，这份"金匮之盟"签订时，只有他与杜太后、宋太祖三人在场。如今杜太后、宋太祖都去世了，他就成了唯一的知情人。这份文书在哪里呢？赵普说，就藏在宫中，秘无人知。

既然赵普是密书的唯一知情人，为何在太宗皇帝登基时，他不掏出这份盟书呢？为何要在六年之后，才向皇帝透露这个秘密呢？考虑到赵普为人老奸巨猾，善于权谋，我们有理由怀疑这纸盟书的真实性。不管这份太后遗嘱是不是伪造的，赵普在这个时候抛出来，用意何在呢？

很明显，赵普是要与皇帝做一个交换。

他知道宋太宗唯一担心的事情，就是皇位的得来并不合法，既没有太祖皇帝的遗诏，也破坏了"父子相传"的继位传统。如今赵普突然抬出杜太后的遗诏，并且白纸黑字写得十分清楚，宋太祖百年后由弟弟赵光义来继承皇位。这份"金匮之盟"，不管是真或是假，宋太宗都非常需要。有了这张护身符，他就可以光明正大地宣称，自己皇位的得来，乃是完全合法的。

当了六年皇帝后，宋太宗终于可以扬眉吐气了。在此之前，他不得不面对各种质疑的压力。如今，有了赵普所谓的"金匮之盟"，皇帝可以用太后遗诏回击各种流言蜚语，他不再是一个来路可疑的皇帝，而是杜太后与太祖皇帝生前指定的皇位接班人。

赵普为皇帝洗去篡位的恶名，皇帝则重新将他提拔为帝国宰相。这就是交换的结果，各得其所。

宋太宗之所以与赵普站在同一条战线上，还有另一个原因。宋太宗有一日特地拜访赵普，向他询问接班人的事宜。赵普回答道："太祖已是犯错，陛下岂可再犯错呢？"言下之意，赵普认为弟弟继承哥哥的皇位，这是不对的。宋太祖没立自己的儿子为皇帝已是犯错，宋太宗怎么能一错再错呢？

赵普重掌大权后，将攻击矛头直指皇储赵廷美。据史书记载："（赵）普复入相,廷美遂得罪。"有皇帝当赵普的后台,赵廷美的命运已是可想而知。

次年(太平兴国七年,982年)三月,赵普终于找到机会。皇帝打算泛舟前往新建成的金明池水心殿,这时有人告密,说赵廷美打算利用这个机会搞政变。真有这么回事吗?这恐怕只是赵普瞎编的一个故事罢了。但是没关系,宋太宗利用这个借口,把赵廷美开封尹一职给撤了,调任西京留守,无疑是宣布取消他继承人的身份。

紧接着,大规模的清算开始了。

左卫将军陈从信、禁军列校范廷召等人,被指控与赵廷美勾结并私下收受贿赂。同时,赵普的政敌卢多逊被指控与赵廷美勾结图谋不轨,遭逮捕入狱。同时被捕的还有赵廷美府中的一帮官吏。

作为皇弟的赵廷美究竟是否有谋反的举动呢?官方正史一口咬定赵廷美有谋反事实,可是究竟他有什么计划,做过什么,一概都没有记载。朝廷给赵廷美及卢多逊扣的罪名是"顾望咒诅,大逆不道",从这个罪名来看,也仅仅看得出赵廷美、卢多逊等人对宋太宗有所不满,发发牢骚罢了。在赵普的怂恿下,朝廷七十四位大臣上书皇帝,要求判处赵廷美、卢多逊死刑,"以正刑章"。

这时宋太宗倒站出来充当好人,他格外开恩,赦免赵廷美与卢多逊的死罪。至于赵廷美、卢多逊的手下涉案官吏,运气就没那么好了,一概处死。卢多逊被流放崖州,赵廷美则遣往西京。

西京就是洛阳,是一个大都市。赵廷美待在洛阳,赵普仍然不放心。他再施诡计,指使人上书皇帝,称赵廷美非但不悔过自新,还心有怨言,应该把他迁徙到更偏远的地方。宋太宗把亲弟弟再贬为涪陵县公,安置在房州(湖北房县)。尽管宋太宗并没有杀死弟弟,但赵廷美的政治生命已经结束。两年后,郁郁成疾的赵廷美死于房州,可以说,他是被哥哥赵光义逼死的。

权力之下,父子之情尚不可靠,何况兄弟呢?

清洗赵廷美、卢多逊后,宋太宗终于在接班人一事上扫清了障碍,从今往后,他的子孙将统治这个国家。在消灭赵廷美集团一事上,赵普立下赫赫大功,同时他还以"金匮之盟"确保宋太宗政权的合法性。不过赵普虽老奸巨猾,仍只是宋太宗利用的棋子。赵廷美案发后第二年,即983年,失去利用价值的赵普又一次被免相。

宋太宗的能力虽然不及哥哥赵匡胤，但从宋朝三百年历史看，他仍不失为一位有作为的皇帝。宋太宗在位期间，最重大的成绩就是扫平北汉割据政权，完成国家的统一。

八 / 最后一个割据政权的覆亡

宋太祖赵匡胤意外于斧声烛影之夜暴死，一统中国的伟大事业没能最终完成。宋太宗上台后，尚存有三个军阀割据势力，分别是北汉、吴越以及占据闽南的军阀陈洪进。在这三个割据势力中，吴越国与陈洪进实际上早已臣服于大宋帝国，唯一尚在负隅顽抗的，只有北汉。

北汉开国皇帝刘崇是后汉高祖刘知远的弟弟。951年，郭威发动兵变，颠覆后汉，建立后周政权。时任后汉河东节度使的刘崇据河东十二州称帝，建立北汉，这也是"十国"中唯一位于北方的地方政权。北汉自开国始，就与后周势不两立，形同水火。但北汉地狭民贫，如何与后周相抗衡呢？刘崇不得不结交契丹辽国，引为后援，奉辽国皇帝为叔皇帝。刘崇去世后，刘钧继位，他更夸张，尊辽帝为父皇帝，自己当个儿皇帝。

陈桥兵变后，北汉皇帝刘钧乘大宋政权根基未固，率部入侵河西。他公然出兵支持李筠反宋，只是大宋帝国没有给北汉机会，李筠的叛乱很快被镇压下去，刘钧只得悻悻退兵。接下去的几年里，北汉军队频频扰边，成为大宋帝国北部之患。

宋太祖赵匡胤巴不得早日摆平北汉，以大宋的实力，北汉当然不是对手，问题是刘钧有契丹人在后面撑腰。当时契丹辽国的国力如日中天，是个不好惹的对手。不过，北汉本就地瘠民贫，每年都要向辽国输送大量的金银财宝，因而国家一天比一天贫穷，连朝廷的花销都捉襟见肘了。在这种情形下，宋太祖决定牛刀小试，对北汉发动试探性的进攻。

964年，宋昭义节度使李继勋率部进攻北汉辽州，北汉皇帝刘钧紧急向辽国求援，辽国派名将耶律达里（又称耶律挞烈）率六万骑兵入援北汉。宋军敌不过强大的辽军，落荒而逃。

四年后（968年），北汉皇帝刘钧去世，养子刘继恩继位。

宋太祖赵匡胤敏锐地意识到北汉政局将有动荡，打算借此时机扫平北方。果不出宋太祖所料，北汉很快爆发政变，皇帝刘继恩被杀，其弟刘继元继位。宋师果断抓住机会，越过边界，宋汉战争再次爆发。

北汉新主刘继元只得快马向辽国求援，耶律达里再次临危受命，统领辽军入援北汉。宋军知晓耶律达里十分厉害，不敢恋战，撤去对太原的包围，撤回国内。史书上称，"河东（北汉）单弱，不为宋所并者，（耶律）达里有力焉。"耶律达里成了北汉的救星。宋军撤退后，北汉仗着契丹人相助，狐假虎威，不仅收复失地，还入侵宋地，大掠晋州、绛州。

小小北汉，胆敢如此猖狂！宋太祖赵匡胤愤怒了，决定御驾亲征。

开宝二年（969年），宋太祖亲自上阵，以大将曹彬、党进为先锋，对北汉发动进攻。这时一个好消息传来：契丹国主辽穆宗遇刺身亡。原来辽穆宗乃是个残暴之人，嗜酒好杀，喜怒无常。他的近侍奴仆终日惶惶不安，索性铤而走险，将其刺死。辽国突发如此变局，对大宋远征军十分有利，若能以迅雷不及掩耳之势夺取北汉，契丹人必定难以及时救援。

然而，北汉抵抗意志之坚强，要远远超过宋太祖的判断。

北汉国主刘继元派遣大将刘继业率兵驻屯于军事要地团柏谷，这是通往太原的门户。说到刘继业，很多人可能会摇头，没听说过此人，可是倘若说起他的另一大名，大家就如雷贯耳了。他就是后来大名鼎鼎、名垂青史的杨家将第一代名将、杨令公杨继业。

刘继业以勇猛善战而闻名，但他被一群猪队友给坑了。手下一批将官见风使舵，跑去向宋军投降。无奈之下，刘继业只得选择保存实力，放弃团柏谷，撤往晋阳。北汉皇帝刘继元大怒，把刘继业的兵权给夺了。

宋军突破团柏谷后，进逼太原城，宋太祖赵匡胤亲临前线鼓舞士气。宋军对太原发动一轮接一轮的进攻，却进展缓慢。宋太祖采用水攻之计，引汾河水灌城。危在旦夕的太原城并没有沦陷，守城军队以积极出击代替消极防御。特别是北汉悍将刘继业，尽管被降职，但在太原保卫战中，他仍表现得相当出色，多次领兵偷袭宋军阵地。

太原保卫战持续五个月，宋军能想得出的招数都用上，光引水灌城都灌了两次，太原城依旧岿然耸立。太原四周成了一片汪洋之地，守城军民固然十分吃力，城外的宋军也好不到哪去。随着雨季到来，宋军营地泥泞不堪，卫生条件恶化，上吐下泻的病症开始增多。更糟的消息是：辽国援兵出动了！

辽穆宗意外被刺身亡后，辽国政治动荡。好在新上台的辽景宗很快稳定住局势，他是辽国历史上颇有作为的明君，上任伊始就废除穆宗的一些苛政，提拔一批贤才，国家总算安定下来。这时，辽景宗终于可以腾出手，大举出兵救援北汉了。

辽北院大王乌珍率领精锐骑兵昼夜兼程，兵锋已抵太原西。眼看援军到来，北汉士兵看到希望，更加坚定守城的决心。此时宋军已陈兵太原城下五个月，兵疲马困，如何迎战精锐的辽师呢？

不过，皇帝亲征没打赢就撤走，那多没面子。是战是撤，宋太祖也没主意。这时，一个聪明的人跳了出来，他是太常博士李光赞，拍了皇帝一通马屁："陛下战无不胜，谋无不臧，四方恃险之邦，僭窃帝王之号者，今与陛下为臣矣。蕞尔晋阳，岂须亲讨？"只需打经济战，派支军队屯兵上党，"夏取其麦，秋取其禾"，就足以拖垮这个贫瘠之国了。

这是给宋太祖一个下台阶的理由，维护了皇帝的威严，保全其颜面。赵匡胤听了自然喜上眉梢，完全同意李光赞的见解。于是宋朝大军从太原撤兵，班师回国。

又过了七年，时间已是宋开宝九年（976年）。此时大宋帝国已平定南汉、南唐，征服北汉已摆上议事日程。

这年八月，宋太祖再度出兵讨伐北汉。当然，这次皇帝并没有亲征，而是派党进为统帅，下辖潘美等将领，兵分五路进攻北汉。此时北汉的军事力量，比七年前还不如，在宋军的节节进逼下，只有招架之功，全无还手之力。宋军很快逼近太原城，并大败北汉军。北汉皇帝刘继元只得祭出法宝：向辽国求援。

辽国的救援相当迅速。九月，南府宰相耶律沙率辽师入援。眼看一场恶战就要打响。天空电闪雷鸣，暴雨却没有落下来。在决战前一刻，皇城传来了令人震惊的消息：太祖皇帝驾崩了！在那个斧声烛影之夜，宋太祖意外暴死。宋军在决战前一刻选择撤退，北汉政权侥幸逃过一劫。

宋太宗即位后，深知兵权的重要性，故而对军事非常热衷。太宗皇帝相当勤奋，每当退朝后，他总要检阅禁军，亲自挑选健壮士卒加入亲军。皇帝在开封城西筑一座讲武台，时不时搞盛大的军事演习，场面十分壮观。参加军演的人数众多，队伍长达二十余里，以五色旗为指挥号令，步兵骑兵协同作战，训练十分有素。

与此同时，北汉在遭遇多次入侵与经济制裁后，已是虚弱不堪，甚至出现严重的饥荒。若不是辽国紧急救济二十万斛粮食，北汉恐怕要自行崩溃了。为了消灭北汉，宋太宗加紧备战工作，下诏晋、潞、邢诸州大量制造攻城器械，并把大量军粮马料转送到边关。很显然，大战已是一触即发。

北面的战争尚未开打，东南已是捷报频传。

太平兴国三年（978年），盘踞福建漳、泉二州的军阀陈洪进决定结束割据，上表纳土，将两州十四县全部献上，共计有十五万户人口以及一万八千多名士兵。陈洪进主动来降，宋太宗自然大喜过望，封他为平海节度使。

陈洪进归降大宋后，吴越国成为南方唯一的地方割据政权。吴越王钱俶自知这个小政权是保不住的，与其等着人家打上门来，还不如及早献上土地，也好保全富贵。于是，在陈洪进归降后一个月，钱俶也步其后尘，上表献上十三州一郡八十六县，共有五十五万户人口以及十一万兵卒。

这样，南方割据势力已荡然无存，大宋帝国不仅得到大片土地，同时得到十几万军队，这对志在北伐的宋太宗来说，真是双喜临门。

太平兴国四年（979年）正月，新年的喜庆尚未过去，宋太宗召枢密使曹彬前来，询问道："以前周世宗与太祖皇帝都曾经亲征太原（北汉首都），却铩羽而归，难道太原城果真铜墙铁壁，不可攻克吗？"

曹彬答道："周世宗是因为石岭关之战失利，军心震动才撤退的；太祖皇帝停止进攻，则是因为军队传染病蔓延，两次北伐未果，并非太原的防御坚不可摧。"

太宗又问："如今我想举兵北伐，卿以为如何？"

曹彬拍拍胸脯说："如今国家兵甲精锐，人心欣戴，若举兵北伐，势必摧枯拉朽。"

这一番话，更加坚定了宋太宗扫平北汉的决心。

很快，曾经在多场战事中立下赫赫战功的潘美被任命为北路都招讨制置使，负责指挥对北汉的战争。

北地战争阴云密布，大宋帝国咄咄逼人的气焰，引起辽帝国的担忧。早在宋太祖开宝七年（974年），宋、辽两国议和，至今已有五个年头。辽景帝派遣使者出使开封，质问宋帝国何以兴师讨伐北汉。宋太宗对帝国的武力沾沾自喜，他傲慢地回答说："河东（指北汉）违逆天命，理当讨伐问罪。若北朝（指辽国）不出手援助，宋辽和约依然有效；如若不然，就意味着宋辽两国处于交战状态了。"

此时的宋太宗唾手得到吴越、漳泉之地，信心满满的，自认为大宋军队无敌于天下。大宋皇帝的威胁并没有吓倒辽国人，辽景宗非出手不可，他派南府宰相耶律沙为都统，冀王塔尔为监军，率大批人马，入援北汉。

为了鼓舞士气，宋太宗御驾亲征。该年三月，他离开京师北上，以示必胜之决心。就在宋师节节推进时，辽师也马不停蹄挺进。宋太宗心里很明白，能否灭掉北汉，关键在于能否成功阻击辽军。

为了阻击辽国援军，宋太宗准备了一支精兵。这支精兵由云州观察使郭进指挥，任务就是扼守天险石岭关。郭进击破北汉军队后，占据有利的地形，以逸待劳。几天后，辽国援军先锋部队抵达白马岭，与郭进隔江对峙。

白马岭有一条河流，江面宽阔，挡住了辽国兵团的路。辽国大将耶律沙认为应该暂停前进，等待后续部队抵达后，再发动进攻才有胜算。冀王塔尔却认为，兵贵神速，北汉战局吃紧，若拖延时日将大大不利。耶律沙没有办法，只得同意发起进攻。

这几乎是一次自杀式的进攻。

郭进耐心地等待战机的出现，他按兵不动，把精锐骑兵埋伏起来。这时，辽军开始进攻了。塔尔率先头部队渡河，部队刚刚过一半，兵法有云："半渡而击之。"这是最佳的反击时刻。郭进当然没有浪费机会，他果断将骑兵投入战斗，奋勇出击。辽军这边有一半人还在河里，只能干瞪眼啊，在宋军铁蹄的冲击下，辽军大败。辽国冀王塔尔及其子战死，耶律沙本人也差点没命。

白马岭之战，是北伐之战的关键一役。

辽军元气大伤，后来北汉派人再度向辽国告急求援，辽国政府明确表示：不能再发兵救援。这一表态，无疑葬送了北汉。

四月，宋太宗抵达太原城下。

宋军已包围太原，从四面进攻。宋太宗亲自到前线视察，督诸位将领攻城，战役打得非常激烈。身为皇帝，宋太宗的表现是可圈可点的，他身披甲胄，冒着被敌人矢石击中的危险，指挥军队作战。身边的人对皇帝的安全非常担心，太宗皇帝答道："将士争先效命于锋镝之下，朕岂忍坐视？"这话一说，前线所有将士无不感动，勇气倍增，个个摩拳擦掌。

为了攻破太原，大宋帝国不惜血本，太原城下的弓箭兵就达数十万人之多，数百万支利箭射向城内，一时间，太原城内的墙垣之上，都插满了箭。在外无援军的情况下，北汉军民抵抗也相当顽强，给宋军造成不少麻烦。

太宗皇帝不断地巡抚各营，每到一处，都令士气高涨，攻城更加猛烈。到了五月，太原城内的局势急剧恶化。首先是防御工事几乎被宋军矢石破坏殆尽，"城无完堞"；其次，不少北汉高级官员、将领逃出城向宋军投降。

北汉国主刘继元心里明白，契丹人不会来救了，城外的敌人有数十万之多，而城内的守军已不足三万。太原的陷落只是时间问题罢了。无奈之下，刘继元只得派遣使者，请求投降，上表纳款，待罪台下。

宋太宗接受刘继元的投降，接收十个州，四十一个县，共计三万五千户，兵卒三万。这个弹丸之国在与大宋顽强斗争二十年后，最终还是没能逃脱灭亡的命运。

这里还要提到一个人，他就是北汉名将刘继业，也就是千载传名的杨家将杨继业。在太原城陷落、北汉国主刘继元投降后，刘继业还不肯投降，他仍然顽强抗战。他的骁勇与对国家的忠诚，令宋太宗颇为感动，不忍心杀死这位忠勇双全的名将，便让亡国之君刘继元前去招抚。

面对昔日的国主，刘继业心中大恸。因为忠诚，他不屈不挠，抗战到底；因为忠诚，他最后还是在旧主的招抚下，归降大宋帝国。刘继业的归降，令宋太宗大喜，授予他领军卫大将军之衔，出任郑州防御使，恢复他原来的姓氏"杨"姓，改其名"继业"为"业"。这样，刘继业的姓名变成了杨业，就是千古留名的杨令公。

九 / 历史遗留问题引发的战争

平定北汉，是宋太宗引以为豪的伟大胜利。这位大宋帝国皇帝不禁飘飘然了，以周世宗、宋太祖两位旷世明君的不世才华，都未能吞并北汉，他却做到了。在这一刻，宋太宗自以为超越了前世君王，他要把伟大事业继续向前推进。

表面上看，大宋帝国已消灭诸地方政权，但实际上并未在真正意义上统一国家，因为北方还有燕、云等十六州的土地在契丹人手中。这十六州，是五代后晋皇帝石敬瑭割让给契丹人的，时间是 938 年，到宋太宗平定北汉（979 年）已过去约四十年。这四十年里，中原政权曾多次出兵，试图夺回燕云十六州，但契丹（辽）国力强盛，军事力量很强大，绝不会将这些地盘拱手让出。周世宗柴荣曾大举北伐辽国，收复若干地盘。然而，柴荣在攻打幽州时染病，只得退兵，不久因病去世，遂使北伐事业付诸流水。

大宋开国后，宋太祖把主要精力放在扫荡地方割据势力上，一时间腾不出手解决燕云十六州的历史遗留问题。他曾经想以购买的方式收回失地，为此建了一个"封桩库"，就是一个钱库，打算积蓄到一定数额后，向契丹人购回土地。倘若契丹拒绝购地计划，则以钱库的储备，作为北伐的军费。

如今北汉已灭，对宋太宗来说，应该挟胜利之威，一鼓作气，收回燕云十六州，这才算真正完成统一大业。

被胜利冲昏头脑的宋太宗，竟然在攻克太原仅半个月后，便下诏伐辽，军队直接从太原出发，向东挺进，目标是夺取幽州、蓟州，进而光复被契丹所占领的全部土地。

诏令一下，所有将士无不目瞪口呆。

北汉战事刚刚结束，经过数月苦战，将士早已疲惫不堪，急需休整。在攻打太原之战中，宋军将士表现得相当英勇顽强，他们尽了自己的责任与义务，现在应该要名正言顺得到朝廷的奖赏吧。宋太宗这个大老板却根本不提发薪水、奖金、提拔干部这些事，只给精神奖励，然后要求大家加班加点，再接再厉。说实话，将士们谁也不想拖着疲倦的身躯，开始新的远征。可是面对兴奋不已的皇帝，谁也不敢吭声反对。

在平北汉之役中，宋军与辽军在白马岭交锋过一次，大获全胜。这次胜利令宋太宗相信大宋军队的战斗力远在辽军之上，凭借这支钢铁部队，必定能把辽人打得落花流水。

宋辽战争开始了。

一切看上去都十分顺利。辽国人确实没料到宋军刚收拾完北汉，马上会发起攻击，备战不足，狼狈不堪。自五月二十日从太原出兵，到六月二十三日，一个月的时间，宋军已经打到幽州城下。辽国从石敬瑭手中得到燕云十六州后，便把幽州更名为燕京，又称为南京，是辽国的陪都。在辽国的行政区划中，南京（幽州）管辖顺、檀、涿、易、蓟各州，若能一鼓作气攻克，其他州必望风而降。

辽国毕竟是强国，军事人才还是有的。

幽州被围的消息传到辽景宗耳中，他大感震惊，紧急派南府宰相耶律沙前往救援。与耶律沙同行的，还有一位自动请缨的将领，名唤耶律休哥。辽国援军于七月初抵达前线，此时幽州在宋军的围攻下已是危在旦夕。宋军在兵力上占有绝对优势，观察力敏锐的耶律休哥却发现对手致命的弱点：宋军将士的斗志并不高昂，对于皇帝攻城的指示，大家消极对待。士气之所以低落，宋太宗要负很大责任，他没让官兵有充分的休整时间，又没有及时对军队论功行赏。没有名利、没有休息，却要让将士去拼死，谁愿意呢？一支没有士气的军队，即便看上去很强大，实际上只是纸老虎。

时间是七月初六，幽州战事进入第十二天。

率援兵前来的耶律沙已抵达幽州城西的高梁河。在几个月前的白马岭之战中，耶律沙差点死于非命，儿子也战死了，因此他对宋军还是有点畏惧，放不开手脚。在宋军的反击下，耶律沙再尝败绩，一战即溃。辽军指挥作战的重任，遂落到耶律休哥肩上。

耶律休哥智慧超群，不以常理出牌，大打心理战术。从军队数量上说，辽军远远不如宋军，大宋军队几十万人，皇帝亲自出马，把最精锐的部队都投进来了。为了不让宋军窥破自己兵力的多寡，耶律休哥把进攻时间选定在夜幕降临后，不走大路，而是走小路，因为大路开阔，一览无余，容易暴露真实兵力。耶律休哥还要求每个士兵手持两根火把，远远望去，火光遍野，造成人多势众的假象。

宋军果然中计。

皇帝亲征，虽能鼓舞士气，但也有负面作用。前线将领要花费很多精力、兵力以保护皇帝安全，在军事行动上不敢采取大胆冒险的战术，而是谨慎保守。由于判断不清辽军兵力多寡，宋军没敢贸然出击。耶律休哥抓住战机，兵分两路，从左、右翼钳击宋军。幽州守军也乘机出击，擂响战鼓，以壮声威。

别看宋军人数众多，要保护皇帝，又要预防幽州城内辽军的反扑，能用于对付耶律休哥的兵力就相当有限了。在战场上，耶律休哥骁勇异常，他身负三处枪伤，裹创犹战。主将的战斗精神鼓舞全军上下，战局开始变得对辽军有利了。

尽管宋军将领们力保皇帝的安全，可是飞箭不长眼，太宗皇帝大腿挨了一箭，血流如注。宋太宗一心想在武功上超越哥哥赵匡胤，但挨了一箭后，就可以看出他绝非英雄人物。我们可以把他与汉高祖刘邦做一个对比。当年刘邦与项羽争夺天下，尝胸中一箭，他跌落马下后，呼道："小贼射中我的脚趾了。"把重伤说成轻伤，这是安抚军心。宋太宗挨了一箭后呢？他吓坏了，第一个当逃兵，乘着一辆驴车，往涿州的方向跑了。

皇帝都逃跑了，这仗还怎么打呢？

高梁河之战，宋军在皇帝坐镇、兵力占优的情况下，被耶律休哥的辽军打败了。耶律休哥不仅解了幽州之围，还乘胜追击，穷追猛打。与宋太宗相比，耶律休哥的伤势要严重得多，他身体虚弱，无法骑马，仍坚持坐在马车上，指挥作战。辽军从幽州一路反攻至涿州，沿途缴获了大量宋军遗弃的武器、粮食、钱币等。

幽州一战，令宋太宗蒙羞，他不得不转攻为守。

辽国并非省油的灯。在辽景宗看来，这场战争完全是宋帝国一手挑起的，单方面撕毁两国和约，战争已是全面爆发。宋军被驱逐出境后，辽人越过边界，攻入大宋。

是年（979年）九月，即高梁河之战的两个月后，辽国派南京留守韩匡嗣与耶律沙、耶律休哥等将领南侵，以报幽州被围之仇。

辽军长驱直入，推进到满城（今河北保定市满城区），与宋军将领崔翰的驻军对峙。崔翰排兵布阵，摆起"八阵图"。说起"八阵图"，据说是三国时诸葛亮发明的一种阵法，变幻莫测，可抵十万精兵。其实诸葛亮的八阵图是什么样子，恐怕也没有流传下来，那么崔翰的"八阵图"是从哪儿来的呢？

大家不要惊讶，这个八阵图，是皇帝所亲传！

宋太宗自认为是高明的兵法家，别看他在战场上挨一箭就落荒而逃，他对自己的军事理论水平是十分得意的。从幽州撤兵后，宋太宗便对边防工作做了安排，还把自己的军事研究成果"八阵图"拿出来与诸将分享。皇帝交代说，辽人来犯，只须以这个八阵图排兵布阵，准能打败敌人。

现在崔翰要用太宗皇帝的军事理论来武装自己，打算按图布阵，排八个阵形，每个阵相距百步。这完全是胡闹嘛！部将们指出，这种分散的阵形只会被契丹骑兵各个击破，必须把兵力集中起来，才有取胜的可能。

这不是否定英明皇帝的军事智慧吗？崔翰不无忧虑地说："万一没打胜仗，可怎么办？"照英明皇帝的"八阵图"打仗，就算输了，皇帝也怪罪不得；若自作主张，打输是要犯政治错误的。镇州监军李继隆挺身而出说："行军打仗，要因机变化，哪能预先设定某种阵法呢？若皇帝怪罪下来，我愿意承担责任。"

于是崔翰把皇帝的"八阵图"抛在一旁，改八阵形为两阵形，集中兵力应战。为了诱敌，宋军使出诈降计，派人前往辽军大营，递上请降书。辽军主帅韩匡嗣信以为真，打算纳降，耶律休哥反对道："我观察宋军，严整精锐，不像投降的样子，一定是诱敌之计。"韩匡嗣求功心切，根本听不进去。

果然不出耶律休哥所料，当韩匡嗣得意扬扬地前去受降时，遭到宋军的伏击。辽军大败，弃尸战场者一万余人。只有耶律休哥的人马准备充分，边战边撤，基本上没有受到损失，全身而退。

战后，韩匡嗣被辽景宗降罪解职，长于兵略的耶律休哥全权负责对大宋的战争。耶律休哥的军事才华毋庸置疑，他是契丹历史上最出色的将领。作为游牧民族，契丹人悍勇而嗜杀，耶律休哥继承了勇敢的品格，却不嗜杀。他智勇双全，在高梁河一役中尽显无遗，在兵力不及宋军的情况下，实施一系列军事欺骗，以少胜众，在战斗中身披数创，犹战斗不懈，实有古名将之风采。自此，耶律休哥在辽国军界蹿起，他也是大宋帝国的头号克星。

战争的机器一旦开始运转，要停下来就没那么容易了。

从晚唐到五代，中国陷入军阀割据的乱局之中，契丹人乘机崛起于北方，建立大辽政权，成为中原政权的劲敌。结束军阀割据后的大宋帝国，当然要挑战契丹人在北方牢不可破的霸权。燕云十六州是摆在宋、辽两国面前的最大问题，辽国不愿拱手让出，而宋帝国则志在必得。

宋太宗突袭幽州，拉开宋辽战争的序幕。

韩匡嗣南侵失利，损兵折将一万余人。辽景宗十分不爽，决定亲征大宋，以雪前耻。

辽乾亨二年，宋太平兴国五年（980年），辽景宗祭天祀地，拜了兵神后，大举挥师南下，入侵宋国，兵围瓦桥关。

瓦桥关之战，耶律休哥光芒四射。辽景宗亲临战场督战，两军激战犹酣时，只见得身旁一人纵马而出，手舞长刀，胯下马甲是十分耀眼的金黄色，在阳光下闪闪发亮。此人正是耶律休哥。他身先士卒，冲锋在前，阵斩宋军主将。宋军大骇，不敢恋战，退入城门，婴城固守。

数天后，一支援军已抵达瓦桥关，与辽军隔河对峙。耶律休哥披上战袍、跨上战马，就要渡河迎战。辽景宗一眼望见他那匹披着黄金甲的战马，这匹马实在太显眼了，辽国皇帝唯恐自己的爱将受伤，特地给他换了一匹披着玄甲的白马，看上去不太醒目。耶律休哥骑着白马，率领精锐骑兵渡江迎战。宋军大败，耶律休哥一直追到莫州，生擒数名宋将，一路上尸横遍野。

此时的耶律休哥，几乎成为"战神"的代名词。辽景宗赏赐他御马金盏，称赞道："你的勇敢超过了大家的想象，若是人人像你这样，何必担心打不了胜仗呢？"

这一战的成果，令辽景宗心满意足，遂引兵退回国内。

宋太宗却心有不甘。宋太宗是有进取心的皇帝，也自视甚高，岂肯让人站在自己头上拉屎呢？辽师一退，他又想乘机进取幽、蓟之地。很多人反对这个军事冒险计划，提出"峻垒深沟、蓄力养锐"、让百姓得以休养生息、安内而养外、以仁怀天下等措施。皇帝听从大臣们建议，在北方诸州开运河、通漕运、筑水堤等，积极做好战备。

之后几年，宋、辽两国边界冲突虽多，但规模都不大。比较重要的一次战争爆发于太平兴国七年（982年）。

该年四月，辽景宗亲自挥师，再攻大宋。这位辽国皇帝与宋太宗一样，热衷于御驾亲征，但本领着实一般。首战满城，辽军便遭重创。辽景宗身体状况本就不太好，遭此败绩后，怒火攻心，竟然病倒了，只得提前回国去了。

辽景宗留下三万人马，兵分三路，分袭雁门、府州、高阳关。雁门正是号称"杨无敌"的杨业把守，他与潘美联手，大破敌军，反客为主，攻入辽境，俘老幼万余口，获牛马五万。在其他两个战场，辽师的进攻也都被打退。

此时宋、辽两国可以说是势均力敌，互有胜负，难分高下。就在这时，一个消息传来：辽国皇帝辽景宗病逝。辽景宗是在伐宋归来几个月后去世的，他的死给辽国带来了一个大问题：继位者耶律隆绪年仅十二岁，这个小孩子有能力领导一个大帝国吗？

十二岁的小娃娃，当然没能力统治一个国家，于是一个女人从幕后走向前台，她便是历史上赫赫有名的辽国萧太后。

萧太后，原名萧绰，小名燕燕，出身辽国名门望族。她父亲萧思温，曾担任辽国北院枢密使、北府宰相，位高权重。萧燕燕从小聪慧过人，其父赞道："此女必能成大事。"十六岁那年，她被选为贵妃入宫，后被册立为皇后。萧燕燕政治上的才华，在辽景宗生前就显露出了。由于辽景宗身体一直不太好，国家大事的决断，许多是出自皇后萧燕燕之手。史书中有这么一段话："刑赏政事，用兵追讨，皆皇后决之，帝卧床榻间，拱手而已。"

辽景宗去世后，萧太后临朝称制，成为国家真正的统治者，这位女强人注定要让整个世界为之震惊。她与唐朝女皇武则天有许多相似之处，只是没当皇帝罢了，两人都有高超的政治手腕，内心之强大常人难以想象。萧太后刚上台时，地位很不稳固，她曾这样说："母寡子幼，族属雄壮，边防未靖，奈何？"这个时候，两位大臣的效忠与辅佐，是政权得以顺利交接的关键。这两人，一位是契丹名将耶律斜轸，另一位是汉人韩德让。

韩德让与萧太后关系十分微妙，有些野史甚至称萧太后下嫁给了韩德让，这虽然说得离谱了，但有一点可以肯定，两人维持着情人的关系。由于契丹占据燕云十六州，汉人在辽国人口中所占比重很大。萧太后执政期间，重用汉人，推行汉化，致力于契丹与汉两个民族的和睦。萧太后"汉化"思想的背后，未必没有韩德让的影响。

萧太后虽是女流之辈，对军事却十分精通，史书上称她"习于兵事"，想必当年辽景宗亲征，她都随行的。她知人善任，对耶律休哥的军事才华大加赞赏，提拔他为南京（幽州）留守兼南面行营总管，全权负责边关事务。

耶律休哥赴任后，一方面劝农桑、修武备、积极备战；另一方面则派出大量间谍，潜入宋帝国境内，传播假情报。间谍们散布的消息主要有两个：其一，辽国国内空虚；其二，辽国边关将帅都是有勇无谋的傻大个，有蛮力没智慧。这些消息，令大宋边关将领十分振奋，上报给了朝廷。

与辽国相比，大宋帝国在军事情报上逊色许多。宋太宗对耶律休哥散布的假消息深信不疑。恰在此时，几名地方大吏纷纷上书，提议对契丹发动战争，夺取幽州。

雄州知州贺令图等上书称："契丹主年幼，国事决于其母，韩德让宠幸用事，国人疾之，请乘其衅以取幽蓟。"在他们看来，夺幽州仿佛易如反掌。宋太宗不由得怦然心动，抑制不住北伐的冲动，在他内心深处，渴望成为像秦皇汉武那样伟大的君王。

986年，即雍熙三年，轰轰烈烈的北伐开始了。这一战，在大宋帝国历史上，有着至关重要的影响。

十 / 杨家将的故事

宋太宗北伐契丹的决定，显然是过于草率了，他对契丹的军事实力做了一个完全错误的估计。

萧太后上台后，辽国的实力不仅没有削弱，反而比辽景宗时更强大。萧太后深知大宋帝国颇为强大，未敢轻启战端，在南方采取守势，而把进攻重点放在打击党项人及女真人。983 年，辽国讨伐党项，击破十五个部落；985 年，辽国大败女真，俘获十余万人，二十多万匹马，军事力量更加强大。然而，对于这一切，大宋帝国的情报机构却置若罔闻。

为了这次北伐，大宋帝国精兵倾巢而出，名将个个登场亮相。

宋军兵分三路出击，具体部署是这样的：第一路是主力部队，由大将曹彬领衔。曹彬乃是大宋名将，在平后蜀、平南唐之役中有赫赫之功。这位仁兄由于战功太大，后来当了枢密使。第二路以米信为总指挥，从雄州（河北雄县）出兵，以协助曹彬的主力作战。第三路由田重进率领，从定州出发，向北挺进。

为了确保在战场上占有压倒性的优势，宋太宗又派出第四路人马，以潘美为总指挥，杨业为副手，在西线发起攻击，任务是迂回到幽州侧背。

四路人马，浩浩荡荡杀向辽国，兵精马壮，士气高昂。宋太宗踌躇满志，如此精锐的部队，别说打下幽州，就是天堂也可攻下。

果不其然，各路宋军捷报频传。

四路宋军中，战果最大的是潘美、杨业这一路人马。潘美与杨业都是一代名将，攻入辽境后，连战连捷，攻下寰州、朔州、应州、云州。一时间，辽国为之震动。田重进兵团与米信兵团也都旗开得胜，有所斩获。

作为北伐主力的曹彬兵团，当然不肯落于人后。曹彬麾下十余万人，越过边境后，攻克固安城，而后挺进涿州。辽军在涿州以东迎战曹彬兵团，由于力量悬殊，被宋军击破。曹彬乘胜追击，占领涿州。涿州战略地位颇为重要，一旦失守，意味着幽州南面门户洞开。

辽国女强人萧太后做了一个大胆的决定：带着未成年的小皇帝御驾亲征。这真的是太不可思议了。中国历史上有许多著名的女政治家，比如西汉的吕雉、东汉的邓绥、唐朝的武则天等，她们都曾经是帝国最高统治者，但从来没有一个女人像萧太后这样亲临战场。写到这里，笔者也不能不为萧太后的勇敢而喝彩。她非但勇敢，也有识人、用人之才，同时也知晓军事。她用两位契丹名将去对付两位宋朝名将：耶律休哥对阵曹彬，耶律斜轸阻击潘美。曹彬、潘美这对在平定南唐之战中立下赫赫战功的大宋双子星，能否再度席卷幽蓟之地呢？

表面上看，曹彬兵团攻城略地，顺风顺水。但是宋军的弱点开始暴露了，军队推进速度太快，越往前推进，后勤补给线越长。曹彬想速战速决，可惜的是，他遇到了一位伟大的将领。既生瑜，何生亮！现实就是如此残酷。

耶律休哥觑准曹彬的弱点所在，并不急着与之决战。持久战对远距离作战的宋军相当不利，耶律休哥采取守势，同时派出轻骑兵不断骚扰。在夜间，契丹骑兵利用熟悉地形的优势，对宋军薄弱据点发起突袭，打击宋军士气；在白天，耶律休哥则派出精锐骑兵，埋伏于山林草莽，袭击宋军的运粮交通线。

很快，曹彬发现问题严重了。十几天后，大军粮食供应不上。没粮食吃，向前推进与辽军决战，那是妄想；守住涿州也不可能，只能后撤。于是曹彬下令放弃涿州，撤向雄州，等粮食供应上了，再作进攻打算。

然而，当潘美与田重进两路兵马节节胜利的消息传来，曹彬的部将们坐不住了，纷纷请战。身为主将，曹彬有一个大缺点，就是过于仁慈。在攻打南唐时，为了制止手下将领滥杀无辜，他不是用严厉的军纪来约束，而是用装病的办法。他是一个好的将领，但缺乏统御力。在将士们纷纷请战下，曹彬被舆论绑架了，只得依从部下的建议，再度向涿州发起进攻。

此时涿州的局势大变。御驾亲征的萧太后及辽圣宗已抵达涿州以东五十里之处，与太后同来的是契丹最精锐的骑兵部队。

萧太后颇有军事眼光，她命令耶律休哥派出轻骑兵，对曹彬大军不停地骚扰，迟滞其行军速度。曹彬一路且战且行，花了四天的时间才抵达涿州。时值四五月之交，已进入夏季，天气开始变得炎热，经过多日行军，宋军已是疲乏不堪。这时曹彬不得不重新评估战局，萧太后亲临战场，且带来精锐骑兵，耶律休哥的兵力猛增，其战斗力之强，远非曹彬之前所遭遇的对手可比。

怎么办？战，或是不战？

曹彬没有决战的底气，他又一次下令，从涿州撤退。两度兵抵涿州，又两度撤退，这种做法着实轻率，同时也大大挫伤了士气。本来就不该冒进，曹彬在部将要挟下出击，又没有战斗的决心，这仗如何打？

宋军一撤退，耶律休哥抓住难得的战机，亲率精锐骑兵，全力追击。宋军以步兵为多，辽军则多是骑兵，速度快，耶律休哥终于追上曹彬。辽国名将与宋国名将在岐沟关（河北涿县西南）展开较量，这并不是势均力敌的对阵，而是一边倒的战斗。两进又两退的宋军将士全无招架之功，被打得丢盔弃甲，曹彬率部突围，往拒马河方向退却。到拒马河时，前有河流挡路，后有契丹追兵，宋军乱得像一锅粥。此时曹彬已完全失去对军队的控制力，全军将士只得各自为战。

拒马河成为宋军的灾难之地。由于一片混乱，在渡河时，人马相践踏，被踩死者无数，被淹死者无数，被追上来的契丹骑兵杀死者无数。为了逃命，宋军士兵把沉重的盔甲脱了扔在岸上，把刀枪剑戟也扔了。拒马河畔，武器堆积如山，拒马河中，尸体累累。史书上这样记道："沙河为之不流，弃戈甲若丘陵。"

此役宋军死亡过半，数万人命丧沙场。垂头丧气的曹彬率着残兵败将退往高阳，这也意味着雍熙北伐已经失败。

戎马一生的曹彬，以北伐的惨败而黯淡收场。耶律休哥则成为契丹的英雄，萧太后封他为"宋国王"，注意这个王号，耶律休哥的王号是"宋"，这不啻为对大宋帝国的蔑视。豪情万丈的耶律休哥提议，乘胜南略，把辽、宋的领土分界线南移到黄河一线。但是萧太后有自己的考虑，未予批准。

这一战，是宋、辽历史上的关键性一战。从此，辽国进入最强盛的"萧太后时代"，而吃了败仗的宋帝国，则完全改变对辽战略，转攻为守，收复幽州的梦想，也如断线的风筝渐去渐远了。

曹彬败退后，耶律休哥在东线战场上把宋军彻底赶出去了。西线的蔚州、寰州、朔州、云州、应州仍在宋军手中，这是北伐过程中路军（田重进兵团）与西路军（潘美、杨业兵团）所取得的战果。不过，辽国人岂会将五州之地拱手让出呢？萧太后指派契丹名将耶律斜轸统率十万大军，马不停蹄杀奔过来。

东线战事尘埃落定，西线大厮杀不可避免。

耶律斜轸是辽军之悍将，有丰富的实战经验。在979年的白马岭战役、高粱河战役中，他均有出色的表现。萧太后上台后，他深受信任，在讨伐女真的战争中再立奇勋，成为堪与耶律休哥相媲美的名将。

在耶律休哥大败曹彬后一个月，耶律斜轸挥师越过太行山，进攻宋军控制下的安定城。宋军将领贺令图大败，损失数万人马。耶律斜轸挟胜利之威，攻陷蔚州。

宋太宗接到前线战报后，指示驻守应州的潘美率领军队增援贺令图。潘美即刻点兵启程，直奔飞狐。然而，耶律斜轸已抢先一步，占据有利地势，大败潘美，而后兵锋直指应州。此时应州毫无防御力量，部队都追随潘美出征了，剩下的守军兵力单薄，只得弃城而逃。耶律斜轸几乎不战而夺应州，又把下一个目标对准寰州。寰州守军选择抗战到底，但面对优势敌军，城池很快便沦陷了，守城的一千多名将士被杀。

西路军统帅潘美狼狈不堪，收罗残兵败将，退到朔州狼牙村。接下来要怎么办呢？副统帅杨业认为辽军兵锋正盛，不可与之争锋，当务之急，是把云州、朔州、应州三地的百姓解救出来，安全转移到大宋国境之内。

听到杨业的发言后，有一个人站出来斥责道："将军手握数万精兵，却畏惧如此！应该要擂响战鼓前进，直奔马邑与敌人决战。"

说话者何人？却是监军、蔚州刺史王侁。

杨业断然否定道："不行，那样做必败无疑。"

王侁脸上露出轻蔑神情，冷嘲热讽地说："你平素绰号叫'杨无敌'，如今遇到敌人就逗留不前，莫非将军心怀他志吗？"

这句话，让杨业涨红了脸，暴跳起来。为什么呢？因为王侁含沙射影，暗示杨业本来就是个降将，难不成又想向辽国投降吗？你想想，当年杨业还是北汉大将时，北汉其他人都投降了，就只有他一个人不投降，因为他看重的就是个人的名声、气节。如今王侁却讽刺他不过是个小人，这岂能不让他愤怒呢？

他悲愤地对王侁等人说："我杨业并非贪生怕死之辈，只是时局不利，只会令士卒死伤却不能建立功业。如今各位责备我杨业怕死，我当为诸公做出表率。"

明知此去根本就是做无用功，为了自证忠心，为了捍卫名誉，杨业不得不去做。临行前，他来到主帅潘美帐中，流着泪道："我这一去，凶多吉少。我杨业原是太原降将，按理早就该死了。承蒙皇上不杀之恩，还宠幸有加，授我兵权。我并非怯敌不击，而是想寻找更好的机会，能立尺寸之功，以报国恩。如今诸君责备我避敌不战，我只能先死以表心迹了。"

身为主帅的潘美一声不吭，我们不知道他在想些什么，也许他与其他人一样，把杨业看成威胁自己地位的眼中钉。

在宋军将领中，许多人对杨业怀有深深的敌意，一则因为他是北汉降将，再则他深受太宗皇帝赏识，令人眼红嫉妒。

前文说过，杨业本是北汉一员悍将，在与宋的战争中表现得相当卖力，让许多宋军将领吃尽苦头。北汉灭亡后，他还负隅顽抗，正是这种忠勇的精神，赢得了宋太宗的尊敬。杨业打仗勇猛，有拼命三郎的精神，故而被称为"杨无敌"。宋辽战争爆发后，大宋帝国迫切需要一个熟悉边关事务的将领坐镇北疆，杨业对辽国军情了如指掌，正是最佳人选。宋太宗拜他为代州刺史，驻守军事重镇雁门关，以防辽军入侵。

太平兴国五年（980年）三月，辽军入寇雁门关。为了出其不意打击敌人，杨业采取了一个大胆而冒险的计划。他率数千骑兵悄悄迂回到契丹人背后，冷不防发起突袭。辽军大败，辽国驸马萧咄李被当场击毙，辽将李重诲被生擒。

雁门关大捷的消息传到帝都后，宋太宗龙颜大悦，提拔杨业为云州观察使。此役令杨业的威名传遍北疆，契丹人对他非常忌惮，只要看到杨业的旗号，他们便躲得远远的。可是杨业的英勇表现，却引起边关守将们的嫉妒，他们认为杨业不过就是个北汉投降过来的将领，能保住性命已是朝廷莫大的恩典了，居然还如此大出风头，着实可恶。于是一封封中伤攻击的信件不断地发往宋太宗那儿，深谙权谋术的皇帝故意把这些信件交给杨业本人过目，以示自己对他的绝对信任。杨业果然感激涕零，誓死效忠皇帝与大宋朝廷。

皇帝对杨业的赏识多一分，诸将对杨业的敌意就增添一分，这才有了王侁的恶意攻击与潘美的沉默。杨业明知敌众我寡、敌强我弱，诚不可战，然为表心迹，他不能不战。不过，一向爱兵如子的杨老将军却不忍心麾下将士一同前去送死，因此他提出一个请求。他摊开一张地图，用手指向一处名为"陈家谷"的地方，对潘美等人说："请诸位将军在此两侧埋伏步兵强弩，等我转战到此时，以步兵援救，从左右两翼夹击敌人。否则的话，恐怕没人能活下来了。"

潘美不好拒绝，点头同意。于是杨业率部出发，向敌人重兵集结的方向挺进。潘美、王侁则按照杨业的要求，在陈家谷口埋设伏兵。

耶律斜轸早就布下天罗地网，就等宋军往里钻呢。他得悉杨业率军前来，亲自率军迎战。此时的杨业已绝生还的念头，他勇猛冲锋在前，锐不可当。老谋深算的耶律斜轸佯装不敌，向后便撤。辽军早就设下伏兵，以杨业丰富的作战经验，一般情况下会十分谨慎小心，但此时他内心悲愤，就算知道敌人有伏兵，他能后撤吗？他选择向前冲，此时伏兵四起，耶律斜轸杀了个回马枪，杨业大败。

为了保全士卒性命，杨业率残兵败卒退回狼牙村。他希望埋伏在陈家谷口的步兵、弩兵给予敌人重大杀伤。杨业边战边退，到傍晚时抵达陈家谷口，可是他惊愕地发现，谷口空无一人，根本没有一个宋军官兵。怎么回事呢？

原来，杨业率部出发后，王侁就在陈家谷口等待其消息。等了半天，却没有任何消息。王侁派人到高处瞭望，还是没发现动静。他估算一下，认为杨业要是打败仗，早就退回来了，到现在还未回来，肯定是打了胜仗。王侁心里琢磨：可不能让杨业把功劳给抢了。于是他召集所部，撤去在谷口的埋伏，企图抄小路去追击敌人。

潘美一听大吃一惊，你王侁要是跑了，辽军打到这里，我怎么扛得住？他想制止王侁，王侁不理他，自个儿走了。潘美不是总司令吗，王侁怎么敢自作主张呢？原来王侁担任监军，就是代表天子监督前线将领，有皇帝老儿撑腰，不把总司令放在眼里。王侁一走，潘美兵力单薄，也顾不得杨业的嘱咐，下令军队撤退。这里可以看出宋军失利的一个重要原因，无论是曹彬或是潘美，作为前线统帅，他们并没有一言九鼎的真实权力，反倒处处受制于部将，这样一支军队，哪有凝聚力呢？

话说杨业望着空荡荡的陈家谷，他用力捶胸，脸上充满悲怆的神情。他不是为自己悲，而是为所剩无几的部下感到悲痛。此时老将军手下只剩下百余人，他对众人道:"你们各自都有父母子女,不要跟我一起死,你们都快走吧。"这些士兵长期追随杨业,乐为其用,如今大难临头,岂有丢下将军自己逃命的道理呢?大家流着泪,表示要与将军一起血战到底。

这时契丹人已经追了上来,这是最后的战斗。尽管所有人已筋疲力尽,但老将军一声令下,大家都投入与辽军的白刃战中。"无敌"杨业果然神勇惊人,只见他大刀挥舞,砍倒百十名契丹人,身上受了数十处伤,血流不止。打着打着,杨业的士卒已经死伤殆尽,只剩下他的儿子杨延玉与岳州刺史王贵等几个人。王贵是一员勇将,箭术极好,他连续射杀数十名辽军,箭矢用完,便赤手空拳,又杀了不少敌人,最后力竭被杀。杨延玉也战斗到最后一刻,死在父亲身旁。

杨业再也没有气力了。这时,他心爱的坐骑撒腿便跑,冲破辽军的包围圈,一头冲到深林之中。这匹马很通人性,可是它伤得极重,跑不动了,只得找了个树丛,藏了起来。

就在这时,契丹将领耶律希达一眼望见马背上的战袍,引弓上箭,瞄准便射。杨业不幸中箭,翻身落马。契丹人一拥而上,把失去知觉的杨业生擒活捉。

对于杨业,契丹人十分熟悉。他以前是北汉将领,而北汉是契丹的保护国。就说契丹统帅耶律斜轸吧,在七年前(979年)辽国援救北汉时,耶律斜轸与杨业(当时叫刘继业)是属于同一阵线,一起抵抗宋军的入侵。

有一个情况值得注意,即便在北汉时,杨业似乎也是反对与契丹结盟的。据《辽史》所记,耶律斜轸在俘获杨业时曾说过这样的话:"汝与我国角胜三十余年。"由此可见,杨业在汉人立场上,始终是反对契丹人入主中原。

作为一代名将,杨业文化水平比较低,什么四书五经之类的东西,他不太懂,也没这兴趣。但是他忠诚、勇敢、会打仗、有谋略。他在军事上的本领,是长期作战中总结、学习来的。他有点类似于西汉名将、飞将军李广,既作战勇敢,也很会带兵,能与士兵打成一片,同甘苦、共患难。

杨业武艺相当高强,身体强健。他归顺大宋帝国时,已经五十多岁,驻守在雁门关一带,冬天十分寒冷,一般人都得穿毡裘御寒。他却不怕冷,经常穿一件棉衣,露天坐着讲习军事,旁边也没有火炉。站在一旁的侍者都快冻趴下了,他却一点寒意也没有。可以说,他天生就是打仗的料。他与李广一样,军中政令十分简单，但士兵乐于为其效命。

契丹是游牧民族，崇尚英雄。杨业就是令人敬重的英雄，故而契丹人对他好生照顾。可是杨业已下了必死的决心，他叹息道："皇上厚遇我，我本期待捍卫边关杀敌立功以报答皇恩，只是为奸臣所嫉，逼我赴死。如今王师败绩，我有何颜面苟且偷生呢？"于是他绝食三日，吐血而亡。

这次惨败的消息与杨业自杀殉国的噩耗传到开封城后，宋太宗大为痛心。监军王侁被罢官，发配金州；潘美被降三级留用；追授杨业为太尉兼大同军节度使。皇帝这么做，一方面是表彰杨业的功勋，另一方面也是树立一个忠勇的榜样。杨家将的故事，后来广为流传，成为中国人家喻户晓的经典传奇。这既是百姓对杨门忠烈的景仰与传颂，也有官方宣传的痕迹。

在著名历史小说《杨家将》中，塑造了杨氏家族四代忠烈的人物形象。小说里面当然有虚构，那么历史上除了杨业外，真的还存在其他杨家将吗？答案是肯定的。杨业死后，他的五个儿子均被朝廷录用，其中比较著名的是杨延昭，也就是小说人物杨六郎。

在杨业的几个儿子中，杨延昭的性格与父亲最像。杨业曾说："此儿类我。"确实如此。杨延昭尝追随父亲参加雍熙三年（986年）的北伐，后来镇守大宋北疆，颇多战功。宋真宗也称赞他"治兵护塞有父风"，堪称杨家将第二代的出色人物。

杨家将第三代的代表人物是杨文广，他是杨延昭的儿子。他的才华曾得到北宋名臣范仲淹的赏识，后来追随狄青南征。考虑到杨文广是名将之后，宋英宗多次提拔他，官至定州路副总管、步兵都虞候。与祖父、父亲一样，杨文广精忠报国，因公忘私。

可以说，杨氏家族为大宋帝国的边防做出过巨大的贡献，正因为如此，他们几代人抗击外敌的英勇事迹，得以在民间广为流传，后来逐渐演变为小说《杨家将》，其高尚的爱国主义情操，遂成为国人宝贵的精神财富。

十一 / 均贫富：哪里有压迫，哪里就有反抗

雍熙三年（986年）的北伐以宋军的全线失败而告终。辽国很快展开报复战，萧太后以耶律休哥为先锋都统，挥师南下。耶律休哥足智多谋，深谙"上兵伐谋"之道，遂采用诈降之计，假称"我获罪于契丹，愿归附大宋"。镇守雄州的大宋将领贺令图闻讯大喜，亲自带一支军队前往接应，岂料落入敌人的陷阱，全军覆没，贺令图也沦为阶下之囚。

计擒贺令图后，耶律休哥进逼瀛州，与宋将刘廷让率领的数万人马大战于君子馆。两大因素导致宋军大败：其一，辽国萧太后率领主力赶到，在兵力上形成绝对优势，包围刘廷让；其二，寒潮骤至，天寒地冻，宋军的弓弩无法使用，武器优势发挥不出来。朝廷急令李继隆率部救援，然而敌众我寡，李继隆未敢深入，刘廷让兵团最终难逃全军覆没的下场。

接二连三的失利，令大宋帝国朝野震动，"边将莫敢有议取幽燕者矣"。此时，大宋帝国北疆已是岌岌可危了。由于精锐丧失殆尽，整个边界线上的戍卒加起来不满万人，紧急之下，地方政府把没训练过的百姓编入队伍。然而这些民兵确实没有战斗力，契丹骑兵一路长驱直入，如入无人之境，接连攻下邢州、深州，而后攻破束城、文安，尽杀其丁壮，俘其老幼。

太宗端拱元年（988年），辽师卷土重来，一路势如破竹，直杀到唐河北。远在首都遥控战局的宋太宗慌了手脚，匆匆发出指示：坚壁清野，勿要出战。

前线将领李继隆认为："阃外之事，将帅得专。"阃外就是门外，皇城之外，战场上形势变化多端，将领要审时度势，就算皇帝的命令，也不一定要服从。李继隆是宋初名将李处耘的儿子，在上一年的君子馆之役中，由于他救援不力，导致刘廷让部全军覆没。李继隆的妹妹是宋太宗的明德皇后，因为有这层关系，李继隆最终没受到严惩，但毕竟声名严重受损。为了洗刷污点，李继隆搬出古代

"将在外君令有所不受"的传统，率领麾下精锐的静塞骑兵反击辽师，竟大获全胜，并收复易州、满城等地。

次年（989年），辽军再度来袭，又一次攻陷易州。当时大宋帝国在北疆设有一兵营，称为"威虏军"，驻军数千人。辽国不断派兵袭扰交通线，令威虏军的粮食频频告急。宋太宗下诏派李继隆统率镇、定两州兵力，押送数千车军粮，前往威虏军。耶律休哥闻讯大喜，亲率精锐骑兵数万人，打算半途邀击李继隆的押粮部队。

一个意外事件导致耶律休哥的计划破产。

原来耶律休哥的数万大军在行进过程中，遭遇一支千余人的宋军巡逻队。为了不打草惊蛇，耶律休哥决定不攻击这支巡逻队。巡逻队的队长尹继伦胆大心细，判断耶律休哥的目的是要伏击李继隆的运粮车队，于是他带着部众悄悄尾随辽军。行进数十里后，到了唐州徐河，辽军距李继隆只有四五里的距离。这时正是凌晨，天色未亮，耶律休哥吩咐士兵们先吃饭，填饱肚子便围歼李继隆。谁能想到，就这工夫，尹继伦的一千名巡逻兵突然出现，出其不意地猛攻辽军兵营。辽军一下子被打蒙了，兵营大乱。尹继伦乘机带着几个弟兄猛扑中军营帐，耶律休哥把吃饭用的小刀、筷子一扔便逃，可手臂还是挨了一刀。

很快，李继隆也发现辽军兵营大乱，果断率部杀奔而来。耶律休哥真是阴沟里翻船，一场精心准备的偷袭战，就这样被尹继伦给搅没了，不由得仰天长叹，只得率部仓皇而逃。李继隆纵兵大追十余里，俘敌无数，这是辽师南征以来最大的败仗。战后，尹继伦被朝廷升迁为长州刺史，名震边塞，契丹人畏之如虎，并送上一个绰号——"黑面大王"，因为尹继伦长年巡逻，风吹日晒，长得比较黑。

被视为战神的耶律休哥生平第一次败得这么惨，对契丹是一大心理打击。连续三年的战争，对宋辽两国都是巨大的消耗，谁都吃不消。尽管双方都没有主动提出议和，但战争实际上告一段落了。从这一年（989年）一直到宋太宗去世（997年），宋辽之间没有再出现大规模的战事。

北方战争的压力减轻了，可是在帝国西南，一场规模浩大的农民起义，正悄悄酝酿着。

淳化四年（993年），太宗皇帝的统治已进入第十七个年头，帝国看上去风平浪静，谁也没有预见到，一场大风浪就要到来。之所以没人预料得到，是因为风浪来临之前，仅仅是微波荡漾罢了。

这一年二月的某天，西南的一座名为青城的小县城，气氛与往日不同。一大群人聚在一起，手上挥舞着菜刀锄头棍棒，聚精会神地听着台上一个人的演说，当那人说到"吾疾贫富不均，今与汝均之"时，台下这些人热情之火焰被点燃，个个热血沸腾。

他们要干什么呢？造反！

在台上喊出"均贫富"口号的这个人，叫王小波，是青城县人。他为什么要造反，其他人为什么要跟着他造反呢？这就说来话长了。

青城县位于四川，在大宋帝国统治之前，属于后蜀。前面说过，当年宋军平定后蜀时，烧杀抢掠，无恶不作。蜀地人民奋起反抗，在全师雄的领导下，与宋军浴血奋战，最后失败了。武装反抗失败后，不屈不挠的蜀地人民又上访，到京城告御状，宋太祖不得不处分一些宋军将领，以平民愤。但是，处分明显太轻，这也导致一种现象：被朝廷派到四川当官的人，总想方设法捞点好处。在王小波起义前，朝廷曾派秘书丞张枢到四川巡视，他一口气就挖出官员贪赃枉法者一百多人，可见这里腐败到什么程度。

大家都知道，四川号称"天府之国"，物产丰富，按理说，百姓生活水平不低，干吗要造反呢？其实不然。其一，宋朝平定后蜀，把大量的金银财宝搜刮一空，要么运往京城，要么中饱私囊；其二，赋税太重；其三，政府在四川设置"博买务"，就是垄断布帛买卖，商旅不得私下交易，后来又垄断茶叶生意。

话说王小波原本是个贩夫走卒，做茶叶生意为生。自从政府实施茶叶、布帛专卖后，大批以此为生的蜀民陷入生存危机中，没活路啊，怎么办呢？蜀民有闹革命的传统，你大宋朝廷不是好东西，派来的官吏不是好东西，我反了！就这样，王小波纠集一批失意落魄的贫民，操起棍棒菜刀锄头，打出"均贫富"的口号，造反了。

起初，造反军规模很小，一百人罢了。王小波点燃了蜀民的愤恨之火，许多穷苦百姓一听说有人闹革命，还均贫富，这诱惑力太大了，纷纷前来投奔，造反军的规模迅速膨胀。王小波颇有眼光，他心里盘算着，若想让更多人参加造反军，就得杀掉几个百姓深恶痛绝的官。杀谁呢？他想到一个人：彭山县令齐元振。

齐元振是什么样的人，为什么人神共愤呢？他是贪官、恶吏，但这并不是他区别于别人之处，他的厉害之处，在于阴险狡诈。前面说过，朝廷曾派张枢到四川巡视，张枢一下子抓了百来个贪官，但是，贪官名单上并没有齐元振。齐元振不仅没上贪官名单，反而被张枢列在清官名单的第一位，还标注他"清白强干"。这就是齐元振，贪婪、残暴，却没让朝廷抓住任何把柄，还博得好名声。百姓的眼睛比皇帝特使的眼睛明亮，朝廷不能惩罚恶人，就让人民群众来惩罚吧。

王小波带着造反队伍，杀向彭山县，很快攻破县城，把齐元振逮住了。这位造反派头头把县城百姓都叫过来，做了两件事：第一件事，当众处决贪官齐元振，杀死后还不够，还把他肚子剖开来。干什么呢？这个贪官不就是满脑袋想钱吗，那我就用钱填饱你。于是把钱币装进他的肚子里，看你还能享用不？第二件事，把齐元振这些年搜刮的财物，全部分给百姓。"均贫富"不是口号，王小波说到做到。

这么一来，王小波的威名在蜀地传开了，越来越多的人前来投奔起义军，起义规模越来越大。

不过很可惜，这位出色的起义军领袖，在不久后的一场战役中重伤而死。当时王小波率领起义军，与西川都巡检使张玘所率的政府军在江源县激战。此战起义军大胜，斩杀张玘。在战斗过程中，王小波被张玘射中一箭，射入额头，这是致命伤，不久后就死了。大家便推举王小波的妻弟李顺为大首领，继续领导起义军。

李顺继承王小波"均贫富"的思想，他每攻克一地，总是召集乡里富人大姓，把家里财物、粮食统统拿出来，除了保留一部分生活必需品之外，其余全部没收，用于赈济贫苦百姓。这支起义军纪律严明，对百姓秋毫无犯，因而深受民众支持，影响力越来越大。

起义军的队伍扩大到数万人，接连攻陷蜀、邛诸州，杀死官吏无数。后来又攻破永康军、双流等县，目标直指成都。李顺第一次攻打成都并不顺利，尽管打到西郭门，攻势还是被守军遏制了。李顺便转而进攻汉州、彭州，连连得手。此时起义军如日中天，发起第二次成都攻坚战。大宋守军终于没有顶住，守卫成都的郭载、樊知古等人落荒而逃，逃往梓州。

一个割据的势力又出现了。

李顺，这位一年前还默默无闻的人，如今自立为王，建国号为大蜀，改元为应运。为了巩固起义成果，李顺又派军队四处出击，北抵剑关，南达巫峡。此时四川全境多数地方为起义军所控制，大宋朝廷震惊了！

皇帝再也不能等闲视之，立即召见昭宣使、河州团练使王继恩，给他挂了一个"西川招安使"头衔，率军入川，全权负责军事。

王继恩这个人，大家当不陌生。在宋太祖赵匡胤暴死的那一夜，他违抗皇后的密诏，拥宋太宗夺权，可谓是立了头功。他是一名太监，太监不都待在皇宫里吗，为何宋太宗会派他去镇压起义军呢？王继恩是太监没错，但他常年不在宫里，而是担任排阵都监，长期在河北领兵，手握兵权。

宋太宗从禁卫军中拨出部分精兵，追随王继恩入川。此时，守卫剑门关的宋军正与李顺的起义军展开激战。剑门关乃是天险之地，占据剑门，就控制了栈道。朝廷对剑门的局势非常悲观，因为这里仅有几百名守军，而前来进攻的起义军则多达数千人。在敌众我寡的情况下，都监上官正表现神勇，接连打败起义军的进攻。当时有一支从成都溃败后逃出来的宋军部队，前来剑门投奔上官正。这支部队的到来，扭转了剑门战局，宋军转入反攻，大破起义军。起义军数千人马，死伤殆尽，只剩三百人逃回成都，这三百人被愤怒的"大蜀王"李顺下令全部处决。

剑门之胜，对于宋军来说乃是一次决定性的胜利，否则栈道一旦被李顺控制，入川的路就被堵死，想镇压起义军就没那么容易了。由于这条通道的畅通，王继恩的部队得以顺利入川，并展开攻势，大破起义军，平定剑州。

显然，李顺低估了政府军的实力。

自王小波起事后，起义军所对付的官兵，不过只是地方武装，战斗力不强，故而屡战屡胜。而这次李顺要对付的，却是来自京师的精锐禁军，战斗力之强，远非起义军这群乌合之众可以相比。在这种情况下，若李顺主动放弃成都，与宋军展开游击战，避实击虚，或许可以坚持下去。当了几天大蜀王后，人性的弱点暴露出来了，要放弃富贵舒服的生活，重新回到艰苦的环境中去，这确实很难。因此，李顺选择与宋军硬拼，抱着侥幸心态去赌，这正是王继恩求之不得的呢。

时间已是淳化五年（994年）四月，李顺接连发起两次进攻，无异于自杀。他派五千人在柳池驿与宋军交锋，同时又派三千人进攻广安军。这两次攻击非常不明智，不仅均告失败，士气更是一落千丈。自此之后，宋军一路推进，势如破竹。五月，捷报如雪片，不断地飞入皇城。王继恩献上战报：政府军攻克绵州，收复阆州、巴州，各路宋军齐头并进，逼近成都。

直到这个时候，李顺还心存幻想。他把起义军全部集中在成都，企图固守，此时成都的起义军多达十万人。怎么会有这么多人呢？我想这十万人里，多数只是临时拼凑的，比较有战斗经验的战士，多数已经在前面的战斗中牺牲了。表面上看，十万大军，怎么说也能撑个一年半载吧。可实际上，成都在短短几天内就沦陷了。史书上甚至这样说："王继恩至成都，引师攻其城，即拔之。"

"即拔之"三个字，可见起义军的抵抗力是多么微弱。这是一群乌合之众与训练有素、久经沙场的禁军的不对等交锋，尽管实力悬殊，起义军表现出来的勇气还是令人钦佩的。有三万人战死沙场，他们宁可带着"均贫富"的梦想死去，也不愿成为被奴役的人。这种追求平等的伟大精神，将永远不会灭亡。

关于起义军领袖李顺，有的说他被俘，有的则说他下落不明。

成都失陷后，起义军残余力量仍在坚持作战。十万义军死了三万人，剩下的七万人，有的投降了，有的则杀出重围，继续与官兵周旋。李顺旧部张余退出成都，收罗旧部，转战并攻陷嘉州、戎州、泸州、渝州、涪州、忠州、万州、开州等八个州。起义军之所以还能转战各地，主要原因，乃是宋军主帅王继恩治军无方。

说到底，王继恩就是有功于皇帝的太监，说到行军打仗，那是外行。他攻下成都后，天天大吃大喝，手握重兵，又待在成都不出，甚至还纵容部队掠夺百姓子女钱帛。由于王继恩无所作为，起义军有死灰复燃之势。张余的起义军发展到数万人，向东挺进，进攻夔州。

夔州靠近巫峡，乃是从长江进出四川的战略要地。义军在西津口处大举进攻，矢石如雨。太宗皇帝紧急派白继赟统领数千精锐士卒，昼夜兼行，奔援夔州。白继赟的援军抵达夔州后，趁义军无备，与夔州守军前后夹击，大破义军。这一战，起义军共死了两万多人。据说当时整个长江江面漂着尸体，"水为之赤"。

在接下来的几次战役中，义军又遭重创。在嘉陵江口之战中，义军损失两万人；在陵州之战中，损失五千人。如此一来，起义军大势已去，张余已是回天乏力。

历时两年的王小波、李顺起义，震动西南，其原因就是官逼民反。朝廷当然也知道这一点，宋太宗决定派个正直的官员前去治理，挑来选去后，选中枢密直学士张咏。不仅如此，皇帝还下了个罪己诏，做自我检讨。我们来看看皇帝是怎么认错的："朕委任非当，烛理不明，致彼亲民之官，不以惠和为政，笼榷之吏，惟用克削为功，挠我烝民，起为狂寇。"这份检讨书，应该说写得还是比较深刻的，至少表明皇帝意识到四川之乱，主要原因在于官吏上。

这次，皇帝没用错人，张咏赴川后，大力整饬军政，问疾民间，安抚民众。宋太宗这样称赞他："此人何事不能了，朕无虑矣。"

张咏赴任后次年（995年），起义军余党首领张余在嘉州战死，意味着这场轰轰烈烈的大起义，最终以失败而告终。尽管"均贫富"的理想未能实现，但是蜀人以自己的反抗精神，争取到了一定的权利，迫使朝廷着手解决吏治腐败的问题，从某种程度上说，这也算是一种胜利。

十二 / 吕端大事不糊涂

至道三年（997年）三月某日，开封。

这一天，帝国宰相吕端又像往常那样进宫问疾。问谁的疾呢？皇帝宋太宗。五十九岁的皇帝快不行了，尽管在宫中没人敢私下这么说，但大家都心中有数。当吕端跨进皇帝寝宫时，一眼看到了两张熟悉的面孔，一个是明德皇后，另一个是大太监王继恩。他的眼光还在搜索另一个人，可是没看到，内心不由得一沉。皇帝病入膏肓，随时可能驾崩，但太子居然不在身旁！

父皇病危，作为接班人的太子居然没在身边，可见其中有文章。熟悉历史、洞悉人性的吕端马上意识到：有人想阻止太子登基。谁呢？只要看看谁待在皇帝身边就知道了，正是明德皇后与王继恩。吕端探望了已经不省人事的皇帝，皇帝若是死了，这皇宫之内，会不会掀起惊涛骇浪呢？

不行，一定要通知太子。吕端没有带纸，他在笏板上写了两个字"大渐"，然后交给亲信，要他火速送往东宫。"大渐"是什么意思呢，就是"病危"，告诉太子皇上已经病危了，赶紧入宫，迟则生变。

吕端这么着急，是因为他知道王继恩的阴谋：这个翻云覆雨的大太监想废掉太子！

为什么王继恩想废掉太子呢？

这事，我们还得从宋太宗立太子说起。

当年宋太宗以皇弟的身份窃取大权，因为名不正言不顺，他迟迟不敢立自己的儿子为太子，宋太祖的两个儿子以及弟弟赵廷美都有继位权。几年后，太祖皇帝的两个儿子，一个自杀，一个暴死；皇弟赵廷美同样遭迫害而死。这么一来，宋太宗可以名正言顺地把皇位传给自己的儿子。可是谁又想得到，立储一事，竟然非常不顺利。

有人会问，古代不都长子继承吗？立长子为储君不就完事了吗？确实，宋太宗是想让长子赵元佐接班。可是赵元佐这个人比较有同情心，也比较脆弱。叔父赵廷美被迫害致死，对赵元佐刺激太大了，他居然精神失常，甚至有一回自己放火烧了寝宫。太宗皇帝大怒，把长子赵元佐废为平民，让次子赵元僖担任开封府尹，这是宋太宗当皇帝之前的官职，被外界解读为"准太子"。

准太子赵元僖尚未转正，就在992年意外病死，年仅二十七岁。赵元僖之死，对宋太宗是一次沉重的打击，他一夜之间，变得苍老了。

太宗皇帝还有六个儿子，要立谁呢？大儿子不行，二儿子死了，三儿子赵元侃当然成了首选。出于谨慎，宋太宗迟迟未下定决心。立储这件事，关系到国家的未来，小心是必要的。这时，皇帝想到了一个人，此人正是以正直敢言著称的寇准。

寇准是北宋名臣，十九岁时便考中进士，开始其仕途生涯。寇准在朝中以刚直足智著称，敢于顶撞皇帝，后来触怒宋太宗，被贬到青州去了。不过，宋太宗心里明白，寇准这样的人才是敢说实话的人，于是把他召回京师，商讨立储之事。寇准的回答是："知子莫若父，陛下觉得可以，那定是可以。"寇准的表态，终于让宋太宗下定决心，立三子赵元侃为皇太子，并改名叫赵恒。

册立皇太子，意味着大宋政权将会平稳过渡，因此京师百姓对此非常支持，大家对皇太子的评价不错，称他"真社稷之主也"。换作其他人，听到儿子被人吹捧，肯定是开心的。这句话传到宋太宗耳中，他却很不开心。为什么呢？宋太宗这个人是比较厚黑的，他有没有对哥哥下手尚有疑问，但对侄儿、弟弟都是铁石心肠，甚至对长子也不客气，贬成庶人。从五代过来的人，对子弑父的情况已是见怪不怪，权力超越亲情，这是政治生存的基本法则。

现在他还没死，百姓就这样拥戴皇太子，把他这个皇帝放哪儿呢？他对寇准抱怨说："四海心归太子，欲置我于何地？"这不是想让我早点下台，想咒我早死吗？还好寇准反应敏捷，忽悠说："这不正说明陛下您有眼光吗？这是国家之福，万世之福啊。"皇帝听罢，便也消了气。

皇帝的反应，却被一个人记着了。

此人正是王继恩。

在"斧声烛影"的那一夜，王继恩奋力一赌，赢来了二十年的荣华富贵。一个太监，权倾朝野，手握兵权，甚至还到四川当了一回平乱英雄。若是当年他迟疑片刻，恐怕人生就得改写了，恐怕只能默默地待在后宫院落，看庭前花开花落，一生为奴为仆了。而今皇帝立了太子，他却有一种深深的危机感。为什么呢？皇太子很不喜欢这个老太监。

你皇太子不喜欢我，我便让你接不了班。王继恩开始四处活动，密谋把太子拉下马。他有人选吗？有，这个人选就是宋太宗的长子赵元佐。赵元佐一度精神失常，被皇帝废为庶民，但时间长了，病自然慢慢好起来。为什么王继恩看中赵元佐呢？其一，他是长子，长子继承皇位，天经地义。其二，他被废时间长，在朝中没有任何势力，容易控制摆布。

有了人选后，王继恩就开始策划其阴谋。

首先他要得到一个人的支持，这个人就是明德皇后。如果皇帝死了，有权废掉太子的人，只有皇后。明德皇后曾生有一个儿子，夭折了，因此无论谁当太子，都不是她的亲生子。王继恩毕竟是宦官，见皇后的机会多，时不时说说太子赵恒（赵元侃）的坏话，久而久之，皇后也对太子有所疑虑。除此之外，王继恩还拉拢参知政事李昌龄、知制诰胡旦等人，谋立大皇子赵元佐。

王继恩想离间皇帝与太子的关系，却没能成功，原因是太子的表现中规中矩。在担任开封尹时，赵恒表现十分出色，特别在断狱上，表现出过人的本领。史书上是这样记的："裁决轻重，靡不称惬，故京狱屡空，太宗屡诏褒美。"皇帝多次下诏表扬皇太子的表现，这就成了最好的防弹衣。

几年过去了，王继恩没能扳倒太子。

就此放弃吗？

还没结束呢！王继恩还有最后的绝招。决战的时刻到来了，这是没有硝烟的战场，却有无形的刀光剑影。太宗皇帝一病不起，生命之烛火已烧到最后。这时，王继恩与明德皇后握有先手，传诏的权力在他们之手，只要不传唤皇太子，皇太子也不能随随便便就进宫。他们在等待着，只要皇帝死亡的消息确认，立即把皇长子、被废为庶民的赵元佐立为天子。

这是赤裸裸的政变。王继恩不是第一次干这种事，他驾轻就熟，胸有成竹。可是这次他要栽跟头了，因为吕端坏了他的大事。且说吕端差人火速赶往太子处，急唤太子入宫。皇太子赵恒一看到笏板上写着"大渐"二字，心里明白，此千钧一发之际，不得迟疑，便急急赶往宫中。

事实证明，吕端的警告太及时了。

太宗皇帝终于驾崩了。王继恩这只老狐狸开始行动，他对悲伤的皇后说，现在得召宰相吕端前来，商议皇帝的人选。王继恩心里想，只要吕端一来，就被我捏在手心里，谅他不敢反对。他打心眼里瞧不起吕端这个人，不仅是他，当时朝廷有许多人都不太看得起吕端，为什么呢？吕端给人的感觉是做事糊里糊涂的，好像没什么头脑。

当初宋太宗要把吕端提拔为宰相时，有人就反对说："吕端为人糊涂。"颇有识人之明的皇帝笑道："吕端小事糊涂，大事不糊涂。"王继恩显然忘了宋太宗的这个评价，他小看了吕端。吕端对王继恩的阴谋看得一清二楚，却装得一无所知的样子。

王继恩到中书省找到吕端，催他入宫。吕端说，书房中有一份太宗皇帝以前亲笔所写的诏书，咱们啊，得把这份诏书带上才行。王继恩一时蒙了，他压根儿不知道有这么个诏书，只得与吕端一同进书房寻找。岂料他前脚一踏入书房，只听得背后"咣"的一声，大门关上了——吕端把王继恩锁在房中！

吕端把王继恩软禁起来后，直奔宫中。此时，皇太子赵恒也已经到了宫中，吕端先进宫向明德皇后禀报。皇后一见王继恩没来，知道事情有点不对头，便问吕端说："皇上驾崩，依照惯例，应该立长子为接班人。现在到底要怎么办？"吕端一拱手，铿锵有力地答说："先帝立太子，正是为了今天接班，岂能还有异议呢？"皇后自知理亏，况且王继恩也失踪了，不敢坚持己见，默不作声。

紧接着，吕端马上令参知政事温仲舒宣读遗诏，皇太子在太宗皇帝灵柩前宣布即位，成为大宋帝国的第三任皇帝，史称宋真宗。

吕端果然大事不糊涂，凭借自己的机智果敢，消除了一次可能毁灭大宋根基的政变，可谓是帝国柱石，居功至伟。

宋真宗即位后，对试图政变的王继恩等人采取了宽大的处理办法，只对为首几人削官放逐，其他的人不作追究。这种宽大的处理方式，在中国历史上还是比较罕见的，以王继恩的所作所为，就算处以极刑也不过分，宋真宗的做法显然是仁慈的。这可能跟皇帝的性格有关，他性情比较温和，不像父亲那么厚黑。当了皇帝后，他还恢复哥哥赵元佐的爵位。要知道赵元佐不仅是长兄，还曾被王继恩密谋推上皇帝宝座，理论上仍是皇位有力竞争者，如果放到别的朝代，恐怕难逃一死的下场。赵元佐不仅没被杀，还活到六十三岁，不能不说宋真宗是比较有人情味的皇帝。甚至对一度想废掉自己的明德皇太后，宋真宗也极尽孝心。从这点看，宋真宗算是一个难得的好皇帝。

不过，与宋太祖、宋太宗相比，宋真宗缺乏开拓雄心，宋朝的政策逐渐转为"守内虚外"，在外交、军事上均显得软弱。

宋真宗即位后一年（998年），辽国军事天才耶律休哥去世。

这位曾多次重创宋军的契丹名将死了，不少人要拍手称快，以为大宋帝国少了一个强劲的对手。其实不然。耶律休哥之死，对大宋帝国绝对不是好消息。为什么呢？耶律休哥虽然英勇善战，但在辽国，他却是主和派，力主辽、宋和平。宋、辽的矛盾，主要是燕云十六州的归属问题，两国的领土纠纷不是那么好解决的，因为这是五代遗留下来的历史问题。在经历数年交锋后，宋、辽两国互有胜负，但战争也使得双方都付出沉重的代价。

耶律休哥晚年主持南京（幽州）军政，约束其部众不得侵犯大宋边境，若大宋边关的牛马走失到辽国境内，一律送还。耶律休哥的做法显然是效法西晋名将羊祜，明代学者王士贞认为耶律休哥之仁甚至超过羊祜，因为羊祜的做法只是为夺取东吴的谋略，而耶律休哥则是保境安民而已。《辽史》对耶律休哥有这样的评价："社稷固而边境宁，虽配古名将，无愧矣。"

在宋太宗统治的最后几年，宋、辽保持相对和平的局面，这是来之不易的。作为辽国主和派的核心人物，耶律休哥的去世，意味着宋、辽两国新的战争临近了。

十三 / 澶渊之盟的得与失

耶律休哥死后十个月，即咸平二年（999年）十月，辽师大举南侵，宋辽战争再度爆发。

对于辽人的进攻，宋真宗是有心理准备的。在三个月前，他便任命马步军都虞候傅潜为镇州、定州、高阳关三处行营总指挥，辖八万人马，密切监视辽人动向。但是，皇帝所用非人，傅潜实在只是个庸将。

傅潜只是平庸之辈，为什么派他防御契丹，而不是战功卓著的李继隆呢？皇帝当然有自己的考虑。李继隆乃是明德皇太后的哥哥，这位皇太后差点与王继恩联手夺走宋真宗的皇位，因此皇帝上台后，就削去了李继隆的兵权。

按理说，傅潜手握八万重兵，实力也不弱了。可是辽师南下，他却下令闭营自守，不敢与敌人交锋。有些部将看不下去，便纷纷请缨出战，不料遭到傅潜大人的一顿痛骂。辽师没有遇到强有力的抵抗，便杀到宋军守备薄弱的遂城。几乎没有人相信小小的遂城能抵挡辽军的进攻。然而，一个人挺身而出，拯救了遂城，此人正是杨家将的第二代传人、杨业之子杨延昭（又称杨延朗）。

杨延昭是怎么创造奇迹的呢？

时值冬季，天气寒冷，气温零度以下，杨延昭召集城内壮丁，连夜在城墙上注水，到了次日凌晨，水全结成冰块了，整个遂城在一夜之间，加上了一层冰甲，变得坚不可摧。辽人一看傻眼了，情知难以破城，遂引兵而去，转而大掠祁、赵、邢等地。

为了鼓舞士气，宋真宗御驾亲征，从开封北上大名府。

皇帝都亲自出马了，前敌总司令傅潜仍然按兵不动，这可把部将们给气坏了。范廷召当着傅潜的面破口大骂："你小子胆小得连个老太婆都不如。"傅潜被骂得脸上一阵红一阵白，不得已拨一万人马给范廷召，包括八千骑兵与两千步兵。看到这里，诸位可能以为这范廷召真是一条好汉，其实不然，不要看他会吆喝，真上了战场，比傅潜强不到哪儿去。

范廷召率一万人马向瀛州挺进，半途与辽军遭遇。范廷召见敌军兵强马壮，不由得露出怯意，赶紧向高阳关守将康保裔求援。康保裔颇有义气，眼看兄弟部队有难，亲率精锐前往增援。范廷召派人到康保裔兵营，约定次日早晨同时向辽军发起进攻。当天范廷召的部队便遭到辽军的进攻，被打得丢盔弃甲，只顾着逃跑，却没有通知友军取消次日的行动。次日，到了约定的时间，康保裔如期发动进攻，哪曾想到范廷召早就逃得无影无踪。这几乎是一次自杀性的进攻，康保裔战死，部众也死伤殆尽。

辽军大胜之后，渡过黄河，大掠淄、齐，而后心满意足地凯旋。此时逃跑将军范廷召不知从哪儿冒出来，跟在契丹人屁股后面，捡了一些他们遗弃在路上的物资，往上一报，号称"大破契丹于莫州"。皇帝太高兴了，当场赋诗一首，名为《喜捷诗》，群臣纷纷道贺。

当然也有一个人倒霉了，他就是总司令傅潜，被革职流放了。

对辽国萧太后来说，这只是一次试探性的进攻，摸摸宋朝新皇帝的底细。与前些年相比，宋军的战斗力更差了，将领们的军事素质也不行。

在接下来的几年里，辽国不断挑起事端，进攻大宋边疆。在踢了几脚后，萧太后看出大宋帝国就是只纸老虎，辽国应大举进攻，捞取更多的好处。

1004年，辽国出动二十万大军，对大宋帝国发动规模空前的进攻。女强人萧太后与辽圣宗御驾亲征，志在必得。辽将萧挞凛攻陷遂城，直逼定州。

前线告急书如雪片般飞往开封，一晚上竟然就有五份加急文书。边关战报送到宰相寇准手里，按道理说，战况紧急，宰相应该马上呈给皇上才对。但寇准神色自若，不慌不忙，把五份告急文书全部压下。次日早朝，宋真宗看到那么多急件，顿时傻眼了，连忙质问寇准。寇准从容不迫地答说："陛下要搞定这件事，只需要五天的时间。"他请求皇帝御驾亲征，前往澶州。上次契丹入侵，宋真宗也曾御驾亲征，其实并未到前线，只是作作秀而已。这次不同，辽国入侵规模之大，兵锋之猛，都是史无前例的。前线宋军节节败退，这时让皇帝到前线去，寇准有没有搞错！

与宋太祖、宋太宗不同，宋真宗是温室里长大的皇家子弟，没有在战场上摸爬滚打过。让他躲在安全的地方指挥作战,那是件乐事,若要到前线,敌人的矢石可是不长眼睛,要是被砸死可怎么办?皇帝面有难色,又不好意思说不敢去,干脆先退朝好了,于是他起身就要离开。就在这时,只听得寇准大喊道:"陛下这么一走,大事去矣。"

这一喊,把皇帝给喊住了。

也许在那一刻,宋真宗脑袋里飘过父亲太宗皇帝的身影,当年他父皇亲征,不也在战场上挨了一箭吗?看来皇帝位置要坐得稳,必要时还得拿出点勇气来才行。皇帝停住了脚步,回头看到寇准那双带着感激的眼睛。

宋真宗鼓足勇气,御驾北上。

说实话,宋真宗确实不是一个勇敢的人,一路上他内心都在挣扎。特别是有些臣子时不时危言耸听,有的说皇上应该往南走才对,到金陵去;有的说应该往西去,到成都。说这些话的人,显然认为没有打胜仗的把握,开封位于黄河边上,契丹铁骑一到,想逃都逃不掉。

这些消极言论确实影响皇帝的信心,他嗫嚅地对寇准说:"南巡如何?"有没有搞错!敌人在北面,皇帝却想南逃了。为什么寇准强调皇帝要亲征呢?显然这位宰相对帝国的军事防御体系是不满意的,从前几年的交锋可以看出,大宋帝国没有能胜任的大将,前线将领打仗消极。在这种情况下,只有皇帝亲自压阵,才能扭转局面。寇准警告说:"那些大臣的话,怯懦无知,跟乡下老太婆一般见识。如今敌人骑兵迫近,人心惶惶,陛下只可前进,不可后退。只要銮驾一到,河北军民势必士气百倍;若陛下后退几步,军心立刻瓦解,敌骑乘机从背后急追,就是想逃到金陵也不可能。"

皇帝一听,没办法,只得硬着头皮向前了。

此时,有一个人给宋真宗吃了一粒定心丸。

此人正是曾经打败耶律休哥的大宋名将李继隆。

宋真宗上台后,李继隆被解除兵权。后宋、辽战争爆发,宋军屡战屡败,李继隆多次上书,请求到朝廷面见皇上分析敌情,并表示愿亲自率军保疆卫土。由于帝国军事人才紧缺,宋真宗任命李继隆为山南东道节度使。宋真宗决定御驾亲征后,李继隆又一次自告奋勇,上书请求为皇帝保驾护航。宋真宗便委任李继隆为驾前东西排阵使，随军出发。

皇帝还未抵达澶州，澶州的情况已是大大不妙了。

古黄河把澶州城一分为二，其北为北城，其南为南城。契丹大军一路攻城略地，打到澶州北城，这里距离大宋帝国心脏开封已经很近了。宋真宗不敢贸然前往，派李继隆先去布置防卫。

得知皇帝即将抵达的消息，澶州守军果然士气大振。但是光靠提升士气，也不一定能打败敌人。李继隆的到来，所起的作用比皇帝作秀要重要得多。当时辽军计划先攻下澶州北城，再渡河进攻南城，故而把北城三面团团围住。李继隆渡过黄河入城，巡视城防，做出一个重大决定：在各个险要处，设伏强弩。强弩一直是中原步兵对付游牧骑兵的看家法宝，到了宋代，强弩技术发展到极致，床子弩便是其中代表，属于巨弩，威力巨大，射程远。

李继隆的这手妙棋，对后来战事发展产生决定性的影响。

辽军前敌总指挥萧挞凛自恃骁勇，亲自赴阵前观察澶州地形，他万万没想到，自己已成为宋军的狙杀目标。完成狙杀任务的乃是澶州城内威虎军头张瓌，要当军头没点本事也不行，他乃是一名神射手。其实张瓌也不知自己狙杀的对象竟然是辽军前敌总指挥，只知此人当是高级将领，便用床子弩瞄准，一箭正中萧挞凛的额头。

萧挞凛死了。他是契丹军队中最出色的将领，文武双全，通晓天文地理，屡立战功。与耶律休哥不同，萧挞凛是坚定的南侵派，力主大举进攻大宋帝国。萧挞凛之死，震动辽军，萧太后抚其柩车痛哭，伤心不已。契丹南侵之谋，萧挞凛是始作俑者。他意外死于战场，对辽军中的主战派是沉重的打击。在这种情况下，萧太后不得不考虑与大宋帝国议和。

辽军士气低落，李继隆快马将捷报告予宋真宗，并建议皇帝先不过河，暂时驻于南城。寇准不同意，他向皇帝建言："陛下不过河，则人心益危，敌气未慑，非所以取威决胜也。"说实话，寇准胆子也够大的，硬逼着宋真宗往火坑里跳。李继隆建议不过河，是顾及皇帝的面子，寇准却不给皇帝一点面子，让他下不了台。那一刻，宋真宗有一种被绑架的感觉，无可奈何之下，只得勉强过河，前往北城。

寇准是对的。

皇帝的到来，确实大大鼓舞了人心士气。宋真宗入北城后，登上门楼，张黄龙旗，旗正飘飘，诸军皆呼万岁，声音之响亮，数十里外也听得到。

此时，无论是宋帝国还是辽帝国，都想体面结束这场战争。

对于大宋帝国来说，皇帝御驾亲征，但澶州仍然还在辽军的包围之中，危局未解。这个所谓的亲征，其实十分勉强。以前太祖皇帝、太宗皇帝亲征，都是在别人的地盘上作战，是主动性的征伐。真宗皇帝的亲征，只是被动的防御罢了，底气严重不足。况且自亲征以来，宋真宗多次打起退堂鼓，若不是寇准一再坚持，他恐怕一路逃到金陵去了。为了避免夜长梦多，宋真宗巴不得早点结束战争。

辽国又如何呢？

自发动南侵以来，辽军连战连捷，进展颇为顺利。然而在澶州城下，萧挞凛被射杀，军心大为动摇。更严重的是，辽军战线拉得太长，补给成了一大难题。如今大宋皇帝亲临澶州，宋军守城官兵备受鼓舞，倘若辽军不能攻下澶州，师老兵疲，一旦战败则后果不堪设想。于是萧太后听从降将王继忠的建议，向大宋皇帝透露和谈的意愿。

宋真宗本来就非雄才伟略之君，当即派遣使臣曹利用前往辽营，就具体和谈事项进行磋商。由于曹利用权力有限，有些和谈条款不能做主，萧太后便派韩杞与他一起入澶州，直接向宋真宗提出条件。

韩杞拜见宋真宗后，提出一个条件：辽国要得到关南之地。所谓关南之地，就是瓦桥关以南的地区。为什么辽国提出这个要求呢？自从五代石敬瑭割幽云十六州给辽国后，历代中原政权都想收复这十六州，只有周世宗柴荣取得部分成功，收复了关南之地。如今宋辽和谈，这个历史遗留问题又摆到台面上。辽国人的看法是，他们得到幽云十六州是完全合法的，既不是偷也不是抢，大宋必须把关南之地归还。

这个条件，宋真宗无法答应。

大宋帝国继承后周的政治遗产，从开国始关南之地就属于大宋，怎么可能割让呢？谈判陷入困局。怎么办呢？最后，宋真宗做了妥协。首先，皇帝明确一点，土地问题决不可割让，否则只能血战到底；其次，大宋帝国每年可以提供一定数额的金帛给辽国，以作为补偿。

宋真宗早早亮出底牌，实是谈判之大忌，明摆着对辽国示弱，急于签约的心态一目了然。对于岁币的金额，宋真宗对和谈使臣曹利用的指示是："必不得已，虽百万亦可。"然而寇准暗地里对曹利用说："虽有旨许百万，若过三十万，将斩汝！"曹利用唯唯而去，最终与萧太后达成协定：大宋帝国每年向辽国交纳银十万两，绢二十万匹。

曹利用与辽萧太后议定后，急急赶回行宫。此时宋真宗正在吃饭，来不及马上召见，便先派内侍询问岁币数额。曹利用没有回答，只是伸出三根手指头，内侍回宫禀报皇帝说，"三根手指头，岂非三百万？"宋真宗失声道："太多！"继而又叹了一口气说："姑了事，亦可耳。"只要和议成了，三百万就三百万吧。及至曹利用入对，宋真宗才知理解错了，是三十万而非三百万，不由得转忧为喜，把曹利用狠狠夸了一通。

除了岁币银绢三十万之外，宋辽之间还达成几项协议：宋辽约为兄弟之国，宋真宗为兄，辽圣宗为弟；宋辽两国以白沟河为界，辽国归还所侵占的瀛州、莫州；宋辽两国于边境设置榷场，开展互市贸易。

这就是历史上著名的"澶渊之盟"。

澶渊之盟对大宋帝国有正面的意义，也有负面的影响。

正面的意义，是开启宋、辽两国的百年和平。在澶渊之盟后的一百年时间里，宋、辽两国大抵能和平相处，尽管小冲突是存在，争议是经常有的，但大的战争没有了。自从唐朝安史之乱以来，河北（黄河以北）地区烽火不断，持续二百年之久，澶渊之盟的签订，终于让这片战乱频频之地得以安宁，百姓得以过上正常的生活。自宋太宗北伐以来，大宋在与辽的战争中败多胜少，从主动进攻到被动挨打，军事劣势十分明显。澶渊之盟消弭了大宋最强大的一个对手，让帝国在未来较长一段时间内得以安定，为文化、经济繁荣打下良好的基础。

然而，澶渊之盟的负面影响也是不可低估的。堂堂大宋帝国以向辽国进贡的方式换取和平，无疑是很丢脸的，尽管银绢三十万并非很大的数额，但仍是不平等的盟约。以当时形势而言，大宋在军事上居于劣势，以暂时性退让屈辱换取两国罢战休兵，也可以说是合理的选择。以唐太宗之英明神武，也曾有过渭水之耻，敌强我弱时暂且隐忍，这是一种战术。然而，唐太宗知耻而后勇，励精图治，短短几年时间就扭转时局，彻底消灭对手。宋朝皇帝们则不然，从宋真宗始，历代宋帝多抱着苟且偷安的心态，缺乏进取雄心，一味对外送钱以求一时平安。尽管宋朝在中国历史上属于长命王朝，可是在政治军事上只是一个二流王朝，根本无法与汉唐的伟大成就相提并论。终宋朝三百年，其疆域始终不及汉唐，势力不抵西域，甚至从未收复幽云十六州之地。从武力上说，宋朝无疑是中国历史上最弱的一个朝代，追溯其积弱的起点，正是澶渊之盟。

十四 / 装神弄鬼的宋真宗

对宋真宗来说,"澶渊之盟"终结与契丹辽国漫长的战争,北方边境迎来难得的和平,这无疑是值得大书特书的一大政绩。当然,这一"政绩"的背后,最大功臣就是名相寇准。没有寇准的坚持,就没有宋真宗的御驾亲征,就不可能稳定前线的士气人心;没有寇准的坚持,大宋帝国在岁币赔款上还得蒙受更大的损失。宋真宗返回都城后,对寇准更为倚重,这引起一些朝臣的嫉恨与不满。

当初辽军大兵压境,时任参知政事的王钦若奉行逃跑主义,主张迁都金陵,枢密副使陈尧叟主张迁都成都。宋真宗迟疑不决,便召寇准上殿询问对策。寇准知道迁都是王钦若、陈尧叟的主意,却佯装不知,故意当着两人的面怒斥道:"谁为陛下画此策者,罪可诛也。"王钦若、陈尧叟两人听罢脸上一阵黑一阵白,简直无地自容,由是对寇准心怀怨恨。

眼看寇准春风得意、官运正隆,王钦若气不打一处来,便寻思着如何打垮寇准。某日朝会,寇准先退朝,王钦若乘机向皇帝进言道:"陛下敬重寇准,是因为他对社稷有功吗?"宋真宗做了肯定的回答。王钦若故作叹息状说:"澶渊之役,陛下不仅不以为耻,反而说寇准有功于社稷,这是为什么呢?"皇帝一脸惊愕道:"此话怎讲?"曾经奉行逃跑主义的王钦若俨然化身为正义之士,慷慨道:"澶渊之盟,乃是城下之盟。城下之盟,《春秋》耻之。陛下以万乘之尊而致城下之盟,此是何等的耻辱。"

所谓"城下之盟",就是敌人兵临城下而被迫签订屈辱的条约。在《春秋左传》中,有几处记载:"城下之盟,有以国毙,不能从也。"(《左传·文公十五年》)"我未及亏,而有城下之盟,是弃国也。"(《左传·哀公八年》)为了打击寇准,王钦若搬出春秋大义,澶渊之盟不过只是城下之盟,"是弃国也","不能从也"。

皇帝都是好面子的,被王钦若这么一说,宋真宗心里很不痛快,史书说:"愀然为之不悦。"要知道，澶渊之盟是谁的主意？不就是皇帝自己想媾和嘛，王钦若是要指责皇帝吗？他才没那么笨。王钦若把签订城下之盟的责任统统算在寇准头上，他这样对皇帝说："陛下听过赌博吗？赌徒钱快输光时，就会倾其所有下注，这就叫孤注一掷。陛下就是寇准的孤注一掷，想想真是太危险了。"

这是在提醒宋真宗，寇准力主御驾亲征，是在拿皇帝的性命当赌注，只是侥幸赌赢罢了，何功之有。王钦若的话令宋真宗毛骨悚然，此后便开始冷落寇准。第二年，寇准被免相，罢为刑部尚书，知陕州。

在与寇准的斗争中，王钦若大获全胜。自从他讲了澶渊之盟乃是屈辱性的"城下之盟"后，宋真宗一直郁郁寡欢，堂堂天子的自尊心遭到重大挫伤，颜面全失。有一回，他问王钦若："今将奈何？"

曾经劝皇帝迁都的王钦若故意答说："陛下发兵取幽、蓟，可先涮此辱。"其实他比任何人都清楚，宋真宗根本就没这个胆量。

果不其然，宋真宗找借口说："河朔生灵，始得休息，吾不忍复驱之死地。贤卿再思其次。"打仗就不考虑了，看看有没有别的办法。

您还别说，王钦若满肚子都是歪点子，他便对皇帝献策说：戎狄之本性，都是畏天信神，不如搞个封禅大典，此乃镇服四海、夸示戎狄的大功业。

封禅是古代帝王的祭天祭地的大典，古人以五岳为尊，而五岳又以泰山为尊，故而历代帝王多在泰山封禅。不过也有例外，比如武则天就曾封禅嵩山。据《管子》一书所记，从远古至春秋时代，曾有七十二位帝王封禅泰山。不过秦汉之后，封禅泰山的皇帝，一只手就可以数得过来，只有五人。我们来看看是哪五人：前219年，秦始皇封禅泰山；前110年，汉武帝封禅泰山；56年，光武帝封禅泰山；665年，唐高宗封禅泰山；726年，唐玄宗封禅泰山。

大家看看，平均两百年才有一次封禅泰山，这五个皇帝里，秦始皇、汉武帝、光武帝、唐玄宗都可算是一代大帝，只有唐高宗名气比较小，不过当时唐朝疆域最广、如日中天，也算勉强够格吧。由此可见，自秦代以来，不是什么皇帝都能搞封禅大典，一定是要建立大功业的圣明天子才有资格。

问题是，宋真宗有什么功业呢？算什么圣明天子呢？被辽国入侵，还签了城下之盟，哪来的资格封禅泰山呢？在王钦若看来，没有功业，有上天的启示也行啊,就是所谓的天瑞,即天降祥瑞。古人是比较迷信的,认为上天会通过某种奇异之现象给人类以启示,吉祥的征兆即祥瑞,比如说河出图,洛出书,以及自然界的异象,等等。然而大宋帝国并没有出现什么天瑞啊,这难不倒王钦若,他居然向宋真宗提议:伪造天瑞!

伪造天瑞这种事,在历史上早就有不少人做过了,最著名的就是王莽。当年王莽为了篡汉,伪造一大堆"天瑞",比如长江上出现一条龙、某地出现刻字的仙石,还有预示改朝换代的天书,等等。王钦若伪造天瑞的主张,着实把宋真宗吓了一大跳。王钦若有自己的理论,天示祥瑞其实只是圣人以神道而设教化的方法,手段有问题,但目的是好的嘛。

在澶渊之盟中丢了面子的宋真宗的确很需要通过一场封禅大典来恢复自信,于是一场轰轰烈烈的迷信欺骗运动就此展开。

1008年大年初三,果真出现怪事。皇城司奏报:有黄帛曳左承天门南鸱尾上。宋真宗对朝臣们说,去年曾梦到天神降临,让他设道场以迎天书。不用说,这黄帛就是所谓的"天书"了。群臣听罢纷纷拜贺,宋真宗于是亲自步行到承天门,恭恭敬敬地接受所谓的"天书"。由于天降祥符,故而宋真宗下诏改元为"大中祥符"。

光伪造天瑞还不够,王钦若等一帮朝臣又开始伪造民意。古人不是说过吗——天听自我民听,天视自我民视,上天的意愿就是民众的意愿。于是各地民众纷纷请求皇帝封禅泰山,宋真宗假意推辞一番后,终于答应下来。该年十月,宋真宗带上朝中文武官员以及护驾部队,浩浩荡荡奔向泰山。整个封禅活动搞了一个多月,耗资八百多万贯。

到了大中祥符四年(1011年),宋真宗又搞了一场西祀大典,前往汾阴祀后土。我们常常说到"皇天后土",皇天就是天神,后土就是地神。西汉时期,汉武帝曾六次祀后土,并在汾阴修建一座后土祠。汉朝有祭祀后土的传统,唐代玄宗皇帝也曾三次前往汾阴祭祀。宋真宗特别喜欢搞这些庆典,似乎这么一搞,大宋的国运便长盛不衰了。

从泰山封禅始,大宋帝国的迷信运动如火如荼搞了十来年,遍及全国,耗费钱财无数。当时朝政可以说是乌烟瘴气,王钦若、丁谓、林特、陈彭年、刘承珪等五人投宋真宗所好，大搞迷信骗局，被时人称为"五鬼"。后来宋仁宗评价王钦若："观其所为，真奸邪也。"

我们以今天的眼光看待宋真宗一朝的东封西祀，有点类似于网络上说的"刷存在感"。与宋太祖、宋太宗相比，宋真宗在功业上没有什么拿得出手的东西，对辽国采取妥协政策，面对西夏的崛起也束手无策。在这样一种情况下，宋真宗独辟蹊径，利用迷信活动大造声势，企图借鬼神之力量震慑敌国，实在荒诞得很。

既然所谓的天书皆是出于伪造，宋真宗也心知肚明，那么他真相信什么天启吗？如果是这样，不仅是自欺欺人，甚至是欺天了。从史书上看，宋真宗尽管大搞封祀运动，任用小人，但也不能说是个很坏的皇帝。他的所作所为，固然有沽名钓誉的一面，也有维系政权、强化意识形态的一面。

中国王朝史有一个特点，开国皇帝多是雄才伟略之君，但到第二任或第三任皇帝时，政权总会危机四伏。比如说秦朝到秦二世就亡了，汉初有诸吕之乱，西晋第二位皇帝时就爆发八王之乱，隋朝到第二个皇帝就灭亡，等等。至于乱世中的政权，比如五代诸政权，一般两至三代就灭亡了。为什么会这样呢？主要有两个原因：其一，政权建立还不久，人心还未定。一个政权的建立，势必是在消灭无数反对派的基础之上，只有当反对派这一代人都逝去，新生一代才会更认可现有的政权，这个时间一般需要五十年，最少要三四十年。其二，与开国皇帝相比，继任者的能力一般要差上一大截，这就给了野心家觊觎权力的机会。比如说秦王朝的皇帝秦二世，就是个花花公子，被权臣赵高操纵在掌心，国政遂大乱，短短几年就亡国了。再如西晋的晋惠帝，是有名的呆傻皇帝，无力统治一个大的帝国，遂导致血流成河的八王之乱，西晋由盛而衰，四代而亡。

在宋太宗统治后期，西南爆发轰轰烈烈的王小波、李顺起义。宋太宗死时，大太监王继恩与明德皇后企图政变废掉太子，如果不是吕端在千钧一发之际力挽狂澜，宋真宗恐怕与皇帝宝座无缘。真宗即位后，大宋帝国又遭遇北方辽国的猛烈进攻，不得不签订城下之盟，颜面尽失。在这种情况下，大宋政权的统治基础显然不是十分牢固。因此，宋真宗别出心裁大搞迷信运动，强化"君权神授"的合理性，对于维系政权度过王朝的危险期，还是起到一定的作用。

在中国历史上，宋朝是一个比较特殊的存在。自秦汉以来，历朝历代的政治斗争史都十分血腥，而宋朝则是个例外，这一点十分值得历史学家深入思考。宋朝政治清明宽仁的传统始于宋太祖，他以"杯酒释兵权"的方式保全开国功臣，又留下"不杀士大夫及上书言事人"的遗训，为三百年宋朝较开明的政治传统奠定基础。

宋真宗即位之前，差点就被明德太后及大太监王继恩剥夺继承权。对于这种政变谋反，大多数的皇帝都会选择简单粗暴的做法，把敌人从肉体上消灭，并扩大打击面，株连一大片，将潜在的威胁连根拔起。宋真宗的做法却与众不同，他对王继恩等参与阴谋者只是流放而已，对想废掉自己的明德太后也极尽孝心。可以说，正是有宋真宗的宽仁，宋太祖立下的开明政治传统才能得以延续，并成为后世宋帝约定俗成的规矩。

从997年即位到1022年去世，宋真宗在位时间约二十五年。与宋太祖、宋太宗相比，宋真宗在武功上几乎毫无建树，他也被认为是比较文弱、优柔寡断的皇帝。但是在文治上，他还是有可以称道之处。在他即位后几年，国家政治清明，经济发展迅速，百姓生活安定，被史家誉为"咸平之治"（998—1003年）。他曾颁布告诫百官的《文武七条》，作为官员们的行为准则，这七条是：清心、奉公、修德、务实、明察、勤课、革弊。即便在今天看来，仍然十分有意义。自1006年贬斥寇准后，宋真宗在王钦若等佞臣的怂恿下，迎天书东封西祀，劳民伤财，朝政为之一乱，可谓善始而不善终。

尽管宋真宗是个很有和平主义思想的皇帝，以妥协的方式换取宋辽两国和平，但战争仍然难以避免。北方战火散去的同时，西北的一股势力却强势崛起，大宋帝国不得不面对一场新的战争。

十五 / 西夏兴起：从李继迁到李元昊

澶渊之盟定下了大宋帝国在国防问题上的基调，用四个字概括便是"苟且偷安"。可惜的是，那个时代的历史，就是优胜劣汰的竞争史，强大了要维持和平容易，弱小了战争是避不开的。

与契丹停战，并不意味天下太平。

一股在西北崛起的势力，已渐渐成为大宋帝国的心腹之患。若要推溯这股势力的来龙去脉，那就说来话长了，我们还是长话短说吧。

且说唐朝后期，安史之乱后藩镇割据，西北党项（羌人的一支）部落乘机兴起，其首领拓跋思恭被唐朝廷封为夏州节度使（又称定难军节度使），后因平黄巢起义有功，封夏国公，并赐李姓，成为雄踞一方的地方武装集团，其势力范围以夏州为中心。

唐灭亡后，历史进入五代十国，中原政权频频易手。夏州李氏采取的原则是，中原政权不论谁上台，咱都归附。在赵匡胤陈桥兵变取代后周建立大宋王朝后，夏州李氏依然一马当先归附。名义上是归附，实际上只是挂名，李氏世代经营夏州，世袭"定难军节度使"的头衔，这块地方早就是针插不入、水泼不进的割据政权了。

982年（宋太宗太平兴国七年），定难军节度使李继捧突然宣布，率族人入朝觐见皇帝，同时放弃世袭割据，献上银、夏、绥、宥四州八县。此举大出世人意料，其实李继捧有难言的苦衷，此时夏州内部争权夺利，李继捧遭到叔伯、兄弟的反目，无奈之下，才把四州之地交付朝廷。宋太宗自然大喜过望，他早就想削夺这个藩镇的权力，如今机会从天而降了。但是他高兴得太早了，这绝对是个烫手的山芋。

有一个人不向朝廷妥协，此人是李继捧的族弟李继迁。

李继迁联合党项豪强，起兵反宋。不过李继迁运气欠佳，出师不利反被宋军偷袭得手，损失五百人，被俘一千四百帐落，连妻子老母也成俘虏了。这时，归附朝廷的李继捧出来帮他说话，称李继迁有悔过之心。宋太宗不能不给李继捧点面子，便授予李继迁银州刺史。李继迁根本没有投降的想法，拒绝接受。

　　说实话，李继迁属于那种性格极为坚韧的英雄人物，在落魄时，他没有放弃，因此许多党项人前来投奔，他的力量也悄悄增长着，渐渐变得强大。985年，他佯装投降，伏击诱杀宋都巡检使曹光实，袭据银州。考虑到自己与大宋实力悬殊，李继迁向契丹称臣，萧太后大喜，封他为"定难军节度使"。

　　由于宋、辽对峙，李继迁得以在两个帝国间游走，见机行事，一会儿倒向契丹，一会儿倒向宋国，反反复复。

　　990年，契丹封李继迁为夏国王，承认西夏为割据政权。一年后，李继迁却上书大宋皇帝，表示愿意归顺。朝廷授予李继迁银州观察使，但这只狡猾的狐狸只是耍耍手段，并非真心投降，他仍然不断地攻击宋军在灵州等地的兵寨。宋太宗终于忍无可忍，派名将李继隆率军讨伐李继迁。在李继隆的穷追猛打下，李继迁落荒而逃，宋太宗下令摧毁夏州城。

　　李继迁的脸皮不是一般的厚，为了自保，他写了一封谢罪书，声称不再干劫盗掳掠的勾当。朝廷也被这家伙搞得很头疼，能招抚就招抚吧，又授予他鄜州节度使一职。李继迁又不奉诏，他才不肯放弃自己的地盘到鄜州上任呢。

　　很快，李继迁又让朝廷大丢面子。

　　996年，他突袭大宋的押粮部队，抢走朝廷送往灵州的四十万石粮食。而后，又率一万人马围攻灵州城二百多天，但未能攻下。既然与大宋撕破了脸皮，李继迁又重新归附于契丹，契丹封他为西平王。

　　自从李继迁起兵以来，朝廷虽屡屡用兵，却始终无法剿灭。宋太宗去世后，宋真宗接手这个烫手的山芋，询问群臣意见。参知政事李政说，灵州肯定是坚持不住，还是要以招抚李继迁为上策。于是宋真宗又积极拉拢李继迁，授予他定难军节度使之衔。事实证明，这一招根本没用。朝廷给予李继迁的，他照单全收，却照样攻打周边州府，侵扰麟州、府州，抢劫粮饷。

　　可以说，大宋朝廷因自己的绥靖政策而咽下苦果。1001年，李继迁攻克清远军（宁夏灵武东南），灵州城形势孤危。宋真宗召集群臣商议对策，最后决定由王超率六万人马驰援灵州。然而灵州还是在1002年被李继迁攻陷，并改名为西平府。

李继迁可以称得上是一代枭雄，但他最后还是马失前蹄。在1003年，他挥师进攻西蕃控制的西凉府，大败而回。更要命的是，他在此役中为流矢所伤，后因伤势过重而去世，时年四十二岁。李继迁是西夏帝国的实际奠基者，在十分艰难的环境下，杀出一条血路，屡仆屡起，由弱转强。大宋帝国恩威并施，最终对他仍然无计可施。后来，他孙子李元昊称帝，尊祖父为西夏的太祖皇帝。

李继迁死后，其子李德明继承其志。

此时，宋、辽两国签订了澶渊盟约，结束战争，实现和平。李德明十分聪明，他在宋、辽两国之间走钢线，对两国同时称臣。宋真宗本来就没有荡平西夏的雄心壮志，寄希望于李德明能恪守承诺，不惜送上"定难军节度使"与"西平王"两顶帽子，实际上是承认了李氏割据地位。李德明比较识相，没有进攻大宋控制区，而是把矛头指向西蕃、回鹘部落占据的河西走廊。这时候一个新的帝国已经呼之欲出，只是仍受制于宋、辽两国，因为李德明的实力还不够，他还要继续发力。

1022年，宋真宗去世。他当了二十五年皇帝，靠着绥靖策略，与契丹妥协，与西夏李氏妥协，换来短暂的和平假象。这种妥协政策最终还是要付出代价的。宋仁宗继位后，对外政策并没有多大改变，同样缺乏进取之心。

与大宋帝国的暮气沉沉相比，西夏李氏政权却如乳虎啸谷。李德明的儿子李元昊更是少年英雄，他性格与祖父李继迁相仿，坚韧不拔，自幼便熟读兵书，精于骑射，精通佛学，通晓汉、蕃文字。更重要的是，他志向远大，深谋远虑。

他对父亲向大宋称臣一事很不满，李德明回应道："吾久用兵疲矣，吾族三十年衣锦绮，此宋恩也，不可负。"由于西夏土地贫瘠，大宋朝廷为了羁縻李氏，每年赠予不少金帛，李德明心满意足。

李元昊对此却嗤之以鼻，他对父亲说了这么一句话："英雄之生，当王霸耳，何锦绮为！"英雄人物是为了王霸事业而生，岂止是为了穿绫罗绸缎、华丽衣裳呢？这一番话，可谓掷地有声，作为父亲的李德明也不免对儿子刮目相看。

1028年，二十五岁的李元昊率军打败甘州回鹘（甘肃张掖）。在之后几年，西夏势力不断向河西走廊扩张，举兵攻打西凉府（甘肃武威）。

李元昊的时代到来了。1032年，李德明去世，李元昊成为西夏继任者。依照世袭惯例，大宋朝廷遣使封李元昊为定难军节度使兼西平王；同样，契丹辽国也封他为夏国王。此时的李元昊已经不甘心当宋、辽两国的小弟，他要与两国皇帝平起平坐。大宋朝廷很快就意识到不对劲了，李元昊统治下的西夏，开始一改李德明的政策，出兵入寇大宋府州（陕西府谷）。

这仅仅是开始。

从1034年开始，李元昊反宋的迹象愈加明显。首先，他加强了集权统治，严刑峻法，以铁腕手段约束诸羌部落；其次，他恢复党项人的旧俗，制定秃发令，下令全国所有男人全部剃发，估计也不是光头，应该是像清朝那样，留了根小辫子之类的。命令下达后，三天不秃发者，杀无赦。秃发令的实施，敌我的界限就分明了，没秃发的，你就是敌人了，此举实际上是表明他脱离大宋的决心。

不过，在与大宋彻底决裂之前，李元昊还必须先做一件事：摆平西部诸武装势力。

西夏所处的地理位置并不好，属于典型的四战之地，周围强敌环伺，有大宋帝国、契丹、西蕃、回鹘等。当然，西蕃与回鹘实力较弱，为了反宋，李元昊必须先解除后顾之忧。1035年，西夏进攻西蕃人控制下的河湟谷地，不料大败而回。李元昊不得不调整战略，转而进攻回鹘控制下的沙州、瓜州、肃州等地，把整个河西走廊收入囊中。

李元昊并不是个鲁莽之徒，而是深谋远虑。他考虑到一旦同大宋宣战，大宋必定会与西蕃联手，到时西夏可能会陷入双线作战的窘境。因此，他必须切断宋与西蕃的联系。1036年，李元昊发动兰州之战，此时兰州控制在几个羌部落手中，说起来与西夏的党项羌也算是同种。他一路进攻，直至马衔山，在这里筑了一座城堡，留军队驻守，切断西蕃与宋的交通线。至此，西夏的疆域已经比宋初时要大上几倍了，从原先的四个州扩张到了十几个州。更可怕的是，西夏的军事力量空前发展，李元昊设十八监军司，委派酋豪分统其众，兵力总计达到五十万人。

如今，李元昊已是羽翼丰满，他要振翅高飞了。

大宋帝国虽然在武力上并不很强大，可毕竟是个大家伙，就像两个人打架时，身材高大的力不亏，因此李元昊虽有窥边之志，还是得小心谨慎。李元昊十分聪明，他打着供佛的旗帜，派出一大帮人前往五台山，其实是搞间谍活动，侦察河东道的守备情况。

在西夏，并非所有人都愿意与大宋断交甚至开战。李元昊便想尽一切办法，把这些反对派一一清除。他召集各部落酋豪喝酒议事，与诸酋豪歃血为盟，约定共同出兵，分三道进攻大宋帝国。此论一出，便遭到部分酋豪的反对，李元昊二话没说，下令推出斩首，其他人无不骇然，不敢再吭声。

李元昊大开杀戒，有一个人害怕了。此人乃是他的从父，名为山遇。在此之前，山遇以长辈的身份，多次劝谏李元昊，应该与宋帝国和平相处，勿启战端。李元昊虽然觉得他十分啰唆，但毕竟是自己的堂叔伯，也算给他一点薄面，没有下毒手。当反对派被逐一清洗后，山遇惶恐不安，害怕有一天会被杀，便带着妻儿逃出西夏，逃到宋帝国的延州。延州政府官员认为山遇私下叛逃，若是收留势必要引起外交纠纷，于是把他遣送回西夏。这次，李元昊没有心慈手软，他把这位叔父当作骑兵的活靶子，万箭穿身而死。

这些无能的宋朝官吏对李元昊的野心一无所知，又漠视山遇带来的情报。我们不得不说，大宋帝国在国防上真的很糟糕，非但一味绥靖，连必要的军事情报也没有，以致李元昊突然宣布称帝的消息传来，帝国朝廷手忙脚乱，无以应对。

处死从父山遇后的第二个月，即1038年的农历十月，李元昊正式宣布称帝，国号为"大夏"，史称西夏。

十六 / 大宋的精神胜利法

皇帝很生气。

这里说的皇帝是大宋皇帝宋仁宗，李元昊这个狂妄之徒，他也配称皇帝吗？只是朝廷和平主义思潮兴起，谁也不想开战，也没那个底气开战，只是象征性地做出两个制裁：其一，立即中止宋、夏的边关贸易；其二，以十万钱的高额赏金缉捕西夏间谍。

就在这时，西夏使者抵宋，带来李元昊的亲笔信，要求大宋帝国承认西夏的独立，并且建立友好外交。宋仁宗看完后"呸——"的一声，把李元昊的信扔在一旁，断然拒绝其要求。要知道西夏所处的河西地区，在汉、唐时都是中原政权的地盘，岂是想独立就独立的呢？朝廷再出悬赏令，凡能擒杀李元昊者，即授予定难军节度使之衔。

自从澶渊之盟后，大宋帝国战事少了，国家比较安定，经济发展了，相对富庶了。因此，朝廷以为只要花点钱，就可以把李元昊摆平。可事情并不那么简单。李元昊反宋，并非一时头脑发热，而是从一开始就有明确而宏远的规划。假如大宋帝国能早点发现苗头，采用经济制裁手段还可能有成效，只是机会错过了，如今的李元昊已是下山猛虎，不可抵挡了。

正当朝廷还在想着怎么对付西夏时，李元昊却率先发难。

1039年末，西夏大举出兵，进攻保安军（陕西志丹），拉开宋夏战争的大幕。

说实话，这几十年来，大宋的国防事业可谓是一落千丈。朝廷对外没有进取雄心，对周边的诸多势力，只是不断送予财物，以此维持边疆稳定。在这种消极思想的影响下，国家武备严重失修，将官对军事多缺乏专业知识，怯懦寡谋，军队的训练不足，更缺少实战经验。可想而知，战争一开打，大宋军队便一败涂地了。

在战争开始后几个月，西夏军队屡战屡胜，攻陷保安军，进逼金明寨，一直打到延州城下。时任延州知州兼沿边经略安抚使的范雍大惊失色，快马加鞭檄召副都部署刘平前来援助。刘平接到命令后，不敢拖延，带着一万多人马向延州开进。行至三川口时，遭到西夏军队的伏击，几乎全军覆没，刘平也被西夏兵生擒。

三川口一战，大宋帝国颜面尽失。偌大的国家，居然被小小的西夏打得丢盔弃甲，国家之尊严何存？朝廷把最能干的大臣派往边关，曾经提出御敌十策的夏竦出任陕西经略安抚使，韩琦与范仲淹两人为副使。这个组合看上去不错，都是名重一时的人物，可是一个问题产生了：意见不合！

韩琦力主与西夏决战，他认为李元昊入侵的兵力只有四五万人，宋军若采取守势，分兵把守各要塞，就无法形成一个铁拳捣碎敌人。范仲淹的看法则不同，他反对贸然进攻，认为应该婴城固守，持久作战，耐心等待机会出现时，再乘机出讨。两位副使，一个力主进攻，一个力主防守，把安抚使夏竦搞得左右为难，索性提交给皇帝裁决。宋仁宗一看，韩琦的方案好，速战速决，省得天天操心，于是大笔一挥，批准其计划。

康定二年（1041年）二月，李元昊率领十万大军入寇，进攻渭州，直逼怀远城。敌人这个数量，是远远高出韩琦的估计。韩琦派任福领兵数万前往迎击，临行前嘱咐说，大军应直插敌后，见机行事，能战则战，不能战则据险设伏，截敌归路。韩琦虽是力主决战，并非鲁莽行事，而是颇为小心谨慎。

任福领命而去，在张家堡遭遇到西夏军队，他率数千轻骑兵发起进攻，杀敌数百，赢得一次小战斗的胜利。西夏士兵打了败战后，把牛羊骆驼一扔，掉转马头就逃。任福见状，你们这些小贼还想逃吗，追！于是一路追击，追到了好水川（宁夏隆德东）。此时，这位宋军总指挥早把韩琦的吩咐忘得一干二净了。他哪里晓得，从一开始自己就被李元昊牵着鼻子走，西夏军队佯装不敌，把这支大宋军队引诱到了预定的战场。当宋军行进到六盘山前，夏军突然杀出，队列齐整，显然是有备而来。这时任福也意识到中计，只能硬着头皮迎战。

西夏铁骑率先出击，猛冲向宋军阵地。李元昊原本在兵力上就有优势，现在又占据天时地利，以逸击劳，很快宋军便支撑不住。战局本就十分吃力，此时西夏军伏兵又从两旁杀出，宋军防线立马崩溃。此役宋军伤亡惨重，死亡人数超过一万人，主将任福战死，其麾下副将、偏将也死亡殆尽。在临死前，任福叹道："吾为大将，兵败，以死报国耳。"倒是还有一点血性与勇气，只是由于他指挥失当，即便一死也难以弥补其过失。

好水川之战是继三川口之战后宋军的又一次惨败。在李元昊看来，大宋帝国不过就是纸老虎罢了，他甚至让人写了一首打油诗，在宋朝边关广为张贴。这首打油诗是这样写的："夏竦何曾耸？韩琦未足奇。满川龙虎辈，犹自说兵机。"讽刺大宋边关主将夏竦、韩琦不过浪得虚名罢了，还配得上谈论兵事吗？

不久后，夏竦被撤职了，韩琦、范仲淹的权力也被削弱了。除了韩、范两人之外，朝廷又增派两人，共分四路守备陕西。

一连串的军事失利，令大宋帝国威风扫地，国家疆域虽然辽阔，但军事力量着实与之不相匹配。这个时候，在一旁冷眼观战的契丹人觉得有机会了。

自澶渊之盟后，宋辽两国大体上还能和平相处的。辽国人收了钱帛，也确实恪守承诺，并没有违约大举南侵。在宋、夏战争爆发时，辽国的萧太后、辽圣宗都已去世，在位的皇帝是圣宗的儿子辽兴宗。

当宋军在好水川大败的消息传到辽国，辽兴宗不由得怦然心动，没想到大宋帝国的军事力量如此不济，连小小的西夏都打不赢。他心里盘计，若是在这个时候发动南侵，势必可以渔翁得利。可是宋辽两国毕竟和平近四十年，这期间辽国也得到许多金帛，贸然开战，说不过去啊，得找个理由才行。什么理由呢？当年澶渊之盟谈判时，两国曾经在一块土地问题上陷入僵局，这块土地就是所谓的关南之地，瓦桥关以南十县之地。这块土地的争端当年并没有完全解决，如今辽兴宗便以此为借口，派使臣出使大宋，要求索取关南之地。

这不摆明是趁火打劫吗？

宋仁宗也摆开架势，在真定、定州、天雄、澶州四地各备兵马十万，总共集结四十万人，同时招募一批义勇军，打造五万副器甲。这是在告诫契丹人，我是有备的，不怕你的军事威胁。备战是备战，朝廷还是打算和谈。其实我们大可怀疑宋仁宗的抵抗决心，一个西夏就让帝国吃尽苦头，何况契丹的力量，较西夏更为强大。这位温室中长大的皇帝在心里已经做出让步，不惜牺牲部分利益，以维持同契丹的和平。

大宋朝廷派遣富弼为特使前往契丹谈判。对于割关南之地的要求，朝廷坚决拒绝，但是并非无条件地拒绝。宋仁宗的底线是，要么与契丹和亲通婚，要么增加岁币，二选一。富弼把宋朝的意见提了出来，辽国谈判代表不同意，坚持要割关南之地。富弼强硬地回击道："你们若坚持割地，便是毁坏以前的盟约，要是这样，我朝只有横戈相待了。"同时他还以史为鉴，"当年澶州被围困，险象环生，真宗皇帝尚且不肯割让关南之地，如今两国修好，岂有肯割地之理？"

其实大宋外交底气真的很虚弱，明明是契丹人无理取闹，还得做出重大让步，忍耐的功夫真是到家了。富弼提出来，大宋方面可以把输给契丹的岁币提高，增加白银十万两，绢十万匹。你辽国不必动一兵一卒，唾手而得大量财物，还有什么话可说呢？确实，辽兴宗没得说了，他同意了。

这样，大宋又一次以屈辱的外交赢得和平。

又是花钱消灾、窝囊，但没办法。谁让偌大的帝国边防如此孱弱呢？

与契丹新订立的盟约墨迹未干，西夏大军又一次大举入侵。

庆历二年（1042年）闰九月，李元昊入寇镇戎军，宋将葛怀敏率军迎敌。在宋夏战争中，宋军作战虽然积极，在兵略计谋上却远不及李元昊。这位西夏皇帝善于用兵，精于伪装，总能设下圈套，引诱对手上钩。葛怀敏的军队在定川寨又遭到西夏军队的围攻，阵亡九千余人，其中还有包括主将在内的十六名将官。李元昊挟胜利之威，长驱直入，攻入渭州，烧杀抢掠，并扬言要"亲临渭水，直据长安"，一时间，陕西为之震动。

宋夏战争开战三年，三次会战（三川口之战、好水川之战、定川寨之战）宋军无不败北，而李元昊则创造三战三捷的辉煌胜利。

然而，李元昊并非真正的胜者。几年战争下来，他有点吃不消了。大宋帝国虽然损兵折将，但财力还在，人员可以得到及时补充。西夏本来就不富裕，战争更加深了经济的恶化。在经历几次挫折后，大宋边防在范仲淹、韩琦的主持下，也有很大的起色，防御能力大大提高了。这些都迫使李元昊不得不考虑与大宋和谈的事宜。

促使西夏与宋和谈的，还有一个重要原因，那就是西夏与辽国的关系开始恶化。

辽国在萧太后统治时，曾多次发动对党项人的战争，控制了党项人的一些地盘。李元昊称帝后，不仅不把大宋放在眼里，对辽国也心怀不满。1043年，西夏出兵，讨伐归附契丹的党项人。辽兴宗十分不高兴，派出使者，严厉谴责西夏的侵略行径。李元昊不为所动，加紧策划党项人脱离辽国的统治。

庆历四年（1044年），原本归附契丹的党项部落叛入西夏。辽兴宗岂能同意，他马上发动大军前往镇压党项人。李元昊率西夏军队前来支持党项人的叛乱，实际上也等于向契丹宣战。心高气傲的辽兴宗大怒，下令征全国诸道兵马，在西部集结，准备大举入侵西夏。西夏与辽国的战争已是一触即发。对李元昊来说，必须尽快与宋帝国达成和平，不然就陷入两线作战了。

为了与大宋和解，李元昊放下面子，取消皇帝称号，改用国主称号，并向大宋称臣。而后，西夏使者抵开封，与宋朝商议和谈具体事项。

在宋夏谈判期间，辽夏战争爆发。辽兴宗亲率契丹大军，西征西夏，兵分数路，分进合击。李元昊故技重施，一路撤退。辽兴宗岂肯放过，全力追击。哪知大风忽起，西夏原本是比较干旱之地，多荒漠，风一起沙土飞扬，辽军逆风而进，战士们的眼睛完全睁不开。老天爷真是帮了李元昊的大忙，他当机立断，率师反扑，大败辽军。李元昊不愧是一代枭雄，不论大宋还是辽国，都败在他手下。

这次大胜，加重了李元昊与大宋的谈判筹码。在辽军溃败后的第二个月，宋夏达成和议，这个和议有点好玩。首先，西夏向大宋称臣，但是注意哦，大宋每年要交给西夏13万匹绢、5万两银以及2万斤茶，说得好听点，是朝廷赐给的赏金，说得难听点，就是被西夏勒索。这些还不是全部，在乾元节（皇帝生日）、元旦等重要节日，西夏前来祝贺还可以得到2.2万两银、2万匹绢及1万斤茶。大国被小国勒索，这当然不是光彩的事，付出这么多，换得西夏的"臣服"，保住帝国的面子，这也是宋仁宗阿Q式的精神胜利法。

十七 / 庆历新政：夭折的改革

1022年，宋真宗驾崩，年仅十三岁的儿子赵祯继位，是为宋仁宗。

由于宋仁宗年龄尚小，刘太后垂帘听政，她也是宋朝历史上第一位摄政的皇太后。刘太后颇有才能，史家把她与历史上著名的女强人吕后、武则天相提并论，并称她"有吕、武之才，而无吕、武之恶"。其实，宋仁宗的生母并非太后刘氏，而是刘氏身边的侍女李氏。刘氏年轻时聪明貌美，深得宋真宗宠幸，但一直未能怀孕。倒是李氏侍寝后有了龙胎，并于1010年（真宗大中祥符三年）产下一子，就是后来的宋仁宗赵祯。赵祯刚出生就被抱走，宋真宗对外宣称是刘氏所生。在古代，有没有为皇帝生下儿子，决定了后宫女人的命运。善于造假的宋真宗除了会搞天书之外，又一次为所爱的女人而欺骗天下人。也正因为有赵祯这个"儿子"，刘氏才能最终登上皇后宝座，并在真宗皇帝去世后成为垂帘听政的皇太后。不过，这件事虽然做得很隐秘，天下无不透风的墙，还是有不少大臣知道事情的真相，而宋仁宗赵祯则一直被蒙在鼓里。

倘若换作其他朝代，李氏在产下赵祯后，很可能就会被杀灭口。比如说在东汉历史上，有几个皇帝的生母都被皇后给杀害了，这就是非常残酷且真实的宫斗。但是刘太后并没有加害仁宗生母李氏，李氏后来还被晋封为婉仪。宋真宗去世后，刘太后把李氏迁往真宗永定陵守陵。1032年，李氏病逝，此时宋仁宗已经在位十年，母子俩终究没有相认的机会。可以说，李氏是个悲剧女子，从生下赵祯那天始，没有一天享受过母子天伦之乐，甚至在儿子成为皇帝后，她不仅未能享受荣华富贵，反而在冷清的先帝陵墓旁凄凉了却残生。不过，不幸中也有幸运，起码她没有死于非命。刘太后虽然有私心，还不至于像吕后、武则天那样冷血无情。

李氏死后一年，即1033年，掌权达十二年之久的刘太后去世。在刘太后生前，尽管知道仁宗皇帝身世的人不少，但谁也不敢说。如今太后既死，秘密便守不住了，大臣们才敢斗胆说出真相。仁宗皇帝闻罢如五雷轰顶，悲恸万分，连续几天因伤心过度而不上朝，并下诏自责，尊生母李氏为皇太后。

后来，这件事被演绎为"狸猫换太子"的故事，故事中的李妃最终与仁宗皇帝母子相认，是个大圆满的结局。然而，这只是人们美好愿望的一种表达，与史实相去甚远。

宋仁宗与父亲宋真宗在性格上颇有类似之处，比较宽厚仁慈。他在得知自己的身世后，对刘太后一族也未采取打击报复的手段，这点是值得称道的。宋仁宗在位时间总计四十二年，是宋朝三百年历史在位时间最长的一位皇帝。仁宗时代，名臣辈出，国家比较安定，百姓得以休养生息，大宋帝国在经济、科技、文化等诸多领域都得到长足的发展，被史家誉为盛世。

然而，宋仁宗虽名为仁君，却非雄君。在国家大政方针上缺乏创新进取精神，朝政苟且，因循守旧，官僚机构臃肿，行政效率低下。中国封建王朝有一个难以克服的问题：每个王朝的前几个皇帝都是比较有作为的，之后就一路向下，一代不如一代，偶尔冒出一两个中兴之君，也不能改变这种每况愈下的趋势。为什么呢？其一，开国君主多是马上得天下，那种在乱世中培养出来的能力是后世君主所缺乏的；其二，不管最初的国策如何好，时代在变，如果只知道抱残守缺，日久则生弊，这是必然的。

宋太祖、宋太宗都是从五代乱世中过来的人，枪杆子里出政权，有非凡的能力与见识。宋太祖雄才伟略，扫荡群雄，初定天下；宋太宗虽然本领不及哥哥，却也能平定北汉，与辽国对峙，从不签订什么妥协条约。到了宋真宗时，便可看出帝国已失去进取心，趋于保守，特别是澶渊之盟的签订，委曲求全，开了一个坏头。宋仁宗即位后，又面临西夏的崛起与入侵。

盛世的泡沫在西夏凌厉的攻势下被戳破了。在宋夏战争中，大宋帝国连遭败绩，最后不得不与西夏议和，每年支付高昂的"赏金"。与此同时，辽国乘机落井下石，以战争威胁，迫使宋帝国提高岁币。这样，大宋帝国在岁币上的支出，每年增加大约17万两白银、25万匹绢以及3万斤茶。这成为国家一笔沉重的财务负担，最终还是要由帝国底层百姓来买单。

帝国的危机导致社会矛盾的激化。1043年，正当帝国被西夏打得溃不成军之时，国内的动荡也开始了。该年六月，沂州虎翼卒王伦聚众起义，纵横数州，如入无人之境。朝廷紧急调派几路大军围剿，总算把起义给镇压下去了。仅仅两个月后，又爆发商州张海、郭邈山的起义，原因是饥荒，没得饭吃。这次起义坚持了四个多月，转战十余州，震动朝廷。

在这种情况下，改革派人士开始走向前台。

宋夏战争暴露出老官僚的腐朽无能，也使得一批有才干的改革派官员脱颖而出，其中便包括在边疆捍土有功的韩琦、范仲淹等人。

时任枢密副使的韩琦在写给皇帝的奏折中，提出七件事：清政本、念边事、擢才贤、备河北、固河东、收民心、营洛邑。韩琦所提的建议，仍是停留在表层，可以说是温和的改革。七件事中，念边事、备河北、固河东这三件实为一件，就是武备之事；经营洛邑这种事则算不上当务之急。

相比之下，参知政事范仲淹的奏疏要全面得多、深刻得多，涉及许多国家根本的问题。在奏疏中，范仲淹写道："历代之政，久皆有弊，弊而不救，祸乱必生。"此见解目光宏远，足其见政治家之远见卓识。那么，宋朝的政治，弊端在哪里呢？又要从哪里下手呢？范仲淹抛出一揽子解决的改革方案，要点有十条：

第一，明黜陟。和平年代的吏治很容易沦为官僚主义，趋于平庸化，官场进阶讲的是排资论辈。管你做好做坏，时间到了，自然升迁一级。这是很大的弊病，造成统治阶级暮气沉沉，缺乏生气。因此范仲淹飞出的第一刀，指向吏治。

第二，抑侥幸。宋朝有一种制度叫恩荫，就是老子有功于国家，朝廷便照顾其子孙，让他们得以享有特权。这就造成人才选取，不是靠真才实学，而是靠老子的庇护，没有公平可言。

第三，精贡举。宋朝文化相当发达，科举考试十分注重辞赋，写一手漂亮书法文章，就被认为是人才。但文章写得辞藻华丽，不见得能经世致用。故而范仲淹认为要改革科举，义理比辞章重要，要吸收实用型人才。

第四，择长官。对地方长官的任免要严格审查。

第五，均公田。公田就是职田，这是宋朝官员的收入来源之一。建国时间长了后，职田分配上便出现不均的现象，严重影响官员办事的积极性。

第六，厚农桑。农桑是国家经济之根本，必须重视。

第七，修武备。宋夏战争已经完全暴露出宋朝在武备上的种种弱点，范仲淹提出一些具体建议。

第八，减徭役。减轻百姓负担。

第九，覃恩信。就是朝廷的各种惠民措施有没有得到执行呢，是否存在"上有政策，下有对策"的欺上瞒下行为呢，皇恩再浩荡，若没有执行，百姓也不会感恩的。

第十，重命令。朝廷不能朝令夕改，否则就无法取信于民。颁布的法令，要得到有力的执行。

仁宗皇帝看了范仲淹的上书后，龙颜大悦。试想想，哪个皇帝想窝窝囊囊的呢，天下若太平，皇帝宝座坐起来才舒服。于是宋仁宗采纳其建议，开始改革，这个改革自庆历三年（1043年）开始，故而称为"庆历新政"。改革派的核心人物，除了范仲淹、韩琦之外，还有富弼、欧阳修、余靖等人。

在韩琦的改革版本中，根本没有整治吏治，而在范仲淹的版本中，改革吏治是重中之重，是成败的关键。改革吏治，说来简单，实则最难，你得去得罪一大批权贵。哪个官员没有自己的关系网呢，你罢免这个人，就得罪那个人了。在中国，自古以来，改革变法最难，改革家多半没有好下场。没有把生死置之度外的勇气，就没有变革的决心。从这点看，范仲淹无疑有着过人的勇气，他勇敢地向官僚主义宣战。

据说，范仲淹查阅官员名册时，看到有不称职的人，就会用笔做个记号。这一笔下去，意味着一个官员被削职了，意味着他改变了一家人的命运。改革派的主将富弼对范仲淹激进的做法大为担忧，他说："范公同是一笔，焉知一家哭矣。"范仲淹答道："一家哭何如一路哭！"我撤了这些昏官的职，固然导致"一家哭"，可是这些昏官上台，老百姓岂非要一路哭。

听到这里，我不禁要为范仲淹鼓掌叫好。

咱们老百姓都渴望有范仲淹这样为民请命的好官，可是在保守官僚权贵的眼中，范仲淹则成了不共戴天的敌人。保守派的代表人物就是范仲淹与韩琦的老上级夏竦，他不择手段地采取种种方式反对、攻击、诽谤、诬陷改革派，咒骂改革派人士结党营私，斥之为"朋党"。

面对反对派的疯狂造谣，时任谏官的欧阳修写了一篇著名的文章《朋党论》给予坚决还击，指出所谓"朋党"有君子与小人之分别，君子与小人不同，"所守者道义，所行者忠信，所惜者名节。以之修身，则同道而相益；以之事国，则同心而共济；终始如一，此君子之朋也。故为人君者，但当退小人之伪朋，用君子之真朋，则天下治矣"。这也是欧阳修散文中的代表作，如匕首如标枪，刺向诅咒新政的反动派。

然而，君子不敌小人，其原因在于君子不做暗事，而小人尽耍阴险手段。为了打击革新派，夏竦甚至不惜伪造所谓废立皇帝的信件，欲置改革派领袖人物富弼于死地。范仲淹、富弼等人为了避开所谓谋反之嫌，不得不自动要求离开京师，前往陕西、河北主持地方军政。宋仁宗哪里想得到改革遭到如此多的反对，不由得心灰意懒，再加上宋夏达成和解，战争的危机总算过去了，对改革的迫切感也大大降低。新政由是陷入低谷。

即便范、富两人已经离开京师，流言之攻击始终未停歇。1045年范仲淹、富弼等人被贬黜，朝中支持新政的官员也遭清洗。甚至连温和派韩琦因为对富弼被罢表示同情，也丢了枢密副使的乌纱帽。

"庆历新政"还没全面铺开，就被扼杀在摇篮之中。

范仲淹被贬官后，写了一篇流传千古的佳文《岳阳楼记》以表志向，文章写道：

"嗟夫！予尝求古仁人之心，或异二者之为，何哉？不以物喜，不以己悲。居庙堂之高则忧其民，处江湖之远则忧其君。是进亦忧，退亦忧。然则何时而乐耶？其必曰：先天下之忧而忧，后天下之乐而乐乎？噫！微斯人，吾谁与归？"

"先天下之忧而忧，后天下之乐而乐"，这句不朽名句，千年后读来，亦是掷地有声，其忧国忧民的爱国情操以及为公忘私的伟大人格，实为后人留下无价的精神财富。

十八 / 开封有个"包青天"

新政夭折后，大宋朝廷又回到以前那种平淡无奇的状态中，得过且过。由于采用花钱消灾的办法，宋与辽、夏大体上维持和平局面，边境比较宁静，国家也相对太平。由于西夏的崛起已严重影响到辽国的霸权，故而宋夏战争帷幕落下后，辽夏战争又开启了。辽国先后对西夏发动三次大规模进攻，然而西夏的武力值不容小觑，竟然三次都打败辽国。辽夏两国相互攻伐，对大宋帝国来说无疑是渔翁得利，故而大宋国运能长久，也有运气的成分。

宋朝有一个特点，皇帝大体上不残暴，多数皇帝都有文艺范，温文儒雅。宋朝是比较文明的一个朝代，对大臣的杀戮是很少的，这也是宋太祖遗留下来的传统，不杀功臣，也不以言罪人，不因为你的政见不同，就抓起来杀头。在宋朝诸帝中，宋仁宗的口碑还是很不错的。他的个人品行不错，作为皇帝性情宽厚，生活上比较勤俭，善于纳谏，颇符合古代"仁君"的标准。

因此，在仁宗时代，涌现出不少清廉的官吏，虽然不能从根本上杜绝官僚主义，但毕竟给百姓带来希望，给社会带来正义。其中最著名的清官，便是大名鼎鼎的包青天包拯。

黑脸包公的大名在中国是无人不知，小说、戏曲、电影、电视不断地演绎包公的形象，当然，这些都是经过艺术加工后的包公形象，那么历史上真正的包公是个什么样的人呢？人民的眼睛是雪亮的，包公的故事能千年流传，经久不衰，这是出于民间对这位清官的尊敬与爱戴。历史上的包拯是铁面无私的清官，这点是没有问题的。

包拯出生于999年，他的政治生涯主要是在宋仁宗当朝时期，28岁考中进士，在大理寺（略相当于今天最高法院）任职。包公断案的本领，大概就是在这里学来的。后来他到地方当过知县、知州，善于断案。《宋史》记录一则包拯断案故事：在担任天长知县期间，包拯接到一起报案，有个农民家里的牛被割掉舌头。大家想想，要割掉一头活牛的舌头也不是容易的事，而且损人不利己，谁会去干这种事呢？只有一个可能，就是仇家所为。因此，包拯对牛主人说：你回去把牛宰了卖掉。在宋朝私自杀牛是违法的，不久后，就有人跑来举报。包拯对举报者说：你为何割了人家牛的舌头，又跑来举报？后来真相果如包拯所料，该人正是罪犯。虽然这只是个小案子，仍可以看出包拯深谙人性，明察秋毫。

由于政绩突出，加之为官清廉，包拯于1043年被调回京师任监察御史，负责弹劾贪官污吏。时值庆历新政，包公属于无党派人士，既不站在范仲淹的改革派一方，也不站在夏竦的保守派一方，只是埋头做好自己的分内事。

《宋史》是这样写包拯的："公性峻直，恶吏苛刻，务敦厚。"他性情耿直，疾恶如仇，对恶吏更是深恶痛绝。包拯自任职大理寺，长期与刑狱打交道，但并不推崇严刑峻法，务求敦厚，显然是受到儒家思想"忠恕"之道的深刻影响。与其他官吏不同，他几乎没有关系网，从不加入哪方阵营，史书称他"与人不苟合，不为辞色悦人，平居无私书，故人、亲党皆绝之。"堪称公忠体国之表率。正因为如此，包拯在官场上升迁是比较慢的，他靠的是自己的实力与绝佳的口碑。

包拯最为人称道者有三：一是清廉；二是不畏强权；三是为民申冤。这也是包青天的形象。包拯为官数十年，可谓是两袖清风。在地方任职时，比如知端州时，端州盛产砚，以前官员总是巧取豪夺名砚以贿赂权贵，而包拯"岁满不持一砚归"。史传称他"虽贵，衣服、器用、饮食如布衣时"。在吃穿住用方面，当官时与没当官时并无两样。他甚至还立了家训："后世子孙仕宦，有犯赃者，不得放归本家，死不得葬大茔中。不从吾志，非吾子若孙也。"与包拯同时代的欧阳修称赞他"清节美行，著于贫贱"，可见其清廉的美名，在生前便是朝野尽知了。

自己坐得正，才有攻击贪官污吏的底气。

说到不畏强权，包拯也是出了名的。包拯当过监察御史、谏议大夫等，职责之一就是弹劾不法官员，可以说，这就是他的职业。古代的监察制度虽然发达，具体实施时未必有多少作用，说到底，监察官也是人，也害怕得罪人后遭到打击报复。但包拯很猛，攻击火力很强，天不怕地不怕，官修《宋史》中的《包拯传》中这样说："拯立朝刚毅，贵戚宦官为之敛手，闻者皆惮之。"为此，他甚至得了一个"阎罗"的称号。

被包拯弹劾落马的人无数，普通官员就不说了，就是朝廷重臣也得挨"奏"。他弹劾过的贪官污吏包括淮南转运使张可久、汾州知州任弁、太监阎士良等。当时有个恶吏名唤王逵，后台很硬，跟宰相关系很好，仁宗皇帝也很看重他，曾担任过江南西路转运使、荆湖南路转运使、淮南转运使等，这些都是肥差。王逵不仅中饱私囊，还盘剥残害百姓，民愤极大。包拯连续七次弹劾王逵，言辞激烈："今乃不恤人言，固用酷吏，于一王逵则幸矣，如一路不幸何！"他的坚持最终获得胜利，朝廷不得不罢免王逵的官职。

再说一个包拯弹劾三司使的故事。

三司就是盐铁、户部、度支三个机构，三司使即此三大机构的长官，总管国家财政，相当于财政部部长。一听这名字，就知道是肥缺，谁坐上这位置，中饱私囊的机会多的是。三司使张方平购买了一富豪的地产，估计是低价买来，肥水不少。岂料被包拯抓住尾巴，一把揪下马，丢了这个肥差。继任三司使的宋祁是一位史学家、文学家，可是有个毛病，生活奢侈，出手阔绰。让这种人管国家财政怎行，包大人又上书皇帝，把他给拉下马了。顺便说一下，宋祁有个哥哥，名叫宋庠，当过枢密使、兵部侍郎，同中书门下平章事，简单说，就是宰相级的人物，也被包拯给弹劾下台了。

不仅是官员，就是对皇亲国戚，包拯也毫不留情。

宋仁宗极其宠幸张贵妃，正所谓一人得道，鸡犬升天，张贵妃的伯父张尧佐凭着外戚身份，官位扶摇直上。张尧佐并非一无是处，《宋史》称他"持身谨畏，颇通吏治，晓法律"，但他能跻居高位，主要还是靠侄女张贵妃。短短几年时间，张尧佐便当上三司使，掌管财政大权。包拯上书批评道："天下皆谓尧佐主大计，诸路困于诛求，内帑烦于借助……臣等窃惟亲昵之私，圣人不免，惟处之有道，使不践危机，斯为得矣。"皇帝没办法，只得免去张尧佐三司使之职，但不久后又拜他为淮康军节度使、群牧制置使、宣徽南院使、景灵宫使等，恩宠未减。包拯又上书反对："五六年来擢用尧佐，群口窃议……执政大臣不能规谏，乃从谀顺旨，高官要职惟恐尧佐不满其意，致陷陛下于私昵后宫之过。"当天，张尧佐就被迫辞掉宣徽南院使、景灵宫使。

当然，必须承认，包拯能弹劾这么多人，除了一身浩然正气外，也得益于北宋宽松的政治环境。北宋吸取唐末、五代的政治教训，在防患大臣擅权上下了许多功夫，文官把持权柄，但即便是宰相，也没有兵权，这就杜绝权臣以武力控制朝廷的可能。这样还不够，为了限制宰相的权力，皇帝给了监察官员很大的弹劾权限，加上宋太祖以来"不杀士大夫与上书言事人"的传统，这就大大降低了言官弹劾权贵的政治风险。如果包拯早出生一两百年，身处乱世，遇上个暴君，你不畏强暴，只能意味着死得比别人早。

说实话，包拯给人的印象并不友善。他并不是那种和颜悦色的人，而是整天板着脸，一点笑容也没有。当时有人这样说："包拯笑，黄河清。"什么意思呢？包拯要是能笑，那么黄河水也得变清了，因为这是不可能的事。他有许多称呼，如"黑包公""包黑子""包侍制""包龙图"，前面是说相貌黑，后面是说他的官职。但最贴切的一个外号，应该是"阎罗王"，大家可曾听过会笑的阎王吗？包拯就是那个不会笑，大笔一挥可夺人魂魄的阎罗王。

我们不要被他酷酷的外表欺骗了，他是一个外冷内热的人。他不会冲着百姓微笑，但绝对会为民申冤。我们看惯了包公破案的故事，他在大理寺待过，在地方为官多年，后来又出任开封知府，确实破案无数，但具体是什么案件，史书大多没有记录。不过小说流传的包公案，也未必都是虚构，民间能流传，自有其蓝本。

1057年，包拯任开封知府，他修改了一些规章制度。比如说，以前开封府讲排场，小民是不能直接进去告状的，要先转呈给胥吏。这样子，府中官吏贪败滋生，于是乎"衙门八字开，有理无钱莫进来"。包拯把府衙大门打开，百姓可直接进门找包大人，既杜绝腐败，又提高办事效率。开封百姓，莫不拍手叫好。

由于性情耿直，包拯一生仕途起起落落，但总的来说，他是幸运的，他治下的百姓也是幸运的。1061年，包拯成为枢密副使，跻身于最高决策层，只是不久后便病逝。斯人虽已逝，但他作为"清官"的形象却在民间广为流传，在老百姓心里树起了一座千年不朽的丰碑。

十九 / 从小兵到统帅：狄青的高光时刻

如果说包拯是宋仁宗时代最负名望的文官，那么狄青则堪称是最有才华的武将。

作为一代名将，狄青的军旅生涯是从一名普通士兵开始的，他一步一个脚印，以自己的才华以及坚韧不拔的精神，实现从士兵到统帅的人生飞跃。

1038年，李元昊称帝，宣布西夏独立，次年，宋夏战争爆发。在这场历时四年多的战争中，大宋军队整体表现不佳，多次在决战中被西夏军重创。开战之初，宋军屡战屡败，全军上下士气低落，从将军到士兵对西夏军队都深怀恐惧之心。

当时狄青是三班差使，仅仅是军队中的一个小头目，大家都不敢出战，他就自告奋勇，充当先锋。在四年多的战争中，狄青声名鹊起，每次战斗，他都冲锋在前，而且脸上戴了一个铜面具，令人看了毛骨悚然，这也成了他的标志。在四年多的战争中，他总共参加了二十五次战斗，身负八处箭伤，但都大难不死。他以无所畏惧的英勇表现以及拼命三郎的顽强作风，为自己赢得了未来。

由于战功卓著，狄青被提拔为延州指使。有一回，经略判官尹洙巡视前线，与狄青交谈一些军事上的事，认为此人非常有才华，便把他推荐给经略使韩琦、范仲淹，推荐词是："此良将材也。"

正苦于手下无干将的韩琦、范仲淹马上召见狄青，经过一番交流后，发现这个小伙子武艺高强、精明强干，在行军作战上极有天赋。韩琦、范仲淹两人一致认为，狄青乃是不可多得的将才，须好好培养才行。范仲淹也发现，狄青虽有军事天赋，却有一个很大的缺点：他的知识水平比较低。倘若要成为统率千军万马的将领，没有知识是不行的。范仲淹扮演了老师的角色，他送给狄青一本《春秋左传》，并语重心长地说："一位将军若不知道古今中外的事，也不过只有匹夫之勇罢了。"从此之后，狄青发愤读书，不仅读了《左传》，还把秦、汉以来的兵法书全都研究了，其军事理论水平也得到极大提高。

奠定狄青一代名将地位的一战，是平定侬智高之役。

侬智高是何许人呢？

这里我们先简单说些背景资料。

宋朝在疆域面积上，与全盛时期的汉、唐是不能相比的。此时西南的交趾（今越南北部）已经脱离中原政权的统治，在交趾与大宋邕州（广西南宁）之间，有一个广源州，其首领就是侬智高。广源州这个地方，崇山峻岭，有大山大河，盛产黄金、丹沙，民风强悍，善于战斗。侬氏家族历来是广源州的酋豪，臣服于交趾。侬智高颇有野心与抱负，他曾经与交趾打仗，战败被俘。考虑到侬氏的势力，交趾把他释放回广源州，这改变不了侬智高独立的决心。

仁宗皇祐元年（1049年），侬智高出兵占据安德州，宣布脱离交趾统治，建立"南天国"。侬智高上表大宋朝廷，请求归顺，大宋朝廷抱着多一事不如少一事的心态，拒绝其要求。这位南天一霸索性广招亡命之徒，于1053年率五千精兵，攻破邕州，改国号为"大南国"，自称"仁惠皇帝"，之后连续占领横州、贵州、藤州、梧州、封州等，一路向东，直逼广州城。侬智高围困广州五十七日不克，遂解围攻破昭州。一时间，南方局势恶化，大宋帝国又一次面临严重的外患。

在这个时候，已经升任枢密副使的狄青自告奋勇，他上书皇帝说："臣起自行伍，非战伐无以报国，愿得蕃落骑数百，益以禁军，羁贼首致阙下。"仁宗皇帝任命狄青为荆湖南北路宣抚使，讨伐侬智高。

狄青抵达前线后，发现情况非常糟糕。

起初驻扎在南方的宋军对侬智高多抱有轻视之心，正因为轻敌，故而损兵折将。狄青下令，所有将领不得轻举妄动，等待他统一部署。有人急于立功，对统帅的命令置若罔闻。陈曙擅自发兵八千出战，大败而还。狄青毫不客气地将陈曙斩首示众，所有人无不大惊失色。

侬智高发现新来的宋军统帅按兵不动，不由得讥笑大宋帝国的将军都是些贪生怕死之辈罢了，等了十来日没发现动静，稍有松懈。岂料狄青正是故意迷惑敌人，敌人松懈之时，正是他进击之日。静如处子，动如脱兔，这正是狄青的用兵风格。宋军急行军一昼夜，一举越过天险昆仑关，出其不意地出现在邕州东北的归仁铺（广西南宁东北）。侬智高赶忙出动大军应战，狄青正面以步兵接敌，将蕃落骑兵作为奇兵，在战斗关键时刻投入作战，从左、右两翼包抄，侬智高大败，是役损失数千人。

吃了败仗后，侬智高退回邕州城内。狄青紧追不舍，推进五十余里，侬智高精锐尽失，自知不是狄青对手，遂纵火烧了邕州城，在夜色的掩护下，仓皇出逃。收复邕州城后，宋军缴获了侬智高留下的金帛巨万，并且发现了一具尸体，身着金龙袍。当时有些将领认为这是侬智高的尸体，打算向朝廷邀功。狄青答道："安知这不是侬智高的诡计呢？我不敢在没确认的情况下，向朝廷假报邀功。"

狄青的判断是对的。据史料所记，侬智高的确没有死，他逃到了大理（今云南），不过其政治生涯从此画上了句号。

狄青平定侬智高之役，其规模是比不上宋辽战争或宋夏战争。然而侬智高凭借广源州区区一块地盘与数千士兵，居然能蹂躏两广，从邕州一路杀到广州，可见宋朝国防力量之孱弱。这次胜利对兵事不振的大宋帝国来说，仍然算是打了一针强心剂。自太宗皇帝后，大宋帝国在对外战争上胜少败多，弱势明显，狄青的胜利，对朝廷乃是莫大的慰藉。正因为如此，狄青成为帝国的英雄，他一路高升，直至升任枢密使，成为帝国的顶梁柱。

从普通一兵到执掌帝国兵权的枢密使，狄青的人生就是一部奋斗的励志书。他出身低微，早年因为当兵，在额头上有刺字（宋募兵时多有刺字），后来成为国家重臣，刺的字还在。皇帝看不过去，亲赐药水让他把刺字除掉。狄青用手指着刺字对皇帝说："陛下乃是以战功提拔微臣，而不是问臣的出身门第。臣之所以有今日，正是从此刺字当兵开始。臣想保留此刺字，以劝勉诸兵士能留在军队中，请恕臣不奉诏之罪。"也就是说，狄青留着额头上的刺字，就是要给普通士兵树立榜样，只要肯奋斗，就有出人头地的机会。

在仁宗时代，狄青是最负盛名的将领，他的故事后来也同样被改编为小说，广为流传。狄青与汉代名将卫青颇有类似之处，两人均出身低微，后来均成为军界的一号人物。只是卫青崛起还沾了外戚的光，而狄青则完全是靠自己的奋斗。两人的性格也有共同点，缜密而寡言，沉勇而有大略，居于高位时不忘卑微，始终怀着戒慎之心。在行军作战上，狄青与卫青一样，用兵上深谋远虑，审时度势，耐心等待最佳战机，不战则已，战则必胜。所不同的是，卫青生于汉朝最强盛的时代，狄青所处的宋朝则相对孱弱，故而他虽有不世之天才，终究未能取得卫青那么伟大的业绩。

狄青的结局并不太好。

宋朝是对武将防范最严的一个朝代，从宋太祖杯酒释兵权到南宋灭亡，崇文抑武的传统几乎没有改变过。枢密院是宋代最高军事机构，最高长官便是枢密使，多由文官出任，也有极个别武官曾担任枢密使，比如大宋开国名将曹彬。到了仁宗时代，重文轻武的风气较开国时更甚，因而当狄青以武将的身份入主枢密院，无疑引起文官集团的恐慌与猜忌。熟悉历史掌故的文官们担心武将执掌权柄之例一开，说不定就冒出像董卓、曹操、司马懿这样的权臣，到时手无缚鸡之力的文官们势必难以抗衡。

不能说文官们的担心毫无道理。宋朝权力场上的斗争也很激烈，但多限于口水战的战场，真刀真枪的流血政变是没有的，这得益于对武将及兵权的极大限制。如今狄青以一介武夫升迁为枢密使，文官们的恐惧随之而来。历史无数次证明，制度的变化往往是先从一个小处撕开口子，最终崩裂而无可挽回。就好比汉、唐时代惨烈的宦官乱政，在汉、唐开国之初都不存在宦官乱政之现象，事情的转折往往是从某个宦官开始，或因立功或因受宠，整个宦官集团的权势便一点点累积，历经几代后最终呈尾大不掉之势，甚至左右朝政。宋朝是文人士大夫的黄金时代，文官们显然不愿意回到武夫当国的唐末五代，因而便不遗余力地攻击狄青，实际上是预防武夫的权势卷土重来。

自太祖、太宗后，北宋将星寥落，狄青算得上是少有的名将。狄青不仅有能力，还深受士卒的爱戴，据《宋史》载："（狄）青在枢密四年，每出，士卒辄指目以相称夸。"而恰恰是他超高的声望，更令文官集团生畏。于是，一场针对狄青的阴谋也悄然上演。各种流言蜚语满天飞，攻击的矛头直指狄青。宰相文彦博不怀好意地暗示狄青有"黄袍加身"的企图，要求皇帝罢免其官职；有一天狄青家中夜里失火，被文官刘敞歪曲为篡位夺权的征兆（据说朱温篡唐前家里夜多光怪）。诸如此类"莫须有"的诛心之论，广为传播。

正所谓人言可畏，一大群文官天天含沙射影攻击狄青要谋反，要篡位，要黄袍加身，这些可是灭门之罪！在流言的攻击下，狄青惶惶不可终日，如临深渊，如履薄冰。嘉祐元年（1056年），京师发生洪涝灾害，狄青为躲避水灾将家搬到相国寺，住在佛殿上，这给了政敌攻击的口实。朝廷遂免去狄青枢密使之职，离京出知陈州。不久后，狄青在忧惧中死去。

从狄青的遭遇，不难看出宋朝严防武将的政治传统。历史的发展有其内在逻辑，往往从一个极端摇摆到另一个极端，恰如老子所言：反者道之动也。晚唐五代是武夫自雄的时代，有枪就是草头王，于是军阀林立，政变迭出。北宋开国后吸取历史教训，限制武将权力，赢得国家的长治久安，但矫枉过正，武将的地位大大下降，还遭到不公正的待遇，这也导致宋朝成为中国历史上武力最弱的一个王朝。

二十 / 士大夫的黄金时代

据传大宋开国后第三年，即 962 年，宋太祖在太庙寝殿的夹室中秘密立了一块石碑，称为"誓碑"，其中有三条誓文：其一是对后周柴氏家族不得加刑；其二是不杀士大夫及上书言事人；其三是子孙有渝此誓者，天必殛之。太祖皇帝并立下规矩，以后皇帝即位时，必须到太庙恭读誓词。

这三条誓文，第一条是对后周柴氏皇族的保护，第三条是对大宋皇子皇孙的警告，涉及面都很窄。真正对后世历史产生巨大影响的是第二条誓文，即不杀士大夫及上书言事人。"士大夫"一词在古代有很多含义，在宋代是官僚知识分子的统称。我们结合历史背景，就可以发现，宋太祖立这条誓文的时间，是在杯酒释兵权后一年，两者之间有没有关联呢？

肯定有。

宋太祖在抑武的同时，已经做好崇文的打算。自陈桥兵变、黄袍加身后，宋太祖就一直在思考一个问题，为什么五代那么多政权旋起旋灭，那么多皇帝不得善终呢？自己会不会跟五代的那些皇帝同样下场呢？他很快找到症结所在：你能以武力从别人手中夺权，别人也能以武力从你手中夺权。要坐稳皇位，要长治久安，一定要削夺武将们的兵权。于是就有了"杯酒释兵权"的故事。

皇帝再有能耐，也不可能独自管理一个大国家，不与武将共治天下，只能与士大夫共治天下。为什么要发誓"不杀士大夫"呢？我想有以下两个原因：其一，与武将相比，士大夫对皇权的威胁要小得多。文人造反，三年不成。看看刘邦当皇帝后都杀了什么人，韩信、彭越、英布，都是武将，为什么不杀萧何、张良、陈平呢？他们没有兵，想造反也没资本啊。其二，既然压制武将，国家要交由士大夫来治理，就得彰显诚意，解除士大夫的后顾之忧。信任是相互的，孟子不是说过："君之视臣如手足，则臣视君如腹心；君之视臣如犬马，则臣视君如国人；君之视臣如土芥，则臣视君如寇仇。"难道要用杀戮手段把文人士大夫逼为寇仇吗？

不过，深谙人性的宋太祖心里明白，就算是读书人，只要拥有的权力太大，野心也会随之膨胀。所以他要未雨绸缪，设计一个精巧的制度以约束士大夫的权力。

这个制度的核心，在于不能让权力集中在某个大臣手中。一个国家最重要的权力有三个：行政权、军权与财政权，宋太祖设计的方案就是三权分立。

首先是宰相掌行政权。宋朝的宰相继承唐朝之制，称"同中书门下平章事"，不是一个人，而是好几个人。不仅如此，还设了副宰相，称"参知政事"，也好几个人。一般来说，正宰相与副宰相加起来不会超过五个人。大家想想，宰相这么多人，无疑每人的权力都被削弱了。

其次是枢密使掌军权。枢密使是枢密院的长官，枢密院是帝国最高军事机构，是极要害的部门。宋朝皇帝最防的就是兵权旁落，所以对枢密院是有诸多限制的。宋朝主要军事力量是中央禁军，分为三个部门，分别是殿前司、侍卫步军司、侍卫马军司，又称"三衙"，枢密院对禁军只有调兵权，不能直接指挥。三衙直接指挥禁军，但没有调兵权。史料是这样说的："天下之兵，本于枢密，有发兵之权，而无握兵之重；京师之兵，总于三帅，有握兵之重，而无发兵之权。"枢密使一般由文官担任，但也有例外。枢密院毕竟是军事机构，如果武将功劳太大，朝廷一直不擢升也不行啊，还是有可能入主枢密院。狄青就当过枢密使，后来南宋四大中兴名将中的张俊、韩世忠也当过枢密使，岳飞当过枢密副使。武将当到枢密使绝不是好事情，尽管枢密使本身不直接指挥军队，但你在军队有很深的根基啊，不防你防谁！所以枢密院还是比较敏感的部门，武将入主不小心就会遭殃。

最后是三司使掌财政权。三司就是盐铁、户部、度支三个机构，专设一长官称三司使，总揽全国财政，又被称为"计相"。

以上就是北宋初期的三权分立，三大长官相互制衡，谁也不能大权独揽。

皇帝还不放心，又横插一刀，引入第四权，即监察权。

宋太祖的誓文中，除了不杀士大夫之外，还特地加上不杀言官。为什么要特别强调这点呢？因为言官比较特殊，除了弹劾大臣之外，还有进谏皇帝的责任。

有几个皇帝喜欢听唠叨呢？连唐太宗李世民这样的一代大帝，有时都被魏徵的唠叨激怒，恨不得宰了他。唐太宗尚且如此，何况他人。

不过言官是有用的，可以拿来当作制衡宰相、枢密使、三司使的另一股力量。宋朝的言官有宋太祖的护身符，火力是很猛的，比如包拯，好几个宰相、三司使都栽在他手里。但是言官制度也有负面作用，既然找碴儿是其本职工作，难免有时没事找事，抓住人家小辫子不放，严重影响政府部门的日常工作。

应该说，宋太祖及其继任者的这套统御术，还是相当高明的。宋朝三百年，没有出现大规模的流血政变，这不能不说是宋太祖的高瞻远瞩。除了在制度上设防外，宋朝皇帝还有更厉害的一手：以科举考试为寒门学子打开一扇通往士大夫阶层的大门，以此赢得他们对政府的衷心拥护。

科举考试产生于隋唐，却在宋朝得以发扬光大。这项古代公务员考试制度，绝对可以称为人类历史上最伟大的政治发明，其意义在于打破等级壁垒，以公平的考试选拔官吏，使下层的寒门庶族有出人头地的机会。宋朝科举考试向广大学子开放，打破门第观念，只要考试合格即可录用。与唐代相比，宋代科举录取名额大大增加，唐代每次录取名额不过二三十人，甚至更少；而宋代每次录取名额则达二三百人，甚至超过五百人。名额的增加无疑让更多寒门学子受益，这也提升了政府在知识分子中的口碑。据史载，整个大宋三百年，贡举登科者超过十一万人。

为了公平公正取士，宋代还采取若干措施防止徇私舞弊。一个是糊名制，就是把考生在考卷上的姓名、籍贯等信息密封起来，跟现在高考试卷一样，以防止评卷官员徇私。但是光糊名还不完善，因为每个考生的字迹不同，凭字迹辨认还是存在舞弊的可能。为此，朝廷推出誊录制，就是把考生的试卷重新誊写。如此一来，考官在评卷时，也无法辨认考生的字迹。公平原则是非常重要的，一旦缺失，受到伤害的一定是那些既无背景亦无权势的学子。

与之前几个朝代官场注重门第不同，宋朝官场是注重"出身"。这里的"出身"不是出身于某某富贵人家，而是指科举登科。你是考科举上来的，这就是有出身，你是其他途径当官的，统统属于没出身。大宋三百年的历史，绝大多数的宰相、执政都是有出身的，也就是科举出来的。在选拔的官员中，超过三分之一是来自平民阶层。美国史学家墨菲对此评论道:"如此高的社会地位升迁比例,对于任何前近代甚至近代社会来讲,都是惊人的。"

宋代科举兴盛的背后,有诸多因素的影响。有政治因素,统治者崇文抑武,必须让更多知识分子进入官僚阶层;有社会经济因素,长期的社会稳定、经济繁荣,政府才有足够的财力来维持士大夫、官僚阶层的扩容;还有科技因素,宋代印刷业的普及,使得印刷品、书籍大量流通,这让广大底层百姓的读书梦成为可能。

北宋时期的士大夫一定会有这样的意识:大宋之前野蛮暴力政治已永久成为过去,他们迈步走进一个更高文明甚至是人类有史以来最好的文明时代。著名哲学家程颐罗列的宋朝超越前代的五件事中,就有一件是"百年未尝诛杀大臣",这在古代确实是绝无仅有的。

生活在宋朝的士大夫们有理由感到庆幸,有宋太祖一条誓文为护身符,他们在激烈的政治斗争中也不必为身家性命担忧。我们翻读史书时,总会为字里行间渗出的血腥味而心惊肉跳。权力固然能激发人身上的内啡肽,令人着迷向往,但事情往往有两面性,权力越大,越是如临深渊,如履薄冰。且不说一般的臣子,单说权臣,从秦汉到五代,死于非命者不计其数。就以汉代为例,汉武帝时代的丞相,前后有十三人,自杀或被杀的有七人,竟超过一半。东汉权臣多出自外戚,能得以善终者亦寥寥无几,不仅是赔上自己的小命,整个家族都要被屠灭。我们在史书上屡屡看到"诛三族""诛九族"的字眼,不禁要感慨政治的残忍无情。

其实,皇帝也好不到哪去,表面上风光无限,实则是高危职业。据统计,中国历代王朝总共有帝王611人,正常死亡人数为339人,非正常死亡为272人。也就是说,帝王的非正常死亡率高达44%。通过数据我们不难理解,为什么皇帝会对臣子保持高度戒备心,就如宋太祖在杯酒释兵权时对诸将说的一样:谁不想坐皇帝这个位置啊!

孔子曾说过:"君使臣以礼,臣事君以忠。"这是儒家心目中理想的君臣关系。如果君臣能如孔子说的那样,那的确是双赢。可惜的是,理想与现实之间差距太大。当一个帝王拥有无限权力时,就很容易滥用这种权力,很难以内心的道德去约束其释放欲望的冲动。在宋朝以前的秦、汉、晋、唐诸朝，君与臣的关系多处于紧张状态，皇帝屠戮功臣，权臣弑杀皇帝之故事不时上演，更不用说五胡十六国、五代十国这样的乱世。令人惊讶的是，宋朝竟然在某种程度上实现了孔子的理想。

前面分析过，宋代能出现君臣相安的局面，与宋太祖的誓文约束及制度设计是分不开的。宋代官僚以士大夫为主体，把士大夫与兵权有效隔离开，同时又让官僚之间相互牵制、监督，有效避免权力集中于权臣之手。

宋朝皇帝对官员的宽容程度，实为史无前例，处置大臣的方法主要是贬官或流放，极少采取诛杀手段，更不用说搞家族连坐。当然，例外是有的，特别是在两宋之交那段时间，宋高宗先是杀了上书的太学生陈东及名士欧阳澈，后来又杀了岳飞与张宪，造成千古冤狱。但我们从另一个角度看，历代被冤杀的人多的是，何以岳飞能独传千古，成为神一般的人物呢？正是因为宋朝极少诛杀大臣，岳飞之死就成了一个非常突兀的事件，引发更广泛的同情。

今天有个词叫"政治正确"，对宋朝皇帝而言，"不杀士大夫及上书言事人"就是政治正确。举个例子，在宋哲宗时，章惇、蔡卞等新党当权，曾想过置政敌于死地，皇帝当即批示："朕遵祖宗遗志，未尝杀戮大臣，其释勿治。"对当时的士大夫来说，至少免于被诛的恐惧，这在很大程度上缓和君臣矛盾，也少了谋反叛逆之心。由于士大夫可以畅所欲言，也让宋朝政治相当清明，能出现像包拯这样的清官，绝非偶然。

随着士大夫政治地位的提高，知识分子的"国家主人"意识不断增强，因而有皇帝与士大夫共治天下的说法。儒学思想熏陶下的知识分子慨然以天下为己任，范仲淹"先天下之忧而忧，后天下之乐而乐"，正是这种责任感的体现。著名理学大师张载有一句不朽的名言："为天地立心，为生民立命，为往圣继绝学，为万世开太平。"体现出新时代知识分子身上的强烈使命感，那种高远的理想与开辟人类文明新纪元的情怀，让我们在千年后仍仰望与崇敬。

不过，宋代政治文明的背后，暴露出两大问题。这两大问题困扰大宋三百年，并最终成为帝国灭亡的重要原因。第一是武力值太弱。自古以来，每个政权都是文武并举，甚至在很多时候更偏重于武力，这是因为战事太频繁，生存是第一要义。譬如汉代，权势最重者并不是丞相，而是大司马、大将军；再如晋代，权势最重者都挂"都督中外诸军事"。宋代则不然，朝廷严防出现军人政权，偶有武将入主中枢，比如狄青官至枢密使，下场就是被一群文官造谣诬陷，最终在担惊受怕中死去。自澶渊之盟后，宋政府就奉行花钱消灾的外交政策，以钱帛换取和平，长此以往，武力不振是意料之事。第二是党争。宋朝政治虽较前朝清明，但党争很厉害，特别是北宋后期新党与旧党之争，延续数十年，相互倾轧，内耗极其严重；朝廷朝令夕改，令臣民无所适从。党争往往流于细枝末节，甚至表面上冠冕堂皇，实则是结党营私，大搞政治投机，实是误国误民。

二一 / 武力值偏弱，文艺值极高

大宋是个武力值偏弱，但文艺值极高的王朝。著名史学家陈寅恪曾有过这样的论断："华夏民族之文化，历数千载之演进，造极于赵宋之世。"也就是说，在中国古代文化史上，宋乃是巍巍高峰。宋史专家邓广铭也这样说："宋代文化发展所达到的高度，在从十世纪后半期到十三世纪中叶这一历史时期内，是居于全世界的领先地位的。"这是中国的文艺复兴时代，在较为宽松的社会环境下，宋代文化取得丰硕的成果。这里略说一下宋代文学与史学的成就。

先说说古文运动。

北宋初期文坛，骈体文写作仍占主导地位。骈体文的流行始于汉代，六朝时达到鼎盛。骈体文辞藻华丽，讲究排偶，刻意雕琢，十分注重文字之美，单纯从艺术看有其特别的审美价值。但是骈体文经数百年发展后，已然成为一种风尚甚至是行文的标准，就不免沦为形式主义，对写作技巧的关注远甚于内容本身。我们看先秦诸子的文章，文辞不是那么花里胡哨，但内容深刻而博大，文字中跳动着思想的力量。有一个词叫"文以载道"，文字是思想的工具，而骈体文发展的趋势是为文学而文学，过于强调文字的表现手法，内容却退居其次甚至空洞无物。唐代韩愈、柳宗元倡导古文运动，文起八代之衰，力图矫正华而不实的文风。古文运动始于唐代，而真正成为文坛主流，则是在宋代。

唐宋古文八大家，有六大家出自北宋，分别是欧阳修、曾巩、王安石、苏洵、苏轼与苏辙。古文运动并非简单回归先秦传统，实际上是文坛的一次革命。在"文以载道"这个原则上回归传统，欧阳修提出文道并重，道先于文的主张，王安石认为文章"务为有补于世"。在载道的同时，北宋文学大师们并没有放弃艺术性的一面，他们吸收骈体文注重文字美的优点，做到文字与思想的统一，开创散文写作的新方向。古文运动在中国文学史上的意义，堪称媲美于20世纪初的白话文运动。

欧阳修可以说是古文运动的领袖人物,其后的曾巩、王安石及三苏,都与他有紧密关系。在欧阳修之前,也有一些文人倡导古体文写作,但是他们的文章在文辞上拙劣粗陋,谋篇布局笨拙,难以引领潮流。欧阳修创造性发展一种新的文风,结合骈、散,文章风格清新,自然流畅。苏洵曾这样评价欧阳修的文章:"纡徐曲折,往复百折,而条达舒畅无所间断。气尽语极,急言竭论,而容与闲易,无艰难劳苦之态。"欧阳修的散文《醉翁亭记》《秋声赋》,政论文《朋党论》等都是文学精品,广为传诵。他还建议朝廷在科举考试中停用骈体文,改用古体文以更好表达政治观点。正是在欧阳修的倡导与推动下,古文运动得以开始盛行,一大批散文大家脱颖而出。

曾巩在唐宋八大家中存在感比较低,但在当时文坛是偶像级的存在。他擅长写议论文,每写完一篇,就被人抄去,士人学子无不争相传阅,绝对属于网络大V级人物。王安石头顶大政治家的光芒,文学才华反而总被忽视。近代文章圣手梁启超对王安石的文章推崇备至:"或如长江大河,或如层峦叠嶂,或拓介子为须弥,或笼东海于袖石,无体不备,无美不搜。"

"三苏"更是宋代文坛之传奇,北宋古文六大家,苏门竟然一口气占了三席。苏洵、苏轼、苏辙父子三人皆是大文豪,这在中国文学史上实是罕见。"三苏"中又以苏轼文学成就最高,他不仅文章写得好,在诗、词写作上,也是巅峰人物。苏轼号东坡先生,故而又称苏东坡,年少时便博通经史,展现超人的文学天赋,诗词歌赋无不精通,作文则落笔洋洋洒洒数千言。苏轼曾这样说:"作文当如行云流水,初无定质,但当行于所当行,止于所不可不止,虽嬉笑怒骂之辞,皆可书而诵之。"如果要列举一个最能代表宋代文学的人物,那这个人只能是苏东坡。当时苏东坡声名远播,上至皇帝太后,下至贩夫走卒,远至百蛮之地,谁不知有苏东坡呢?

宋词与唐诗并列为中国古代文学的两座高峰。词的普及,与宋代相对休闲的社会生活有紧密关系。词最早称为"曲子词",是配乐演唱的,用今天的话说,就是流行歌曲,故而风靡一时。词作为一种新体诗,形成于唐代,到了宋代则进入全盛期。根据长短不同,词可分为小令、中调、长调,北宋多小令,而南宋多长调。根据内容则可分为婉约词与豪放词,前者清新柔婉,后者慷慨激昂。两宋杰出的词人非常多，脍炙人口的作品也很多，举其重要者，有张先、柳永、晏殊、晏几道、欧阳修、苏轼、秦观、周邦彦、贺铸、李清照、张孝祥、辛弃疾、陈亮、刘克庄、姜夔、吴文英等，可谓是群星闪耀。

北宋词坛总体风格偏婉约，这有其时代背景。北宋自澶渊之盟后，社会进入长期稳定阶段，外患较少，此期词作富于生活气息，或个人抒情，或附庸风雅，或儿女情长，跟今天的流行乐坛差不多。北宋词人非常注重文字与意境之美，故而名篇名句很多，千古传诵。

宋代有一对著名的父子词人，便是晏殊与晏几道。晏殊最负盛名的《浣溪纱》有一句："无可奈何花落去，似曾相识燕归来。"光看这句词，感觉是个郁郁不得志的文青，实际上晏殊官至宰相，甚至被誉为贤相。晏殊的儿子晏几道深得老爹真传，词风颇为相近，他写过一首以爱情为主题的《临江仙》："记得小蘋初见，两重心字罗衣，琵琶弦上说相思。当时明月在，曾照彩云归。"

不过，说到情诗王子，柳永若说第二，无人敢说第一。柳永原名叫柳三变，他的词以纤艳著称。其代表作当然就是迷倒一片女粉丝的《雨霖铃》，一句"执手相看泪眼，竟无语凝噎"，再一句"便纵有千种风情，更与何人说"，当真会让恋爱中的小男女读之泪下。柳永是情场浪子，混迹于烟街柳巷，虽然才华横溢，但浮于轻薄。据说宋仁宗曾读柳永之词，读到"忍把浮名，换了浅斟低唱"时，大为不快。大领导不喜欢，柳永一生仕宦不得志，最终落拓而终。

李清照是婉约派最重要的词人，也是中国古代女性文学的代表人物。她生活的时代恰好是两宋之交，个人命运亦随国家之命运浮沉。李清照出身于书香门第，自小便聪慧过人，展露无与伦比的文学才华。及长嫁给官宦子弟赵明诚，丈夫是著名的金石鉴赏专家。婚后的李清照度过了其人生最美好的一段光阴，生活无忧无虑，夫妻恩爱，两人时常以诗词唱酬为乐。此期李清照写了许多闺中情诗，比如《一剪梅》："此情无计可消除，才下眉头，却上心头。"《醉花阴》："莫道不销魂，帘卷西风，人比黄花瘦。"以女性特有的含蓄、细腻的笔触抒写相思之情，这是男性词人写不出的。然而，天有不测风云，在李清照四十几岁时，时局剧变，金兵南略，国破家亡。她与丈夫不得不辗转流亡，其间丈夫病死，所收藏的金石字画也遗失殆尽。李清照晚年颠沛流离，生活凄苦，心境苍凉，后期作品充满对现实的无力感与郁闷忧愁，如《临江仙》："谁怜憔悴更凋零，试灯无意思,踏雪没心情。"《声声慢》:"寻寻觅觅,冷冷清清,凄凄惨惨戚戚。乍暖还寒时候,最难将息。"在时代大潮前面,一个弱女子只是一片无枝可依的落叶,命运艰厄,令人闻之伤心。李清照留下的诗词,几乎每篇都是杰作,是中华艺术宝库中之瑰宝。

豪放派词人的代表人物,北宋有苏轼,南宋有辛弃疾、张孝祥、陈亮等。同是豪放派词人,苏轼与南宋词人风格迥异。苏轼的豪放来自其人生境界的开阔,南宋的胡寅曾有过恰如其分的评价:"眉山苏氏一洗绮罗香泽之态,摆脱绸缪宛转之度,使人登高望远,举首高歌而逸怀浩气,超然乎尘垢之外。"苏轼早年便非常喜欢读《庄子》,深受其思想影响,故而有一种"超然乎尘垢之外"的气质。他最著名的作品《念奴娇·赤壁怀古》:"大江东去浪淘尽,千古风流人物。故垒西边,人道是,三国周郎赤壁,乱石穿空,惊涛拍岸,卷起千堆雪。江山如画,一时多少豪杰。"还有一篇《水调歌头》:"人有悲欢离合,月有阴晴圆缺,此事古难全。但愿人长久,千里共婵娟。"

南宋豪放派之风格与北宋不同,由于故土沦落,背井离乡,朝廷又不能发愤图强,英雄无用武之地,故而词风为之一变,或慷慨激昂,或沉郁顿挫,或气势雄壮,或悲愤苍凉。与其说是豪放派,不如说是激愤派。像张孝祥的《六州歌头》写的"使行人到此,忠愤气填膺,有泪如倾",这是悲愤,不同于苏轼唱"大江东去"时那种神采飞扬、壮志凌云、直冲霄汉的豪气。张孝祥如此,辛弃疾、陈亮也是如此。陈亮的代表作《水调歌头》:"万里腥膻如许,千古英灵安在,磅礴几时通?胡运何须问,赫日正当中!"南宋最伟大的词人当数辛弃疾,他的故事放在后面再说。

除了古文与宋词外,宋诗的成就也很高。

宋代文人的一个特点是各种体裁都能写,譬如欧阳修、王安石、苏轼等,无论散文、诗、词都写得特别好。其中苏轼几乎是全能型写手,在每个领域都堪称大家。苏轼的诗也是豪放风格,同时也时常有哲理之句,譬如著名的《题西林壁》:"横看成岭侧成峰,远近高低各不同。不识庐山真面目,只缘身在此山中。"苏轼之后,著名诗人还有黄庭坚、秦观、杨万里、范成大、陆游等,成就最高者当数陆游。

陆游生于1125年，两年后北宋灭亡，他的青少年时代正是一个战乱时代，目睹山河破碎，金人蹂躏中原，激发其强烈的爱国热情。陆游活了八十五岁，这在宋朝算非常长寿了，留下近万首诗歌，其中很多是慷慨悲愤的爱国主义诗篇。陆游的诗歌颇得老杜之真传，尤长于七言诗，时代感特别强烈。"早岁哪知世事艰，中原北望气如山。楼船夜雪瓜州渡，铁马秋风大散关。"陆游一生忧国忧民，渴望国家能振衰起弊，收复沦陷之故土，可惜其愿望未能实现。在临死前，他写下生平最后一首诗《临终示儿》："死去原知万事空，但悲不见九州同。王师北定中原日，家祭无忘告乃翁。"陆游是个情感丰富的人，他早年曾有一段刻骨铭心的爱情，被老娘给拆散了，但对第一任妻子唐婉的感情却终生未灭。直到晚年时，他还写了好几首诗来怀念这位一生的挚爱，其中《沈园》二首是绝美之诗篇："城上斜阳画角哀，沈园非复旧池台。伤心桥下春波绿，曾是惊鸿照影来。""梦断香消四十年，沈园柳老不吹绵。此身行作稽山上，犹吊遗踪一泫然。"笔者曾前往沈园凭吊，尽管今日之沈园不复当日模样，可是在"红酥手、黄滕酒，满城春色宫墙柳"的词句中，恍惚看到陆游与唐婉沈园邂逅的场景，亦不禁"犹吊遗踪一泫然"。

宋朝也是中国史学大发展的时代，由于印刷业的普及，历史写作空前繁荣。宋代史料之丰富，要远远超过之前的历朝历代，此期的史学著作，比以往诸代加起来的总和还要多。

司马光主编的《资治通鉴》是中国史学最伟大的著作之一，全书总计294卷，以编年史体例写成跨度达1300多年之长的中国通史，内容上起于战国，下迄五代。此书的编撰工作前后十九年，司马光曾说："臣之精力，尽于此书。"该书取材广泛，除了官修正史外，还参考二百多种杂史，对史实详加辨析，去伪存真，具有极高的史学价值。司马光希望统治者能以史为鉴，"知兴亡""明得失"，正是在这种责任心的推动下，这部史学巨著才得以横空出世。

《资治通鉴》问世后，又出现一种新的史学体裁，便是所谓的"纪事本末"体。读过《通鉴》的朋友大约都有一个体会，读起来很累。因为《通鉴》是编年史，故而重大历史事件，总被时间割裂成几个部分，不能贯穿，给人一种散乱感。南宋史学家袁枢别出心裁撰写《通鉴纪事本末》，把重大事件单独列出再编年叙述，此亦是一大创新。

宋代还出现大量宋人写宋史的著作，重要的有《续资治通鉴长编》《建炎以来系年要录》《三朝北盟会编》，等等，保留了大量的宋朝史料，也彰显宋代著书事业的繁荣发达。郑樵的《通志》是中国史学之珍品，其精华部分在于"二十略"，把历代典章制度、学术文化分门别类加以论述，开拓出新的历史研究领域与研究方法，对后世影响甚大。

二二 / 东京梦华录：走向繁荣的经济

黄仁宇教授在《中国大历史》一书中这样写道："公元960年宋代兴起，中国好像进入了现代，一种物质文化由此展开。货币之流通，较前普及。火药之发明，火焰器之使用，航海用之指南针，天文时钟，鼓风炉，水力纺织机，船只使用不漏水舱壁等，都于宋代出现。"

从大宋开国始，物质文明的进步如影随形。为什么会这样呢？政治清明、社会稳定显然是一个前提，我们很难想象在一个恶政、暴政之中，人的创造力会被无限制地激发出来。宋太祖削平群雄，结束唐末五代军阀割据；宋真宗与辽国缔结"澶渊之盟"，与北方强大的敌人妥协，帝国进入一个比较稳定的时期。至宋仁宗时，大宋开国已有百年，外患局限于边疆，内地则相对安定，政治环境宽松。在这种社会背景下，人追求物质生活、精神生活的本能便迸发出来，一发而不可收拾。

今天我们说"科技是第一生产力"，古代没这个提法，但这个论断仍是适用的。

宋代的科技，可以说是中国古代的巅峰。

中国引以为傲的古代四大发明，火药与活字印刷术都出现在宋代，指南针技术在此期也得到大大改进。这三大技术突破，对人类历史产生深远的影响。火药开启热兵器时代，指南针在航海中的运用，为大航海奠定基础，印刷术的普及，使书籍得以普及，人类伟大思想得以传播并发扬光大。此三大发明后来传到西方，对欧洲的发展有不可低估的作用。英国汉学家麦都思曾评价道："中国人的三大发明，航海罗盘、印刷术、火药对欧洲文明的发展提供了异乎寻常的推动力。"

宋代的科技发展是全方位的，产生许多伟大的科学家。其中最伟大的一人便是沈括，他在天文、地理、物理、数学等方面，都取得卓越的成就。其代表作《梦溪笔谈》是一部包罗万象、百科全书式的著作，著名科技史学家李约瑟称赞沈括是"中国整部科学史中最卓越的人物"。与沈括同时代的李诫是伟大的建筑学家，他所著的《营造法式》一书是世界上最早也是最全面的建筑学巨著，受到现代建筑大师梁思诚先生的鼎力推崇。此外，宋代在机械、纺织、造船、冶金、采矿、数学、天文、医药等诸多方面，都取得了令人瞩目的成就。可以说，这些科学发现、发明，极大刺激经济的发展。

我们来看看李约瑟先生是怎么评论宋代的科技的："每当人们在中国的文献中查找一种具体的科技史料时，往往会发现它的焦点在宋代，不管在应用科学方面或纯粹科学方面都是如此。""中国的科技发展到宋朝，已呈巅峰状态，在许多方面实际上已经超过了18世纪中叶工业革命前的英国或欧洲的水平。"

我们有理由为先人的成就而由衷赞叹。

西方学者在论及宋代经济时，总用"商业革命"一词。

费正清与赖肖尔所著的《中国：传统与变革》一书中写道："宋朝经济的大发展，特别是商业方面的发展，或许可以恰当地称之为中国的'商业革命'。这一迅速发展使中国经济发展水平显然高于以前，并产生出直至19世纪在许多方面保持不变的经济和社会模式。"美国史学家斯塔夫里阿诺斯《全球通史》也写道："宋朝时期值得注意的是，发生了一场名副其实的商业革命，对整个欧亚大陆有重大的意义。"

为什么宋代能产生一场划时代的"商业革命"呢？斯塔夫里阿诺斯认为根源在于经济生产率的提高。生产率提高的前提，正是技术的发展。

首先是农业生产率的提高。

宋代农业经济的一个重要特点，就是实行精耕细作与扩大复种制。由于引进水稻的早熟品种，过去只能一年一熟的地方可以实现一年两熟，极大提高了土地的利用效率。同时，土地耕种面积也大大增加，梯田、圩田、淤田、架田陆续出现，充分利用山地、洼地、沼泽地等，开辟新的耕地。此外，宋朝修建的水利工程，也扩大了水田的灌溉面积。史学家王曾瑜先生称之为宋代的"绿色革命"，并认为"创造了当时世界上最高的亩产量。"据估算，从11世纪到12世纪的一百多年时间里，宋朝的水稻产量增长了一倍。

粮食增长带来了人口的增长。据历史学家的估计，到了北宋徽宗年间，全国人口数量突破1亿大关。人口增长的同时又进一步推动生产，城镇增多了，城镇人口也随之增多。令人惊讶的是，宋代城市人口比重，要远远高于其他朝代，达到20%以上。北宋首都东京开封人口超过一百万人，著名史学家史景迁称它是"世界最先进最繁荣最庞大的城市"。

农业之外，宋朝的工业也有长足进步，特别在冶金业上。煤的大量使用，使宋朝冶金业实现一次革命。北宋是世界上最大的产煤国，后来淮河以北被金国占领后，金国取代宋成为第一产煤国。美国史学家墨菲在《亚洲史》一书中写道："中国在11世纪生产的铁、钢和其他金属制品，可能比欧洲直到18世纪中叶生产的还多。"而宋朝采用煤进行冶炼的技术，比欧洲要早了七百年。

农业、工业的发展，人口的增加，城市的扩大等，都刺激着商业的繁荣。

在宋代之前，大的城市基本上都是行政中心，而宋代却出现许多以商业为中心的城市。当时的大城市里，店铺林立，汇集各地的商品，商业气息之浓厚，不逊今日。只要看看《清明上河图》，便可想象汴京当年商业之繁荣，在图上，有形形色色的商店，卖酒的、卖药的、卖布的、茶坊酒肆等，各行各业，无所不具，商店还挂着招牌，悬着小旗，招徕顾客，还有桥头路边的贩夫走卒，还有摇摆在河上的商船，等等。一幅图所能承载的内容有限，可我们仍然可以透过泛黄的画卷，仿若走向千年前的大宋帝都。《东京梦华录》中这样写道："八荒争凑，万国咸通。集四海之珍奇，皆归市易；会寰区之异味，悉在庖厨。"殆可见当时帝都非只商业之中心，几乎可称为世界之中心。

商业的发达，也促进金融业的发达。

宋代时出现了世界上最早的纸币：交子。由于商业的发展，商品大量流通，就需要更多的货币，金属货币满足不了需求量。宋代除了金银、铜钱之外，还有大量的铁币，币值轻而重量大，使用相当不便。交子最早出现于四川，这是有原因的。在平定后蜀后，金银被掠到京城，造成贵重货币不足；而四川商业向来发达，王小波、李顺起义爆发的原因，正是朝廷设"博买务"，垄断布帛、茶叶买卖，严令商旅不得私下交易，激起民变。农民起义失败后，宋太宗派张咏治理蜀政，而交子正是在这个时候应运而生。起初交子只是一种信用凭证，即把钱存到交子铺后，换取一张可兑换的凭证，这样就省却携带许多铜、铁钱的不便。

随着商业的发展，大家觉得交子使用方便，信誉又高，逐渐就直接以交子作为支付手段，交子便具备货币的职能。1023 年，朝廷在蜀地设"交子务"，发行"官交子"，交子正式成为官方货币，这是世界货币史的重大事件。欧洲在六百多年之后，才出现纸币，美国学者坦普尔说："最早的欧洲纸币是受中国的影响，在 1661 年由瑞典发行。"从这个意义看，宋朝的确显得十分"现代化"。

当然，交子的出现也引发新的问题。后来宋朝一度滥发，导致交子急剧贬值，形同废纸。这在世界纸币史上，也是屡见不鲜的事。

宋代金融的发达，对政治产生重要影响。在后来王安石的变法中，就多采用金融手段以调控经济。譬如"青苗法"就是由政府以二分利息贷款给农民，这个贷款利息要远低于民间借贷利息。再如"市易法"，政府设立"市易务"以平抑物价，商人们可以向市易务抵押贷款或赊贷货物，这是采用金融手段维持市场稳定。

海上贸易的兴起，是宋代经济的又一看点。

在汉唐时代，中国对外贸易主要是通过丝绸之路将商品经中亚运往西亚、欧洲。可是宋代在疆域面积上远不如汉唐，对河西走廊、西域都没有控制权，这就导致陆上运输受到很大限制。在这种情况下，对环境有极强适应力的中国人转而开拓海上航线，海上贸易也由此而兴盛起来。

宋代发达的造船业有力地支撑海上贸易，此期为中国古代造船业大发展的时代。一方面，造船的数量很多，全国有二十几处船场，年造船数量在三千艘以上。用于海上贸易的大海船，载重可达万石。另一方面，造船技术突飞猛进。我们借用墨菲在《亚洲史》中的一段话："航海用的船舶在大小和设计上都有了惊人进展，有些船除了货物外还能运载 600 多人，比近代以前世界任何地方的船都大。这些船采用了多重桅、分隔密封舱（其他地方很久以后才知道）和同样重要的船尾舵，后者代替了难操纵又经不起海上风浪的摇橹。在所有这些方面，宋代的船都超前于当代西方船舶许多世纪。"除此之外，罗盘的发明对海上航行也起到至关重要的作用。

海上贸易事业的发展，对宋朝经济的影响是巨大的。

当时中国人的海上航线包括东南亚、南亚、西亚以及非洲东海岸。也就是说，后来郑和下西洋时所到过的地方，宋人基本上都去过了，只是船队规模不如郑和的宝船队大。对外商品贸易首先带来巨额利润，据史学家估算，光是朝廷从海上贸易征收的税，约相当于政府总收入的五分之一。与此同时，大量的中国人涌入东南亚，有的经济史学家估计有一百万人侨居于国外，而中国东南沿海的港口也迅速繁荣起来。

宋朝政府在开放性上要远远超过明清两朝，中国海上贸易最繁荣的朝代是宋代与明代，但明代除了早期郑和下西洋值得称道外，多数时间都实行严格的海禁政策。明代海禁政策的后果，是海上商人们奋起反抗，海盗之祸与明朝历史相始终。反观宋代，朝廷的政策显然比后世更为开放与灵活。

二三 / 王安石与熙宁变法（上）

在民间经济一片繁荣时，帝国的财政却陷入捉襟见肘的窘境，入不敷出，年年亏空，最终酿成严重的危机。

朝廷要花钱的地方太多了，其中军费支出占的比重最大。说到宋朝的确有很奇葩的地方，武力值不行，军队却庞大得不得了，军费支出几成无底洞。宋朝崇文抑武，其实抑的是武将专权，并非不注重军事，老赵家比谁心里都清楚，只有把军队牢牢控制在自己手里，天子的宝座才坐得稳。

大宋帝国的军队构成，包括中央禁军与地方厢军。在宋太祖开宝年间，禁军有19.3万人，厢军有18.5万人，总兵力约37.8万人。到了宋仁宗皇祐元年（1049年），军队数量竟然达到140万！我们来对比一下强汉盛唐时的兵力，西汉最强盛的汉武帝时代，兵力是50万~60万人；盛唐玄宗时代，九大节度使加上中央军，总兵力大约是60万人。由此可见，汉唐进入巅峰时期保有的军队数量也就是50万~60万，而北宋中期的军队数量是汉唐中期的2~2.5倍。

我们再做进一步比较。汉武帝时，大汉帝国北击匈奴，东灭朝鲜，西通西域，南平南越，布武天下；唐玄宗时，大唐帝国北击突厥，西进中亚，与吐蕃战于青藏高原，都是强硬的对手。反观大宋帝国，在仁宗时代，与契丹辽国维持着和平，唯一比较强的对手就是西夏，至于南方的侬智高，实在不算强劲的对手。既然强敌不多，为什么宋朝的军队比汉唐要多出一倍以上呢？

宋太祖在开国之初，确定了募兵养兵的制度，他认为"可以为百代之利者，唯养兵也"。特别是在饥荒年份招募饥民为士兵，形成一种传统，避免饥民走投无路之下造反，减少社会的不稳定因素。这确实是一个不错的政策，但也有反作用，募兵越来越多，相应的开支也越来越大。另外，宋军在宋辽、宋夏战争中的糟糕表现，也是募兵规模扩大的原因，实力不够人头凑，一打一不行，五打一总有胜算吧。

我们来看看宋军在战场上的表现。宋夏三大会战，宋军几乎都完败；西南算不上强大的侬智高，凭着数千兵力就可蹂躏两广，一路打到广州城下。这要是放在汉唐，绝对算得上奇耻大辱。大宋军队战斗力着实不敢令人恭维，这是有原因的。

为了维护皇权，大宋朝廷采取"强干弱枝""内重外轻"的军事制度，把兵权收集于中央，大大削弱地方武装。宋朝定都于开封城，从军事角度上说，并不是一个很好的选择。开封处四战之地，无险可守，就需要一支庞大的军队以拱卫首都安全，因而"举天下之兵宿于京师"。为了防止军队发生变乱，朝廷又制定了一系列预防措施。枢密院作为最高军事机构，有发兵权而无指挥权；禁军三帅有指挥权而无发兵权；推出"更戍法"，将驻屯首都的禁军轮番调到各地戍守，军队换防频繁，造成兵不识将，将不识兵，兵无常帅，帅无常师，以防武将拥兵自重。久而久之，军队之军纪涣散松懈，号令不明，训练水平低下。

如果说唐末五代军阀混战、政权旋起旋灭是一个极端，那么宋代"强干弱枝""守内虚外"则是另一个极端。宋朝统治者为避免五代乱局再现，对内严防死守，重视内患甚于外忧。宋太宗曾说过："外忧不过边事，皆可预防。惟奸邪无状，若为内患，深可惧也。"大宋疆域虽比不上汉唐，仍是个大家伙，哪怕是虚胖，也是身大力不亏，不是那么容易被外部力量摧毁的。统治者担心的是祸起萧墙之内，故而精力全在"守内"上，而不在"御外"上。就是说，只要军队牢牢握在皇帝手中，可以对付国内的造反、变乱就行了。

冗兵带给帝国沉重的负担，常年军费的开支往往占到国家总收入的一半以上，是财政亏空的重要原因之一。除了冗兵之外，冗官、冗禄现象也十分严重，合称为"三冗"。

大宋皇帝们的思路，用现在的话说就是：钱能解决的事就不是大事。宋朝开国后能安定百余年，金钱起到至关重要的作用。

对外关系上，是花钱买和平。宋太祖当年设了一个钱库名为"封桩库"，打算积累够数额后，向辽国回购燕云十六州的土地。后来宋真宗继承太祖皇帝的商业思维，与辽国签订澶渊条约，花钱买和平。宋仁宗与西夏媾和，仍然是花钱买平安。

对内则是花钱买稳定。首先是养兵，每逢灾荒年份就把饥民吸纳为士兵，这就大大减少了民变的可能性。其次是养官，宋室与士大夫共治天下，得花钱收买知识分子，把一大群士大夫官僚养起来。宋朝的官僚机构极其臃肿，皇帝为了达到群臣相互制衡的目的，官僚机构往往重复设置，许多机构有官无事，有名无实。在科举取士上，皇帝甚为慷慨，录取名额是唐代的十倍左右，这意味着朝廷得增设更多的机构与官职。皇帝以利禄笼络士人，对士大夫来说是一个美好的时代，自然举双手拥护现有政权，故而赵氏政权较之前几个朝代要稳定得多，代价则是政府开支激增，同时机构办事效率低下。在宋真宗时，帝国官吏人数是1万多人，到了宋英宗时，已经达到2.4万人，几乎翻了一番。宋朝以高薪养廉，每年官俸都是一笔沉重的负担。

除此之外，朝廷还会发放许多额外的"冗禄"，比如高官在退休后还会发放"祠禄"，对于其后代还有"荫俸"等，以示皇恩浩荡。只是随着官吏数量以及"恩荫"人数的不断增多，这笔开销几乎成了无底洞。

据《宋史·食货志》载，宋真宗天禧五年（1021年），全国总收入为1.5085亿余贯，支出为1.2677亿余贯，尚有所盈余。到了宋仁宗后期，国家财政已是亏空。英宗治平二年（1065年），亏空数额达到1500万的惊人数量，国库为之一空。既然宋朝百余年稳定很大程度上是建立在舍得花钱的基础上，钱不够用，问题就大了，危机便随之而来。

1063年，宋仁宗去世，他总计在位四十二年。仁宗皇帝口碑不错，北宋及南宋的许多文人、政治家都曾盛赞仁宗之仁政。譬如范祖禹如此评价仁宗皇帝："丰功盛德，固不可得而名言，所可见者，其事有五：畏天，爱民，奉宗庙，好学，听谏。仁宗行此五者于天下，所以为仁也。"

不过，宋仁宗时代的盛世，是建立在挥霍前人积累的财富之上，当他去世时，国库空空如也，"百年之积，唯存空簿"。不仅财政深陷危机，政坛亦暮气沉沉，缺乏开拓进取的雄心，因循守旧且平乏无味。大宋帝国经百年经营，法久生弊，"庆历新政"是对种种积弊发起的勇敢挑战，只是刚开了头便匆匆落幕。此后党争纷起，不可终日。冗兵、冗官、冗禄更是成为迫切需要解决的问题，这个历史包袱便丢给了新上台的宋英宗。

宋英宗是个比较倒霉的皇帝，他接手了仁宗皇帝留下的烂摊子。登基后的英宗皇帝发出这样的感慨："积弊甚众，何以裁救？"显然清醒地意识到帝国已经到了不能不变革的边缘。宋英宗终究无法解决这些棘手的问题，他在位仅四年就去世，属于典型的过渡型政权。变革帝国的重担，就落在英宗之子宋神宗身上。

宋神宗即位时年仅二十岁，正是血气方刚的年龄。在许多方面，宋神宗都颇类似于战国时代的秦孝公。两人登上国君宝座的年龄都是二十岁左右，两人一上台都迫不及待地发动一场全面的变革，两人都幸运地找到理想的改革总设计师，两人终其一生对变法的信念坚定不移。然而，神宗变法与孝公变法，在结果上有很大不同。秦孝公以商鞅主持的变法，是一次成功、彻底的变革，最终改变秦国的面貌，为大秦帝国一统中国打下不拔之基。而宋神宗以王安石主持的变法，是一次不太成功、不太彻底的变革，并未能从根本上扭转大宋帝国的衰落。为什么这样呢？我们得从头说起。

在宋朝诸帝中，除了开国的宋太祖、宋太宗之外，宋神宗算是最出色的一位。他变革的初衷与秦孝公是一样的，内则国家积弊甚久，外则国耻未雪，他要振衰起弊，富国强兵，让大宋帝国笑傲江湖，重现汉唐光辉。

当然，如此伟大的事业，光靠皇帝一人是不行的，他还得物色一位有能力、敢担大任、勇于任事的助手。放眼朝中大臣，没有一个人符合宋神宗的标准，于是皇帝把目光移到朝堂之外，一个人的名字逐渐浮现在神宗的脑海。此人正是王安石。

我们且来简单说说王安石的经历。

王安石出生于1021年，二十一岁考中进士，任淮南判官，开始其仕途生涯。二十七岁时，王安石任鄞县知县，在任四年，政绩卓著，后调任舒州通判。王安石是"唐宋八大家"之一，他以文章、学问著称于当世，得到大文学家曾巩、欧阳修以及宰相文彦博等人的一致称赞，声名显于当世。1059年（仁宗嘉祐四年），王安石入京，出任三司度支判官，相当于财政部预算署署长。当时他向仁宗皇帝上了一道万言书，提出变法主张，未被采纳。英宗皇帝即位后，王安石因母亲去世，依旧例守丧数年，暂时离开政坛。

宋神宗打算起用王安石，有两个原因。

其一是韩维的推荐。韩维是王安石的好友，曾任太子府的书记官。宋神宗还是太子的时候，韩维经常给他讲学论道，说到精彩之处，韩维总是停下来谦逊地说："这不是我的见解，是王安石的见解。"久而久之，宋神宗对王安石有了深刻的印象。

其二，王安石的变法主张与宋神宗不谋而合。在1059年向仁宗皇帝上的万言书中，王安石就提出"变更天下之弊法"的主张，特别对于朝廷最窘迫的财政问题，他有一套别出心裁的理论。当时冗官、冗禄被认为是财政亏空的重要原因，司马光就提出减少冗费、节省财用的主张。王安石则不以为然，认为财政赤字是因为不善理财，他强调开源而非节流："因天下之力，以生天下之财；取天下之财，以供天下之费。"用今天的话说，就是要大力发展生产力，只要经济持续增长，财政不足的问题就会迎刃而解。这个见解，自然令神宗皇帝耳目一新。

很快，宋神宗起用王安石为江宁知府，几个月后召为翰林学士兼侍讲。熙宁元年（1068年）四月，王安石入京，皇帝亲自召他入对。

神宗皇帝开门见山便问："治理国家，以何为先？"

王安石答道："择术为先。"

神宗又问："唐太宗如何？"

王安石回答说："陛下当效法尧舜，何以效法太宗皇帝呢？尧舜之道，至简而不烦，至要而不迂，至易而不难。只是末世学者不能通达，以为高不可及罢了。"

尧舜在古代被认为是最为圣明的君主，王安石强调，为政就必须向最高的尧舜之道看齐。其实尧舜都是远古时代的人物，关于他们的史料可信度并不高且语焉不详，况且时代久远，社会结构、历史背景迥异，如何效法呢？相反，唐太宗李世民一生丰功伟绩，其治国理政的思想保留在《贞观政要》一书中，唐与宋又相去不远，实是宋神宗应该效仿的对象。由此可见王安石身上有浓厚的理想主义色彩，当时不少朝臣认为他迂阔，并非没有道理，这也为后来变法的失败埋下伏笔。

神宗又问："祖宗守天下，能百年无大变，粗致太平，以何道也？"王安石把宋朝百年稳定局面归因于两方面：一是外患并不严重；二是没有严重的自然灾害,"天助"大宋王朝。然而,"天助"是不可常恃的,中国有句话叫谋事在人,成事在天,"人事"更重要。王安石指出"本朝累世因循末俗之弊",将矛头直指"积弱""积贫"两大问题:"兵士杂于疲老,而未尝申敕训练,又不为之择将而久其疆场之权。其于理财,大抵无法,故虽俭约而民不富,虽勤忧而国不强。"

宋神宗对王安石大有相见恨晚之意,动情道:"卿可悉意辅朕,同跻此道!"

熙宁二年(1069年),王安石被任命为参知政事;次年,升任宰相。在王安石的主持下,变法运动如火如荼展开,史称"熙宁变法"或"王安石变法"。

二四 / 王安石与熙宁变法（下）

熙宁变法的目的，四个字概括就是：富国强兵。

为推行变法，宋神宗设置一个新机构，名为"制置三司条例司"，由王安石主持，负责拟定变法措施。王安石向皇帝推荐吕惠卿、章惇、曾布等具有革新精神的人物进入条例司，协助变法。

先来说说变法的第一项重要内容：富国。

神宗政府最迫切要解决的是财政问题，即"积贫"问题，因此经济改革是变法的第一要务。王安石要设计一个既能增加国家财政收入又不增加底层百姓生活负担的方案，实现国与民之间的双赢局面。要达到双赢，得做到三个方面：扩大生产，增加社会总财富；提高效率，降低生产流通的成本；抑制贫富分化的扩大。王安石经济改革内容广泛，但基本不脱离这三个方面。值得注意的是，王安石大胆地采用金融手段来调控经济，这在当时无疑是个创举。

我们来看看王安石的改革措施，略述于下：

其一，青苗法。

青苗法实际上就是给农民提供贷款。农业耕作有季节性，农作物生长周期较长，从耕作到收成期间，需较大投入。许多农民一时拿不出这么多钱，只得向富人高利贷借款，一旦还不了款，土地便被兼并。到了宋神宗时，土地兼并现象十分严重，许多人流离失所，无以为生。青苗法就是政府以二分的年息贷款给农民，谷物成熟时还钱；若遇到灾荒年，可延期还款。此法乃是以金融手段助民增产，同时防止富人兼并穷人的土地。

其二，免役法。

宋代徭役众多，平常百姓家每年都要为政府义务劳动，只出力而没有任何报酬，甚至要倒贴钱，而官吏将校僧道等，则可以不服役。免役法就是废除役法，改由百姓出钱充役，称为免役钱。原先的差役，改为官府雇人承担。免役钱得交多少，则具体按照各家富贫情况而有所不同，极为贫困的家庭可免交。以前不必服役的官吏僧道等，则按半数缴交。免役法让百姓可以专注于日常生产活动而不必受到差役的影响，同时官府雇人劳作又能解决一部分人的生计，政府也有一笔稳定的现金流。

其三，方田均税法。

这项改革是针对田赋不均的情况而定的，重新丈量全国土地，按肥瘠不同而分五等定税。当时不少豪强都隐漏田税，故而此项法令的颁布实施，清丈出大量隐瞒土地，为政府增加了田赋收入。同时，部分农民减轻税赋，得到实惠。

其四，农田水利法。

政府鼓励各地开垦荒地，兴修水利工程。兴修水利的费用，主要由受益人按贫富等级高下出资。若是工程浩大，可以向政府申请借贷"青苗钱"；如果官钱不够，由州县官员劝谕富室出钱，依例计息。对兴修农田水利有功者，官吏按功劳大小给予升官，平民给予酬奖。这是王安石"开源"的重要举措，鉴于农业是古代经济中的支柱产业，垦荒扩大耕作面积，兴修水利保护农田生产，社会总财富也能随之递增。

其五，市易法。

市易法的目的是防止富商垄断市场，控制物价。具体做法是在若干重要城市设市易务，由政府拨给本钱，在市场上货物滞销时由市易务收购，市场货物短缺时售出。市易法既能维持市场稳定，政府又能从中赚差价。另外，商贩们可以向市易务抵押借款或赊贷货物，每年以二分计息，因而市易务在某种意义上说具有国有金融机构的属性。

其六，均输法。

为了确保首都开封庞大的消费需求，宋初设立六路发运司，地方每年都要按规定向京城输送定量的物资。这种规定非常死板，既没有考虑需求与储备的变化，也没有考虑地方生产的实际情况，未能按照实际供需情况来求得平衡，是以弊端重重。均输法就是改地方上供为中央直接采购，根据采购价就低不就高、采购地就近不就远的原则，节约采购成本与运输费用。

再来说说变法的第二项内容：强兵。略述于下：

其一，保甲法。

保甲法有两大目的，一个是训练民兵，另一个是防止百姓造反。具体措施是这样的：十家为一保，五十家为一大保，十大保为一都保。每家若有两个男丁以上的，抽一人为保丁。实际上就是组建民兵或地方治安队，是维系地方治安的重要力量。由于北宋军队数量庞大、训练水平低下且军费开支惊人，保甲法的推出，使得民兵可以代替相当一部分军队，为国家节省大量的支出。

其二，保马法。

马匹在古代是重要的战略资源。宋代马匹主要是由官府牧监饲养，不仅成本高，而且不能满足需求。保马法就是由百姓代官家养马，每户可养一到两匹。养马者可免交一部分租税，但如果马死了，则需赔偿。

其三，裁兵法。

宋朝到了英宗、神宗时，军队多达百万以上，光军费的开销就占财政总收入的一半。帝国军队虽多，却战斗力低下，并不精锐。王安石执政后，大刀阔斧裁军。在熙宁年间，军队由一百多万人削减到六十万人左右，差不多砍掉一半人。

其四，置将法。

针对军队中存在的"将不知兵，兵不知将"的弊端，在全国设置92个集中训练的军分区，每个军分区由一位主将负责。全国共设92将，其中京畿、河北有37将，西北有42将，主要用于保卫首都及防御契丹、西夏，其余地区有13将。

其五，军器监法。

宋代军器制造原本归三司胄案管辖，不过三司作为国家财政机构，对兵器制造顾及甚少，导致武器质量低劣。新法设置独立的军器监，统一管理全国武器制造。此项改革大大改进了宋军的装备水平，宋代在武器发明上也多有创新，火药的使用是最典型的例子。

除了理财、强兵之外，变法还涉及吏治与教育等诸多方面。

可以说，王安石变法是大宋帝国一次史无前例的大变革，规模宏伟，涉及面之广，要远远超过范仲淹的庆历新政。这也是继商鞅变法之后，中国历史上最大的一次改革。然而，理想很丰满，现实很骨感。这次改革并没能改变大宋帝国的根本面貌，改革中出现的问题之多，争议之大，都远远超出王安石的预料。问题究竟出在哪儿呢？

从王安石推行变法的那一天起，失败的影子便隐约可见了。

富国强兵固然没错，然而王安石变法有其致命的弱点。尽管新法直指"积贫""积弱"两大问题，但治标而不治本。"贫"与"弱"只是大宋帝国的表面症状，根本问题是制度上的缺陷。帝国机构臃肿、职责不清、人浮于事、效率低下，根本原因是皇帝为了维护自己的统治，设置种种措施以限制大臣的权力。王安石新法的内容，对此几乎毫无触动，"因"没有改变，就很难有实质的"果"。

我们把王安石的熙宁变法与范仲淹的庆历新政做个对比。无论是变法的广度还是具体措施，熙宁变法都要超过庆历新政，但两者重心却是不同的。庆历新政，重心在吏治上。范仲淹的十大改革措施中，前四项是明黜陟、抑侥幸、精贡举、择长官，都是针对吏治。而王安石变法重心则在理财技术上，加大国家宏观调控的力度，金融成为重要的手段，政府对经济的干涉明显增加。范仲淹偏重于改革官僚阶层，是自上而下的改革；王安石偏重于生产、流通环节，针对的主要是中下层百姓，并未触及统治阶级上层的根本问题。

另外，王安石宏伟的构想与现实之间隔着巨大的鸿沟。我们可以说王安石的改革极富创新精神，特别是以金融调控经济的措施，具有超越时代的眼光。就如黄仁宇教授所述："在我们之前九百年，中国即企图以金融管制的办法操纵国事，其范围与深度不曾在当时世界里其他地方提出。"然而，思想过于超前不一定是好事，因为无法与其所处的时代相匹配。

举个例子。王安石重视开源，而不是节流，他认为"善理财者，民不加赋而国用自饶"，主张"因天下之力，以生天下之财"。只要国家的GDP能年复一年增长，国家财政与百姓财富都会同步增长。今天我们会相当认同王安石的理念，在过去四十几年，我们已经习惯了经济无极限地增长。问题是我们的增长是建立在科技突飞猛进的基础上，而一千年前的中国科技发展是缓慢的，这也注定国家的生产能力达到一定水平后，就难以大幅度增长。因此，王安石的理想注定不可能成为现实，当国家生产力稳定在一个水平时，公家拿得多，百姓就拿得少。司马光曾质问王安石："不取于民，将焉取之？"事实证明，王安石的变法没能做到国与民的双赢，而是损下益上，国富而民贫。

从王安石的本意来说，经济改革的目的是促生产、均赋税、抑兼并，出发点是很好的，但在实际实施过程中，却遇到了难以克服的问题。

问题主要集中在两个方面：其一，政策自身的问题；其二，在具体执行过程中的问题。

比如说青苗法。王安石的本意是要救济百姓于青黄不接之时，出发点是很好的。但政府发放的贷款并非免息，而是年息二分，尽管比民间借贷要低，对于普通百姓家也是一项沉重的负担。欧阳修曾批评说"直是放债取利耳"，国家是变相搜刮民财，与民争利。更严重的是，在具体执行过程中，贷款利息要远远超过所规定的二分。有的地方执行三分的利息，更有些地方官吏在规定的利息外，还有种种勒索，导致实际利息达到80%甚至100%。这与变法的初衷已全然是南辕北辙了。

再比如免役法。立法的初衷是，百姓交了免役钱后，可免除义务劳役。但政策落实到地方，完全变了样。免役钱交了，地方政府又巧立名目强迫百姓服役，活照干，钱还得交，两头受罪。连神宗皇帝都说："已令出钱免役，又却令保丁催税，失信于民。"

再说说市易法。王安石的目的是"通有无、权贵贱、以平物价、所以抑兼并"，目的是抑制商人对商品价格的垄断。在具体操作中，市易务作为资本雄厚的"央企"，却取代富商垄断了市场。

大学者梁启超对熙宁变法曾经有这么一段议论："盖其初意本欲裁抑兼并者，而其结果势必至以国家而自为兼并者也。"起初朝廷的意思是要抑制兼并，最后国家却成了最大的兼并者、垄断者。

好的政策为什么成为坏的政策呢？

问题出在执行上。上有政策，下有对策。

我们来对比王安石变法与历史上其他著名变法的不同之处。在中国历史上，变法的黄金时代是战国时代，著名的变法有秦国的商鞅变法，楚国的吴起变法，赵国的胡服骑射等。战国时代的变法，都是自上而下的改革，先从权贵阶层开刀。手握权力的权贵阶层若不接受新法，试问新法如何推行？变法的内容固然重要，倘若得不到执行，也只是画饼充饥罢了。故而整顿吏治是变法顺利推行的先决条件，而这恰恰是王安石变法的软肋所在。

北宋中期有"三冗"问题，即冗兵、冗官、冗禄。熙宁变法只解决冗兵的问题，而在冗官、冗禄上，非但没有减少，反倒增加了。冗兵问题之所以得到较好的解决，是因为士兵来自底层阶级，没有什么权力，裁撤起来比较简单。至于冗官、冗禄，都是有权力的官僚阶层，在这一块上，王安石并没有大刀阔斧的改革。正是因为官僚阶层的腐败现象得不到有效的遏制，新法在执行过程中往往变样，好的政策也沦为恶的政策。

变法伊始，王安石就遭到来自各方的攻击。

北宋王朝承平百年后，法久则生弊，对此多数人是有所认识的。要如何革除这些弊端，不同人则有不同的看法。

比如反对变法最卖力的司马光，他的观点是不应该一揽子改变旧有法度，而应该"存其善而革其弊，不当无大无小尽旧法"，他还做了个比喻："治天下譬如居室，敝则修之，非大坏不更造。"在写给王安石的信中，司马光批评道："尽变更祖宗旧法，先者后之，上者下之，右者左之，成者毁之，弃者取之。"王安石在回信中有如此答复："人习于苟且非一日，士大夫多以不恤国事，同俗自媚于众为善。"用现在的话说，司马光强调的是"政治正确"，祖宗旧法就是政治正确，要革除弊端不能脱离这个前提。

值得注意的是，反对新法的人，有许多都是当世名重一时的人物。比如反对青苗法的人有韩琦、富弼、欧阳修、程颢等；反对均输法的有苏轼、苏辙等；反对市易法的有文彦博等；司马光则几乎反对王安石的每一项政策。

尽管变法遭遇到强大的阻力，却没有因此而夭折，这得益于宋神宗坚定不移的支持。虽然有皇帝为靠山，却未能减轻王安石身上巨大的压力。随着变法运动的推进，王安石面对种种责难，越发孤立无援。王安石并不是权力欲很重的人，而是充满理想主义情怀，这也导致其悲剧性的个人命运。

王安石是在熙宁二年（1069年）任参知政事，后跻身宰相之列。随着新法的推行，反对声一浪高过一浪。为了表示自己并非留恋权位，王安石于熙宁七年（1074年）上书称病辞职。宋神宗一再慰留，但王安石去意已决，连上六表求辞。神宗皇帝最后没办法，只得同意。变法并未因此中断，在韩绛、吕惠卿等人的努力下，新法仍然不屈不挠地得到推行。

一年后（1075年），神宗皇帝再召王安石入相。

然而，二次入相对王安石来说，徒留伤心回忆罢了。反对派的攻击依然如疾风暴雨，新法集团却已不是铁板一块了。改革派的分裂是必然的，不是所有的改革派人物都像王安石充满理想主义，有些人纯粹就是投机分子，投皇帝所好，把变法视为求取功名的途径。

改革派分裂了，王安石与改革派的另一重要人物吕惠卿分道扬镳。更要命的是，宋神宗对王安石已经不再无条件地言听计从。在变法的一些重要问题上，皇帝与宰相的观点有了很大的分歧。不仅如此，王安石还承受后宫及皇亲国戚施加的压力，这位改革的总设计师已是心力交瘁。在此时期，王安石的长子去世，令他更加孤单与悲戚。复相一年后，王安石再次递交辞呈。宋神宗虽极力挽留，王安石仍毅然退出权力中枢。

王安石主持变法，总计六年。新法并没有因为王安石的离去而终止，在变法这件事上，宋神宗的态度是坚定不移的。尽管许多著名人士反对王安石变法，但只是反对其政策，对于其道德操守、学问文章，仍充满敬意。譬如最大反对派司马光曾在私人书信中这样评价王安石："介甫（王安石的字）文章节义，过人处甚多。"

后世学者梁启超对王安石有一段精彩的评价，试录于下："荆国王文公安石，其德量汪然若千顷之波，其气节岳然若万仞之壁，其学术集九流之粹，其文章起八代之衰。其所设施之事功，适应于时代之要求，而救其弊，其良法美意，往往传诸今日，莫之能废。"

尽管变法在实施过程中不尽如人意，仍然取得一定成效。首先是国库收入大大增加，解决朝廷的燃眉之急，财政危机得以缓解。譬如宋神宗十年与宋仁宗嘉祐年间财政收入做个对比，大约增加了2300万，一举扭转长期"积贫"的局面。其次，经过一系列军事改革，帝国的军事力量有所增强，其间有王韶开河西之战，这是北宋对外经略史上所取得的最重大胜利之一。

二五 / 变法时代的开疆拓土

宋神宗即位前后，宋夏再度爆发战争，西北局势紧张。

自宋夏议和后，大宋与西夏维持了十几年和平。到宋英宗时，两国又爆发军事冲突。治平元年（1064年），西夏国主李谅祚发兵入寇秦凤、泾原，杀掠人畜万计，宋英宗遣使诘问，责备西夏破坏盟约。李谅祚年轻气盛，不把宋英宗的警告当回事，于1066年（治平三年）悍然发兵进攻大顺城（甘肃华池东北）。宋军奋起反击，李谅祚身着银甲毡帽亲自督战，成为宋军的狙击目标。宋军的武器是比较先进的，特别是强弩的威力极大。在战斗中，宋军把强弩列于壕外，一支弩箭贯穿李谅祚的重甲，西夏国主身负重伤，只得引兵遁去。鉴于西夏屡屡犯边，大宋朝廷中止岁赐并遣使责问。

大顺城之战后一年（1067年），宋英宗去世，宋神宗继位。西夏国主李谅祚由于新败，且贪图大宋帝国的岁币，遂遣使谢罪。宋神宗刚上台，内政积弊甚多而急于改革，不愿与西夏再起兵戈，遂赐诏抚慰，谋求与西夏恢复邦交。然而，大宋守边将领种谔由于贪功，诱降西夏绥州将军嵬名山，占领绥州，俘获酋长三千，蕃户一万五千，兵万人。李谅祚勃然大怒，设计诱杀宋朝官吏，于是两国战火再起。

这时，一位默默无名的书生向朝廷上一道奏章，提出"平戎三策"，此人名唤王韶，曾担任建昌军司理参军。王韶在奏章中写道："国家欲平西贼，莫若先以威令制服河湟；欲服河湟，莫若先以恩信招抚沿边诸族。"王韶指出，要彻底击败西夏，就要先控制河湟地区，要控制河湟地区，就必须招抚西蕃诸部落。

这里我们要介绍一下王韶提出"平戎三策"时河湟地区的背景资料。

河湟就是青海及甘肃境内的黄河、湟水流域，是西北地区较为丰饶的一块区域，故而战略地位十分重要。在汉唐时代，河湟谷地是中原政权与西部少数民族的主战场之一。汉与西羌之战争，唐与吐蕃之战争，都曾反复争夺河湟之地。在8—9世纪时，吐蕃曾盛极一时，成为大唐帝国的劲敌。唐安史之乱后，河湟之地遂为吐蕃控制。9世纪中叶后，吐蕃衰落，四分五裂。宋代史书多把吐蕃称为"西蕃"，这里我们也使用西蕃的叫法。

到了北宋时期，随着西夏政权的崛起，河湟地区西蕃部落遭到新兴西夏的进攻，形势极为严峻。此时出现一位极为出色的西蕃首领，名唤唃厮啰。唃厮啰是吐蕃王朝赞普的后裔，他率部众英勇抵抗西夏的入侵，多次击破李元昊，河湟地区诸西蕃部落纷纷前来归附，于是成为西部一大势力，定都于青唐城（青海西宁）。在对外关系上，唃厮啰奉行"联宋抗夏"的方针政策，故而得到大宋朝廷的大力支持。1038年，朝廷授唃厮啰保顺军节度使、邈川大首领，并给予物质上的支援。大宋帝国与西夏能维持近二十年的和平，除了订立一纸盟约外，还有一个重要原因是统治河湟地区的唃厮啰政权牵制西夏的扩张，著名文学家苏轼曾说："吐蕃遗种，唃厮啰一族最盛，惟西夏亦畏之。"

1065年，一代雄主唃厮啰去世，河湟再次陷入混乱。唃厮啰最初娶李氏为妻，生了两个儿子，一名瞎毡，一名磨毡角；后来，唃厮啰又娶乔氏，生了个儿子名唤董毡。小儿子董毡获得继承权，两个哥哥当然不服，亦割据一方，唃氏政权的地盘遂一分为三。加之河湟西蕃部落众多，遂成一盘散沙之势。

唃氏政权的衰落，对大宋帝国不是一个好消息，少了一股可以牵制西夏的势力。在唃厮啰去世次年（1066年），西夏国主李谅祚便发兵攻打大宋的大顺城。

正是在此背景下，王韶向朝廷提出"平戎三策"，指出河湟谷地对大宋安全的战略意义，只有控制河湟、招抚西蕃诸部，才能在与西夏的战争中保持优势。王韶在"平戎三策"中还指出：河湟地区西蕃诸部，除了董毡实力较强外，其他诸部大多地盘狭小，难以同西夏抗衡。倘若西夏攻破河湟，便会大举挥兵南下，掠夺秦、渭二州，进而威胁陇、蜀诸郡。因此，夺取河湟，刻不容缓。

作为一介书生，王韶为什么对西北局势了如指掌、洞若观火呢？

王韶早年曾考中进士，先后任新安主簿、建昌军司理参军，基本上就是九品芝麻官。作为一个胸怀大志之人，王韶早年混得不算好。后来他又参加制科考试，制科是一种比较特别的考试，由皇帝下诏临时安排，主要是用以选拔非常之才、特别之士。王韶参加制科考试未中，索性芝麻官也不当了，跑去游历陕西，采访边境风土人情，尤其悉心于边事。几年下来，对西北边疆形势了解得一清二楚，对西夏、西蕃的政局内情也了然于胸。

机会总是留给有准备的人，是金子总会发光的。宋夏边境硝烟再起，英雄终于有用武之地，王韶提笔写下洋洋洒洒的"平戎三策"，上呈给神宗皇帝。神宗皇帝锐意进取，对王韶的上书十分重视，亲自召见并询问具体方略。

在皇帝与王安石的支持下，王韶被任命为主洮河安抚司事，经营河湟。王韶抵达秦州后，先招抚了西蕃俞龙珂所部12万人。在西蕃诸部中，俞龙珂属于实力派，部众甚多。他之所以愿归附宋朝，一个原因是十分仰慕包公的人品，认为包拯忠清无比。他甚至向宋神宗提了一个请求，请求皇帝赐"包"姓。宋神宗当然乐得顺水推舟，赐俞龙珂"包"姓，并改名为包顺。

俞龙珂部归附后，王韶乘势西进，扫荡不归附的西蕃诸羌部落。宋军的进攻遇到诸羌的顽强抵抗，几乎要放弃的时候，智勇双全的王韶亲自披甲上阵，力挽狂澜。王韶以一介书生主军事，临阵沉勇，大大鼓舞士气，宋军竟然奇迹般地反败为胜，占领武胜，建镇洮河。宋神宗下诏，在新开拓的土地上设熙河路（相当于现在的省），王韶升任经略安抚使兼熙州知州。王韶开疆拓土的意志不可阻挡，很快，他又进攻河州，河州酋豪瞎药投降，宋神宗同样给他赐"包"姓。

到了熙宁六年（1073年），王韶的军队接连收复河州、岷州、宕州、洮州、叠州，进军一千八百里，斩敌数千人，取得了辉煌的战果。在大宋历史上，王韶是最有进取精神的一位将领，其伟大成就令宋神宗大喜过望，遂提拔他为左谏议大夫兼端明殿学士。

然而，王韶离开河熙赴朝廷后，西蕃的势力又卷土重来。

木征是西蕃首领之一，他是唃厮啰的长孙，父亲瞎毡是唃厮啰的长子。由于唃厮啰传位给第三子董毡，瞎毡遂自立门户，拥兵自重，与弟弟分庭抗礼。瞎毡去世后，其子木征据河州，而这里正是王韶进攻的目标。王韶攻破河州后，木征的妻儿悉被俘。木征不甘心失败，乘王韶进击洮州、岷州时，杀回河州。王韶赶忙回师，又一次打败木征，重新控制河州。

正当木征灰头土脸之时，王韶奉诏返回京师。由于大宋帝国强势介入河湟，引起西蕃首领的恐慌，其中就包括势力最强的董毡。董毡是唃厮啰的衣钵传人，也是木征的叔叔，其政权夹在宋、夏两个大国之间，就不得不寻求某种平衡。宋、夏两国都积极拉拢董毡，宋朝廷封董毡为太保，仍袭职保顺军节度使；西夏梁太后则将自己的女儿嫁给董毡，缔结姻亲。王韶开六州之地，无疑已经威胁到董毡的利益，他决定派大将鬼章率数万军队协助木征，夺回河州。

熙宁七年（1074年），木征集结人马，入扰河州。河州知州景思立率兵出战，木征佯装不敌，景思立追至踏白城，遭遇西蕃军伏击，宋军大败，景思立战死。踏白城一战，木征声威大振，继而进攻岷州，被宋将高遵裕击退。木征转而围攻河州，西部战局恶化，河州告急，快马向朝廷求援。

能解危险者，只有王韶。宋神宗不得不又一次把王韶派往前线。王韶抵达熙州后，并没有马上援救被围困的河州，而是采取围魏救赵的计谋，出动两万精兵，进攻定羌城，以切断木征的后援。此计果然大获成功，木征不得不放弃对河州的围困而退兵。王韶并不罢手，他对木征穷追猛打，斩首七千余级，打得木征走投无路，最后只得缴械投降。木征被押到京城后，并没有被处死，宋神宗封他为荣州团练使，并赐名赵思忠，由此也可以看出宋室宽仁的传统。

先是开熙河六州之地，拓地两千里，收复中原政权沦陷二百年之地；后又解河州之围，擒木征以致阙下。王韶奇迹般的表演，是大宋历史上的传奇篇章，同时对改革派也是一次巨大的鼓舞。王韶之所以能立不世之功，与王安石的极力推荐提拔有直接的关系，而他也以伟大的胜利，让所有人看到"强国梦"的希望。

后人对王韶有这样的评论："韶以书生知兵，诚为不出之才，而谋必胜，攻必克，宋世文臣筹边，功未有过焉者也。"王韶后来官至枢密副使，他从默默无闻的小官吏，一跃成为开疆拓土的帝国英雄，为大宋开拓大约二十万平方公里的土地，这无疑是令人瞠目结舌的勋绩。

有人称王韶为"三奇副使"，"三奇"，指就是奇计、奇捷、奇赏。奇计，说的是他的平戎奇策；奇捷，是指他在河湟战争中所取得的令人不可思议的胜利；奇赏，指的是他从一介布衣，短短几年时间竟然升迁至枢密副使，可谓超常规提拔。

除了王韶开河西六州之地外，神宗时代还有两次重要的军事胜利值得一提。

这两次军事行动都是在南疆用兵，其一是征服湖南、四川一带的少数民族，川湘之交为古苗黎杂处之地，历来难以统治。熙宁五年（1072年），朝廷以章惇为经略湖北路察访使，经过四年经营，辟地千里，收复州城四十余座。熙宁八年（1075年），安南（今越南）入寇，攻陷钦、廉、邕三州，屠杀百姓近六万人，西南为之震动。朝廷以郭逵为安南招讨使，收复三州之地，于富良江之战大败安南军，俘其太子洪真，安南王李乾德遣使投降。是役宋军深入南方瘴地，水土不服，病死者甚众。然经此一战，安南不敢再窥边，亦可算是胜利。

上述三大武功，都离不开王安石的筹划。王安石执政期间，推行变法，意在富国强兵，在外交及军事上亦较为积极进取。

可惜的是，神宗时代的武功只是昙花一现。

1076年，王安石辞相，淡出政坛；1081年，传奇英雄王韶去世。在王韶去世这一年，宋军大举出兵，分五路讨伐西夏，在灵州遭遇惨败；两年后的永乐城之战，宋军再遭惨败，史料有两种不同的说法，一则说宋军（包括蕃兵）阵亡将官230人，士卒23000人；另一种说法是将校死亡数百人，士卒与役夫20万人。不管怎么说，都是一次巨大的失败，以致宋神宗临朝为之哀痛不食。

二六 / 在新法与旧法之间摇摆

熙宁变法运动，从一开始便备受攻击，风雨飘摇，然而新法能在一片反对声中顽强地推行，这全倚仗着一把强有力的保护伞。这把保护伞便是神宗皇帝，这位胸怀大志的皇帝以坚韧不拔的意志推行新法，即便在王安石辞职后，变法运动仍然维系下来。

神宗是一位有理想有抱负的皇帝，史书称他"去华务实"，并不热衷于典礼、祭祀、封禅之类华而不实的东西，在生活上比较节俭，对民间疾苦比较关心，不务虚名。应该说，他是继仁宗皇帝后的又一个好皇帝。可惜的是，神宗皇帝寿命不长。1085年，他去世的时候不过三十八岁。神宗皇帝一死，变法运动戛然而止。

年仅十岁的赵煦被立为皇帝，是为宋哲宗。十岁的小孩子如何统治国家呢？他的祖母太皇太后高氏垂帘听政，成为大宋帝国的实际统治者。新法的保护伞倒了，帝国的政策将何去何从呢？高太后也有点不知所措，是继续维持新法呢，还是推倒重来？

就在这个时候，一位老臣从洛阳风尘仆仆赶回京城，为神宗皇帝奔丧。

他的到来，彻底改变了朝廷的政策。

此人正是王安石的死对头、著名史学家司马光。

这时司马光刚刚完成一部史学巨著，便是大家所熟知的《资治通鉴》。《资治通鉴》是一部大部头的编年史，早在宋英宗末年，司马光就着手编撰这部史书。从书名中可以看出，司马光写这本书，是为了让统治者熟悉历朝历代史事，"知兴亡""明得失"，以史为鉴。

在王安石变法开始后，司马光便不遗余力地反对变法。以前我们总说司马光是守旧派人物，其实这种看法有失偏颇。与王安石的激进相比，司马光确实比较保守，但他对新法的攻击，并非完全感情用事，当时新法的确存在许多难以克服的弊端。在宋神宗时代，司马光的立场显然不吃香，故而被排斥出中央，到洛阳当了个西京留台，说白了就是个闲差，总计待了十五年之久。在这段时间里，他埋头著史，不问政事，与史学家刘攽、刘恕、范祖禹等人共同完成《资治通鉴》的编撰，为中国史学再增添一瑰宝。

对于司马光这样对历朝史事烂熟于胸的人，高太后当然十分倚重，谦虚地向他求教国家的大政方针。司马光的答复是："朝廷应当下明诏、开言路，凡知朝政阙失与民间疾苦者，皆得尽情亟言。"也就是说，先听听大家的意见。

高太后一听，也对，便下诏让百官写奏折，讨论朝政的阙失。我们前面曾说过，王安石的变法，理想高远，但在具体执行过程中却弊疾丛生。不仅守旧派分子反对新法，甚至民间对新法也不感冒。这言论一开，不得了，成百上千的奏章纷至沓来，大多数都是批评新法的不当。

看来宋神宗一死，新法就走到头了。

面对汹汹议论，高太后"从谏如流"，任命司马光为门下侍郎，议除新法。这司马光老头原本就是最顽固的反新法者，现在让他来主持议除新法，这不等于宣布变法的终结吗？当然，有人站出来反对，但不是站在新法是否合理的立场上，而是站在"三年无改于父之道"的古训上。宋神宗刚死，就要推翻他的政策，这合适吗？

对于这样软弱的反对意见，司马光当然不放在眼里，他呵斥道："若王安石、吕惠卿等所建，为天下害，非先帝本意者，当改之，犹恐不及。"把宋神宗说得仿佛是被王安石、吕惠卿一帮人胁迫似的，司马光揣测圣意也太大胆了吧。

当然，有高太后的支持，废除新法堪称神速。在宋神宗去世当年，保甲法、方田法、市易法、保马法等就被废除了。

司马光对这个速度相当不满意。第二年（元祐元年，1086年），司马光晋升为尚书左仆射，此时他已经六十七岁，身体不太好，担心自己不能在去世前尽废新法。在他眼里，新法中残留的青苗法、免役法、置将法，与盘踞西北的西夏一样，乃是帝国的心腹之患，并称为"四患"。他曾经这样说："四患未除，吾死不瞑目矣。"当然，在"四患"中的西夏之患，司马光是除不了的，也没这能耐。对于其他"三患"，也就是王安石变法中的三项，他还是有能力除掉的。在之后

· 二六 / 在新法与旧法之间摇摆 · 151

短短的几个月里，新法基本废除了。

这年四月，王安石去世，享年六十六岁。临死之前，他目睹自己的理想灰飞烟灭，目睹自己毕生的心血付诸东流，心境之苍凉可想而知。在宋朝历史上，王安石是个悲情人物，又是一个充满争议的人物。后世对王安石褒贬不一，总体上贬多褒少，甚至有不少史学家把北宋的灭亡归咎于王安石的变法，批评王安石祸国殃民。在中国传统儒家道德观念中，把"义"看得比"利"要重得多。孟子曾经说："何必言利？有仁义而已矣。"王安石的很多举措，被视为与民争利，不免受到以清高自居的士大夫口诛笔伐。另外，由于变法而出现数十年的新旧党争，加速北宋的衰亡，而推究新旧党争的源头，不免得追溯到王安石，这也是他背黑锅的原因之一。北宋末期的奸臣蔡京，被视为新法的大将，他以王安石的衣钵传人自居，无疑也让王安石的形象被抹黑了。然而，批评王安石的人似乎忘了一个事实，神宗即位时国家已经陷入深深的财政危机，如果不是王安石力挽狂澜，大宋帝国还能苟延残喘数十年吗？

在王安石去世五个月后，他的政敌司马光也走到人生的终点。表面上看，司马光最终成为胜利者，他把王安石的各项新法连根拔起，推倒重来。然而，历史并没有回到起点，一场围绕新法与旧法的斗争，将持续几十年之久，直至北宋走向灭亡。

在宋哲宗即位后几年，新法人物纷纷失势，拥护旧法的人物纷纷卷土重来，这就是所谓的"元祐更化"。

旧党复辟了，新党落荒而逃。

在大宋王朝历史上，党争是一大问题，正所谓党同伐异，一吵起来便喋喋不休。如今新党倒台，旧党执政，朝政应该和气融融了吧？可惜并没有。党争的顽疾并不因为新党被逐出朝廷而停止，反倒愈演愈烈。

原来旧党内部也不是铁板一块，而是分裂为三大阵营。

这三大阵营分别是洛党、蜀党、朔党。洛党以大儒程颐（洛阳人）为首，干将有朱光庭、贾易等人；蜀党以大文豪苏轼（蜀人）为首，干将有吕陶等；朔党刘挚（河北人）为首，干将有梁焘、王岩叟、刘安世等人，其精神领袖是已经去世的司马光，此党的势力最大。

此三大党在政见上是有所不同的。朔党是司马光的门生信徒，对于王安石的新法，他们一概否定。以程颐为首的洛党，受到传统儒学观念的影响，以实现尧舜传说中的王道为己任，他们总体上反对新法，但对王安石变法中的复古部分并不排斥。蜀党的政治立场，则是属于调和折中派。

三党中不乏士人领袖。譬如程颐是宋明理学的奠基人之一，赫赫有名的哲学家；苏轼乃是文坛领袖，著名诗人与散文家。然而两人在政治上却是对手，争论不断。程颐对新法中科举改革的复古部分很赞成，如考试内容改诗赋为经义，作为诗人的苏轼却反对。苏轼对新法中的免役法举双手赞同，但尊司马光为领袖的朔党却反对。今天我攻击你的政策不近人情，明天你攻击我诽谤，纷争扰扰，不可终日。

党争从朝廷内到朝廷外，大臣们在口水战的战场上英勇奋战。有一个人不高兴了，这个人就是皇帝宋哲宗。

你们整天吐口水，把我这个皇帝置于何地？宋哲宗十岁当皇帝，高太后临朝，大权旁落，整天像个木偶一样坐在皇帝的宝座上，事事不能做主。这算什么皇帝！随着年龄一天天增长，皇帝心里的怨气也越发深重，愤恨难平。对于一个年轻人来说，这种心理反应实属正常。久而久之，宋哲宗不满的情绪越发滋长，从对高太后把权的不满，延伸到了对旧党的不满。

郁积的不满，总有一天会爆发的。

元祐八年（1093年），老太婆高太后终于死了。这一年宋哲宗已年满十八岁，到了亲政的年龄。

在哲宗当皇帝的前八年，朝臣们只知有高太后，几乎要把泥菩萨皇帝忘了。现在泥菩萨成了活菩萨，对这尊活菩萨，大臣们既熟悉又陌生，熟悉的是他的模样，陌生的是他的思想。

总有人具备超级敏感的政治嗅觉。

礼部侍郎杨畏就是这么一个人。

俗话说，"一朝君主一朝臣"，对宋哲宗来说，前八年是高太后的时代，如今才是自己真正的时代。既然如此，岂能重用这群从来没把自己放在眼里的朝臣呢？杨畏看清皇帝的心思，抢先一步上书道："神宗更法之制，以垂万世，乞赐讲求以成继述之道。"就是说，高太后与司马光这伙人破坏了宋神宗的变法，现在应该要改过来，继续完成神宗皇帝未竟的事业。

此言大投宋哲宗所好。

说实话，宋哲宗对新法了解多少尚是疑问，但他对这帮投靠高太后的朝臣不满是实实在在的。只有换一批人，自己才是货真价实的皇帝。皇帝问杨畏："先朝旧臣谁可召用？"时间才仅仅过去八年，当年新法健将多数尚在人世。杨畏一口气罗列了章惇、吕惠卿、邓润甫、王安中、李清臣等人，他还大大赞扬了神宗皇帝变法的伟大精神与王安石高尚的道德情操。宋哲宗大受鼓舞，遂下诏起用章惇、吕惠卿等人。

政策变了，宋哲宗把年号也改了。1094年，皇帝的年号由"元祐"改为"绍圣"，绍就是"绍述"，即继承的意思，"圣"就是指神宗皇帝。从年号的更改可以看出宋哲宗的决心：他要推翻旧法，把神宗变法发扬光大。

于是一大批新党人物迎来政治的第二春，而旧党如刘安世、苏轼、范祖禹等纷纷被踢出中央。正所谓"三十年河东，三十年河西"，新党不必等上三十年，只用了八年时间，便咸鱼翻身、卷土重来了。大宋的政治为之一变，从"元祐更化"变成"绍圣绍述"，新党全面把持朝政。

问题是，争议不休的朝堂是否从此变得祥和？在新法与旧法之间折腾日久的国家是否从此长治久安呢？

答案是否定的。

问题出在哪儿呢？

大海航行靠舵手。在熙宁变法中，帝国航母的总舵手便是宋神宗，他胸怀大志，锐意进取，对旧法弊端有深刻的认识。而在绍圣绍述中，总舵手宋哲宗既没有父亲的魄力才干，也没有父亲的思想深度。他起用新党人物，只不过是对旧党人物不满而已。熙宁变法的总设计师王安石大公无私，新法尽管不完美，基本出发点仍是富国强兵，为国为民。元祐更化中的复辟分子，虽在政治上是保守主义，但在道德品行上并无亏缺，甚至被誉为"元祐诸君子"。而绍圣绍述中的新党领袖章惇、吕惠卿、曾布等人，在自身修养、道德人品上都不是无可指责的，他们意气用事，假公济私，迫害政敌，反攻倒算。

从宋神宗时代开始，新旧两党便势不两立。但即便是王安石与司马光这两个死对头，也仅仅是政见不同，对事不对人，私底下都佩服对方的学问人品。司马光复辟后，旧党掌权，并没有对新党进行人身迫害。在绍圣年间，新党的胸襟远不及旧党中的士人君子。

已经去世的旧党领袖司马光、吕公望都遭到反攻倒算，章惇甚至要求把这两个"罪大恶极"之人开棺暴尸。宋哲宗虽没有同意，仍然下诏夺去两人的赠谥。对死去的人如此，对活着的政敌，新党更是磨刀霍霍，四处出击，甚至屡兴大狱。在元祐诸君子遭到流放命运后，章惇等人甚至主张将其斩尽杀绝，从肉体上消灭政敌。

在大宋开国之初，宋太祖曾经留有一条遗训——"不杀士大夫"。在一百多年的时间里，宋朝并未发生历朝历代中难以避免的诛戮功臣事件，这个文明国度武力虽不算强大，但在仁慈方面超越以往任何一个朝代。元祐旧党之所以大难不死，得益于皇帝张开保护伞挡住了射来的冷箭。宋哲宗算不上英明过人的皇帝，却仍然坚守太祖皇帝的遗训："朕遵祖宗遗志，未尝杀戮大臣，其释勿治。"正是这个指示，才把迫害旧党的行动约束在一个合理的范围。

装着变法的瓶子表面上是旧的，可是里面的酒却已变质。新法已然沦为政客们耍弄政治阴谋、争权夺利的工具，不再服务于富国强兵、振衰起弊的最高目的。大宋帝国滑向深渊的命运，已然是不可改变了。

二七 / 一流的艺术家，平庸的皇帝

宋哲宗是短命的皇帝，他十岁当皇帝，在位十五年，二十五岁就死了。哲宗去世后，弟弟赵佶被推上皇帝宝座，他就是历史上著名的宋徽宗。宋徽宗之所以著名，有两个原因：其一，他是中国皇帝史上首屈一指的艺术家；其二，他是大宋王朝历史上赫赫有名的昏君。

有些人天生不是当皇帝的料。南唐后主李煜如此，宋徽宗赵佶也是如此。他们的共同点实在太多了，两人都是一国之君，都多才多艺，都给后世留下许多艺术精品。李煜是大词人，他的词作脍炙人口，特别是一曲《虞美人》传诵千古，堪称中国古代词作之代表。宋徽宗是大书法家与大画家，他的瘦金体书法与花鸟画，在艺术史上占据一席重要地位。两位艺术家皇帝对艺术的贡献，要远远多于对国家的贡献。可以说，他们的专业在于艺术，而不在政治。身为一国之君，沉溺于艺术领域，必顾此而失彼。有一句话说得好："天才也怕入错行。"李煜与宋徽宗都是天才级的艺术家，可惜的是，他们都入错行了。他们的生活空间，应该是在书房画室，与琴棋书画为伴，而不是坐在皇帝的宝座上，呆若木鸡。

历史有时真的会开玩笑。

宋徽宗赵佶可能做梦也没想到自己居然会成为皇帝。他与宋哲宗一样，都是宋神宗的儿子，但排名相当靠后，仅仅是第十一个儿子。依照古代立长不立幼的传统，皇帝宝座要轮到他，机会可以说小而又小。宋哲宗即位后，皇位传给弟弟的可能性就更小了。然而造化弄人，偏偏宋哲宗英年早逝，赵佶居然鬼使神差地被推到前台，当了皇帝。

其实，很多人对宋徽宗继承大统持反对意见，理由很简单：他不是一个老成持重的人，有着艺术家常有的轻佻与随性。群臣的反对敌不过向太后的坚持，向太后的理由也很简单：先帝神宗对这个儿子有良好的评价，认为他有福相，而且仁孝。

为了让政权平稳交接，向太后采取一种折中方法，仿元祐年间高太后之例，临朝听政。向太后与高太后一样，在政治上是倾向于保守的，对新法并不热衷。不过她的做法比较温和，知道倘若尽弃新党，那么"朋党之争"还要无休止地闹下去，因而采取较为稳妥的处理，起用一部分旧党，留用一部分新党。

十几年来，大宋朝廷乱得像一锅粥。一会儿新党得势，一会儿旧党复辟，一会儿新党又卷土重来，政策变来变去，让人无所适从。在宋哲宗时代被列为罪人的司马光、吕公著等人又恢复名誉了，范纯仁、程颐、苏轼等元祐君子复官或结束流放。曾经迫害旧党的章惇、蔡京、蔡卞等人被罢黜，相对温和的新党领袖曾布则得以留用。

经过一番精心的人事调整，向太后以为万无一失了，便放心地把政权移交给宋徽宗，她听政的时间总计不过七个月。向太后之所以急急归政于皇帝，是因为宋徽宗的情况与宋哲宗有所不同。宋哲宗即位时才十岁，还不到亲政的年龄，故而政事取决于高太后；宋徽宗登基时已经十八岁，如果向太后迟迟不放权，难免受到朝臣的议论。徽宗亲政后，出于对向太后的尊敬，尚不敢对政策有所更张。五个月后，倾向于保守的向太后去世，对新党来说，这正是重新崛起的良机。

新党毫不犹豫地抓住机会，曾布向上台刚刚一年的皇帝提出，应该重新回到新法的路线。宋徽宗对政治的兴趣显然远远不及对书画艺术的兴趣，既然父亲与哥哥都是新法的拥护者与执行者，他下意识里也是倾向于新法。于是稍稍受阻后的新法运动又一次占据上风，这一点从年号的变更就可以明显地看出来。1102年，即宋徽宗即位后的第二年，改年号为"崇宁"，顾名思义就是推崇熙宁变法。

在此背景下，被罢官的蔡京又一次被起用。

蔡京就是一个披着新党外衣的阴谋家。

他是精明的政客，有独到的政治嗅觉与深藏不露的野心，善于伪装自己，只在乎利益而不在乎原则。刚步入官场之时，蔡京正好赶上轰轰烈烈的王安石变法。皇帝要变法，宰相要变法，聪明的蔡京当然不会愚蠢到加入守旧党的行列。他的弟弟蔡卞娶了王安石女儿为妻，蔡家与王家成了亲家。有了这层关系，蔡京与王安石走得更近，理所当然成为新党中的一员大将。在神宗一朝，他官运亨通，爬到龙图阁侍制、知开封府的高位。巧合的是，当年一代名臣包公也当过龙图阁侍制、知开封府，但蔡京与包公绝不是同一类人。

正所谓世事难料，宋神宗死后，新党失势，保守派领袖司马光杀回来了。司马光一上台，便大力铲除新法。他下了一道命令，要求各地在五日之内废除"免役法"，全面恢复"差役法"。五天的时间要变更实行已久的法令，岂非难于上青天！令所有人大跌眼镜的是，第一个在限定时间内完成艰巨任务的人，竟然是被视为新党大将的蔡京。对他来说，什么新法、旧法，能保住乌纱帽的才是办法。毫不抵抗便向旧党举手投降，气节何在？这是君子所为吗？面对新党鄙夷的目光，蔡京毫不在意，他根本就没想过当正人君子。

蔡京一马当先废除免役法，向司马光递交投名状。可惜他还是失算了。不久后司马光死了，掌权的旧党并不认可他的"叛变投诚"，仍然当作新党处理，贬出中央。

此时的蔡京有理由为自己的"新党"身份而懊恼，重返权力之路似乎变得渺茫而遥不可及。岂料人算不如天算，命运鬼使神差，几年后宋哲宗亲政，又一次把国家政策推倒重来。一时间，新党重新夺取政权，大获全胜，而旧党则惶惶如丧家之犬。

当年废除"免役法"，蔡京冲锋在前；如今恢复"免役法"，他又身先士卒。这种反反复复的态度未免有小人之嫌，但有什么关系呢？能讨得皇帝的欢心，新党的认可，对蔡京来说才是最重要的。在蔡京眼里，新法只是弄权的工具，是打击政敌的利器，是升官发财的法宝。

蔡京绍述新法的坚决态度俨然使他成为新党的灵魂人物，除了章惇之外，蔡氏兄弟几乎称得上是最有权势的人。

官场仕途的赌局，正如股市中的五浪上升一样，同样很少单边上行，非得再起再落后，才进入波澜壮阔的主升浪。眼看蔡京只差一脚就可跃上巅峰之时，第二次调整开始了。宋哲宗死后，朝政又为之一变，蔡京再次从云端跌落，被贬去当一个杭州洞霄宫提举的闲职。

此番调整虽深，时间却不长。宋徽宗亲政让蔡京看到了机会，而且是前所未有的机会。他发现了皇帝致命的弱点——皇帝乃是彻头彻尾的艺术家！有了弱点，就可以充分利用，甚至操纵。

话说蔡京非但是政坛的投机分子，也是一个颇有天分的书法家，他的书法在当时也算得上是数一数二的。皇帝爱好书法，蔡京也爱好书法，这岂非志趣相投吗？可是皇帝在开封，蔡京被贬到杭州，如何才能把这种志趣相投变成一种资源呢？

机会总是不期而至。

徽宗皇帝不仅酷爱艺术，也喜欢收藏艺术品。即位不久，皇帝就在杭州搞了一个"金明局"，专门搜罗各种书画古玩，为皇帝跑腿的是太监童贯。童贯长于拍皇帝的马屁，善于察言观色，处处投皇帝所爱，自然得到徽宗的宠幸。童贯到杭州待了一两个月，蔡京自然不肯放过这个机会，极力巴结。蔡京虽是小人，还是有两把刷子，他操笔画屏风，画纸扇，把自己的作品源源不断地通过童贯之手转交到皇帝手上。不仅如此，他还四处搜罗艺术品，凭借高超的艺术鉴赏力，挖掘珍品送入宫中。对此，皇帝岂能不心花怒放呢？在宋徽宗眼里，蔡京堪称是懂艺术的同志、知音，真是难得的人才哩。

皇帝龙颜大悦，蔡京的好日子还会远吗？

很快，蔡京就东山再起了。

崇宁元年（1102年）三月，蔡京被任命为翰林学士承旨；五月，升为尚书左丞；七月，升为尚书右仆射兼中书侍郎，正式登堂入相。

诏令下达的那天，徽宗皇帝特赐蔡京坐延和殿。皇帝问道："神宗创法立制，先帝继之，两遭变更，国是未定，朕欲上述父兄之志，卿何以教之？"蔡京当即顿首，慷慨激昂地说了一句话："敢不尽死？"这一句话虽然空洞无物，在徽宗皇帝听来却是铿锵有力，掷地有声，不免被感动了。

被中断的新法又一次铺开。对于蔡京来说，权力远比新法来得重要，他重拳出击，把矛头对准曾令他大吃苦头的元祐党人。折腾死人乃是中国古代的政治艺术之一，我们以前常说"盖棺论定"，但对于元祐党人来说，盖了棺，却不能论定。像司马光、吕公著这样的旧党分子，活着时是复辟英雄，死后却成了朝廷罪人，在"绍圣绍述"时被夺去赠谥，向太后临朝时，又恢复名誉。蔡京当政后，还要把这些死人再折腾几下，让他们永世不得翻身。

入相两个月后，蔡京把旧党党魁司马光、吕公望、文彦博、吕大防、苏轼等人一概列为奸党。为了达到"盖棺论定"的目的，又请御书把奸党的姓名刻石于端礼门，称为"元祐党人碑"。这个党人碑，就是耻辱柱，是让大家吐口水的地方。奸党的子孙被剥夺政治权利，世代不得为官，这也是宋代规模最大的党锢之祸。蔡京打击的不仅是元祐旧党，只要与他不合的，哪怕是新党健将，也一并列入奸党之籍，譬如章惇、曾布等人也被戴上"奸党"的帽子。

在打击奸党的同时，蔡京不遗余力地褒扬王安石、吕惠卿等新法功臣，把他们的画像悬于显谟阁，以鼓舞正气。作为变法运动的灵魂人物与总设计师的王安石得到最尊贵的待遇，得以配享孔子。蔡京抬高王安石，实则是抬高自己，作为新党领袖，自己岂非王安石事业的接班人吗？

蔡京入相后四处出击，打击面甚广，得罪的人太多，很快他就遭到报复了。

崇宁五年（1106年），天上出现彗星。这本是寻常的天文现象，在古代却被认为是上天的某种启示。彗星在民间又被称为"扫帚星"或"灾星"，预示将有灾难出现。宋徽宗被彗星的出现搞得心神不宁，赶紧自我批评，并下诏让官员直言。中书侍郎刘远把矛头对准蔡京，认为这都是因为打击元祐党人引起的。这种说法当然是无稽之谈，但对皇帝来说，宁信其有，不信其无，万一得罪上天恐怕就大祸临头了。宋徽宗连夜令人把党人碑给捣毁了，下令解除党禁，同时废除新法。

什么新法旧法，皇帝根本就不在意，说毁就毁了。彗星的出现，让蔡京丢了官。几度宦海沉浮的蔡京，哪能那么轻易认输？他不动声色地躲在幕后，指使爪牙向宋徽宗诉冤。说的内容，无非是蔡京搞新法，完完全全是遵承皇上的旨意，并没有任何私心，现在皇上把新法推翻了，有违初衷。宋徽宗原本十分信任蔡京，听到如此辩白后，也稍稍觉得有愧。一年后（1107年），神气活现的蔡京又回来了，又一次登阁拜相。他的儿子蔡攸也被任命为龙图阁学士，蔡氏的权力非但没减少，反而更大了。

在宋徽宗一朝，蔡京先后四次入相，掌大权达二十年之久。这位在皇帝眼中忠贞不贰的宰相，实际上是个翻手为云覆手为雨的弄权者罢了。在此之前，大宋朝政虽然混乱，仍然有像范仲淹、包拯、王安石、司马光这样的正直大臣，邪恶的风气并不浓厚。到了蔡京把权的时代，朝廷乌烟瘴气，奸佞横行。

蔡京以新法之名义，打击政敌，结党营私，与太监童贯狼狈为奸，把皇帝玩弄于股掌之间。徽宗一朝，奸臣当道，如王黼、朱勔，以及《水浒传》中所写的高俅，都是这一时期的奸臣。更糟糕的是，为了拍皇帝的马屁，蔡京大兴土木，他有个理论叫"丰亨豫大"，就是说，咱天朝不能小家子气，吝惜财费，应该要大手大脚，极尽繁华才行，这才显出帝国的气派。于是搞了一大堆名堂，置立应奉司、御前生活所、营缮所、苏杭造作局等，名目杂多，主要就是搞一些奇巧的东西，以满足艺术家皇帝对美的追求。

在这些劳民伤财的事中，以"花石纲"为害最大。艺术家皇帝如果只是写写书法，画画花鸟倒好，但宋徽宗还有一大爱好，喜欢奇木异石。蔡京只怕皇帝没喜欢的东西，有喜欢的东西就容易搞定了。他指示手下一帮人，搜求奇木异石押送进京，称为"花石纲"。花石纲折腾到什么地步呢？比如有一回，朱勔在太湖采一巨石，有数丈高，乃是奇石珍品，要怎么运到开封呢？官府动用一千人拉大船，水路不通的地方凿河，桥挡住则拆桥，花了好几个月才运到京师。花石纲导致无数人家破人亡。

在宋徽宗眼里，世界很美好，放眼望去，看到的都是层台耸翠，飞阁翔丹，优雅而艺术。底层百姓却没活路了，当愤怒的火焰熊熊燃起，大规模的民变已是不可避免。

二八 / 方腊起义与水浒英雄

当一个王朝走向没落时，象征性的标志便是大规模的农民起义。当宋徽宗在蔡京、童贯等人的忽悠下，过着纸醉金迷的生活时，底层百姓却生活在水深火热之中。说实话，在儒家教化一千多年的熏陶下，中国百姓性情温和，对于各种压迫，一忍再忍。然而，人的忍耐力终究有个极限，超过这个限度了，势必忍无可忍。一旦反抗的烈焰点燃，将会演变成一场燎原大火。

江浙向来是富饶之地、鱼米之乡。自从蔡京一干人倒行逆施，设应奉、造作局搜刮民脂民膏后，寻常百姓已被剥削得一贫如洗。再加上花石纲无尽的掠夺，平民破产，无家可归，挣扎在死亡线上。现世几乎看不到盼头，一种宗教的兴起让无数人看到未来的希望。这种宗教便是传自波斯的摩尼教。

摩尼教是波斯人摩尼在 3 世纪时所创建，在唐朝时传入中国，曾经兴盛一时，又称为明教。在唐武宗时，摩尼教被政府取缔，在民间仍然有许多人信仰。摩尼教认为存在着两个对立的世界，即光明与黑暗，光明是善，黑暗是恶。我们从"明教"这个词中，便可以看出，信奉此教者，是站在光明的一方，其使命便是与黑暗战斗，直到光明世界最终到来。到了宋朝时，明教已发展成为重要的民间秘密宗教，在浙江一带有广泛的影响。方腊，便是这个秘密宗教的领袖之一。

方腊原是歙州人，后来到了睦州（浙江建德）青溪万年乡，由于出身寒微，靠给当地地主打工维持生计。在这里，他接触到明教（摩尼教），对其教义产生浓厚的兴趣并笃信不疑。很快，他便全身心地投入传法活动中，宣扬"二宗三际"说，二宗即明与暗，三际指过去、现在、未来三世。在他看来，大宋王朝气数已尽，正是属于黑暗的现世，必须将其推翻，以迎来光明。史书上称他"托左道以惑众"，许多人对大宋朝廷已失去信心，在方腊的鼓动下入教。这个秘密宗教有严格的教规，入教者男女平等，不吃荤酒，分财互助，夜聚晓散，因而长期存在而地方政府却毫无察觉。

当时朱勔在江浙一带督花石纲，致使民怨沸腾，即便是深山穷谷之民也不得安居。方腊认为机会已经成熟，遂纠集教众，聚于帮源洞。在这里他导演了一出戏，假装受到上天的启示而得到天符牒，这是古代农民起义惯用的伎俩，本来不算高明，但虔诚的教众对此深信不疑，遂跟随他揭竿而起，走上武装起义之路。

起义时间是在徽宗宣和二年（1120年）十一月。

从一开始，起义军就有明确的政治目的，不仅要打倒土豪劣绅，还要推翻宋朝黑暗的统治。因此，方腊制定"永乐"的年号，自称为"圣公"，把该月改为"正月"，对广大教众来说，光明元年开始了。这支农民起义军几乎没有任何装备，"无弓矢介胄"，不过没有关系，因为他们有坚定的信仰。方腊是有备而来的，他迅速建立政权，置官吏将帅，把教众分为六部，每部以不同颜色的巾饰作为区别，其中第一部是红巾。

起义军揭竿为旗，斩木为兵，以最原始落后的武器向政府军发动进攻。天下苦于苛政久矣，起义军所到之处，许多人前来投奔。不到十天的时间，起义队伍已经扩大至数万人，并攻陷青溪县城。由于起义的爆发十分隐秘而突然，地方政府事先毫无察觉，只得仓促应战。两浙都监蔡遵、颜坦率一支军队去镇压起义军，大败而回，蔡遵等人被击毙。

之后的一个月里，起义军几乎所向无敌。

方腊首先攻陷睦州，杀死官兵一千多人。此役令官兵丧胆，附近的寿昌、分水、桐庐、遂安等县也纷纷被义军攻克。参加起义军的都是下层民众，对鱼肉百姓的官吏十分痛恨，每当抓到政府官员时，必以酷刑处死，或将其肢解，或挖肠掏肺，或乱箭射死，让这些官员受尽苦楚而死，以此来发泄心中的怨气。但对于某些清官，起义军还是另眼相看的。比如说休宁知县麹嗣复被俘后，来自休宁县的义军将领对他说："公身为县令，有善政，前后官员中，没有一人比得上你的，我岂忍心杀害你呢？"遂将其释放。可见官员是好是坏，人心自有公论。

我们说过，宋朝军事制度是"强干弱枝"，精兵集中于中央禁军，地方部队战斗力并不强，面对来势汹汹的方腊义军，地方政府军完全溃败。继睦州沦陷后，歙州也被义军攻占，宋将郭师中战死。婺源、绩溪、祁门、黟县等官吏一箭未发，弃城而逃。起义军一鼓作气攻下富阳、新城，提出"杀朱勔"的口号，民众纷纷响应。朱勔是徽宗时代的奸臣之一，因花石纲而臭名昭著。起义军进军神速，如入无人之境，轻而易举占领杭州，东南为之震动。杭州是后来南宋的首都，当时也是一座大城，居然连像样的抵抗也没有。

面对东南变局，宋徽宗坐卧不安，倘若不及时出动精锐部队镇压起义军，后果不堪设想。为了对付方腊，大宋帝国把血本都押上去了。皇帝任命谭稹为两浙制置使，童贯为宣抚使，率领中央禁军及秦晋蕃汉兵共计十五万人，杀向浙江。帝国最精锐的部队，除了中央禁军外，就是陕西、山西一带防备西夏、契丹的驻军，主力都调去讨伐方腊起义军了。

冬去春来，时间已是宣和三年（1121年）。

童贯兵分两路，一路杀向杭州，一路杀向歙州，打算得手后会师于起义的发源地睦州，彻底铲除农民军。

在童贯领兵出征前，宋徽宗给了他很大的权限："如有急，即以御笔行之。"就是说，倘若有必要，童贯可以直接以皇帝的名义发布旨令，不必事先征得宋徽宗同意。话说童贯虽然是个小人，脑袋瓜还是比较灵的。到了吴地，他就发现问题出在哪儿了——百姓造反，都是造作局、花石纲这些苛政惹的祸。如果不从根子上铲除苛政，根本无法平息民众的不满情绪。

不要小看这个太监，童贯颇有当机立断的本领，立即代皇帝写了一份"罪己诏"，代表皇帝向大家说声对不起，寡人有过错。而后，他又以最快的速度罢除苏杭造作局与花石纲。与此同时，宋徽宗为了自保，也不得不采取某些平息民怨的措施，罢免朱勔父子及其族人的官职。在伟大的农民造反运动面前，大宋朝廷做出必要的让步，这是相当明智的。

在朝廷调兵遣将之际，方腊军又攻占婺州、衢州、处州，总共占据六州五十二县之地。但方腊毕竟没有经过专门的军事训练，战略上出现很大失误，作战太分散了，未能集中力量对付官兵。很快，官兵乘方腊攻陷处州之际，收复杭州。这时方腊回师再攻杭州，敌人的力量已是今非昔比，起义军在杭州城外被官兵击败。

大宋军队的战斗力不算强大，在对外战争中表现不佳，但对付方腊手下这些散兵游勇则绰绰有余。十几万大军节节进逼，连续收复衢州、婺州。对方腊来说，战争态势已经完全逆转了。起义军不得不退守睦州，宋朝官兵从杭州发兵，在桐庐之战中挫败义军的反扑，占领睦州，并攻陷青溪县。当初起义是从帮源洞开始的，现在还要在这里终结。

方腊的部队在短短的三个月时间里，被打得溃不成军，只得回到老巢帮源洞。这时义军还有二十万之众，被围困在山区之中。帮源洞一带山高林密，地形复杂，义军据险而守，与官兵打游击。来自中央及边疆的官兵对地形不熟悉，找不到一条大军可以开进的路，故而久攻不下。在这个时候，有一个宋军将领打开局面。这名将领此时还是个小人物，只是一名裨将，但日后却成为一代名将，他就是韩世忠。

韩世忠是怎么找到路的呢？他率领一支小分队，沿着溪谷潜行，在半路上遇到了一个山村匹妇，向她打听山路。在得知秘密通道后，他立即悄悄潜入，突袭方腊的指挥部，竟然侥幸得手，杀数十人，擒方腊。方腊被擒后，义军群龙无首，终无法突围，遭到官军的血洗，共有七万人死难。

方腊从起义到失败，只有短短的半年时间。时间不长，地域也不算广阔，死于战乱的人口却高达两百万以上，可谓是一场残酷的战争。与方腊起义几乎同时发生的，还有以宋江为首的梁山泊英雄好汉的武装起义，这场起义尽管规模远不如前者，却因为《水浒传》一书而名扬天下，成为中国妇孺皆知的一段英雄传奇。

事实上，宋江起义在正史上的记载十分简略。正是因为简略，反倒给人以无尽的遐想，故而在民间广泛流传着梁山泊英雄的传奇故事，而且说得活灵活现，特别是《水浒传》这部小说问世后，梁山泊英雄更是无人不知无人不晓了。

根据宋代的一些笔记资料，《水浒传》中的一些重要人物，在历史上都确有其人，也有相应的诨号。比如大家所熟悉的呼保义宋江、智多星吴用、玉麒麟卢俊义、浪子燕青、花和尚鲁智深、行者武松、黑旋风李逵、青面兽杨志等，都是真实人物。小说虽是文学作品，但也包含基本史实，更重要的是，民间传说实际上写出民众的心声。正如小说所述，起义的原因乃是"官逼民反"，起义军打出的旗号是"替天行道"，这些都可视为平民百姓对起义军的无限同情以及对腐败官府的深切痛恨。

宋江起义是以郓州（山东东平）梁山泊为中心，主要首领有三十六人，时间与方腊起义差不多同时。在起义军最盛时，横行于河朔，转掠十郡，官府出动数万人马围剿，却收效甚微。当时朝廷正倾其力量镇压方腊起义，亳州知州侯蒙建议说："宋江的才能必有过人之处，不如赦免其罪，招抚其部以讨伐方腊。"

徽宗皇帝同意侯蒙的建议，并委任他负责招安工作，侯蒙尚未赴任便发病而死，招抚计划遭到挫折。与此同时，梁山泊英雄好汉们从沂州（山东临沂）攻略淮阳军（江苏邳县西），后又转攻海州（江苏连云港）、楚州（江苏淮安）。朝廷只得派遣海州知州张叔夜前往镇压。

张叔夜颇为通晓兵事，为了探知义军底细，便派遣间谍潜入其中，掌握了义军的一举一动。当时宋江等人频繁活动于海滨一带，有大船十数艘，打家劫舍，满载而归。张叔夜便招募敢死队一千多人，埋伏在险要之处，自己率领轻兵引诱义军上岸作战。宋江不知是计，穷追猛打，一直闯到设伏区。此时两边伏兵杀出，张叔夜乘势反戈一击，义军大败。就在这个时候，官兵已派一支奇兵偷袭义军船只，十数艘大船被焚毁殆尽。义军已无退路，张叔夜借机打出招安的旗子，宋江已是进退两难，遂举部投降。

宋江被招安后还参加了剿灭方腊的战争，后来他的名字便从史书上消失了。有史学家认为，宋江很可能是死于童贯之手。

梁山泊起义的持续时间并不长，但是梁山泊英雄好汉的故事却广为流传，对后世文化、历史产生深远的影响。宋之后的历代农民起义，乃至像近世的天地会、哥佬会等秘密会社，都可以看到梁山泊故事的影子。与此同时，梁山泊好汉们的形象也在传说中变得更加丰满，他们那义薄云天的气概，成为民间豪杰形象的标杆，成为侠义精神的象征。

二九 / 联金灭辽：海上之盟始末

在方腊起义爆发前三个月，即宣和二年（1120年）八月，大宋帝国与金国订立一份联手灭辽的盟约，史称"海上之盟"。

事情要从大宦官童贯说起。

宋朝宦官专权干政的现象并不普遍，但有一个人是例外，他便是宋徽宗时的大宦官童贯。童贯善于逢迎皇帝，故而深受徽宗皇帝宠信。蔡京被贬后能得以复出，童贯起到了重要作用。蔡京入相后，便推荐童贯为西北监军，从此童贯掌兵权达二十年之久，权力熏天。

说实话，童贯是有些本事的。童贯到西北后，先后从西蕃手中克复湟州、鄯州、廓州、银州，被朝廷授予熙、河、兰、湟、秦、凤诸路经略安抚制置使。大观二年（1108年），童贯又收复洮州与积石军，朝廷授予他检校司空、奉宁军节度使。在历史上，童贯是以奸臣的面目出现，但我们要给他说句公道话，他的确有一定的军事能力，在西部能取得一系列的胜利，也实属不易。

一旦手风顺了，人的自信心就很容易膨胀。童贯也是如此，打了几次胜仗后，他就有点忘乎所以，竟然打起辽国的主意。

自从澶渊之盟后，宋辽两国维持了一百多年的和平。和平固然是好，可是有代价。作为一个大国，宋不得不每年向辽国缴纳岁币，这不仅是沉重的经济负担，也有损国家尊严。故而一百多年来，收复幽燕失地、摆脱屈辱的外交地位，一直是大宋帝国的梦想。

政和元年（1111年），童贯向皇帝提了一个建议，认为辽国可图，并自告奋勇出使辽国，以侦察其国情。宋徽宗同意了，派端明殿学士郑允中为正使，童贯为副使，出使辽国。此行童贯携带大量奇珍异宝，实际上就是在辽国搞间谍活动，刺探各种情报。还别说，有钱能使鬼推磨，居然打探到不少内情。

童贯此行最大的一个成果，是认识了一位辽国没落贵族，此人名为马植，本出自辽国之一大族，只是行为不端，搞得声名狼藉，在国内混不下去。马植偷偷拜会童贯，自称有取幽燕之计。童贯大喜，便偷偷把他带回大宋，推荐给宋徽宗。

马植向皇帝提出灭辽计划，其核心是：辽国气数已尽，女真正在崛起，大宋应从登州、莱州渡海，与女真人取得联系，与之约定联合发动进攻，势必可瓜分辽国。最后他对宋徽宗说："辽国必亡，陛下念旧民遭涂炭之苦，复中国之旧疆，以治伐乱，必能克服。"

这一番话，令宋徽宗备受鼓舞，开始打起联合女真共同打击契丹的如意算盘。只是这个计划一旦付诸实施，势必将使宋辽两国平静百年之久的边关战火重燃，故而遭到朝臣们的极力反对，不得不暂停。

马植所说的女真，乃是位于东北白山黑水之间的一个民族，民风强悍，长期归附于契丹辽国。不过，在酋长完颜阿骨打的领导下，女真族正强势崛起，悄悄地改变着东亚的政治版图。反观辽国，统治者天祚帝是一个荒淫失道的暴君，对女真采取高压、奴役的统治政策，女真人的反抗之火已是一触即发。

其实，意识到女真将成为辽国心腹之患的人，不止马植一个。当时辽国东北路统军使兀纳就曾警告天祚帝，认为女真人"其志未小，宜先其未发，举兵图之"。然而天祚帝根本没当回事。

童贯出使辽国后第二年（1112年），女真与契丹的关系急转直下。这一年，辽天祚帝到混同江钓鱼，包括女真在内的各部落酋长纷纷前来朝拜。天祚帝设宴款待，酒席过半时，辽帝劲头上来了，命令各部落酋长跳舞助兴。

大家想想，在宴会上献舞的原本都是些地位低贱的戏子歌伎，让堂堂酋长跳舞，着实有侮辱之意。其他部落酋长不敢抗命，只得硬着头皮手舞足蹈一番，有一人却坚决拒绝，此人正是女真部落的首领完颜阿骨打。阿骨打的理由很简单：我不会跳舞。天祚帝正在兴头上，见有人胆敢抗命，十分愤怒，一而再地要求阿骨打"献技"。阿骨打铮铮铁骨，终不屈服。

天祚帝认定阿骨打心有异志，脑袋长有反骨。他想找个借口杀掉阿骨打，可是仅凭不跳舞这个理由杀人，显然不能令人心服口服。精明、倔强的阿骨打看出辽天祚帝目露杀机，他步步小心谨慎，以防不测。每逢天祚帝召见，阿骨打总是谎称生病，拒绝前往。

既然撕破脸皮，阿骨打与天祚帝的摊牌只是迟早的事。

摊牌时间比所有人想象的要来得快。

两年后（政和四年，1114年），完颜阿骨打终于铤而走险，向强盛百年的辽国宣战。契丹人建立的辽帝国，在一百多年的时间里傲视天下，南方的大宋帝国不敢北面争锋，可谓八面威风。完颜阿骨打凭什么挑战契丹辽国呢？

阿骨打分析说："辽名为大国，其实空虚，主骄而士怯，战阵无勇，可取也。"俗话说：火车跑得快，全靠车头带。辽天祚帝的荒淫暴虐，倒行逆施，人神共愤，不仅外族离心，国内也人心动荡，反抗之潮暗流涌动。表面强大的辽帝国，实际上已是四面楚歌了。

女真部落虽然人数不多，但民风强悍，平常从事渔畋射猎等生产活动。到了打仗时，全体壮年男子都是战士，不管是步兵还是骑兵，打仗用的武器、粮食，都是自备的。兵在精而不在多，完颜阿骨打起兵后，屡败辽师。1115年（宋政和五年），阿骨打索性自立为帝，国号为"大金"，后来他被尊为金太祖。

大辽帝国大厦的支柱已腐朽，只消有人踢上一脚，就摇摇欲坠了。阿骨打踢出第一脚后，一系列连锁反应随之而来。渤海人古欲率先聚众起义，人数达三万余人；在辽宋边关，汉人也乘机而起，暴动迭迭。阿骨打借机渡过混同江，攻陷辽国北方军事重镇黄龙府。

天祚帝对阿骨打恨之入骨，遂起兵十万亲征，号称"七十万"。孰料刚到了混同江，辽师内讧，辽师副帅耶律章奴突然造反，并联合起义军共同抵抗天祚帝。此举大大打乱了天祚帝征女真的计划，尽管耶律章奴的叛乱被镇压，辽师已军心动摇，不得不放弃远征。善于捕捉战机的完颜阿骨打尾随辽师，以两万之弱师，大败辽军，追击百余里。天祚帝落荒而逃，辽军尸横遍野。

屋漏偏逢连夜雨。辽国再度爆发大规模起义，义军首领董庞儿发难于南京（幽州），拥众万余人，转战于圣、云、应、武、朔诸州。

一时间，辽国内忧外患，风雨飘摇。

由于宋与金之间隔了一个辽国，陆路不通畅，朝廷对辽金之间的战争，所知甚少。政和七年（1117年），一桩偶然事件，令"联金攻辽"的战略构想死灰复燃。

由于金、辽之间战争迅速升级，辽东大乱。居住辽东的汉人高药师、曹孝才等，便带着亲属两百余人，乘一艘大船，打算逃往高丽避乱。岂料在海上遇到强风，船只被刮到驼基岛，进了大宋帝国的地界。上了岸后，高药师等人便向当地官府汇报了情况，详细讲述辽金战争的情况，要点有两个：其一，女真人已渡过辽河，向辽国发动进攻；其二，辽国国内起义频繁，天祚帝不能平定。

鉴于这个情报的重要性，登州知州王师立即快马上报朝廷。宋徽宗、童贯等人原本就有联合女真打击契丹的构想，获悉辽金战争实情后，更是惊喜。于是宋徽宗与童贯、蔡京等人商量一番，决定以买马为名，在高药师等人的引导下，渡海前往辽东，与金太祖完颜阿骨打秘密联络。

随后，完颜阿骨打也派人出使大宋。双方你来我往，最后在宣和二年（1120年）达成联手夹攻辽国的协定。该协定内容大致如下：其一，宋、金共同出兵攻辽，幽燕等汉地，归宋朝所有；其二，宋朝尚未收回幽燕之地前，金朝不可单方面与辽国媾和；其三，宋朝每年给金朝一笔岁币，标准同辽国旧例；其四，约定共同进攻辽国的方案，届时金兵主攻古北口，宋兵主攻白沟，夹击辽国。双方还约定，如果宋国不如期履行和约，将不能得到幽燕之地。

这份盟约，是宋、金两国使节多次往返海上后达成的，故而史称"海上之盟"。

海上之盟的签订，令宋徽宗相当兴奋。在他看来，两国打一国，辽国腹背受敌、两线作战，此役大宋必可一鼓作气夺下幽燕，一雪国耻。

然而，计划赶不上变化。

就在"海上之盟"签订后的三个月，轰轰烈烈的方腊起义爆发了。这场起义，完全打乱了朝廷的既定部署。原本准备北伐的精兵宿将，不得不被抽调到江浙以镇压方腊起义，伐辽一事只得一拖再拖。

完颜阿骨打对宋军延误时机大为不满，没有宋军的策应，他仍然凭一己之力对辽国发起猛攻。1122年，阿骨打对辽国发动强大攻势，一鼓作气攻下中京（辽宁宁城西）。辽天祚帝带着五千骑兵狼狈逃往西京（山西大同），在逃跑途中，还把传国玉玺给弄丢了。金兵攻陷中京后，再陷北安州（河北承德西），然后一路向西。此时的辽军可谓是一溃千里，辽天祚帝三战三败，逃往夹山（内蒙古萨拉齐西北)。

在辽国历史上，哪曾遇到如此之惨败。天祚帝逃跑后，留守南京的张琳、耶律大石等人立耶律淳为皇帝，称为天锡帝。辽国两个皇帝并存，分裂已是不可避免。天锡帝据有燕州、云州、平州以及辽西之地，天祚帝只得到西南、西北两都招讨府诸蕃部族的支持。天锡帝上台后，打算用外交手段结束战争，但是金、宋两国都有自己算盘，岂肯答应呢？双方均给予明确的拒绝。

眼看着新兴的金帝国攻城略地，宋徽宗再也坐不住了。大宋帝国若不赶紧出兵，履行夹击辽国的协议，幽燕之地恐怕要成为完颜阿骨打的盘中餐了。

领军作战的宋军统帅还是大宦官童贯。自童贯首倡图辽计划，推动宋金两国达成海上之盟，又平定方腊之乱，更是深得宋徽宗的器重，官运一路亨通。政和六年（1116年），宋徽宗赐童贯开府仪同三司；次年（1117年）领枢密院，加检校少傅；宣和四年（1122年），迁太师，封楚国公。此时的童贯可谓春风得意，权势直逼蔡京。由于童贯是宦官，时人称蔡京为"公相"，称童贯为"媪相"。

宋徽宗把"联金灭辽"的重任交给童贯，任命他为河北河东路宣抚使，蔡京的儿子蔡攸为副使，统兵十五万，兵分两路，向辽国发动进攻，意在收复幽燕之地。宋军兵分两路，一路由种师道统率，另一路由辛兴宗统率，分进合击。

事实证明，宋徽宗高估童贯的军事能力了。

童贯在西疆及平方腊的战争中表现不错，有一个原因是对手实力并不强。如今面对的辽国却是传统军事强国，尽管衰落，但瘦死的骆驼也不可小觑呢。辽天锡帝得知宋军兵分两路来攻，派遣耶律大石、萧幹分路抵御。

别看辽师不是金兵的对手，对付宋军却是绰绰有余，两路宋军都被打得狼狈而逃。不过，两线作战让辽国倍感压力，天锡帝显然吃不消。于是他派人前往大宋帝国交涉，试图瓦解宋、金联盟。辽使指责道："女真背叛本朝当亦为南朝（指宋）所恶，今图一时之利，弃百年之好，结豺狼之邻，基他日之祸，可谓得计乎？"

自澶渊之盟以来，宋辽两国已经相安无事一百多年。尽管两国关系是以金钱维持和平，宋国一方服软，但辽国也大体能恪守协定。如今宋朝单方面撕毁澶渊之盟的协定，还联合金国进攻辽国，终究在道义上说不过去。面对辽使的指责，大宋君臣茫然不知所措。就在这时，辽天锡帝意外病死，在位时间仅有短短几个月。天锡帝死后，辽国太后萧氏成为辽国实际统治者。宋徽宗得悉消息后，打算趁辽国政局不稳之际，一鼓作气拿下幽燕，便诏令童贯、蔡攸再度北伐。

驻守涿州的辽国将领郭药师率部向宋军投降，童贯大喜，遂以郭药师为前导，遣大将刘延庆率十万大军从雄州出兵，浩浩荡荡杀向辽国。宋军渡过白沟后，进至良乡，不料再遭败绩。辽国大将萧干在悯忠寺与宋军决战，刘延庆大败，辽军一路追击，追杀至涿州，沿途留下宋军累累尸体。

在此之前，辽国与金国的战争已经打了八年，在金人的猛攻下，辽国已是日薄西山。即便如此，无能的宋军依旧不是辽军的对手。宋军不仅在战场上两度蒙羞，还把熙宁变法以来数十年积累的军用物资损失殆尽，可谓颜面扫地。

此时完颜阿骨打正率金兵向西攻略，攻陷辽国西京，对辽天祚帝穷追猛打。当他得知宋军大举北上后，赶忙掉转马头，发兵南下，直逼燕京。阿骨打之所以急着南下，是担心燕京落入宋军之手。如果金人不出点力，以后怎么向宋朝索取钱财呢？岂料宋军如此不给力，金兵抵达圣州（河北涿鹿）时，便传来宋师溃败的消息。

金太祖完颜阿骨打心里窃喜，果断发动进攻。金军兵分三路，大举南下，阿骨打亲自攻打居庸关。居庸关是守卫燕京之门户，辽国派精锐部队驻守。经过多年交锋，辽人对金兵畏惧如虎，当金兵抵达居庸关时，辽人竟不战而溃。阿骨打挥师猛进，从南门攻入燕京，辽国自宰相以下的文臣武将纷纷投降，耶律大石与萧干护卫太后萧氏出逃，投奔天祚帝去了。

至此，辽国五京全部落入金人之手，辽国名存而实亡矣。

三年后，辽天祚帝为金人所俘，辽国的历史被终结。

辽国完蛋了，大宋君臣拍手相庆，似乎沦陷一百多年的幽燕之地已是唾手可得。联金攻辽的战略构想是大宋帝国首先提出的，并且通过外交努力才变成现实。问题是，在出兵伐辽过程中，大宋军队几乎颗粒无收，在战场上的拙劣表现只是增添金人的蔑视罢了。金人扫平辽国，全凭一己之力，如今把幽燕之地吞进肚子里，能轻易吐出来吗？

三十 / 从盟友到敌人只有一步之遥

当初宋金"海上之盟"约定，两国联手灭掉辽国后，大宋帝国将收回后晋石敬瑭割让给辽国的土地，即燕云十六州。然而，大宋朝廷犯了一个严重的错误。辽国所占领的汉地，实际上不止十六个州，而是十九个州。燕云十六州是石敬瑭于938年割让给契丹，另有平、营、滦三个州，是唐末五代时刘仁恭割让给契丹。当朝廷意识到这一重大失误后，便想重新与金国约定，一并收回这三个州，却遭到金太祖完颜阿骨打一口拒绝。

完颜阿骨打显然认为金国吃了大亏。尽管宋、金有过联手攻辽的约定，可在实际实施过程中，大宋帝国执行不力：其一，由于受方腊起义的影响，宋师并没有如期发动进攻；其二，宋师大举出兵攻打燕京时，没有按约定通知金国；其三，宋师表现蹩脚，燕京乃是金人凭借自己的力量攻下来的。

在整个灭辽的战争中，大宋军队根本没有像样的表现，却要接收大片被辽国侵占的土地，岂不是太便宜了吗？

在土地问题上，宋、金之间的争议骤起。

大宋朝廷要求收回所有沦陷的汉地，而金太祖谴责宋朝方面失约失期，只肯交还燕京以及蓟、景、檀、顺、涿、易六个州。这么一来，双方的口水战不可避免了。

宋徽宗派赵良嗣使金，令他务必争取到平、营、滦诸州。当赵良嗣硬着头皮走进金太祖帐中时，阿骨打毫不客气地说："数年相约夹攻，而宋国不出师，复不回报，今将如何？"这位雄才大略的金国国主不无讥讽地说："为何寡人到燕京师，竟不见贵国一兵一卒呢？"

在谈判过程中，金太祖坚持只移交燕京及六州之地，并吓唬赵良嗣说："宋朝在夹攻辽国一事上违约且不说，平、滦等州的归属，在约定中本未提及，如何能移交。若贵国坚持要收取平、滦之地，那么我连燕京也不移交了。"

不仅如此，在移交燕京之事上，金国方面条件也很苛刻。金太祖表示，燕京移交后，其州县所得的租税皆归金国所有。对此赵良嗣大为震惊，提出异议说："土地与租税岂能一分为二呢？"就在这时，金国大将完颜宗翰呵斥道："我得燕京，税赋自然应归我。"

在土地问题的谈判上，宋朝处处屈于劣势。

别看大宋国土辽阔，在军事上很难称为强国，没有强大的国防力量作为后盾，在外交上岂能折冲樽俎呢？经过双方的讨价还价，最后达成妥协：宋国接收燕京及六州之地，每年向金国输银二十万两、绢二十万匹。金国不再提出收取租税，作为补偿，宋朝另外年输一百万缗的"燕京代税钱"。

"海上之盟"乃是宋朝率先倡议的，表面上看，朝廷收回沦陷一百多年的部分汉地，可喜可贺，实则不然。若说辽国是一匹狼，金国无疑是一头猛虎，作为绵羊的大宋帝国岂能长保燕京之地呢？

在金国内部，不乏强硬的鹰派人物，完颜宗翰便是其中一人。他打心眼里瞧不起大宋军队，宋师在战场上一败涂地，凭什么获得燕京之地呢？在移交土地时，他拒绝把涿州、易州两块土地拱手让出。最后还是金太祖完颜阿骨打出面摆平此事，他对宗翰说："海上之盟，不可忘也。"

不久后，金太祖去世，他的弟弟完颜晟继位，史称金太宗。金太宗花了两年的时间，到1125年扑灭辽天祚帝之残余力量，辽国遂亡。此时宋、金两国的邦交却悄然恶化，处于破裂的边缘。

大宋朝廷在军事上乏善可陈，没有雄厚的武力作为后盾，在外交上又无远见。当时有些辽国将领投降金国后又叛变，转而投奔大宋，朝廷给予接纳，这无疑被视为对金人的挑衅。在辽天祚帝流亡期间，宋徽宗又派人与他秘密往来，试图扶植辽国残余力量以遏制金人势力的扩张，这种做法大大违背当年"海上之盟"不得单方面与辽国谈判的约定。

金太祖的二儿子完颜宗望向金太宗建议："宋人无信，若不先下手，必为后患。"从建国（1115年）到灭掉辽国（1125年），金国只花了十年时间，取得了令人难以置信的战绩，自信力也空前高涨，自然想得寸进尺。宋王朝在这个微妙时间点上，又犯下一系列外交错误，自然轻易地被人抓住小辫子，有了发动战争的借口。

宋宣和七年（金天会三年，1125年）十月，金太宗下诏，大举侵宋。金兵分为两路，西路由完颜宗翰指挥，由大同进攻太原；东路由完颜宗望指挥，由平州进攻燕京。根据战前制订的计划，两路大军得手后，将会师于大宋首都开封城。

我们先来看看西线战事。

金国大将完颜宗翰在发动侵略的同时，派遣使者入太原城见童贯，指责大宋方面背弃海上盟约精神，招降纳叛。完颜宗翰是金国著名鹰派人物，在写给童贯的信中，他语气十分强硬，把责任统统推到大宋一方。当童贯得知金军倾巢而出的消息后，他目瞪口呆，问金国使者道："如此大事，何不早来交涉？"

金国使者冷冷道："大兵已发，不须先告。童大王何不速割河东、河北之地，以大河为界，这样大概还可以保存宋朝宗社吧。"

童贯为什么被称为"童大王"呢？原来当年宋神宗留有遗训，若能收复幽燕之地，则进王爵。童贯首倡"海上之盟"，又是北伐军的总指挥，尽管没打胜仗，还是收回了燕京。朝廷依神宗遗训，封他为广阳郡王。

在伐辽之前，童贯自信心爆棚，在西部开疆拓土，对内镇压方腊起义，以宦官身份而总揽兵权，不免把自己视为军界奇才。然而，两度北伐燕京，面对衰亡中的辽国，竟两战两败，自信心都被打没了。如今金兵大举入侵，很快就会杀到太原城下。金兵的战斗力，更是十倍于辽军，如何不令童大王心胆俱裂呢？

三十六计，走为上计。童贯找了个借口，谎称自己要回朝廷请示。话说得冠冕堂皇，傻瓜也看得出，童大王就是临阵逃跑嘛。太原知府张孝纯赶忙劝道："大王若临阵而去，人心士气动摇，河东非宋所有矣。"童贯哪听得进去，弄了辆马车，头也不回地向开封急奔而去了。

敌人还没到，大统帅就逃之夭夭，军心大乱。很快，朔、武、忻、代等州先后被金兵占领，完颜宗翰兵围太原。太原军民在张孝纯、王禀等人的率领下，英勇抵抗，才勉强阻止敌人的攻势。

再来说说东线战事。

完颜宗望率领东路军从平州出发，连陷檀州、蓟州。镇守燕京的郭药师原本是辽国降将,眼看金兵大举压境,索性举部投降。完颜宗望原本就轻视宋朝,得到郭药师后,打探到宋军底细,越发不把对手放在眼里。金兵以郭药师为向导,长驱直入,如入无人之境。

此时的大宋京城开封已乱成一锅粥。

从军事角度说,开封并不是一个理想的都城。首先,除了一条黄河,开封四周无险可守;其次,开封北面是辽阔的华北平原,利于北方骑兵长驱直入。其因地理位置,很容易成为北方敌人的攻击目标。大宋开国后,数十万中央禁军屯驻开封周边,一方面是帝国"内重外轻"的政策,另一方面也是因为开封的防御能力太差,没有庞大军队,不足以保障其安全。

自从澶渊之盟后,宋辽实现和平,契丹骑兵不再南下,开封也因此百年未遭遇战火。如今金国铁骑呼啸而来,开封人心震动。莫说寻常百姓,就是皇帝与大臣们也惊慌失措。不得已之下,宋徽宗下了一道"罪己诏",并发布一系列新政策,革除一些弊政,企图挽回人心。然而,临时才想到抱佛脚,哪里能立竿见影呢?

宋徽宗,这位著名的艺术家皇帝,面对危局时的表现并不比童贯高明多少,他的第一念头就是逃跑。金兵从北面杀来,宋徽宗打算向南方逃窜。一国之君逃跑了,国家怎么办?国都怎么办?宋徽宗便把太子赵桓任命为"开封牧",目的是让太子留守国都,让他去处置这个烂摊子。

时任太常少卿的李纲认为:"如今敌人猖獗,若不正式传位给太子,不足以招徕天下豪杰。"他与吴敏等人联合向宋徽宗进谏,要求传位给太子赵桓。艺术家皇帝说了一句话:"我平日性刚,不意金人敢如此。"他一直自认为是性格刚强的皇帝,其实也没错,在臣子面前,哪个皇帝不觉得自己很牛呢?唯有遭遇逆境,才能真正看出一个人的内心,宋徽宗充其量不过是怯懦的皇帝罢了。说完这句话后,他突然一阵心悸,胸口被一股气堵住似的,忽然不省人事了。等他醒来时,吩咐左右取来纸笔,用漂亮的瘦金体写下:"皇太子可即皇帝位,予以教主道君退处龙德宫。"

国难当头,宋徽宗并没有体现出"性刚",而是选择逃避,他采纳李纲等人的意见主动逊位,由儿子赵桓继位,即宋钦宗。

宋钦宗在风雨飘摇中尴尬登基，坏消息却纷至沓来。

金东路军统帅宗望攻破信德府后，宗弼紧接着攻取汤阴，进逼濬州（河南濬县）。面对金兵强大的攻势，宋军的防线全面崩溃，士兵望风而逃，濬州很快失陷，金兵渡过黄河，已经逊位的宋徽宗顾不上颜面，从开封出奔，一直逃到京口（江苏镇江）。

新朝廷出现对立的两派，一派主张逃跑，一派主张抗战。主张逃跑的人认为新皇帝不能待在危险的都城，应该马上南渡长江，或是西奔关中。被提拔为兵部侍郎的李纲则坚决主张抗战，并建议宋钦宗亲征。宋钦宗摇摆不定，他先是答应亲征，当金兵逼近开封时，他又想开溜，被李纲制止。

李纲力驳各种逃跑主义言论，他说："为今之计，当整饬兵马，团结人心，相与坚守，以待勤王之师。"宋钦宗犹心存疑虑，他举目四望，谁人可抵挡金兵呢？李纲毛遂自荐，挺身而出，表示愿意"以死相报"。李纲的勇气与责任感感动了皇帝，宋钦宗任命李纲为"亲征行营使"，全权负责开封城的防务。

金兵开始对开封发起进攻，李纲展露出卓越的军事组织才能，他领导开封军民英勇备战，修楼橹、安炮座、设弩床、运砖石、施燎炬、垂檑木、备火油，严防死守。从兵力的对比上说，开封宋军在数量上并不少于金兵，若说到战斗力，连皇帝都没信心。李纲把禁军、厢军、保甲兵等安置于开封城四面，布下数道防线，又组织马步军四万人，日夜操练。金兵几度进攻，都被李纲所击退。

正当李纲在前线苦战时，朝中主和派乘机在皇帝面前煽风点火，以太宰李邦彦为首的大臣主张割地求和。宋钦宗毕竟不是雄才之君，在生死关头，他的信心再度动摇，遂依了李邦彦，遣使请和。

为了讨好金人，宋钦宗打算花钱消灾，把每年输给金国的岁币提高到三五百万，另外还将以"犒军费"的名义赔偿金国白银三五百万两，这已是远远超过大宋朝廷所能承受之范围。

不料金兵统帅宗望并不满足，他狮子大开口，要求将"犒军费"增加到黄金五百万两、白银五千万两，同时割让太原、中山、河间三镇，并以亲王、宰相入为人质。这些条件苛刻到了极点，惊慌失措的宋钦宗为了保命，竟然打算同意。

李纲惊骇道："犒师金币，其数太多，虽竭国内之财且不足，况都城乎？太原、河间、中山为国家屏蔽，割之何以立国？"怎奈宋钦宗已被金人吓破胆，他一方面搜刮京城中的金银财宝作为战争赔款，另一方面把弟弟康王赵构、少宰张邦昌送往金营充当人质。

不久后，宋钦宗反悔了。

在一阵惊慌失措后，皇帝忽然又看到希望。自从开封告急，朝廷紧急发出勤王令，大宋帝国各路兵马打着"勤王"的旗号救援开封，种师道、姚平仲等各路兵马相续抵达京师。此时开封宋军兵力有二十多万人，而城外的金兵不过六万人，且大部分是归附金国的奚、契丹、渤海等部落，骁勇善战的女真骑兵人数并不多。李纲不失时宜地提出："吾勤王之师集城下者二十余万，固已数倍之矣。彼以孤军深入重地，当以计取之。"

《孙子兵法》写道："十则围之，五则攻之，倍则分之，敌则能战之，少则能逃之，不若则能避之。"按道理说，宋军兵力是金兵的3~4倍，就算不能攻之，守御也绰绰有余。事实却是二十几万宋军被六万金军围困，岂非荒谬！虽说出人意料，细想却又在情理之中。北宋开国以来的一系列军事制度，注定难以建立强大的国防武装力量。网络上有些言论，极力夸大有宋一朝的武功，有称之为"铁血强宋"，有所谓的统计称宋朝对外战争胜率七成以上，远胜汉唐，等等。"宋吹"们的言论，且当戏言就行了，不必当真。不要说皇帝宋钦宗，就是主战派领袖李纲也不敢自夸是"铁血强宋"，在兵力四倍于敌的情况下，李纲也没敢把军队拉出去一阵掩杀，而是提出"当以计取之"，显然对军队的战斗力没有信心。

不管怎么说，二十万对六万，优势在我。宋钦宗仿佛吃下一粒定心丸，对敌政策如同钟摆一样，从主和摆回主战。

靖康元年（1126年）二月，宋将姚平仲提出偷袭金营的计划，企图活捉金兵统帅完颜宗望，救回康王赵构。想法固然很好，然金兵早有防备，姚平仲偷鸡不成反蚀把米，被金兵杀得大败而回。唉，不要说正面硬碰，就是想"以计取之"也做不到啊。

宋钦宗刚刚恢复的自信心，转瞬间又化为乌有。完颜宗望乘机发动心理攻势，派遣使者指责宋朝一方失信，破坏达成的协议。宋钦宗六神无主，立场又从主战摇摆回主和。主和派领袖李邦彦主动派人到金营谢罪，低声下气地说："此乃李纲、姚平仲之谋，非朝廷意也。"大敌当前，大宋朝廷居然内部纷争不断，毫无信心，这仗还怎么打？为了讨好金人，宋钦宗把主战派领袖李纲解职，派使臣携国书及割三镇诏书、地图，前往金营谈和。

后人读史至此，亦不免唏嘘而叹，悲愤心生，何况是当时开封城的军民！太学生陈东率诸生数百人跪在宣德门下，上书为李纲抱不平，要求惩办李邦彦等投降派分子。城中军民有数万人参加集会，引起皇帝的恐慌，担心酿成民变。不得已之下，宋钦宗只好重新起用李纲担任尚书右丞兼京城防御使，这只是为安抚民心罢了。

在皇宫大院中长大的宋钦宗，一向养尊处优，哪曾想到命运无常，突然被推到历史的潮头，面对纷繁芜杂的局势，他毫无心理准备，完全不知所措，只是跟着感觉走。仅仅一次反击失利，宋钦宗稍存的一点勇气也消失得无影无踪。从这点看，他比起澶渊之盟时的宋真宗还不如。

李纲虽复职，并不意味着主战派控制局面，朝廷与金人的和谈仍在继续。宋钦宗并不知晓，金兵孤军深入腹地，兵力上又居于绝对劣势，统帅完颜宗望也没有把握能占领开封。眼看李纲被起用、开封防御线密不透风，完颜宗望遂见好就收，不再坚持所提出的五百万两黄金以及五千万两白银的战争赔款，同意宋朝方面提出的和谈条件。

完颜宗望的让步，让宋钦宗喘了一口大气。根据和约，宋朝方面割让太原、河间、中山三镇，赔偿黄金二十万两，白银四百万两，另以肃王赵枢代替康王赵构为人质。完颜宗望在捞足好处后，终于引兵退去。宋钦宗心里的石头总算落地，对皇帝来说，保住小命最重要，什么金银、土地都是浮云。

强敌退去，皇帝与一帮主和派大臣拍手相庆，国家终于转危为安了。

国家真的转危为安了吗？

事实上，一场更大的风暴正悄然酝酿呢。

三一 / 大宋两个皇帝都当了俘虏

宋钦宗是一个意志薄弱且优柔寡断的皇帝。敌人大兵压境，他恐惧难安，不惜损失国家主权以换取苟安；敌人退去后，他又觉得大丢面子，在群臣面前失去皇帝尊严。宋钦宗当然不会承认自己的无能，便把丧权辱国的责任一股脑儿地推给投降派，于是李邦彦等投降派分子被免职，主战派领袖李纲则入枢密院。这意味着皇帝的钟摆又摆向主战一方，宋钦宗打算毁约！

这时发生一件事。

金国西路军统帅完颜宗翰听说完颜宗望捞了一大票，三镇之地加上二十万两黄金与四百万两白银啊，一下子羡慕嫉妒涌上心头，于是也派人向大宋索取战争赔偿。这种无理要求，理所当然遭到宋钦宗的断然拒绝。宗翰索性出兵，越过太原，攻打隆德府，进逼泽州。这正好给了宋钦宗毁约的借口。

既然金人不遵守和平协定，宋朝一方也不必守约，太原、中山、河间三镇，不再割让给金国。宋钦宗号召三镇军民誓死固守，坚决抵抗金人入侵。

然而，开封城二十几万宋军都不敢与六万金兵交锋，北方三镇凭什么抗战到底呢？宋钦宗有自己的分析。他认为，大宋帝国的军队表现如此糟糕，原因是上梁不正下梁歪，奸臣当道太久，蔡京、童贯等人把持朝政，搞得乌烟瘴气，民怨甚大。只要铲除奸臣，重振朝纲，凭借大宋帝国的人力、物力、财力，还怕对付不了金人吗？

于是朝廷发起大规模的锄奸行动。最恶名昭著的奸臣有六人，分别是：蔡京、梁师成、李彦、朱勔、王黼、童贯。王黼最早遭到清算，他遭流放后，被刺死于途中。紧接着，李彦被赐死，朱勔被流放，梁师成贬官后赐死。政坛不倒翁蔡京也未能幸免，流放儋州，途中死于潭州。与蔡京同样曾经权倾朝野的童贯命运更惨，被宋钦宗下令诛杀。

要知道北宋政治传统是不杀大臣的，宋钦宗一下子杀掉这么多大臣，在宋代历史上是少见的。不过,这些奸臣之死着实大快人心,他们在徽宗一朝玩弄权术,狼狈为奸,把国家整得国将不国。蔡京鼓吹"丰亨豫大"的繁华假象,在金人铁蹄的践踏之下碎了一地。然而,杀掉几个奸臣就能彻底改变大宋帝国的国运吗?经历方腊起义、北伐失败、金人南侵诸多事件后,帝国已是元气大伤,要重振雄风需要时间。但是,金国却不留给大宋帝国一丁点时间了。

宋钦宗突然反悔,拒绝交出三镇,号召三镇军民坚守不降。完颜宗望勃然大怒,遂发兵攻打中山、河间。朝廷派遣大将种师中率军增援,完颜宗望既攻不下两镇,又受到宋援军的威胁,不敢恋战,便引兵北去。

显然,宋钦宗对战局抱有侥幸心理。在他看来,金人南侵,宋军之所以丢盔弃甲、溃不成军,一个重要原因是金人不宣而战。宋军猝不及防,才导致兵败如山倒,金人才能一鼓作气杀到开封城下。现在只要从容布阵,保住太原、中山、河间三镇,精锐部队开赴前线,在黄河以北顶住金兵南下,都城开封就不至于沦为战场。

然而,这只是宋钦宗的一厢情愿罢了。

金国能在十年内灭掉辽国,军事力量之强悍绝不是吹出来的。

由于完颜宗望在中山、河间两镇受阻,金国便把争夺的焦点集中于太原。在此之前,太原军民已经顽强顶住金兵的多次进攻。为了守住太原,宋钦宗命姚古、种师中率兵前往救援。种师中出身将门之家,长期戍守西北疆,以老成持重见长,在当时被誉为名将。他率援军抵达寿阳时,遭到金兵的袭击。种师中与金兵交锋五次,胜了三次。由于姚古的援军没有按照约定的时间抵达战场,种师中陷入金兵的重围之中,最终力战而死。

种师中死后,姚古的援军也被金兵击败。此时太原城被围达数月之久,若无外援,势必难以坚守。宋钦宗任命李纲为河北、河东路宣抚使,负责救援太原。李纲本是文臣,无法节制麾下诸将,这个统帅可谓是有名无实,没有实权,救援行动最终失败。太原附近的汾、晋、泽、绛等六州出现大恐慌,老百姓纷纷渡河南逃,各州县几乎成为空城。

太原保卫战注定结局惨烈。张孝纯、王禀等人坚守孤城两百多天,粮尽援绝,金兵的攻势却有增无减。完颜宗翰把攻城重武器全用上场了:金兵在太原城外列炮三十座，炮就是大型投石机，投掷出的巨石，呼啸般地飞入城内，凡被砸中者无不毁坏。在金兵的疯狂进攻下，太原终于沦陷，张孝纯被俘，王禀战死。

攻陷太原后，金兵两路出击。

完颜宗翰的西路军长驱直入，一鼓作气攻陷平阳、隆德府，进破泽州。金兵所到之处，官吏弃城而逃，根本没有强有力的抵抗。与此同时，完颜宗望率东路军出保州（河北保定），大破宋军于井陉，围攻真定府。真定府的宋军不满两千，面对强敌压境，英勇顽抗，坚持了四十天之久。真定失守后，金兵攻陷中山，向大宋都城开封挺进。

宋钦宗完全失算，他远远低估金国的军事力量。自己把血本都投进河北战场，不料只是肉包子打狗，有去无回。帝国都城乱成一团，朝堂上主和派与主战派又打起口水战。主和派认为，金人二度南侵，是因为宋朝毁约，赶紧割让北方三镇，与金人和谈才是上策。更有甚者，他们诬蔑主战派领袖李纲"专主议战，丧师费财"。甚无主见的宋钦宗失魂落魄，听信谗言，把李纲贬为洞霄宫提举，闲置不用了。

朝廷派遣王云为和谈使臣，与康王赵构前往金营，欲割三镇以求和。使团行到半途，遭愤怒的老百姓围攻。国土沦陷，大敌当前，朝廷居然只知投降，是可忍孰不可忍！愤怒的人群把王云视为卖国贼，杀之而后快。康王赵构见民怨沸腾，不敢前往金营，一溜烟躲到相州。金人向宋朝开出和谈条件，价码自然提高不少，割让三镇已经不能满足其胃口，必须再割让两河之地。

人为刀俎，我为鱼肉。面对金人如此苛刻的条件，宋钦宗无奈接受了。

别人是狗急跳墙，皇帝是狗急投降。

宋钦宗又派两人出使金营，一个名唤耿南仲，一个名唤聂昌。两人刚出发不久，聂昌又被杀了，耿南仲见势不妙，不敢前去金营，索性投奔康王赵构去了。民众不可欺，国难当头，大家都强烈要求政府全力抗战。

皇帝傻了眼，怎么割地投降都这么难啊。不得已之下，宋钦宗只得又改变立场，下诏勤王。钦宗的弟弟赵构被任命为天下兵马大元帅，负责招募义勇军保卫京师。朝廷在战与和之间反反复复，白白错失抵抗良机。在此犹豫徘徊之际，金兵正以迅雷不及掩耳之势挺进开封。

十一月初（靖康元年，1126年），完颜宗翰与完颜宗望两大主力在开封城外会师，大宋朝廷再度处于极度危险之中。金国此番南征，只用短短两个多月的时间，便横扫河东、河北，大宋帝国国防之脆弱，可见一斑。

更要命的是，开封的守卫力量严重不足。上一次完颜宗望以六万兵力杀到开封城下，开封有守军二十几万，尚且不敢与之交锋。而这一次除了宗望的东路军外，还有完颜宗翰的西路军，实力更强；反观宋军一方，驻扎在开封的部队只有七万人。怎么开封守军一下子从二十几万锐减到七万呢？主要是被朝廷派去救援北方的太原、中山、河间，岂料非但没能救援成功，这些部队也被打残了。

不仅兵力不足，宋军连个称职的指挥官都没有。以前的主战派领袖李纲被罢免了，西北宿将种师中在救援太原时战死了，七万宋军群龙无首。身为国防部长的兵部尚书孙傅，居然向皇帝推荐了一位所谓的奇人。此人实是市井无赖，名叫郭京，自称能施六甲神术，足以退敌。

皇帝仿佛抓到一根救命的稻草，头脑一发热，给郭京封了个官，赐金帛数万，让他招募七千七百七十七名六甲神兵。骗吃骗喝的不仅郭京一人，还有一个名唤刘孝竭，也以御敌为名募兵，或称六丁力士，或称北斗神兵，反正就是装神弄鬼。可悲又可叹啊，偌大一个帝国，竟然幻想靠一群神棍来保家卫国。

这些天兵神将能否靠得住，宋钦宗心里没底。

有人提出来，于今之计，不如先移驾洛阳，以避敌锋。从当时情形看，这不失为一个策略，因为开封的确易攻难守。然而，这种逃跑主义自然遭到一些人的唾弃，宋钦宗脸上也挂不住，若是敌人一来便逃，试问皇帝尊严何在呢？这位优柔寡断的皇帝跺了跺脚，牙缝里挤出一句话："朕今日当死守社稷，决不远避了。"

可是战局不容乐观。

殿前指挥使王宗濋拍拍胸脯，请缨出战，宋钦宗大喜，拨给一万名士兵。岂知他刚出城，才一交锋，便狼狈鼠窜了。东道总管胡直孺率军入卫，还没进城就被打败，成了金人俘虏，被绑到城下示众。范琼率一千人出城偷袭，蹈冰过河时，冰面裂开，淹死五百人。这些失利极大挫伤了宋军士气。

形势危急，郭京的六甲神兵该出场亮相了吧。这个江湖骗子骗了许多金帛，招募七千多名所谓的神兵，过了几天潇洒的生活。朝廷屡促他出城退敌，郭京神秘兮兮地说，神兵出城退敌，你们都不能看。这七千神兵哪有什么本事，一下子被金人杀得屁滚尿流，死的死，逃的逃。郭京一看谎言的泡沫要破了，便说："待我出城作法，包管退敌。"这位江湖巨骗把朝廷耍弄一番后，出了城便径直逃命去了。

宋军反击全线告败，金兵大举攻城。此时京城之内，可谓是风声鹤唳、草木皆兵，岂有抵抗的决心。很快，金兵从四面八方登上城墙，宋军统制姚友仲、何庆言、陈克礼等人皆战死，守御使刘延庆也被金兵所杀。开封城轻而易举地被攻破了！

完颜宗翰、完颜宗望并没打算占领开封，声称只要太上皇（退位的宋徽宗）前往金营谈和，便可主动撤军。此时的宋钦宗已是走投无路，又不忍心让老爹前往金营受辱，索性亲自前往。

曾经高高在上的一国之君，就这样低声下气地以战败者的身份前去议和，内心充满失落与羞愧。完颜宗翰、完颜宗望以胜利者的姿态居高临下，开出的议和条件令人心惊肉跳：除割让三镇、两河之外，大宋还须纳金一千万两、银两千万两、帛一千万匹。宋钦宗如同待宰的羔羊，他能有讨价还价的余地吗？无奈之下，只得全部应允。

从金营归来后，宋钦宗泪流满面，沿途见到天子尊容的士人百姓，无不流涕不止。自大宋开国以来，何尝有过如此之屈辱呢？即便是当年澶渊之盟，与今日城下之盟之比，不过小巫见大巫罢了，何值一提。

宋钦宗一面派使臣前往河东、河北交割土地，一面四处搜刮金银财宝。两河地区的军民被朝廷出卖了，他们义愤填膺，自发组织起来，拒绝投降金人。金人欲求无度，除了索取金银之外，还索取粮草、骡马、女人，许多女人担心被金人糟蹋，索性投水而死。

饶是大宋帝国地大物博，一时间又岂能凑齐巨额赔款？完颜宗翰、完颜宗望失去耐心，再度指示宋钦宗前往金营。只要把宋钦宗当作人质，不怕大宋赖账。没办法，没了皇帝的朝廷四处搜刮，好不容易凑了黄金三十八万两，银六百万两，帛一百万匹。与金人的要求相比，这真是杯水车薪。完颜宗翰等人极不满意，无奈之下，留守大臣们又绞尽脑汁，搞到七万两黄金与一百一十四万两白银——实在没办法搞到更多了!

完颜宗望、完颜宗翰大怒,以金太宗的名义废宋徽宗、宋钦宗为庶人,并逼太上皇宋徽宗及太后等出城当金人俘虏。艺术家宋徽宗长叹数声,不堪忍受其辱,想饮药自尽,被手下所阻,只得出城前往金营。同样被逼迫入金营的还有皇帝诸妃、公主驸马。想当年皇室何等威风,彼一时此一时,当繁华散尽,一切如幻梦泡影矣。

金国没打算灭掉大宋帝国,并非没有野心,实是难吞下去。女真在短短十数年时间里,崛起于白山黑水之间,其部族人口顶多几十万人,却西向吞并辽国,北方诸夷,莫不臣服,两度南征,迫使宋廷签下城下之盟。面对急剧扩张的领土,得到容易,治理却成难事。女真人一而再地上演蛇吞象的故事,但面对大宋帝国这头巨象,一时间是吞不下去的。怎么办呢?金人想到一个绝佳的办法:扶植傀儡政权。

三二 / 南宋在腥风血雨中开国

谁来当傀儡皇帝呢？

在金人看来，大宋帝国前宰相、亲金分子张邦昌就是最佳人选，在金兵围困开封时，他是力主议和。靖康二年（1127年）三月，张邦昌被金国册立为伪皇帝，改国号为楚，定都金陵。

一个月后，金兵放火烧了开封城，押着宋徽宗、宋钦宗以及后妃太子宗亲等三千余人连同大量的金银财宝北去。大宋帝国的历史分为两段，从陈桥兵变到靖康之耻称为北宋，之后称为南宋。

两个皇帝被掳走，张邦昌伪楚政权的建立，宣告北宋的终结。

然而张邦昌何德何能，谁会听他命令呢？这个所谓的"大楚"政权形同虚设，政令不出朝廷，北宋旧臣们强烈要求还政于赵氏。张邦昌灰头土脸，说实话，他当皇帝也是被逼无奈，坐在宝座上如坐针毡啊。怎么办呢？皇帝的宝座是烫手的山芋，不如早扔掉算了。此时赵室宗亲基本上都被金人掳走，谁能出来主持大局呢？

事还真凑巧，京城里还留有一位孟太后。

孟太后本是宋哲宗的皇后，又称为元祐皇后，她为什么没被金兵掳走呢？因为她是被废的太后。由于被废，反倒令她逃过一劫，没被列入掳掠的名单中。孟太后做梦也不会想到，命运如此鬼使神差，在张邦昌狼狈不堪之时，她被请出来垂帘听政。张邦昌有自知之明，晓得没那个本事当皇帝，便撤去帝号，改称"太宰"。这个由金人扶植起来的伪楚政权，前后才三十来天就宣告结束了。

政权又回到赵氏手中，要立谁为皇帝呢？

看来看去，能当皇帝的，只有一个人，他就是宋徽宗的第九个儿子康王赵构。与其他皇子相比，赵构算幸运了。金兵第一次打到开封，迫使宋廷签下城下之盟，康王赵构险些成为人质，只是后来宋钦宗以肃王赵枢代替他为人质，才得以摆脱羊入虎口的厄运。金兵第二次南侵，赵构被派去与金人谈和，行至磁州，知州宗泽对他说："肃王一去不回，难道大王欲蹈前辙吗？"赵构听罢心中一凛，最终他没去金营，而是驻留于相州，并被任命为河北兵马大元帅。

赵构的运气着实不错。作为徽宗皇帝的第九子，若排资论辈，赵构就是八辈子也当不上皇帝。历史却阴差阳错地选择了他。张邦昌自知伪楚政权难以服众，撤了帝号，为了争取赵氏皇室的谅解，他一面请出孟太后听政，一面向康王赵构上表劝进。

五月初一，赵构在南京应天府（河南商丘）登基，是为宋高宗。金人试图建立伪政权的计划破产，帝国仍然是赵氏的帝国，南宋的历史也以此为开端。宋高宗即位后，改年号为建炎。在中国五行说里，火是克金的，"建炎"中的"炎"字有两个火，用两个火来克住金国，这大约是赵构的美好愿望吧。

以常理而论，经历国破家亡的悲剧后，新建立的南宋朝廷自然应以收复失地为首要任务。然宋高宗与他的父兄一样，着实没有雄才伟略。上任伊始，朝廷"主和派"的势力很大，拥立皇帝有功的黄潜善、汪伯彦都身居显位，掌握军政大权，当了一个月傀儡皇帝的张邦昌被封太保。当然，主战派也在朝中占有一席之地，因为金国的军事威胁仍然很大，随时可能发动第三次南侵。

曾一度被贬的名臣李纲东山再起，被任命为尚书右仆射兼中书侍郎，实际上就是宰相之职。李纲的上台，可谓是众望所归，大家看到光复河山的希望。这位坚定的主战派领袖以满腔热忱投入抗金事业中，力图重振朝纲，加强国防力量。

尽管宋高宗起用李纲为相，实则对抗战并不热衷，仍然幻想着以投降妥协的方法，来换取与金国的和平。这是宋朝一直以来的传统，当年对辽国妥协，对西夏妥协，妥协惯了，腰杆站不直了。李纲勉励高宗说，和不可信，守未易图，而战必可胜。他认为应该"法勾践尝胆之志"，"一切罢和议"，"专务自守之策"，积极备战，力期在三年时间内"雪振古所无之耻"。

要鼓舞士气，就得打击投降派与变节分子，严惩卖国贼。

被金人强迫当了三十几天傀儡皇帝的张邦昌自然成为李纲首要攻击目标。尽管他很快还政于赵氏，拥立宋高宗有功，可在士民百姓眼中，他就是不折不扣的卖国贼。张邦昌未能保住自己的荣华富贵，他先是被贬到潭州，不久后被诛杀。

其他变节分子或被杀,或被流放,投降派的气焰稍被遏制。

南宋政权还面临一个大问题:国都应该选择在哪里呢?

这是关系到国家稳定的大事。

开封是北宋都城,宋高宗并不打算以此为都。有几个原因:其一,金兵撤退时,把开封烧个精光,这里已经残破不堪;其二,两河之地割让给金国后,开封实际上已经地处战争前沿地带,金兵随时可能光顾;其三,开封无险可守,之前金兵南下,轻而易举就攻破开封城,还掳走二帝。这样的都城,皇帝怎么放心得下呢?

高宗内心深处充满对金人的畏惧,他打算把都城迁往长江以南,离金人越远,他就越有安全感。李纲则坚持认为,开封乃是"宗庙社稷之所在,天下之根本",新政权可先在长安、邓州、襄阳三城中选一个为临时都城,等到开封城重建完毕后,便迁回旧都。李纲的角度显然与高宗皇帝不同,还于旧都是向全国军民表明抗战的决心,人心凝聚,国家才有希望。

当年唐太宗曾受突厥渭水之耻,短短几年后就灭掉突厥,一雪前耻。李纲显然寄厚望于宋高宗,希望这位年轻的皇帝能像唐太宗那样发愤图强、卧薪尝胆,消灭强虏。希望越大,失望也越大。宋高宗焉有唐太宗的抱负,南宋小朝廷能苟且偷安,就是他的最高目标。除非金国一意要彻底灭掉大宋,否则的话,总有回旋的余地。

表面上看,李纲在朝中是"一人之下,万人之上",实则不然。李纲忠正耿直,讲原则,不怕顶撞皇帝,时间一长,宋高宗不免心生厌恶,对他越发冷淡。这不是好兆头。真正掌控朝中大权者,是两位主和派人物:黄潜善与汪伯彦。他们摸准宋高宗的心思:皇帝根本不想与金国开战,你李纲在瞎忙什么呢?

很快,李纲便遭暗算。

黄潜善等人唆使殿中侍御史张浚弹劾李纲,罗列罪名,比如私杀侍从、典刑不当、杜绝言路、独擅朝政等。李纲忠心为国,不料遭到无端攻击,又事事受阻挠排挤,遂上书求辞。宋高宗竟罢李纲为观文殿大学士,提举洞霄宫。

此时距李纲就相位仅仅七十五天。

李纲深孚众望,公忠体国,他被罢相的消息传开后,朝野哗然。太学生陈东挺身而出，上书力请朝廷挽留李纲，罢免黄潜善、汪伯彦，并力主皇帝返回开封，率师亲征。进士欧阳澈也上书痛骂朝中用事的投降派。陈东、欧阳澈的抗议令宋高宗勃然大怒，黄潜善又在一旁煽风点火，皇帝竟然下令将两人逮捕下狱，斩于东市。自大宋开国以后，历代皇帝都恪守太祖赵匡胤立下的"不杀士大夫及上书言事人"的祖训，刚刚上台的宋高宗却挥舞屠刀，大开杀戒，徒令天下士人寒心。

南宋小朝廷苟且偷安之际，河北、河东的抗金运动正如火如荼地展开。

自两河之地被朝廷割让给金国，金国分兵占领河东、河北主要城市。两河军民不甘心当亡国奴，奋起反抗，各地义军、民兵如雨后春笋般涌出，少则数千人，多则数万人，成为抵抗金兵的重要力量。李纲主持朝政时，为抗击金兵，以张所为河北招抚使，王燮为河东经制使，宗泽为东京留守，知开封府，招兵买马，图谋恢复两河。

金国吞并两河的决心是不可动摇的，大将完颜娄室率领重兵，向河东重镇河中府发动凶悍的进攻。河中守将席益临阵逃跑，知府郝仲连率军民力战，由于实力悬殊，且外援不至，最终被金人攻陷。完颜娄室挟胜利之威，连下解、绛、慈、隰诸州。

消息传到应天府，南宋小朝廷大为震动。黄潜善、汪伯彦这两个跳梁小丑又迫不及待跳出来，密请宋高宗赶紧移驾东南。宋高宗本来就是贪生怕死之辈，闻之胆寒，决定南逃。这一决定，令主战派大为恼怒，东京留守宗泽连连上表，力请皇帝返回开封，以固民心士气，领导抗金战争。

开封曾两度被金兵围攻，为什么宗泽力劝皇帝返回呢？

宗泽就任东京留守后，在极短的时间内，竟然把残破的开封变成一座固若金汤的堡垒。而此时距金兵烧毁开封城，不过才几个月。宗泽是如何创造这一奇迹的呢？

我们先来了解一下宗泽这个人。

宗泽本是文官出身，靖康之难时他已经是六十七岁高龄。谁也不会想到这个风烛残年的老头，竟然摇身一变成为大宋帝国最杰出的抗金名将。宗泽的成名之战是磁州保卫战。当时太原被金兵攻破，河北、河东岌岌可危，许多州县的官员逃得无影无踪，宗泽正是在如此险恶的局势下，前往河北磁州担任知州。宗泽到任后，"缮城壁，浚湟池，治器械，募义勇"，磁州很快就成为一座坚固的堡垒。金兵派遣数千骑兵进攻磁州，宗泽身披铠甲亲自登城指挥作战，先以神臂弓射杀敌军，待金兵疲态已露，纵兵出击，斩首数百级。金兵落荒而逃，宗泽赢得磁州保卫战的胜利。

鉴于宗泽出色的组织能力与杰出的军事能力，朝廷任命他为天下兵马副元帅，康王赵构挂大元帅衔。此时金国东、西两路军合围开封，朝廷急令河北诸州兵马赴京勤王。宗泽与河北诸将商议，认为应该攻取战略要地李固渡，断敌退路。其他将领均拒绝出兵，宗泽遂独自率部前往，半途与金兵遭遇，大破金兵。而后宗泽又夜袭金国兵营，攻破三十多处寨垒。

这时康王赵构以大元帅的身份发出檄文，召集各路军队会师大名府。时值隆冬，宗泽踏冰渡过黄河，见到赵构后便说："京城被围困很久了，必须马上入援，不能拖延。"正好京城方面传来消息，称宋金有望达成和议。宗泽认为金人狡诈，不可相信。他提出一个方案：勤王军应向澶渊方向挺进，沿途修筑堡垒，以解京城之围。只要勤王军抵达开封，就不怕金人耍什么花招。

事实证明宗泽的判断是对的。金人果然不讲武德，不仅索要大量金银财宝，割了两河之地，还把宋徽宗、宋钦宗两帝掳走，立了个傀儡政权，颠覆北宋政权。可惜当时赵构没有听进宗泽的劝谏，勤王军并没有全力救援开封，他只派宗泽为先锋出发，其余部队按兵不动。

宗泽救驾心切，一路与金兵血战，十三战全胜。但是宗泽毕竟只是孤军啊，光凭他一人怎么解开封之围呢？他先写信给大元帅赵构，请求集合诸路兵马会师于京城；同时，他还给几个手握兵权的地方大吏写信，约他们出兵入援。宗泽的这些信如石沉大海，连个回音都没有。宗泽没有泄气，他依旧顽强挺进，屡屡以寡击众，以弱胜强。在卫南与金人的交锋中，宗泽大败敌军，斩首数千级，金人"自是惮泽"。在宋军兵败如山倒之际，宗泽成为宋军中唯一的战神。

很难想象啊，一个年近七旬的老头，以前也没打过什么仗，竟然有如此罕见的军事天赋。然而，宗泽拼尽全力，终究未能营救徽、钦二帝。他还没打到开封城，就传来二帝被掳北上的消息，宗泽马上改变行军路线，走黎阳至大名府，打算渡黄河截击金兵,救回二帝。令宗泽沮丧的是,勤王军竟然没有一兵一卒前来,最后的机会也失去了。

宋高宗即位后,李纲推荐宗泽担任开封府尹,后任东京留守。

此时的开封一片残破,楼橹尽废,兵民杂居,盗贼纵横。宗泽赴任后,先捕杀几个盗贼头头,城内治安才有所好转。宗泽为人正直,早年为官清明,在抗金战争中表现出色,故而在民众中威望极高。由于时局剧变,天下大乱,当时大大小小的武装不计其数,其中最大的两支武装头目分别是王善与杨进。王善的部众号称七十万,杨进的部众号称三十万。为了招抚王善,宗泽单骑赴会,晓以国家民族大义,王善被老将军拳拳爱国之心打动,遂率部归降。之后,宗泽又招抚杨进、丁进、王再兴、李贵等部众,义军、民兵的数量达到一百多万人,声势大振。

为了守卫开封,宗泽殚精竭虑筹划各种防御工事。为加强军队的机动能力,他打造一千两百辆战车,每辆战车可载五十五人;他又考察开封城四周地形,在城外设立二十四壁垒,驻兵数万;又在黄河沿岸设置许多营垒,开通五丈河以便利交通。为扩大防御区,他下令京郊近河七十二里范围内的十六个县分守御敌,每个县都开挖壕沟,置各种障碍物,以防金兵南下。

在宗泽的天才组织下,一座被烧毁的城市,竟然奇迹般地成为铜墙铁壁的堡垒。

宗泽满心以为,只要宋高宗回銮开封,振臂一呼,天下莫不响应,把这一百多万的义勇军团结为一个整体,何愁不能光复失地、迎回徽宗、钦宗二帝呢?他实在高估了宋高宗的勇气,这位乱世皇帝早被金人吓破胆,不要说反攻,若是金人不主动来犯,他就谢天谢地了。

令宗泽更加失望的是,宋高宗不仅不回开封,还听了黄潜善、汪伯彦两人的话,把都城从应天府迁到扬州。这时李纲已经罢相,没有人可以阻止高宗南逃了。高宗一路逃到扬州,这里距离金兵甚远,皇帝总算喘了口大气。

金兵一时半刻是打不到扬州的,宋高宗有充分的时间来谈和。这位开创南宋的皇帝没想着如何筹划反攻,而是想讨好金人,他派遣特使王伦前往金营,幻想休战议和，能偏安一隅也心满意足了。

偏偏事与愿违，金人拒绝谈判！

起初金国扶植张邦昌伪楚政权，本想借此傀儡控制南朝。岂料所选非人，宋高宗赵构登基后，又贬斥张邦昌，令金人的计划破产。在对待南宋小朝廷的立场上，金国两大巨头宗望与宗翰的态度是不同的。宗望想释放徽、钦二帝，与南宋修好，宗翰则坚决反对。也算宋高宗倒霉，偏偏这个时候，宗望去世，宗翰大权独揽。

王伦抵达云中入见宗翰，宗翰不仅不谈判，反倒把他给扣留了。在金国高层，宗翰是著名的鹰派人物，对宋朝特别藐视。金兵一进攻，南宋皇帝便望风而逃，这无疑更令宗翰轻视。一国之君没用到这种程度，有什么资格谈判呢？

既然扶植傀儡政权失败，宗翰决意把战争进行到底。他兵分三路：自己率兵由河阳渡河，攻河南；右副元帅宗辅与其弟兀术自沧州渡河，攻山东；陕西诸路都统娄室自同州渡河，攻陕西。金兵来势汹汹，大有一举荡平南宋小朝廷之气势。

南宋能否顶得住金兵雷霆般的一击呢？

三三 / 宗泽：挽狂澜于既倒，扶大厦之将倾

宋高宗别出心裁地把年号命名为"建炎"，乃取"火克金"之意，岂料非但没能克住"金"国，反倒又丧失大片国土。

金兵铁骑威震天下，果然名不虚传。

金将娄室连陷同州、华州，宋沿河安抚使郑骧兵败自杀。金兵攻破潼关，河东经制使王燮放弃陕州，逃奔入蜀。另一名金国大将银术可攻陷邓州后，分兵陆续攻陷襄阳、均、房、唐、陈、蔡、汝、郑州及颖川府等地。此时唯一能抵抗金兵、保卫河南的，只有东京留守宗泽。

开封是大宋故都，在军事政治上都有极其重要的地位，若再次攻破开封，势必能瓦解南宋军民的士气。金兵统帅宗翰占领汜水关后，向开封进逼。与此同时，兀术（宗弼）率另一支金兵，从东面进逼，配合宗翰的主力部队攻打开封城。

金兵前锋离开封越来越近，宗泽仍然不慌不乱。当时宗泽正与客下围棋，忽接到金兵来犯的情报，属僚皆惊，独宗泽神色自若，不动声色地说："我早有备矣。"老将军早有安排，他派部将刘衍、刘达各率一支军队牵制敌人，又精选数千骑兵作为机动部队，绕到敌后，截敌归路。金兵前锋部队在几路宋军的夹击下，大败而还。

首战受挫后，宗翰没有打退堂鼓，亲率大军继续深入。在一次阻击战中，南宋将领阎中立战死，李景良临阵逃跑，郭俊民倒戈降金。宗泽毫不客气地把逃跑的李景良抓起来，斩首示众。投降金兵的郭俊民也没好下场，宗翰派他与一名金使前往开封城，劝降宗泽。所谓两国交兵，不斩来使，但宗泽对投降分子深恶痛绝，把郭俊民与金使一同杀了，把宗翰的劝降书撕个粉碎。

宗翰大怒，出动两万人马攻入滑州。宗泽部将张㧑率部前往增援，他只有一两千人马，与敌军相比众寡悬殊。部下纷纷劝道，敌强我弱，应避其锋芒。张㧑

慨然道："避敌偷生，我如何有面目见宗公呢？"于是率部驰援，力战而死。宗泽得悉后，遣部将王宣率五千骑兵前往支援，大破金兵。

金人还没打到开封，在外围就连遭败绩，宗翰、兀术知道遇上劲敌，远眺宋军阵地沟堑纵横，营垒密布，情知开封不可图也。金兵终于撤退，开封城仍巍然屹立在中原大地之上。此时的宗泽，已然成为南宋帝国的中流砥柱。

由于未能攻下开封，金兵未敢大举深入，否则一旦被宗泽切断退路，后果不堪设想。当时南宋军队在各个战场大溃败，毫不夸张地说，是宗泽保住半壁江山。宗泽是继李纲之后，大宋抗金的一面旗帜。他并不满足于守住开封，而是积极进取，图谋收复北方沦陷之地。为此，宗泽广泛联络河东、河北的抗金义军，力图建立一个全方位的抗金统一战线。

宗泽领导开封保卫战的同时，河东、河北沦陷区活跃着许多抗金义军，其中最著名的当数王彦指挥的"八字军"。

王彦是建炎初年南宋名将，声望与业绩仅次于宗泽。王彦为人豪爽，精通兵法，年轻时曾参加过征讨西夏的战争。靖康之变后，在国家危急之际，王彦舍家为国，毅然投奔到河北招抚使张所麾下，被提拔为都统制。王彦帐下有一员裨将，后来大放光芒并成为中国历史上最伟大的民族英雄之一，他就是岳飞。

建炎元年（1127年）九月，王彦率岳飞等十一名裨将及七千人马渡过黄河，一举收复新乡。在此役中，岳飞勇冠三军，斩将夺旗，抢下收复第一功。金人纠集数万人马，围攻王彦部。在敌人优势兵力的重围下，王彦损失惨重，只得率部突围。

王彦突围后，转战数十里，收散亡卒伍七百余人，退守西山。这支人数不多却英勇无畏的部队，在王彦的领导下东山再起，军士们为表爱国之心，均在脸上刺上八个字——"赤心报国，誓杀金贼"。后来他们得到一个绰号：八字军。王彦有卓越的指挥才能，他满腔热情，与士卒们同甘共苦。随着八字军声名远扬，队伍不断扩大，发展到一万多人。当时在太行山一带有抗金义兵十余万人，都接受王彦的号令。

在南宋朝廷消极抗战、两河沦陷之际，王彦却在敌后站稳脚跟，开辟抗金根据地。他所控制的区域绵亘数百里，成为金人的心腹之患。在金兵对南宋发动大规模南侵时，王彦在北方的抗金活动更加频繁。金兵之所以未敢深入南方，除了宗泽主持下的开封府如钉子般纹丝不动外，还有一个因素，便是以王彦"八字军"为首的义军对金兵的后方构成巨大的威胁。

金人试图剿灭王彦的"八字军"，多次召集诸部酋长商讨进剿事宜。诸部酋长纷纷表态说："王都统砦坚如铁石，未易图也。"采取强攻手段，势必难以奏效。有酋长提议说，不如派出精锐骑兵袭扰义军的粮道，只要义军陷入无粮草的困境，自可不攻而破。此提议得到众人一致赞同，于是金国骑兵发起一场经济制裁战。王彦早识破金人企图，多次设下伏兵大破金人，斩获甚众。

鉴于王彦的出色表现，东京留守宗泽任命他为"两河制置使"，联合河东、河北广大忠义民兵，共同抗金。

开封府保卫战后，金兵统帅完颜宗翰对南宋的攻势告一段落，集中力量对付沦陷区的抗金义师，王彦的处境更加艰难。宗泽担心王彦的孤军被金兵消灭，遂于建炎二年（1128年）五月，令王彦放弃太行山根据地，退守滑州。王彦奉令率主力部队一万余人渡河南返，金国派出重兵尾随王彦，却不敢贸然出击。

宗泽强烈认识到，两河地区的抗金义师虽然人数颇多，却得不到朝廷的援助，兵力分散且各自为战，最终难免被金人各个击破。作为东京留守，宗泽已经尽自己的能力支援两河抗金义师，但他毕竟权力有限，心有余而力不足。在宗泽看来，最好的办法莫过于宋高宗回到旧都，以开封"八方风雨会中州"的战略地位，虎视中原、鹰扬牧野，以此作为收复两河的桥头堡，在军事上与政治上都有重要意义。

留守东京的一年时间里，宗泽锲而不舍地上书宋高宗，请求移驾开封，领导抗金战争。金兵对开封的挑战已遭挫折，皇帝还担心什么呢？宗泽的拳拳爱国之心，可以感动上苍矣，却丝毫没能打动宋高宗。他一连上二十四道奏疏，请求皇帝回銮开封，这些奏疏都如石沉大海。

召回王彦"八字军"的同时，宗泽积极为渡河作战做准备。他派人前往两河各山寨、水寨，与抗金义军首领联络，约定一旦南宋大军北渡黄河，各路义军将展开军事行动，牵制金兵，配合王师作战。部署完毕后，宗泽再度上书皇帝，提出在六月（建炎二年，1128年）渡河北上、收复失地的计划，又一次强烈要求高宗皇帝回到开封，指挥北伐战争。

宗泽最后一丝幻想破灭了。

黄潜善、汪伯彦这两位佞臣非但不支持宗泽的北伐计划，还百般阻挠。宋高宗原本就畏惧与金人开战，又听得两人胡言乱语，不消说对北伐计划置之不理。国难当头，先帝蒙尘，沦陷区数百万生灵涂炭，朝廷居然毫无进取之心，偏安一隅，苟且偷生，醉生梦死。

眼看着奸臣当道，自己的理想在现实面前碎了一地，宗泽忧愤成疾。他已年近古稀，每日超负荷工作，身心俱疲，终于背疽发作，一病不起。宗泽病倒的消息传出后，许多将领纷纷前来探望。宗泽挣扎着从床上坐起来，对诸将说："我因二帝蒙尘，积愤至此，汝等若能歼敌，我死亦无恨矣。"

人格的力量是伟大的。

宗泽在病榻弥留之际，心里只装着国家，毫不顾及任何个人私事，拳拳爱国之心何等崇高伟大。诸将听罢莫不起敬，唏嘘落泪，哽咽道："不敢不尽力！"

众人退出后，宗泽意识到大限将至。在国家最需要他的时候，就这样离去，他不甘心啊！他还要领着子弟军渡过黄河，收复河北，迎回二帝，救民于水火之中。他注定要含恨而终，因为死神没有给他留下更多的时间。他躺在病榻上，嘴里喃喃念着杜甫描写诸葛亮的诗句："出师未捷身先死，长使英雄泪满襟。"

这天夜里，风雨交加。宗泽终于走完他人生的全程。在垂危之际，他没有一句话提到家事，有国才有家，"匈奴未灭，何以家为！"他用尽全身的力气呼喊："过河！过河！过河！"这是宗泽生平的最后一句话。他带着巨大的遗憾离开人世，未能在有生之年看到国家收复失地，未能完成渡河北伐的使命。是的，他抱憾终生。但是，当我们在一千年后回顾这位南宋伟大的爱国将领，我们发现，事业是一时的，精神是永恒的。他智勇双全，意志坚定，忠公体国，敢当大任，不避艰险，挽狂澜于既倒，扶大厦之将倾，堪称国家柱石、无双国士。

宗泽之死，意味着南宋帝国防御长城的崩塌。

在金人眼中，宗泽是第一号劲敌。进攻开封失利后，金人愈加忌惮宗泽，送给他一个绰号——宗爷爷。无论军事能力还是组织能力，宗泽在南宋朝廷中都是首屈一指，他的离世带来无可估量的损失。谁来顶替宗泽呢？宋高宗任命才能平平的杜充担任东京留守，以宗泽的儿子宗颖为判官。

杜充到任后，一反宗泽所为，他为人阴险冷酷，致使士民大失所望。宗颖屡屡进谏，杜充依旧我行我素，心灰意懒之下，宗颖索性辞职返回故里。原先被宗泽招揽至麾下的豪杰志士，因不满杜充的所作所为，纷纷离去。

曾经众志成城的开封，如今士气涣散矣。

令天下志士寒心的是，朝廷又派出使节前往金国议和。国难当头，朝廷不思恢复，反倒处处示弱于敌，委曲求全。从太行山退守滑州的王彦再也不能沉默，他独自前往谒见宋高宗及执政大臣黄潜善、汪伯彦，力陈两河忠义之士延颈以盼王师，恳请朝廷顺应民意，大举北伐。说到动情处，王彦言辞激愤，涕泪满襟。可是他的努力徒劳无功，反倒令黄、汪二人反感，两人遂请高宗下旨罢免王彦。王彦心灰意懒，称疾致仕，淡出军界。

继李纲罢相后，宗泽去世、王彦离去，主战派遭遇重大挫折。收复两河的计划被无限期搁置，而狞猛枭鸷的金人又在蓄谋发动新一轮的南侵。

宗泽留守东京期间，金兵南侵受阻，只得制定新的战略，打算向西攻略，先灭掉西夏，再集中力量对付南宋。不想忽然传来宗泽去世的消息，金太宗大喜过望，当即改变主意，决定先灭掉南宋，再摆平西夏。

南宋帝国，又一次面临生死考验。

三四 / 逃跑也是一种技能

宋高宗即位以来，一直奉行投降议和政策，金人却不理不睬，无意媾和。国家与个人一样，你越软弱可欺，人家越要欺负你。金国每一次南侵，都捞得盆满钵满，还有比这更便捷的发家致富途径吗？

于是，金兵又一次大举南下，这也是宋金战争爆发以后，金国第四次南侵。金太宗依旧兵分两路：西路以大将娄室统领，进攻陕西，东路以宗翰统领，进攻开封。

先看看西线战事。

建炎二年（1128年）十一月，娄室攻陷延安府，宋安抚使折可求以麟州、府州、丰州共三州九寨之地降金。进攻晋宁军时，金兵遭到宋将徐徽言的顽强抵抗，直到次年二月粮尽援绝，晋宁才被攻破。紧接着，鄜州、坊州、巩州三地先后沦陷。至此，秦陇一带，几乎完全被金兵占领。

再看看东线战事。

宗翰挥师南下，势如破竹，连续攻陷濮州、开德府（河南濮阳）、相州（河南安阳），目标直指东京开封。顶替宗泽出任东京留守的杜充惊慌失措，竟然下令决黄河水入清河，以阻滞金兵的攻势。开封城暂时保住，只是不知有多少无辜之平民，死于这场人为的洪水中。

在金兵猛攻下，南宋军队全无招架之力，屡战屡败。十二月，金兵攻克重镇北京大名府（河北大名）与山东济南府，济南知府刘豫缴械投降。金兵南下速度之快，远远超出宋高宗的预料。

宗翰做出一个大胆的决定：绕过开封，沿着济南府从东线长驱南下。这是一步险棋，因为开封府集结着南宋的重兵集团。金人绕过开封城南下，等于把自己的后路暴露在宋军的攻击之下。倘若开封守将主动进击，截其粮道，断其归路，金兵将面临全线溃败的危险。如果宗泽还坐镇开封，宗翰就是吃了豹子胆也不敢采用这种高风险的方案。自杜充决黄河水阻敌，宗翰便料定此人绝非英雄人物，一个手握重兵却不敢正面迎战的对手，何足挂齿。

果不其然，宗翰绕道南下，杜充没敢轻举妄动。

金兵沿济南府南下，席卷东部，如入无人之境。

在宗翰的猛攻下，徐州失守。朝廷派遣韩世忠率一支军队救援前线，宗翰探知消息后，回兵迎战韩世忠，韩世忠不敌，退保盐城。击败韩世忠后，宗翰长驱直入，攻取彭城，走小路直趋淮东，入泗州（安徽泗县东北）。

宋高宗慌了，急忙派遣江淮制置使刘光世率兵守卫淮河。皇帝与执政大臣都没有抗战的勇气，如何鼓舞士气呢？金兵还未到，刘光世手下的士兵跑的跑、逃的逃，还没交战就溃不成军。金国铁骑杀至楚州，守将朱琳投降。宗翰乘胜南进，攻破天长军（安徽天长），前锋距离宋高宗所在的扬州只有数十里！

宋高宗正在扬州临时宫殿里醉生梦死，听说金兵已杀至扬州，吓得魂不附体，顾不上问明情况，便拉来马匹，驰往城外，随行人员只有王渊、张俊等几人。到瓜州后，众人找来一艘小舟，渡江到对岸的镇江府。

此时扬州乱成一团，谁也没料到金兵来得这么快。

执政大臣黄潜善、汪伯彦刚听完高僧说法，正想用餐，有人急匆匆来报：金兵已杀到，圣上已南渡。两人面如土色，把筷子一扔，策马便逃。朝中官员、后宫妃嫔也慌乱出逃，百姓们拖家带口出走，混乱到了极点，被车马踩踏而死者，不计其数。

逃到镇江后，宋高宗惊魂未定，与诸臣商讨何去何从。吏部尚书吕颐浩认为皇上不可再逃，应坐镇镇江，声援江北抗金。吕颐浩的建议显然不合皇帝胃口，近臣王渊说：金兵若打过来，镇江铁定守不住，不如逃往杭州。宋高宗深以为然，一溜烟逃到杭州去了。

当初宗泽连上二十四道奏疏，请求宋高宗移驾开封，皇帝不干，就是担心开封城离金人太近，朝不保夕。岂料扬州也不安全，临时首都被端了，君臣们一个个斯文扫地，落荒而逃。作为一个皇帝，不能守土捍疆，一味逃跑，总得对臣民有个交代吧。不得已之下，宋高宗下了一道"罪己诏"，大赦天下，求直言，召回被放逐的罪臣，只有一人除外：李纲。

· 三四／逃跑也是一种技能 · 199

为什么李纲独不被赦免呢？

宋高宗表面下诏罪己，实则还打着投降的算盘。李纲是坚定的主战派，若是得到赦免，重新起用，朝廷就无法与金国和谈了。宋高宗派人持当年张邦昌与金人约和的文件，前往金营议和。此时宗翰孤军深入，也恐后方有失，遂把扬州抢掠一番，放把火烧城，捞得盆满钵满后扬长而去。

金兵终于退去，宋高宗稍稍心安。战争打得一塌糊涂，总得有人负责吧。中丞张徵上书弹劾黄潜善、汪伯彦，列举二十条罪状。皇帝正好要找人为战败背锅，遂将此二佞臣罢斥，稍慰士民之心。

逃到杭州后，宋高宗以为可以过上几天醉生梦死的生活。然世事无常，外患刚去，萧墙祸起。

一起突如其来的政变，差点让宋高宗阴沟里翻船。

黄潜善、汪伯彦被罢黜，旧权贵倒了意味着新权贵崛起。有两个人迅速蹿起，一个是王渊，一个是内侍康履。宋高宗从扬州一路狂奔到镇江时，此两人鞍前马后，一路随从，也算是"护驾有功"。王渊又建议宋高宗逃到杭州，故而皇帝对他青睐有加。不久后，王渊掌管枢密院，一下子蹿居显位，引起一帮人的强烈不满。

苗傅、刘正彦皆是宋军将领，在军中有一定威望，对王渊、康履的蹿起十分恼火，密谋干掉这两个家伙。苗、刘二人先是埋伏一支军队，在王渊退朝后，在半途将他杀死。而后率军杀到行宫，抓住康履，立刻处死。苗傅、刘正彦敢公然造反，自然有自己的打算，他们控制行宫后，强迫宋高宗退位，传位给皇太子，由隆佑太后垂帘听政。

宋高宗原本就是贪生怕死之辈，在叛军的剑戟之下，焉敢讨价还价，遂宣布逊位。皇太子只是个几岁大的孩子，不消说，大权就落在苗傅、刘正彦两人手中了。

宋高宗的退位诏书发往各地，平江留守张浚怀疑皇帝被叛臣胁迫，遂联合吕颐浩、韩世忠、张俊（张俊与张浚是两个人）、刘光世等人，共同起兵勤王。

勤王军很快杀向杭州，苗傅、刘正彦哪里抵挡得住，几回合下来，便落荒而逃。吕颐浩、韩世忠等将领率军进入杭州，杀死苗傅与刘正彦，平定这场政变。

政变前后只持续了一个月,宋高宗得以复辟,又一次坐回皇帝宝座。

平乱诸功臣都得到升迁。吕颐浩迁尚书右仆射兼中书侍郎,刘光世为御营副使,韩世忠、张浚为御前左右军都统。

宋代对军人管控极为严格,故而自北宋开国以来,并未发生过军人政变之事。高宗时正值两宋之交,兵荒马乱,值此非常时期,武人权势有所抬头,故而才有苗、傅之乱。政变令宋高宗内心蒙上一层阴影,他既害怕金人南略,亦害怕武将飞扬跋扈,担心自己无法控制诸将而沦为傀儡。

想想这位皇帝也够倒霉的。在扬州被金兵追着屁股跑,在杭州又被手下将领拉下皇帝宝座,吃尽苦头。如今金兵退去,乱臣伏诛,他总算可以喘一口大气。当初逃到杭州时,高宗没打算定都于此,他选择虎踞龙盘之地:江宁。

建炎三年(1129 年)五月,宋高宗移驾江宁,更名为建康府。接二连三受吓后,皇帝更盼望与金国议和,只要金人大发慈悲,给他一块清静之地,他就知足了。为了讨好金国,宋高宗面子不要了,尊严也不要了,我当金国的藩臣,这样行吧。

宋高宗派洪皓前往金国议和,宣布愿意去正朔尊号,就是说我奉金国正朔,不称皇帝,称个"王"就行。俗话说,弱国无外交,你越摇尾乞怜,只会让敌人越瞧不起。宗翰不接受谈和,又一次把宋使扣押。拒绝议和,意味着金国很快会对大宋帝国发动更猛烈的一波攻势。

议和无望,宋高宗只能接受现实,他不得不做好准备,应对金人无休止的入侵。勤王有功的张浚乘机上书皇帝,提出自己的战略主张。张浚认为:中兴要计,当自关、陕为始;关、陕尽失,东南亦不可保。这里我们说说关陕的战略地位。中国许多王朝都发迹于关陕,比如秦、汉,都是据有关中,凭恃其险以固根本,最后完成全国统一。中国地势西高东低,东部是华北平原、长江中下游平原及东南丘陵,地形较为平坦,对游牧民族的骑兵作战十分有利,故而金兵每每能长驱直入。在西部多高原山地,地形险峻,易守难攻。如果关陕沦陷,则川蜀难保全。一旦川蜀不保,金人可占据长江上游,沿江而东,则长江天险失去价值。因而张浚的判断是对的,关陕如守不住,东南亦不可保。

谁去经营关陕呢?张浚拍拍胸脯,自告奋勇道:"臣愿为陛下前驱,肃清关、陕。"事到如今，宋高宗只能同意，遂任命张浚为川、陕、京、湖宣抚处置使。张浚动身前带走一个人：八字军的首领王彦。

朝廷有张浚这样勇于任事的大臣，也有成事不足、败事有余的投机分子。东京留守杜充镇守开封，这里靠近敌占区，金人的铁骑随时可能光临。杜充坐卧不安，寻思怎么逃离这个鬼门关。不久他就想出个主意，借口粮草不足，擅自离开东京开封，并拉走一部分军队，撤往建康。很显然，杜充已经打算放弃开封了。

有一名青年军官力谏道："中原地尺寸不可弃，今一举足，此地非我有，他日取之，非数十万众不可。"这名军官，正是后来的抗金第一名将岳飞。岳飞的劝谏没有任何效果，杜充理都不理。令人惊讶的是，杜充擅离职守，竟然未受朝廷责罚。宋高宗还授他江淮宣抚使，领兵十万守卫建康。

后来，朝廷先后派几个人担任东京留守，这些人都是庸才，开封的防务已跟宗泽时不可同日而语了。宗泽苦心孤诣营造的开封防线，终究毁在几个庸臣手中。

尽管宋高宗迫于现实，派张浚经营关、陕，做好与金人开战的准备，但骨子里的投降主张从来没改。他甚至给金国统帅宗翰写了一封哀求乞怜的信，我们且来看看片段："古之有国家而迫于危亡者，不过守与奔而已。今以守则无人，以奔则无地……故前者连奉书，愿削去旧号，是天地之间，皆大金之国，而尊无二上，亦何必劳师远涉而后快哉！"高宗扯下所有尊严，国家的尊严，皇帝的尊严，统统不要了，只求金国人高抬贵手，给条生路就行。"天地之间，皆大金之国"，天下都是金国的，我就是给你们打工，给你们看门，这样还不行吗？还不满意吗？

迷信武力的金国人还真就不满意，废话别说，接招吧。宋高宗乞怜书的唯一作用，是让金人无所顾忌地对南宋发动史无前例的大进攻。

金国此番南征，以四太子兀术为统帅，动员辖下蕃汉之师，南侵兵力之多，为历年之最。南宋帝国的防御线，轻而易举地被全面突破。

建炎三年（1129年）九月，金兵攻陷南京应天府。十月，兀术兵分两路，一路出击江西，一路出击浙江。战争爆发后，宋高宗再施逃跑神技，从建康逃到杭州，把杭州改名临安府。兀术获悉高宗去向，分兵前来，打算生擒大宋皇帝。高宗到临安仅七天，发现大事不妙，赶紧撒腿便逃，窜往越州（绍兴）。

宋高宗一路狂奔之际，金兵攻城略地，所向披靡。建康留守杜充手握十万大军，连个像样的保卫战都没有，在兀术的利诱下举白旗投降了。说来不奇怪，有投降派的皇帝，就有投降派的臣子。建康失守，兀术挥师长驱南下，高宗皇帝慌了。

正如宋高宗在信里说的："今以守则无人，以奔则无地。"天地茫茫，他要何去何从呢？尚书左仆射吕颐浩建议说："万不得已，莫如航海。敌善乘马，不惯乘舟，等他退去，再还两浙。敌出我入，敌入我出，这也是兵家奇计呢。"好一个兵家奇计！敌人来了我就逃，敌人撤走我再回来，这叫"敌出我入，敌入我出"，这是逃跑的上乘功夫。经吕颐浩一点拨，高宗心领神会，仿佛抓到一根救命稻草，速速逃往明州（浙江宁波）。

金兀术攻陷临安（杭州），发现宋高宗已经逃往明州，便命部将率四千精锐骑兵一路急追，马不停蹄杀向明州。宋高宗逃跑经验丰富，非一般人所能及，他在明州失陷前，乘船逃到舟山群岛的定海县。金兵没能逮住大宋皇帝，把怒气发泄到明州百姓身上，以屠城的方式大开杀戒。

既然宋高宗要玩"敌出我入，敌入我出"的游戏，金国统帅兀术就陪他玩。兀术派舟师入海追击宋高宗，宋高宗一见不妙，又搭船从定海南行，逃往温州。金国舟师在海上追了三百里，面对宋高宗的逃跑神功，他们只能甘拜下风，最后灰头土脸返航了。

兀术仅用几个月的时间，便横扫长江两岸，蹂躏江、浙、皖、赣，战果可谓辉煌矣。与金兵相比，南宋军队的表现十分糟糕。宋军在局部战场有过小胜利，比如岳飞在广德与金兵交锋六战六胜；但在大会战中，金兵是以压倒性的优势获胜。狂飙突进东南后，兀术遇到一个难解的问题，南宋帝国面积太广袤了！不管金兵攻下多少城池，大宋皇帝都还有后路可以逃跑。

兀术没能活捉宋高宗，经历千里奔袭后，金兵的进攻力几近极限，已是强弩之末矣。权衡利害后，兀术决定引兵北还。

三五 / 金国打出两张牌：刘豫与秦桧

金兵在撤退途中，纵火焚烧明州、杭州、平州等地，掳掠女子财帛，满载而归。所过之处，无不断壁残垣，留下无辜百姓的累累尸体。仅在平江府一地，被屠杀的百姓便有数十万之多。金兀术从平江府撤退后，打算从镇江北渡长江。他不曾想到，金兵会在长江遭遇南侵以来最大的一次阻击战。

在南宋军队兵败如山倒的背景下，是谁以莫大的勇气阻击金兵呢？

此人正是南宋著名将领韩世忠。

韩世忠年轻时便从军，几乎参加过两宋之交所有重大战争，包括宋与西夏的战争、镇压方腊起义的战争、宋辽战争、宋金战争。他还在平定苗、刘叛乱中立了大功，被朝廷授检校太保，武胜、昭庆军节度使，宋高宗亲笔写下"忠勇"二字作为其军帜，其妻梁红玉也被封为护国夫人。

兀术北返时，韩世忠意识到战机出现了。尽管宋军在陆战上不是金国精锐铁骑的对手，但在水战上还是占有优势的。兀术大军北撤势必要渡过长江，只要以水师封锁江面，阻止金兵渡江，金兵必将难逃被歼的命运。于是韩世忠纠集海船一百多艘及八千名水师官兵，拔碇起航，从长江口移师镇江，游弋于焦山寺一带的水面上，与金兵遥遥相望。

起初兀术并没把韩世忠放在眼里，他麾下有雄兵十万，而宋军水师仅仅八千人，从兵力对比上根本不是一个重量级。凭着人多势众的优势，兀术下令强行渡河。然而水战与陆战根本不同，宋军战船性能要远远优于金军，况且金人不习水战，根本占不到任何便宜，始终无法突破韩世忠的水上封锁线。为了鼓舞士气，韩世忠的妻子梁红玉亲自擂战鼓助阵，英姿飒爽，巾帼不让须眉。女人都披甲上阵，男儿们岂能不拼死杀敌呢？在宋军顽强的阻击下，兀术的渡江行动以失败而告终。

一向骄横的兀术不由得慌了手脚，他打算与韩世忠做个交易，答应把所掳掠的财物全部送还，以换取宋军放行。韩世忠焉肯答应，断然拒绝兀术的交易。

怎么办呢？兀术心想，长江这么大，这里不能渡江，我就溯流西上，惹不起你韩世忠，总躲得起吧。金兵船只向上游驶去，韩世忠水师紧咬不放，沿着长江北岸且战且行。双方一路相持，行驶至距建康约七十里地的黄天荡。兀术对水战毕竟外行，黄天荡虽然适宜船只停泊，然而出港处较狭窄，被南宋水师一封锁，便成了瓮中之鳖。

金国船只几次出港，想突破封锁线。由于南宋水师的战船大且坚固，韩世忠发明了一个战法，令战士们手持大铁钩，待敌船迫近时，在接舷战中，便用大铁钩钩住敌舰，将其曳沉。

双方在黄天荡相持四十八天。兀术心急如焚，眼看长江雨季就要到来，如果不能撤向江北，军队行动将更加困难。无奈之下，金兀术又一次派人前往宋军水寨，商议放行条件。韩世忠义正词严道："还我两宫，复我疆土，则可以放行。"

兀术被困黄天荡的消息传到金国，金太宗大恐，若是十万大军回不来，金国将元气大伤。很快，金国大将挞懒从潍州派遣一支军队驰援，金国援军在江北，兀术军在江南，对韩世忠水师形成南北夹击之势。更要命的是，有宋奸向金兀术献策：应该在船上装土（增加稳定性），在船板上凿穴安置棹桨（增加机动性），在无风时进击宋舟师（宋船大，依赖风力），用火箭攻击。兀术听罢大喜，遂依计而行，果然大败韩世忠的水师。韩世忠被迫撤回镇江，阻击金兵北撤的计划功亏一篑。

兀术北撤的同时，大宋旧都东京开封也被金兵攻陷。

开封的陷落，并不让人感到意外。宗泽留守东京时，把开封建设成为一座坚不可摧的堡垒。然而人在政举，人亡政息，宗泽去世后，杜充留守东京，一反积极备战的政策，致使士民离心，原被宗泽招揽麾下的义军首领纷纷离去。更有甚者，杜充甚至擅自离开开封，前往建康府。兀术大举南下时，派一支金兵围攻开封。开封城缺粮日久，难以坚守。建炎四年（1130年）二月，东京开封终于被金兵攻破。

至此，大宋四京（东京开封、西京洛阳、北京大名府、南京应天府）全部沦陷。

· 三五 / 金国打出两张牌：刘豫与秦桧 · 205

由兀术指挥的南侵之战取得赫赫战果，金兵再次展现出超强的战斗力。但是随着战争规模的扩大，金兵的不足之处也暴露出来。其一，金兵攻城略地无数，由于兵力有限，南方诸多城池无法据为己有，一旦北撤又被南宋政府接管；其二，水战是金兵的一个短板，这在黄天荡之战体现得十分明显。尽管黄天荡之战没能阻止兀术北撤，但后来金军很少再越过长江南下，正是忌惮宋军的水上力量。

从大金建国（1115年）到兀术南侵（1129—1130年），金国仅用十五年的时间，土地、人口都扩张几十倍。得天下，未必能治天下。金国扩张遇到最大的瓶颈，面对如此庞大的土地与人口，该怎么统治呢？女真人吃得太撑了，一时间消化不了。怎么办呢？于是金国出笼一个政策：以汉制汉。

以汉制汉，便是扶植一个傀儡政权。

先前金国尝试建立一个傀儡政权，把张邦昌推上皇帝宝座，但仅仅一个月傀儡政权就瓦解了。原因是张邦昌胆小怕事，又没魄力，政权无法正常运转，只能把"皇位"拱手让给康王赵构。鉴于上次失败的经验教训，金人在傀儡皇帝人选上比较慎重，挑来选去，最终确定一个人选：原大宋济南知府刘豫。

金兵攻打济南府，刘豫举白旗投降，后被金太宗任命为东平府知府。当他得悉金国欲立个伪政权时，极力向金国大将完颜挞懒行贿。在挞懒的推荐下，建炎四年（1130年，金天会八年）九月，金太宗立刘豫为大齐皇帝，世代对金称子礼，就是当金国的儿皇帝，奉金朝正朔。

伪齐政权先是定都于北京大名府，后又迁都至大宋旧都开封，改名为汴京。金国把所占领的大宋土地，从山东到陕西都交付给刘豫统治。刘豫为人残暴，他统治下的伪齐政权赋敛苛重，刑法严峻，大肆搜刮民财，致使民不聊生。

除了扶植刘豫的伪齐政权外，金国还实施一个更大的阴谋：把大宋变节分子秦桧释放回国，打入南宋朝廷内部。

这年头变节者多矣，何以金国相中秦桧呢？

因为秦桧头顶"大宋忠臣"的光环。这要从靖康之变说起。当年金国攻破开封，俘徽、钦二帝，欲立张邦昌为傀儡皇帝，时为御史中丞的秦桧写下一封洋洋洒洒的反对信，言辞激昂慷慨：

"桧荷国厚恩，甚愧无报！今金人拥重兵，临已拔之城，操生杀之柄，必欲易姓，桧尽死以辨！……必立邦昌，则京师之民可服，天下之民不可服；京师之宗子可灭，天下之宗子不可灭！桧不顾斧钺之诛，言两朝之利害，愿复嗣君位以安四方。"

好一个"不顾斧钺之诛"，此信一出，忠臣形象跃然纸上矣。金人阅信后勃然大怒，索性把秦桧也抓入金营，连同徽、钦二帝以及一帮皇亲宋臣，统统押往北方去了。在此后三年多的时间里，秦桧消失在宋人的视野中，但他的"忠臣"形象却还深深留在人们的记忆中。

人是会变的。在被俘的三年多时间里，秦桧思想发生巨大的变化，他开始讨好金国权贵，并出笼自己的政治理论——"南自南，北自北"。也就是说，南宋完全放弃中原之地，北方归于金国，南方归于南宋。以后就不要提北伐中原、收复旧都，更别说燕云十六州了，一刀切，把过去的事都忘了吧，承认现实，重新开始。

金国一直不愿意与南宋政权谈判，有一个重要原因：赵氏统治一百多年，北方虽沦陷，但人心向宋，只有把赵氏政权连根拔掉，才能让中原百姓死心塌地当金国臣民。然而，金国连续五次大规模的南侵，依然不能够消灭赵氏政权。女真毕竟是一个小民族，再怎么骁勇善战，也没有足够的兵力去占领、统治整个南宋帝国。因此，在如何对待南宋政权这个问题上，金国内部有两种不同意见。一派是以宗翰为代表的鹰派，拒绝与南宋议和，一味强调武力解决；一派以挞懒为代表，主张政治攻势与军事打击双管齐下。

兀术大举南侵后，鹰派主张的武力解决方案暴露出许多问题：战线太长，兵力过于分散，没有强大水师力量控制长江，就无法在江南有立足之地。很显然，要在短时间内灭掉南宋，是不可能的任务。与之相比，挞懒的主张更现实，他推出"以汉制汉"的方针，推荐刘豫当伪大齐皇帝。秦桧抛出"南自南，北自北"理论后，深得挞懒赏识，若把此人送回南宋，无疑对金国有利。于是挞懒再施妙手，纵秦桧南归。这一步棋，可谓是深谋远虑，意味深长。

建炎四年（1130年）九月，南宋残留于淮河流域的军事重镇楚州（江苏淮安）被金国大将挞懒攻陷。战役刚结束，身为挞懒麾下军事参谋兼随军转运使的秦桧突然失踪了。

几天后，一艘船停泊在距离楚州六十余里地的南宋控制区，船上的人员包括秦桧与妻子王氏，还有他的两个老部下以及一仆一婢。曾经的"大宋忠臣"、被掳到北地的秦桧回来了！当地官府不敢怠慢，把秦桧一行人送到越州（绍兴）的天子行在，交给朝廷处置。

一个被掳到北方的俘虏，在三年多后竟神不知鬼不觉地回来，这怎么可能呢？秦桧必须给宋高宗以及诸大臣一个合理的解释。秦桧早把答案背熟了：我为金人所掳后，此番被迫随金兵南下，我寻机杀掉金国的看守人员，冒险夺一条船才得以逃脱归宋，可谓九死一生啊。

正如三年前他把自己塑造成一位"忠臣"一样，如今他又编故事把自己塑造成从敌后归来的"英雄"。

可惜的是，他瞎编的故事，完全经不起推敲：其一，若秦桧是被金人胁迫随军南下，何以他的妻子还能随行呢？其二，何以被掳掠的宋臣中，只有秦桧一人能脱身呢？其三，秦桧一书生出身，何以竟能杀掉看守，从容逃脱呢？其四，若秦桧是乘乱逃脱，何以还能携带不少金银财物呢？

总之一句话，对于秦桧"南归"的神奇故事，朝臣们没有几个相信的。怀疑归怀疑，若要指证秦桧是金国的奸细，证据也不充分。毕竟三年多来，他音信全无，加上兵荒马乱，谁晓得他在金国干了些什么呢？

面对群臣质疑，秦桧并没有乱了阵脚。他有一块护身符，就是当年不顾个人安危反对张邦昌称帝以保全赵宋的忠义招牌。二帝蒙尘时，老子是跟金人抗争过的，试问朝中衮衮诸公，你们当时都干了什么？时任参知政事的范宗尹与知枢密院事的李回与秦桧个人关系不错，更是极力为他辩解，称秦桧忠诚可任。

当然，皇帝的看法才是最重要的。

在此之前，宋高宗对秦桧并不了解，也没深交过。秦桧却洞悉皇帝的内心世界：他对金人太畏惧了，没有雄心壮志，只想苟且偷安。宋高宗召秦桧入对，问及对时局看法。秦桧胸有成竹地说："如欲天下无事，须得南自南，北自北。"这是向皇帝点明，为什么金人不肯议和，您没有表态与北方沦陷地断绝所有关系啊。秦桧一语中的，震撼皇帝内心。宋高宗顿有相见恨晚之心，激动地对左右说："秦桧朴忠过人，朕得之喜而不寐。"

对宋高宗来说，管他秦桧是不是奸细，只要他能帮助自己与金国达成和议，就是个忠臣。秦桧被任命为参知政事，不久后升任宰相，进入南宋朝廷的权力中枢。

不过，此时金国朝政仍然把持在宗翰、兀术这些鹰派人物手中，他们正策划新的进攻路线：打通关陕，进军川蜀。

三六 / 吴玠：川蜀的守卫神

金国在中原扶植伪齐政权，以汉制汉，让傀儡皇帝刘豫去对付江淮一带的宋军，而金兵则把主攻方向瞄准关陕（即陕西，古为关中地）。此后几年，关陕成为宋、金交锋的主战场。

关陕向来是易守难攻之地，秦汉皆据此而成就帝业，战略地位十分重要。建炎三年（1129年），张浚认为欲中兴宋室，必从关陕（即陕西，古名关中）开始，遂自告奋勇前往陕西主持战局。张浚的这一构想，正是效法秦汉据关陕而夺天下的战略。十月，张浚抵达兴元。十二月，任命曲端为宣抚处置司都统制，刘子羽为参议军事，吴玠、吴璘兄弟为统制，积极备战。

张浚尚未出击，便遭当头一棒。

金国大将完颜娄室以重兵攻打陕州（河南三门峡），知州李彦仙拼死抵挡。张浚命令曲端前往救援陕州，哪想曲端向来嫉妒李彦仙，无意出手相救。娄室以十万之众轮番攻城，于建炎四年（1130年）初攻破陕州，李彦仙死难。在之后几个月里，宋金在关中激战，互有胜负，由于曲端多次对友军见死不救，遂被张浚罢免兵权。

当时兀术的军队横扫江南后，已撤至淮北。已成为惊弓之鸟的宋高宗担心金兵再次南下攻略，遂指示张浚分道出兵，由同州、鄜州、延安府主动出击，以牵制金兵南下。驻守关中的完颜娄室顿时面临南宋军队巨大压力，紧急向兀术求援。兀术遂引兵赴陕，与娄室会合。金太宗又遣完颜宗辅入援陕西，打算深入陕川，彻底打败张浚。

一场大战已是在所难免。

在金兵纷纷入陕之时，张浚业已集结一支庞大的兵力，包括熙河、秦凤、泾原、环庆及永兴军五路人马，共计四十万人，马七万匹，欲与金兵决一死战。然而，这个部署遭到八字军首领王彦的强烈反对。他认为陕西兵将向来不相联络，五路大军齐出，根本无法协同作战，不如令各路大军驻屯要害之地，遇到敌人攻击时可以互相支援。

张浚未尝不知王彦所言有理，但他有自己的考虑。如今东南残破，难以经受金兵的再次打击，主动在关陕发动进攻，就是"政治正确"。若运气好的话，一战击败强敌，宋金战争可能迎来转折，张浚必须赌上一把。

可惜的是，张浚有宗泽之志，却无宗泽之才，他没能赌赢。

建炎四年（1130年）九月，南宋军队与兀术、娄室的金兵在富平丘陵地带展开决战。宋军人数虽众，排军布阵却大有问题，安营扎寨于平原地带。面对精锐金国铁骑，平原无险可守，显然要吃亏。统制吴玠向前敌总指挥、熙河路经略刘锡建议说，军队应该先占据高地有利地形，凭险为营。

吴玠的意见没能得到上级重视，诸将以为，富平虽地形平坦，然多沼泽，纵是金兵铁骑前来，也难以驰骋。宋军显然严重低估金兵的军事能力，事实证明，吴玠的看法是对的，沼泽根本挡不住金国铁骑。

金国骑兵纵横南北，对各种不同地形环境均有一套应对方法，区区沼泽不在话下。完颜娄室早有准备，令部下准备许多木柴与装填沙土的囊袋，移土担柴，填泽铺路，很快在沼泽地开辟出一条马匹可以通行的道路。金国骑兵神不知鬼不觉地穿越沼泽，突然杀到宋军兵营之前。娄室攻左翼，兀术攻右翼，双方陷入混战。起初，南宋军队凭借着人多势众的优势，与金兵杀得难解难分。这时，各路宋军协同作战能力不足的弱点开始暴露，不能互相支援，其中一路宋军率先溃败，导致阵势大乱。娄室与兀术抓住机会，展开反扑，宋军兵败如山倒，弃尸累累。

富平之战的失败，宣告张浚全面夺取关陕、进击中原的计划破产。宋军被迫撤退，关、陇六路几乎都落入金人之手，只有阶、成、岷、凤、洮五郡以及凤翔之和尚原、陇州之方山原仍控制在南宋手中。这时，金国名将完颜娄室病死于关中，给张浚带来喘息之机。

只要再攻下和尚原，金兵就打开了从陕西通往四川的大门。

和尚原位于秦岭北麓，今陕西宝鸡南。

升任秦凤经略使的吴玠，在和尚原保卫战中大放光芒，使他成为南宋抗金史上最伟大的将领之一。吴玠与韩世忠一样，均出身西北军，早年参加过宋与西夏的战争，后来参与镇压方腊起义。

吴玠到任后，马上着手和尚原的防御，积粟缮兵，列栅固垒。吴玠有名将之风范，他善于治军，爱抚百姓，在深重的战争灾难面前，凤翔百姓希望这位出色的将军能阻挡住金兵无休止的进攻。为了支援前线部队，民众自发组织起来，送刍粟以助军。为了阻止民众给吴玠运送军事物资，金兵多次派兵截击，并施行连坐法，但仍有大批民众冒险为宋军输援。

为了拿下和尚原，绍兴元年（1131年）五月，金人兵分两路来攻。面对汹汹来犯之敌，有人提议避敌锋芒，退屯汉中。吴玠慨然道："我在此，寇不敢越。保和尚原即是保蜀。"遂与其弟吴璘率军还击，四战四胜，力挫强敌。

第一次攻打和尚原失利，令金兵主帅兀术蒙羞，他当即亲自率领十万人马，杀奔宝鸡，造浮桥渡过渭水，进逼和尚原。自宋金开战后，南宋士兵多有畏金症，对金兀术更怕得要命。大家想想，这兀术何等厉害，以十万之师蹂躏大宋东南半壁，把皇帝追得满世界跑，又在富平之役中大破张浚四十万看家部队，可谓是神话级的人物。四十万大军都抵挡不住兀术，吴玠能行吗？

大战前夕，士气不可丢。吴玠召集众将士，以忠义相勉，并与诸将士歃血为誓。他对弟弟吴璘说："今日是我兄弟报国之日，若兵败，宁我兄弟相死，不令将士先亡。"吴玠本就深得部众爱戴，众将士听闻此言更是感泣，纷纷表示愿尽死力以报国。

金兀术自认为以十万大军泰山压顶式的进攻，取和尚原易如反掌，岂料却遭遇生平第一次大败。吴玠善于用兵，面对强敌，他扬长避短，充分利用地形优势，阻击敌军。针对敌军骑兵厉害的特点，吴玠挑选精卒，以强弓劲弩轮番射击，以密集箭雨阻滞金兵进攻。兀术前进不得，只得稍稍退却。

以弱击强，以寡击众，要力挽狂澜，必须出奇制胜。

金兵人数既多，严重倚赖后勤补给。吴玠悄悄派出一支军队，截击金兵粮道，并遣弟弟吴璘带三千弓弩手，设伏于险要之地。在宋军的偷袭下，金兵的后勤运输线频遭打击，很快兀术便发现粮草不足，难以发动进攻。吴玠判断金兵很快要撤退，遂纵兵于深夜出击，连破十余座金营。兀术仓皇而逃，半途遭到宋军伏击，身上挨了两箭。为了逃命，他把须髯都剃光了，以免成为宋军弓弩手的狙杀目标。堂堂金国统帅尚且如此狼狈，其他金兵自不必说，光是被俘人数就将近一万人。

自宋金战争爆发以来，和尚原之役是南宋军队取得的最大一场胜利，对稳定西线战局具有决定性的影响。吴玠打破金兵铁骑不可战胜的神话，让不可一世的金兀术咽下失败的苦果。同时，此役的胜利确保川蜀大后方的安全，为宋金进入战略相持阶段打下坚实的基础。

凭此一役，吴玠名扬天下。

吴玠的胜利，除了归功于他指挥有方外，还有一个重要因素，便是得到关陕百姓的支持。金人虽然占领关陕大部，却无法压制民心。考虑关陕民风强悍，难以治理，金国政府把陕西地交给刘豫的伪齐政权。这不意味着金人撤出关陕，相反，他们要集中精力专注于军事进攻上。

绍兴二年（1132年），金陕西经略使撒离喝引兵入侵陇州方山原（陕西宝鸡西）。方山原的南宋守军只有数千人，陕西都统制吴玠急令部将杨政、吴璘等人入援，与金兵大战三日，焚毁金兵营寨，撒离喝被迫撤军。

该年年末，张浚被调回朝廷，结束其三年的关陕生涯。当初张浚入关陕时，雄心壮志，欲干一番轰轰烈烈的事业。然而他非但没能收复关陕，反倒丢失大片土地，可谓壮志难酬。不过张浚的功劳不可抹杀，他知人善任，其麾下有三杰：刘子羽有智谋，赵开是理财专家，吴玠则是常胜将军。张浚未能实现中兴理想，但他在关陕牵制大量金兵，保全川蜀，功不可没。

张浚调任后，保卫关陕最后防线的任务，就落到刘子羽、吴玠、王彦等人身上。临行前，张浚嘱咐三人，倘若金兵入侵，应精诚团结，互为声援。

绍兴三年（1133年）正月，金兵再次大举进犯，目标直指王彦驻守的金州（陕西安康）。在金兵的强攻下，王彦不敌，只得放弃金州，把不能带走的军事储积焚之一空。时任利州路经略使的刘子羽得悉金州失守的消息后，急命部将田晟守饶风关，同时派人快马召吴玠入援。

当时吴玠手中只有数千名正规军以及一万三千名义勇军（民兵），军情紧急，他毅然驰援，急行军一昼夜抵达饶风关。吴玠派人给金国大将撒离喝送去几粒黄柑，并写了张纸条："大军远来，聊奉止渴。"撒离喝阅信后大惊，以杖击地道：

"吴玠来得好快啊！"无疑，在金国人眼中，吴玠是最难缠的一位对手。

在撒离喝的督战下，金兵全力仰攻饶风关。吴玠恃险而守，命令士兵以强弓劲弩还击，又从山上扔下滚石檑木，大量杀伤金兵。金兵果然悍勇，前仆后继，强攻六昼夜，尸积如山，仍然拿不下饶风关。强攻不成，撒离喝又想出一计，派敢死队从小道绕到吴玠军后，居高临下攻饶风关。吴玠兵力本来就不足，加上连日苦战，体力早已透支，遂放弃饶风关，退守西县（陕西勉县西）。

饶风关丢失后，刘子羽无险可守，只得焚烧兴元府（陕西汉中）的积贮，退守三泉。金兵遂入兴元府，屯兵金牛镇，通往四川的门户已打开。

形势极其严峻！刘子羽与吴玠没有自乱阵脚。

两人商量后决定分别扼守险要关隘，以坚壁清野的战术拖垮金兵。吴玠移师仙人关，刘子羽退守谭毒山，同时把汉中一带的粮畜内迁。撒离喝率军深入，想一鼓作气攻入四川。然而在巴山秦岭之间，运输不畅，金兵粮饷不济，不得不杀马为食。刘子羽与吴玠不断派出游兵骚扰，令撒离喝寝食难安。更要命的是，由于不适山林环境，疫疠流行，金人大量染疾，死亡甚众。在这种情况下，撒离喝不得不撤军。刘子羽、吴玠乘机出击，斩获无数。

撒离喝发动的攻略汉中之战，先胜后败，伤亡过半。金兵撤走后，刘子羽乘机收复兴元与汉中之地。不久后，王彦也收复金州。宋、金双方又回到战前的相持局面。

在刘子羽与吴玠的努力下，川蜀又一次转危为安。

由于吴玠移师仙人关，和尚原的兵力不足，加上粮草不足，形势恶化。绍兴三年（1133年）十二月，金国元帅兀术又一次率重兵杀到和尚原，欲报身中两箭之仇。镇守和尚原的吴璘奉哥哥吴玠之命，向仙人关方向撤退。

仙人关已成为宋、金两军的必争之地！

绍兴四年（1134年）三月，金国元帅兀术与撒离喝及伪齐军队共计十余万人，气势汹汹地杀向仙人关。

吴玠料知大战不可避免，在仙人关右侧筑一坚固堡垒，命名为"杀金平"，并亲自率一万人守卫。从"杀金"二字，可见吴玠与敌血战到底的决心。从兵力对比看，敌众我寡，吴玠居于绝对劣势。这时吴璘的军队及时赶到，他与金兵血战七昼夜，突破封锁线，顺利与哥哥会师。沧海横流，方显英雄本色。吴玠、吴璘兄弟又要联袂登台，缔造一段经典传奇。

金兵凿山开道，进逼仙人关。吴玠设下两道防线，自己守卫第一道防线，吴璘守卫第二道防线。金兵祭出各种方法进攻仙人关，先是以云梯攻击垒壁，吴玠部将杨政以撞竿击碎敌人的云梯。兀术再使出铙钩、火箭等战法，在众志成城的宋军面前，始终无法破关。

数日后，吴玠料敌锐气已失，遂主动出击，与吴璘各率一队人马，捣入敌营，金兵阵脚大乱。金兀术自忖难以攻克仙人关，且损兵折将，遂引兵而去。孰料吴玠早派部将王俊埋伏于河池，袭敌于归途，又斩获颇丰。兀术、撒离喝这些金国沙场宿将，个个垂头丧气，退回凤翔去了。

仙人关大捷的消息传到京师，宋高宗授吴玠定国军节度使、川陕宣抚副使。吴玠乘机扩大战果，收复秦州、凤州部分失地。至此，宋金在关陕的争夺告一段落，双方进入战略相持阶段。

吴玠兄弟在关陕战场光芒四射，他们在南宋王朝极其困难的情况下，取得了令人瞩目的战绩，打破金人不可战胜的神话，大大鼓舞南宋军民的士气与抗战决心。史书是这样评价吴玠的："方富平之败，秦凤皆陷，金人一意睨蜀，东南之势亦棘，微玠身当其冲，无蜀久矣……吴玠与弟璘智勇忠实，勠力协心，据险抗敌，卒保全蜀，以功名终，盛哉！"

三七 / 南宋帝国中兴第一战

在前方将士浴血奋战时，秦桧却在朝廷上大肆宣扬他的"南自南，北自北"投降理论，得到宋高宗的赏识与重用。南归后不到一年时间，他就坐上宰相之位，成为一人之下、万人之上的权臣。

所幸的是，秦桧当宰相才一年就被踢出局，原因是他犯了一个严重的政治错误。在"南自南，北自北"理论的基础上，秦桧又抛出所谓"耸动天下"的二策：南人归南，北人归北。

什么意思呢？

就是原籍在北方的南渡之人就返回到北方去，而居住在北方的南方人也返回南方，自此以后，北方人就由金国及其傀儡刘豫伪政权统治，南方人就由南宋帝国统治。这里注意，秦桧耸动天下的二策，重心是在"北人归北"，而不是"南人归南"。因为北方沦陷，大量北方人逃到南方，而南方逃往北方的无疑是很少的。秦桧的歪论是，南宋帝国都是南方人，大家就不会去想着什么北伐、光复故土了，这就一劳永逸地解决南宋在中原问题上与金国的纠葛。

这是十足的投降卖国论调。要知道南宋帝国抗金志士，相当一部分都是北方人，现在把他们统统遣回北方，岂不是去送死吗？不消说，这个论调遭到朝野的一致痛骂，连皇帝宋高宗也大为不悦。

高宗曾对大臣表露不满："秦桧说南人归南，北人归北，朕就是北人，要归往何处？"皇帝就是北方人，难道你秦桧要把朕送给金人吗？秦桧说的"北人归北"，当然不包括皇帝在内，却严重伤害皇帝的感情。

秦桧拜相时曾吹牛说："为相数月，可耸动天下。"除了耸人听闻的二策之外，再没见他干过什么耸动天下的事。从时间点看，秦桧抛出这二策也不合时宜。当时吴玠在和尚原之战中大败金兀术，赢得对金战争以来最大的一次胜利，对抗金志士是莫大鼓舞，收复中原的呼声高涨。秦桧逆势而行，抛出投降言论，自然被人抓住把柄。

当时朝中大臣对秦桧不满者比比皆是，此人来路不明却蹿居高位，如何服众？曾经勤王建功的吕颐浩乘机反击，指使侍御史黄龟年弹劾秦桧专主谈和，阻止国家恢复远图、植党专权。

皇帝不满加大臣弹劾，秦桧终于倒台，第一次宰相生涯就此结束。

主和派头头秦桧倒台，对于主战派是一次鼓舞。与此同时，南宋的军事力量有所增强，一批优秀的将领走上历史舞台，大放光芒。

宋朝军事力量薄弱，与军事制度有很大关系。自从宋太祖杯酒释兵权、推行强干弱枝政策后，崇文抑武，以避免重蹈五代时军人不断政变的乱局。这种政策导致朝廷对武将严加防范，将不知兵，兵不知将，哪来的战斗力呢？自宋高宗即位，小朝廷几度被金人打得找不到北，自身尚且难保，遑论统治国家呢？于是乎群盗并起，民变丛生，大大小小的起义军、流寇不计其数，拥兵自重，割据一方。南宋帝国实际上已经陷入深深的内乱之中。

值此非常时期，宋高宗不得不倚重军事将领，允许他们在一定范围内发展自己的武装，给予某些特权。毕竟皇帝还得靠这些将领平定内乱，不然如何统治臣民？对武将限制的放宽，令军事将领得以有较大的自主权选将练兵，这大大提升了南宋的军事力量。

在此背景下，南宋帝国开始中兴第一战，主要是戡平内乱。

此期的流寇、变民武装集团多如牛毛，不下两百个，来源五花八门。大体上说主要有两类：一是农民起义军，二是叛乱的军人。在这些武装集团中，最重要的有李成、孔彦舟、范汝为、曹成、杨太等。

在戡乱战争中，南宋一批将领脱颖而出，成为手握重兵的实权人物。后来被誉为"中兴四大名将"的岳飞、韩世忠、张俊以及刘光世，都是在剿抚叛乱武装集团中成长壮大起来，其中又以岳飞的战功最为显赫。

岳飞是相州汤阴人氏，史称他"少负气节，沉厚寡言"，特别喜欢读《左传》与《孙子兵法》，经常通宵达旦读书，可谓废寝忘食。他体格强健，天生神力，能拉三百斤弓，箭术出神入化，能左右开弓。

宋金战争爆发后，岳飞追随宗泽抗金，在战场上屡建战功。宗泽曾经高度评价他的军事才能："尔之智勇才艺，古良将不能过。"靖康之变后，高宗继承大统，然而一味求和，苟且偷安。岳飞年轻气盛，上书数千言，抨击黄潜善、汪伯彦等不图恢复，力劝皇帝北渡亲征："臣愿陛下乘敌穴未固，亲率六军北渡，则将士作气，中原可复。"此时岳飞只是个小角色，位卑言轻，朝廷以越职罪将他罢官。

志在报国的岳飞没有泄气，前往投奔河北宣抚使张所。张所见岳飞身强体壮，便问说："汝能敌几何？"你能打多少个敌人呢？岳飞答说："勇不足恃，用兵在先定谋。"他向张所分析河北重要的战略价值，并提出自己的战略主张。张所大为叹服，对岳飞十分器重，推为国士。

建炎元年（1127年）九月，岳飞作为王彦麾下裨将渡河抗金，一举收复新乡。王彦兵败后，岳飞转战于太行山区，在极其困难的条件下坚持抗战。他不仅精通兵法韬略，武艺亦十分高超，手持一把丈八铁枪，曾刺死多名金将。后来岳飞返回开封，再度归属宗泽麾下，担任留守司统制。

宗泽去世后，杜充任东京留守。建炎三年（1129年）七月，杜充弃开封而返建康，岳飞力劝不可，认为"尺地寸土，所不可弃"。杜充不听劝谏，岳飞只得率部随行。是年金兵大举南下，杜充竟然投降金兵。在朝廷军队一片溃败声中，岳飞坚持抗战，在广德与金兵六度交锋，六战六胜。

岳飞治军严谨，当时南宋军队腐败严重，甚至形同土匪，他则致力于打造一支新军，将自己的子弟兵训练为一支人民军队。在最艰难的日子里，即便没有粮食可吃，岳飞仍要求将士忍饥挨饿，不犯民家。当时建康一带的宋军溃败后，散兵多剽掠民间，独岳飞军纪严明，秋毫无犯。这支英勇的军队展现出惊人的战斗力，在常州与金人交锋四战皆捷，而后又在镇江东、清水亭、牛头山、龙湾等地力挫金兵，取得一连串的胜利，并率先收复建康。

兀术北去后，金在中原扶植刘豫伪政权，加之张浚在西北牵制金兵，东南军事压力骤减，朝廷把重点放在清剿民变流寇武装集团上。

绍兴元年（1131年）三月，宋以张俊为江淮招讨使，岳飞为副使，负责平定江淮一带李成、张用等乱军。当时李成占据江、淮、湖、湘十余个郡，声势浩大，拥兵数万。岳飞自请为先锋，大破李成军，俘敌八千人。在张俊、岳飞的穷追猛打下，李成落荒而逃，最后投降伪齐皇帝刘豫。对于流寇集团，岳飞除了军事打击外，还发动政治攻势。另一乱军首领张用与岳飞同为汤阴人，岳飞亲自写信招抚，张用感其恩义，遂率部投诚。至此，江淮乱军得以平定，张俊向朝廷表功，奏称岳飞功第一。宋高宗提拔岳飞为右军都统制，驻屯洪州。

绍兴二年（1132年），朝廷任命岳飞为荆湖东路安抚都总管，进剿拥众十余万的曹成。曹成以十万人守蓬头岭，岳飞率所部八千余人，大破曹军，曹成逃往连州。岳飞嘱咐部将，仅诛其首，而抚其众，慎勿妄杀。部将张宪进击曹成，沿途招降两万余人，曹成遁入邵州。后来，曹成在另一位中兴名将韩世忠的进逼下，率余众八万人投降。

绍兴三年（1133年），虔州、吉州兵乱。当时隆佑太后曾经在虔州一带受到惊吓，高宗命岳飞前往平定，并密令屠城。岳飞抵达虔州后，乱军首领彭友率众迎战，岳飞艺高人胆大，在战斗中生擒彭友，余众皆降。在平定虔、吉之乱后，岳飞并没有按皇帝的指示大开杀戒，而是上书皇帝，请求只诛首恶，赦免余众。高宗皇帝最终答应，虔州百姓由是躲过一劫。当地民众把岳飞视为救命恩人，感怀他爱民如子、为民请命的精神，特绘岳飞画像，设祠祀之。岳飞班师后，宋高宗赐给他一面旗帜，上面是皇帝亲笔所写的四个字："精忠岳飞"。具有讽刺意味的是，后来把岳飞送上断头台的，正是同一个皇帝。

经过几年的大规模清剿，内乱基本平定，只剩下占据洞庭湖的杨太，屡剿不平。杨太又称杨幺，是南宋初期"钟相杨幺起义"的首领之一。

先说说钟相杨幺起义的历史背景。

建炎四年（1130年），兀术大举南侵，金兵攻破江西后入湖南，在潭州大开杀戒。金兵离去后，宋潍州团练使孔彦舟收拢散兵，占据荆南、鼎州、澧州等地，史书称孔彦舟为"无赖""有禽兽行"，实际上就是个兵痞子，百姓深受其害。金兵来了屠城，南宋溃兵来了抢掠，百姓怎有活路？于是钟相在鼎州（湖南常德）聚众起义，并提出自己的政治主张："法分贵贱贫富，非善法；我行法，当等贵贱均贫富。"于是方圆数百里的民众纷纷前来投奔，钟相遂自称楚王，改元天载，建立武装割据政权。后来，孔彦舟派奸细混入起义军，偷袭义军营寨，钟相被俘后遇害。

钟相死后，杨太成为义军新首领，自称大圣王。杨太颇有军事才能，他在洞庭湖修水寨作为根据地，大造战船，拥有各种船只数百艘，其中主力船型是车船。车船可容纳一千人，动力既不是靠风帆，也不是靠划桨，而是靠舟轮。舟轮就像车轮一样，人在船上踩，驱动舟轮转动，这种设计操纵性能极好，无论前进或后退都得心应手。船上还有一种极厉害的武器，称为"拍竿"，拍竿有十来丈长，竿头系有巨石，竿座有个辘轳，摇动辘轳可以控制竿的升降。每当遇到官兵时，就操纵拍竿把对方船只击毁，非常厉害。故而朝廷多次出兵进剿，都被杀得大败而回。

绍兴五年（1135年），宋高宗令岳飞进剿杨太。当时有人认为岳飞的部队多是北人，不习水战，岳飞从容答道："兵法无常，顾用之如何耳。"岳飞率部进抵鼎州，安营扎寨，把战舰一字排开，严阵以待，并派人前往起义军营寨招降。经过几年扫荡，南宋政权渐趋稳定，加之岳飞素有名望，起义军将领黄佐决定归降朝廷。岳飞又让黄佐招降其他将领，归顺者甚众。岳飞抚剿并施，双管齐下，摸清起义军虚实后，他在夜间发动突袭，俘降其众数万人。杨太仗着自己有车船与拍竿两大神器，坚决不降，浮舟于洞庭湖上，官兵的船不敢靠近。岳飞伐木为筏，又命人寻来朽木水草漂浮于水面，而后派人前去叫阵。杨太根本不把官兵放在眼里，驾船来追，不料舟轮被江面的木草缠绊，很快就转不动了。岳飞乘机杀出，用轻便的木筏围攻杨太，官兵在木筏上用巨木撞击车船。这一战术大奏其效，杨太大败，投水而死，余众皆向岳飞投降。

当时张浚正在湖南都督军事，岳飞胸有成竹地对他说："不用八日就可破贼。"张浚听了将信将疑，朝廷剿了好多年都消灭不了杨太，岳飞却夸下海口八天破贼，岂非天方夜谭吗？从岳飞出兵进剿，到杨太覆亡，正好八天。张浚不由得感慨道："岳侯，神算也。"

三八 / 从战略相持到局部反攻

在南宋积极剿平内乱的同时，北方的刘豫伪政权乘机招降纳叛，扩充自己的实力。李成、孔彦舟、关师古等人先后投奔刘豫伪政权。刘豫为人残暴，伪齐政权赋敛苛重，刑法严峻，民不聊生。金人立刘豫为傀儡皇帝，目标是以汉制汉，刘豫本就没有什么国家民族观念，甘愿充当金人的马前卒，积极筹建水师，图谋入侵南宋。绍兴二年（1132年），朝廷遂命令韩世忠屯兵建康府，岳飞屯兵江州，扼守长江航道。

由于南宋政府一直企图与金国媾和，而刘豫是金国所立的傀儡皇帝，宋高宗下令约束沿边守将，不得攻犯刘豫。这种表态无疑被视为软弱的表现。你不动手，人家偏偏要动手。绍兴三年（1133年），刘豫命降将李成大举进犯，攻下襄阳、邓州、随州等六郡。不仅如此，刘豫还派出使者走海路，与南方的安南（交趾）建交，怂恿安南王出兵骚扰南宋的西南边地。

襄阳地处汉江中游平原腹地，与樊城隔江相望，合称襄樊，自古便是兵家必争之地。绍兴四年（1134年），包括岳飞在内的文臣武将纷纷上书宋高宗，提出收复六郡的主张。岳飞说："襄阳等六郡为恢复中原基本，今先取六郡，以除心膂之病。"襄阳六郡，指的是襄阳、信阳、邓州、唐州、随州与郢州。刘豫伪政权控制六郡，随时可以从水路下长江，直捣南宋腹心。后来元朝灭掉南宋，也是从拔取襄阳城开始的。

由于襄阳六郡的战略地位太重要，宋高宗为了自保，也得一战。再说了，刘豫的伪齐政权气焰如此嚣张，实在让宋高宗十分不爽。你刘豫是什么东西，原本不过是宋朝一个知府罢了，现在竟然要骑在宋朝皇帝头上拉屎。是可忍，孰不可忍。

大家都知道，宋高宗一直是个软脚虾，他突然挺直腰板向金国扶植的傀儡宣战，底气从何而来呢？一个重要原因，是吴玠在西线的胜利。在南宋发动襄阳之战前几个月，吴玠在仙人关又一次大败兀术的金兵，收复秦、凤二州。西线战场的胜利，无疑给宋高宗吃了粒定心丸，起码金人一时间还没法在南线大举用兵。

派谁去收复襄阳六郡呢？参知政事赵鼎力荐岳飞，宋高宗遂以岳飞为荆南制置使，全权指挥襄阳之战。不过，不应该高估宋高宗收复失地的雄心，他把收复襄阳六郡视为有限的局部战争，特地交代岳飞：不能打出北伐的旗号，不能提"收复汴京"的口号，汴京即大宋旧都开封。一言以蔽之，打刘豫可以，千万别惹毛金人。

此前几年，岳飞的精力多在剿平内乱，在他看来，这只是为驱逐鞑虏、收复中原做铺垫。在他内心深处燃烧着熊熊烈火，"靖康耻，犹未雪；臣子恨，何时灭！驾长车踏破，贺兰山缺。壮志饥餐胡虏肉，笑谈渴饮匈奴血，待从头，收拾旧山河，朝天阙"。目睹国家沉沦，百姓流离，岳飞仰天长啸，壮怀激烈，他要把全部生命投入光复河山的伟大事业中。现在要率领自己的子弟兵去收复失地，他难掩激动的心情，渡江北上时意气飞扬，对左右道："飞不擒贼帅，复旧境，不涉此江！"

岳家军首攻郢州。郢州守将京超乃伪齐猛将，江湖人送绰号"万人敌"。不过，在岳家军面前，万人敌成了纸老虎。岳飞一声令下，众将士奋勇登城，京超根本抵挡不住，最后投崖而死，郢州遂克。岳家军所过之处，对百姓秋毫无犯，军声远扬。

攻下郢州后，岳飞亲率主力直逼襄阳。据守襄阳的李成慌忙列阵出战，他把骑兵置于左翼，沿江岸布阵，把步兵置于右翼，沿平地布阵。岳飞笑道："骑兵利于平地作战，而步兵应依托险要地形，李成完全搞反了，就算他有十万之众，又能奈我何呢？"于是岳飞派部将王贵率领长枪兵布阵于江岸，对阵伪齐骑兵；另派猛将牛皋率领骑兵在平地冲击敌之步兵。在以往与金兵的作战中，宋军马匹少相当不利，岳飞便训练一支精锐的长枪兵以对付骑兵。战斗打响后，李成的骑兵要么被长枪捅死，要么马匹失控掉到河里。在另一个战场，岳家军的骑兵则在平地纵横驰骋，伪齐步兵死者无数。眼看大势已去，李成弃城而逃，岳飞再下一城，攻取襄阳。

岳飞攻略襄阳的同时，另遣部将张宪攻略随州。张宪围城一个月未能破城，牛皋自告奋勇前往支援。牛皋只携带三日口粮，以示速胜的决心。果不其然，在牛皋的支援下，不到三天时间，便攻破随州，俘虏伪齐知州王嵩。

紧接着，岳飞兵锋直抵邓州。面对岳家军凌厉的攻势，金国人坐不住了，派金将刘合孛堇协助李成抵抗岳飞。李成原是流寇，多次败在岳飞手下，这次也不例外，又一次大败而逃。岳飞攻克邓州后，又收复唐州与信阳。至此，襄阳六郡之地全部回到南宋帝国手中，岳飞居功至伟。

当捷报传到京师，宋高宗亦不禁喝彩道："朕素闻岳飞行军有纪律，未知能破敌如此。"鉴于岳飞收复襄阳六郡的赫赫战功，朝廷授他为清远军节度使。在中兴诸将中，岳飞是最年轻的节度使，年仅三十二岁。

岳飞的雄心，绝不仅仅是收复襄阳六郡。他给皇帝上了一道奏疏，认为金人只贪图女子金帛，志已骄惰；刘豫的伪齐政权不得人心，中原百姓心系宋室。只要出动二十万精兵，直捣中原，完全可以收复故疆。他还表示："臣候粮足，即过江北剿戮敌兵。"

宋高宗小心翼翼避免与金国开战，可是收复襄阳、打击刘豫，便是动了金人的奶酪。伪齐皇帝刘豫也不甘心失败，打算以牙还牙，进攻南宋。他派人前往金国游说金太宗，提出借兵五万的请求。金人既然把刘豫当作儿皇帝，这个忙还是要帮的。于是金太宗以宗辅为左副元帅，挞懒为右副元帅，兀术为前军之将，统兵五万，联合刘豫伪军发动南侵。这是自兀术北撤后，金国又一次大举用兵于南方。

金兵分道两路，一路以骑兵为主，由泗州进攻滁州，一路以步兵为主，由楚州进攻承州。自宋金开战以来，宋军经历一系列大败仗后，逐渐走出低谷。从史料记录来看，金兵的战斗力呈下降趋势，一方面有几位开国名将去世，如宗望、娄室等，在历年战争中又折损不少精锐；另一方面，在掠取巨额财富后，金人耽于享受，失去早期拼命三郎的精神。反观宋军，在经历一连串败仗后，逐渐找到对付金国铁骑的方法，原本僵硬的军事制度有所改善，给予前线将领更大自主权，故而一批能征善战的名将应运而生。宋金两国的军事实力已经渐趋平衡。

针对东路金兵以步兵为主、战斗力较差的弱点，淮东宣抚使韩世忠采取诱敌深入的战术，在大仪（江苏扬州西北）布成五阵，设伏二十余处。金国骑兵进入伏击圈后，宋军从四面八方杀出，手执长斧，上砍人胸，下斩马足。金兵大败，将领挞不野等二百余人被俘。解决金国骑兵后，对付步兵就相对轻松了。韩世忠部将董旼在天长鸦口桥力败金兵；解元在承州（江苏高邮）北门激战金兵，俘获甚众。韩世忠率亲兵追击敌人至淮水，金兵夺路而逃，溺死者甚众。

时人把韩世忠的这次胜利称为中兴武功第一。若论此役战绩，虽说不凡，却也未必算是第一。吴玠在西线面对最强大的金兵，两次会战均取得大胜，起码不逊色于韩世忠。岳飞收复襄阳六郡，虽然对手是伪齐政权，但战略意义亦不逊于大仪之战。韩世忠指挥的大仪、承州之战，之所以得到如此高的评价，恐怕是因为此役是东部战场第一次大败金兵，同时也确保南宋朝廷的安全。

在韩世忠大捷的鼓舞下，宋高宗居然打算亲征，简直是破天荒！这里不能不提到一个人，他就是宰相赵鼎。当伪齐联合金兵大军南下，举朝震恐，有人便建议皇帝赶紧转移到更安全的地方，宰相赵鼎不同意，他说："战如不胜，离去不晚。"逃跑皇帝不再逃跑了，这实在值得表扬。宋高宗到了平江（江苏苏州），欲亲自渡江决战，被赵鼎劝阻。赵鼎的理由是：伪齐皇帝刘豫并没有亲临战场，只是派儿子刘麟前来。堂堂大宋皇帝对阵伪齐皇帝的儿子，地位不相匹配。

赵鼎知道，宋高宗其实性格懦弱，真上战场怕是又得逃跑，还不如摆摆亲征的架势，能达到激励前线将士的目的就可以了。与前几年相比，宋高宗的底气比较足了。内乱基本剿平，吴玠在西线顶住金人进攻，岳飞收复襄阳六郡，如今韩世忠取得大捷，高宗的皇帝宝座算是坐稳了。他下诏声讨伪齐，以励将士。这个表态也很重要，由于刘豫是金人所立，以前南宋朝廷害怕得罪金人，都称其为"大齐"，现在改称"伪齐"，不再承认其政权的合法性。

还有一件事值得一提。宋高宗居然为陈东、欧阳澈两人平反，追赠他们为朝奉郎、秘阁修撰，以示悔杀忠良。大家还记得这两人吧，南宋开国初期，太学生陈东与进士欧阳澈上书痛斥投降派，两人均下狱被杀。御驾亲征、声讨伪齐、平反忠良，高宗这三件事，值得称道。

尽管韩世忠在东线取得大捷，但西线才是金兵的主攻方向，精锐骑兵皆集中于此。金兵一鼓作气攻下滁州，兵临长江。南宋军队全线退守江南，依靠长江天险与金兵对峙。南宋中兴四大名将，除了岳飞远在襄阳外，其他三帅悉数上场，刘光世守建康，韩世忠守镇江，张俊守常州。

知枢密院事张浚向宋高宗建议，令岳飞渡江入淮西，以牵制侵扰淮东的金兵，高宗同意了。金兵侵扰淮右，兵围庐州，庐州守将紧急向岳飞求援。岳飞派遣统制牛皋、徐庆率两千人入援，挫败金人的进攻。

此时已进入十二月，正是一年最寒冷时节。金兵被韩世忠、刘光世、张俊等部队所阻，又遭遇雨雪天气，后勤补给困难，军中开始缺粮，只得杀马为食。更令兀术担心的是，从后方传来金太宗病危的消息，他深恐国内有变，索性连夜北撤。兀术一边撤军，一边派人把消息告知伪齐军队。伪齐军队统帅刘麟大惊失色，抛弃辎重，一口气逃了二百里。

这次由伪齐与金国联合南侵的军事行动，最终以失利而告终。

兀术北归后一月，即绍兴五年（1135年）正月，金太宗病死，金熙宗继位。金国内部权力斗争加剧，对刘豫伪政权的扶植热情大大降低。

宋高宗一方面派使臣何藓前往金国谈和，另一方面对伪齐政权施加军事压力。南宋中兴四大名将分别屯兵于要害之处，张俊屯兵盱眙，韩世忠屯兵楚州，岳飞屯兵襄阳，刘光世屯兵庐州，对伪齐政权形成弧形包围圈。

绍兴六年（1136年）初，宰相兼都督诸路兵马张浚召集诸位大帅开军事会议，讨论讨伐伪齐事宜。不久后，韩世忠率先发动进攻，包围伪齐重镇淮阳，伪齐皇帝刘豫紧急向兀术求援。韩世忠攻淮阳六日未下，而兀术援兵已到，只得撤回楚州。在西线，岳家军再次打出军威国威，岳飞接连攻破镇汝军、虢州、商州、顺州等，兵锋直抵蔡州，降敌众数万人。朝廷下令嘉奖，称："遂复商於之地，尽收虢略之城。"

九月，宋高宗由临安抵平江，摆开御驾亲征伪齐的架势。刘豫风闻消息后，赶紧派人向金熙宗求援。当初金国立刘豫为傀儡皇帝，本是希望以汉制汉，牵制、打击南宋军队。岂料刘豫此等没用，进不能攻，退不能守，每每向金国求援兵，反倒成为金国的一大负担。这次金国不想派兵相助了，只是令兀术驻兵黎阳，助助声威、摇旗呐喊罢了。

刘豫没办法，只得全力自保，拼凑一支三十万人的大军，兵分三路出击。中路军由刘豫的儿子刘麟指挥，从寿春进犯合肥；东路军由其侄刘猊指挥，出涡口进犯定远；西路军由孔彦舟指挥，由光州进犯六安。

面对伪齐大军压境，中兴四将中的刘光世、张俊底气不足，刘光世打算放弃庐州，张俊打算放弃盱眙。宋高宗认为刘光世、张俊二人不足任，打算把岳飞的军队东调以守两淮，宰相张浚劝阻说："岳飞一动，则襄汉何所制？"张浚派统制官杨沂中增援张俊，另派人警告畏敌不前的刘光世："若有一人渡江，则斩以徇。"

杨沂中在藕塘（安徽定远东南）与伪齐刘猊指挥的东路军遭遇，刘猊据山而守。杨沂中派出五千劲骑冲锋，刘猊军大乱。此时宋军全线进攻，与敌短兵相接，是役伪齐军大败，被俘将领二十余人，兵万余人。刘麟与孔彦舟得悉东路军惨败的消息后，不敢再战，匆匆北撤。

伪齐发动的攻势草草收场，宋高宗说了一句意味深长的话："刘麟败北不足喜，诸将知尊朝廷为可喜。"透露出其内心深处对诸大帅有深深的戒备之心。

此时南宋的军事力量，基本上掌握在几位中兴名将及边关大帅手中。由于战争的特殊历史环境，朝廷不得不对诸将放权，这也让朝廷有尾大不掉之担心。特别是宋高宗，当年被苗傅、刘正彦兵变吓尿了裤子，差点被赶下台，对手握重兵的诸帅更是一百个不放心。这次伪齐南侵，刘光世畏敌，从庐州撤到采石，正好给朝廷一个立威的借口。

绍兴七年（1137年），刘光世被罢兵权。理由有如下几点：在伪齐南侵时畏敌，几误大事；军队纪律涣散，士兵骄横；刘光世本人沉溺酒色，不重国事；等等。朝廷已经开始收紧罗网，要给坐镇地方的将帅们上一道紧箍咒，刘光世成为第一个被踢出局的中兴名将。

事实证明，朝廷把事情想简单了，要控制军队真不是容易的事。淮西军大帅刘光世被罢兵权后，朝廷以其部将王德为都统制，郦琼为副都统制，接管淮西兵权。对此，郦琼大为不满，两人原本地位相当，而今自己竟屈居王德之下，心里极度不平衡。该年八月，郦琼竟然率所部四万人马，向刘豫伪齐政权投降。

郦琼叛逃事件，引发严重后果。一向主战的宰相张浚备受指责，只得引咎辞职。张浚是南宋名臣，曾主持关陕战局，入阁拜相后，积极筹划伐齐，重用岳飞、韩世忠等抗金将领，有恢复中原之志。尽管张浚的才干不及宗泽，但不失为一代忠臣。张浚罢相，非但让朝廷主战派的力量大大削弱，还让一个人有机会重返相位。这个人就是秦桧，在张浚罢相后七个月，秦桧归来。

对伪齐皇帝刘豫来说，郦琼叛逃只是伪政权的回光返照。

金国自开国以来，一路狂飙突进，开疆拓土。随着统治疆域的急剧扩大，扩张能力已接近极限，故而立了个傀儡皇帝刘豫，充当看门狗与鹰犬，以达到"以汉制汉"的目的。不想刘豫是个不省心的家伙，动不动就向金国借兵，搞得金人不胜其烦。更令金人沮丧的是，他们一向认为软弱可欺的南宋帝国，竟然没那么好欺负了。以前金兵以少击众，都可以把宋军打得落花流水，想当初六万金兵围困开封，宋钦宗有二十几万兵马都不敢迎战，任由金人宰割。如今不同了，金人骄奢惯了，打仗不卖力，而宋军的战斗力则直线上升，特别是岳飞的岳家军，摧强折锐，远非北宋末期的宋军可比。

在此背景下，金国内部要求与宋议和的势力抬头，代表人物就是曾纵秦桧南归的完颜挞懒。宋高宗一直锲而不舍地谋求与金国谈和，派出多批使臣出使金国。绍兴七年（1137年）四月，出使金国的何藓回国，带给宋高宗一个噩耗：徽宗皇帝已病逝。宋高宗是徽宗的第九子，听闻父亲去世，不由得悲从心生。他又派王伦出使金国以索回徽宗皇帝灵柩，同时向金国执政大臣挞懒提出一个请求："河南之地，上国（指金国）既不需要，与其送给刘豫，不如归还宋国。"

金国实权人物完颜挞懒口头答应将奉还宋徽宗灵柩，并且允诺归还河南之地。此时金人对伪齐政权已经不抱有任何希望，自刘豫兵败后，多次厚着脸皮向金国求兵相助，金熙宗怒责道："建尔已八年，尚用吾兵，则汝何为？"金熙宗令挞懒、兀术以进攻南宋为幌子，率兵南下。金兵抵达汴京（开封）后，突然发难，诱捕刘麟，紧接着控制皇宫，废掉刘豫，伪齐政权就此宣告终结。

三九 / 撼山易，撼岳家军难

刘豫垮台后，伪齐政权控制下的许多州郡纷纷反正，寿、亳、陈、蔡等州的守将归附南宋。仅两个月时间，投降士卒便超过一万，马匹数千。继张浚担任宰相的赵鼎向皇帝建议：应乘此时机北伐，收复中原。宋高宗不同意，理由是太后、钦宗等人质的性命捏在金人手中，如果南宋大举北伐，他们断难有生还之理。就这样，朝廷失去了一次进取的良机。

宋高宗不愿战，剩下的选择就是和。既然要议和，怎么能少得了秦桧呢？绍兴八年（1138年）三月，秦桧风风光光二度入相。当初秦桧抛出"南人归南，北人归北"的"耸动天下"二策，结果阴沟里翻船，丢了相位。此人颇有翻手为云、覆手为雨的本领，下台后夹起尾巴，大力讨好朝中大臣。经过多年隐忍，竟然得以东山再起。

朝廷再遣王伦使金。王伦谒见金熙宗后，先就金国废掉刘豫一事表示感谢与赞赏，然后商谈议和具体事宜。金熙宗召集诸臣会议，挞懒与太师蒲庐虎都主张与宋朝修好，将所占的河南及陕西归还宋人。

此时南宋的军事力量已达靖康之变以来的最鼎盛期，无论在关陕战场或是在江淮一线，都顶住金人的进攻，接二连三地取得大捷。国内原本人数众多的流寇集团被彻底剿灭，刘豫的伪齐政权业已垮台。这正是全面收复失地的大好时机，岂可向金人屈膝称臣求和呢？一时间，反对议和的声浪高涨。

自登基以来，高宗便一味幻想与金媾和，现在机会就在眼前，岂有不应之理。加上秦桧在一旁煽风点火，更是一味主和。于是朝中一帮反对议和的大臣，遭贬的贬，遭流放的流放，包括宰相赵鼎也被踢出中央，以秦桧为首的主和派遂一手遮天。在外握有兵权的岳飞、韩世忠等人都是坚定的主战派，岳飞得悉朝廷议和的消息后，上书言："金人不可信，和好不可恃。"并称："愿定谋于全胜，期收地于两河，唾手燕云，终欲复仇而报国。"

在金国内部，也有主和与主战两派，挞懒为主和派，兀术为主战派，两人在朝中也是明争暗斗。最后，金国政府推出一个折中方案：先归还河南地给南宋，其他以后再议。对于胸无大志的宋高宗来说，这个就像是天上掉下的馅饼，岂有不应允的道理？赶紧派使者前往金国报谢。

绍兴九年（1139年）三月，宋、金两国正式交割河南地。朝廷派王伦为东京留守，前往与金人办理交接手续。倘若事情顺利，宋金两国的战争或许就画上一个休止符。但是意外发生了：金国力主议和的权臣完颜挞懒因卷入谋反案被杀。

自推翻刘豫政权后，兀术便坐镇汴京，掌管河南地。宋金议和，兀术把嘴边的肥肉吐出来，哪里甘心！他密禀金熙宗："挞懒等主张割河南于宋，必有阴谋。"兀术的话引起金熙宗的警惕。不久后，挞懒企图谋反的阴谋败露，加之他暗中与南宋有往来，终于以叛国兼谋反罪被诛杀。挞懒热衷于与南宋议和，并非他是个和平主义者，而是有自己的政治算盘，既然有谋逆之心，重心便在内而不在外，故而力主与南宋和解。

挞懒被杀后，鹰派人物兀术大权独揽，决心重新控制原先伪齐政权的地盘。绍兴十年（1140年）五月，兀术悍然撕毁宋金协定，大举挥师南下，兵分四路并进，挺进山东、陕西、河南。其中兀术亲率十万精兵，会同原伪齐将领孔彦舟、郦琼等直抵汴京，另一位原伪齐将领李成攻略河南其他州郡。金兵所过之处，河南诸城纷纷望风而降。一时间，风云突变，烽烟再起。

对于金人背盟的行径，宋高宗既意外又愤慨，只得被迫应战。

兀术大举南下时，新任东京副留守刘锜正带着自己的部众前往开封赴任。行至顺昌（安徽阜阳）时，刘锜得悉金兵已占领东京，并正在向顺昌方向推进。刘锜当机立断，与顺昌知府陈规商议，收拢军队以保卫顺昌城。

刘锜本是西北名将，以勇敢善战而著称，深受张浚赏识。顺昌城池不大，且防御工事简陋，想要抵挡住兀术的铁骑，显然不容易。不过，刘锜麾下的部队乃是精锐之师，即王彦创建的"八字军"，士兵脸上刺着"赤心报国，誓杀金贼"八字，令金人闻风丧胆。为了保卫顺昌城，刘锜争分夺秒，抓紧时间加固城防，严阵以待。六天后，金兵前锋抵达顺昌，包围城池。

"八字军"赤心报国的机会来了。入夜时分，陡降大雨，电光四起。刘锜招募五百名敢死队员，冒雨夜袭金营。金兵远道而来又刚攻城，人马俱疲，被敢死队一阵劈杀，军营大乱，遂四散溃逃。首战败北，兀术大怒，亲率大军前来，大有踏平顺昌城之势。面对强敌，刘锜没有乱了阵脚，派部将耿训给兀术下战书。兀术被激怒，吼道："以吾力破汝城，直用靴尖趯倒耳。"耿训还表示，宋朝守军将在颖水建五座浮桥，待金兵渡河后一决死战。

果不其然，到黎明之时，刘锜已造五座浮桥，连接颖水两岸。面对宋军的挑衅，兀术气急败坏，率军来战。"兵者，诡道也。"刘锜跟金兵也不讲武德了，偷偷在河流上游及水草处撒放毒药。时值农历六月，正是酷暑时节，金兵行至颖水时人马俱渴，争先饮水，大量士兵与战马中毒，出现大量非战斗减员。兀术自恃拥有精锐重装骑兵"铁浮屠"，一味寻战。

以前金兵能横扫天下，凭恃的便是拥有最精锐的骑兵，特别是重装骑兵，一度让宋军吃尽苦头。宋军在战争实践中逐渐摸索出步兵对付骑兵的方法。譬如岳飞在襄阳之战中，以步兵迎战李成的骑兵，使用的是长枪兵；韩世忠在大仪之战中，使用长斧兵对付金国骑兵，上砍人胸，下砍马足。刘锜对付"铁浮屠"，使用的是长枪加大斧的战术，在战斗中以长枪挑去金骑之铁盔，以大斧断其臂。

在刘锜与八字军的神勇表现下，金兵大败。此役，兀术损失数万精兵，最后被迫退回开封。

刘锜死守顺昌时，南宋军队与金兵在辽阔的战线上全线开战，先后取得不少胜利。吴璘在凤翔阻击金兵；岳飞经略西京（洛阳）诸郡，屡败金兵；韩世忠在淮阳挫败金兵，俘敌舟二百艘。紧接着，岳飞又陆续收复颖昌、淮宁府；张俊攻克亳州；韩世忠攻克海州。

此时的南宋军队，已经具备与金兵全面对抗的战斗力，尤其是名扬天下的岳家军，更是在战场上所向披靡，锐不可当。

七月，岳飞率轻骑兵入驻郾城。兀术如坐针毡，决心先下手为强，遂率领大军进逼郾城，与岳飞一决高下。郾城会战拉开战幕。

岳飞与兀术算是老对手了。九年前，兀术作为金兵统帅横扫江南，把宋高宗打得满世界跑，当时岳飞还是名不见经传的南宋将领，在多次战斗中打败兀术的金兵；五年前，兀术与刘豫合兵攻两淮，岳飞已是南宋中兴四大将帅之一，兀术遣偏师击庐州，被岳家军击退。如今，宋、金两大战神终于要面对面较量一番。

为了击败岳飞，兀术动用其看家法宝：一万五千骑拐子马。拐子马就是连环马，以三骑为一组，三匹马贯以长索，人马都全副铠甲，作战时三马并进，冲击力巨大。为了避免士兵畏敌怯战，在连环马阵后面还设置"拒马子"，就是阻止马匹后退的障碍物。连环马向前推进，拒马子亦向前推进，因而骑兵唯有死战，没有退路。

与金兵相比，宋军马匹较少，个头也矮小，故而骑兵较弱，很多时候都要以步兵对战敌之骑兵，相当吃亏。面对兀术一万五千骑拐子马，岳飞全无惧色，他命令步兵执麻札刀入阵，不许仰视，只顾砍拐子马中最薄弱之处：马足。由于拐子马是三马相连，只要砍倒一马，其余两马便没法前进。这种战术看似简单，实则极其困难。要知道近身肉搏，骑兵大占便宜，况且三马一组，往人身上一撞击，非死即残。岳家军必须在敌之骑兵凶猛冲击前如山岳般岿然不动，这必须要有铁一般的纪律，一往无前的勇气，以及宁死不退的牺牲精神。

"撼山易，撼岳家军难。"郾城一役，岳飞大破金兵。兀术的看家法宝拐子马几乎被废了，他不禁大恸道："自海上起兵，皆以此胜，今已矣。"岳飞直追十五里，兀术狼狈而逃。此役之胜利，震动中原，金兵中的汉将纷纷反正，光复中原的梦想，只差一步了。"靖康耻，犹未雪，臣子恨，何时灭。驾长车踏破，贺兰山缺。"岳飞满腔豪情，他对诸将说："直抵黄龙府，与诸公痛饮耳。"黄龙府乃是金国位于东北之重镇，曾囚禁徽、钦二帝。

郾城大捷后，岳飞进军至朱仙镇，距离东京开封只有四十五里，大宋旧都已在望。

谁都认为，克复旧都已是指日可待。

然而就在此时，一件谁也没想到的事情发生了：朝廷居然要求岳飞班师！

对于宋高宗来说，议和始终是头等大事。

这位南宋皇帝一心想过上安静的生活，没有战争的困扰，享享皇帝之清福。尽管南宋的军事力量已经有了长足进步，宋高宗对金人的畏惧心理并没有消除。面对金人的进犯，为了自保他不得不抵抗，当战局有利于宋军时，他却认为要适可而止。否则就算打赢了，金人也不肯善罢甘休，到时战争不知要打到驴年马月了。

遇到这样的皇帝，只能说是国家的悲哀，也是岳飞的悲哀。

宰相秦桧同样不愿意看到岳飞在战场上节节胜利，一个是主和，一个是主战，立场根本不同。如果岳飞能以武力收复疆土，那么他秦桧主和投降的论调在朝廷还有市场吗？秦桧意识到岳飞已经严重威胁到自己宰相的地位。于是他在皇帝面前进言，为与金议和，须诏令岳飞班师。

岳飞还以为朝廷对局势了解不清晰，上书奏称道："金人锐气已沮，将弃辎重渡河，豪杰向风，士卒用命，时不再来，机难轻失。"金国以举国之师南下，现在正是将他们彻底歼灭的良机，怎么能白白错过呢？

秦桧再施手段，他先把杨沂中等将领的军队调回，然后对皇帝说："岳飞已是孤军，不可久留，请令班师。"宋高宗急令岳飞班师，一日之内，发出十二道金牌。

十二道金牌！道道是皇命啊，皇命难违！

此时岳飞难掩内心激愤，不禁潸然泣下。他望着故都的方向，跪倒在地，流泪道："十年之力，废于一旦！"他一生都为光复故土而战，回顾十几年的征战历程，是何等艰难不易。支撑他奋斗不止的是一种强大的精神信念，便是终有一日他要为国雪耻，实现"还我河山"的梦想。当梦想即将成真时，忽然又变得遥不可及。那一刻，岳飞有了一种无力感，对政治现实的无力与无奈。

岳飞终于撤军了，郾城百姓挽住岳飞的马，痛哭流涕。此情此景令岳飞更加伤悲，只得出示诏书，对父老乡亲说："吾奉诏不得擅留。"百姓们知道，岳飞一离去，金人便会卷土重来，与其当亡国奴，不如追随岳家军南下。于是大家纷纷携儿带女，跟着离开郾城，岳飞把他们安顿在汉上六郡。

南宋军队离开后，兀术意外获得喘息之机，得以重整兵马，卷土重来。很快，河南诸州郡又纷纷落入金人之手。

绍兴十一年（1141年），兀术再度兴师南下，攻下寿春，渡淮入庐州。朝廷急遣张俊、杨沂中、刘锜率兵至淮西，以阻遏金兵南下。三路大军渡过长江后，在柘皋与金兵展开决战。金兵又祭出法宝拐子马，从两翼发起冲锋。只是经郾城之战，拐子马已被岳家军打残，实力远不如前。宋将王德率军奋战，杨沂中命战士以长斧排列成墙，以抵挡金兵铁骑。经过一番鏖战，金兵不支，终于溃败。柘皋之战以宋军的胜利而告结束，再次证明南宋军队已经具备与金兵全面抗衡的能力。

不过，淮西之战收官并不完美。柘皋大捷后，宋军乘机收复庐州。金兵转而进攻濠州，张俊、杨沂中、刘锜率军救援，宋军遭金兵伏击，死伤甚众。当时岳飞奉命驰援淮西，正待命于舒州，闻知战局变化便挥师进抵濠州南，金人遂退往淮北。后来淮西主帅张俊为了推卸战败责任，竟诬告岳飞逗留不前，成为陷害岳飞的罪状之一。

尽管淮西之战互有胜负，很明显的一个事实是宋军完全有能力保家卫国。何以宋高宗偏偏要议和以苟安，而不愿北伐中原、收复失地，建立丰功伟绩呢？

四十 / 岳飞之死背后的政治考量

皇帝思考问题的方式是与众不同的。

后人读宋史，无不咬牙切齿于宋高宗对金的妥协。若站在国家的立场考虑，皇帝在岳飞连战连捷、有望收复中原失地时召回军队，实是错失良机。可是这不是皇帝的思路，皇帝考虑的事情要多得多。

我们且不说宋高宗有没有光复失地的雄心壮志，先从皇帝的角度来看看，他在担心什么呢？

首先，他内心深处始终对金人怀有深深恐惧之心。他的老爸徽宗、哥哥钦宗都当了金人的俘虏，他也差一点就成为金人的人质，如果不是运气好，他可能就跟父亲、哥哥一样在荒凉北地了却残生。他登基之初，被金人打得全无还手之力，满世界逃跑，险些被金人逮住。这一切记忆，是他一生都没法抹去的。他曾向金人表示："愿削去旧号，是天地之间，皆大金之国，而尊无二上。"这种话竟出自皇帝之口，也着实令人嘘唏。尽管中兴以来，南宋军队已经足以抗衡金兵，但谁能保证会一直打赢呢？

其次，对宋高宗来说，比金人威胁更大的，是手握兵权、镇守一方的诸大帅。大宋的传统，就是严防军人权柄过重以威胁到皇帝的统治。由于宋金战争与剿平内乱的需要，高宗不得不修改祖宗传统，授予武将更大的自主权，这一方面让南宋军队战斗力突飞猛进，另一方面又埋下皇帝大权旁落的隐患。且不说拥兵自重的中兴诸帅，就是像苗傅、刘正彦这样的小角色，都可以轻松发动政变，迫使高宗退位。这些中兴大帅不仅有一支自己的军队，而且军队几乎只听命于统帅，带有浓厚私家军的色彩。岳飞的部队不是被称为"岳家军"吗？试想想，万一这些大帅举兵造反，打倒皇帝还不是分分钟的事吗？

最后，打败金国，收复中原又如何呢？爱国志士们总念叨着要"光复中原，迎回二帝"，现在宋徽宗已经死了，宋钦宗还在过着战俘生活。打败金国，把钦宗皇帝迎回来，试问两个皇帝怎么并存？到时谁来当皇帝？你们这些臣子只会叫嚣着迎回钦宗，可谁为朕考虑过呢？如果战争打赢了，皇位却丢了，哪个皇帝愿意打呢？

以上三点，宋高宗最担心的是武将权柄过重，已经严重威胁到皇权了。金国仍然很强大，但南宋已不再是当初任人欺负的熊样；迎回钦宗皇帝怎么办，也不是迫在眉睫的事。眼下高宗皇帝最棘手的事，就是难以控制手握重兵的武将们。皇帝想跟金人议和，老有一帮人跳出来反对，还大谈北伐，这不是唱反调吗？这不是无视皇帝的权威吗？

如果我们熟读历史，就会发现高宗皇帝的担忧并非没有道理。

在历史上，有两个小朝廷与南宋比较类似。一个是东晋，西晋灭亡后，司马睿在江南重建政权，是为东晋。东晋历史一百多年，从开国皇帝司马睿开始，皇帝就被军阀架空了，基本上都是大权旁落，所以东晋皇帝几乎没有存在感。另一个是南明，明朝灭亡后，南明政权基本上也是控制在武将手中，隆武皇帝就是被郑芝龙出卖给清兵。一旦朝廷控制不住武将，基本上就是沦为傀儡政权。

实际上，担心武将权柄过重的人，绝不仅仅有皇帝。宰相们同样热衷于削武将之权，宋朝的宰相都是文官，他们同样不愿看到武将的权势坐大。张浚为相时，对武将久握兵权便有深深担忧，他计划将兵权逐渐收归于督府，打算以文臣主导军事，但还没来得及实行便罢相。赵鼎继任宰相后，考虑以偏将、裨将分主将之权，以起到制衡作用。

张浚、赵鼎的手段，都远远不如秦桧高明。

柘皋之战后，秦桧向宋高宗献上妙计：将三大帅（张俊、韩世忠、岳飞）召到京师临安，以论功行赏为名，让三人入主枢密院，明面上是升官，实际是夺其兵权。南宋中兴名将本来有四人，刘光世在绍兴七年（1137年）由于作战不力被解职，提前出局，现在就剩下三人。

在三大帅中，若论战功，岳飞当然排在第一。不过，岳飞的资历比张俊、韩世忠浅，年龄也最小，故而朝廷以张俊、韩世忠为枢密使，岳飞为枢密副使。高宗皇帝对三人说："朕昔付卿等以一路宣抚之权尚小，今付卿等以枢府本兵之权甚大，卿等亦共为一心，勿分彼此，则兵力全而莫之能御。"也就是说，以前你们的官职是宣抚使，权力是比较小的；现在枢密使、副使这个权力要大多了。

秦桧这一着实在太高明了，难怪高宗那么器重他。在三位大帅中，张俊政治敏感性高，他意识到皇帝与秦桧的真正用意乃是要压制武将，武将的时代已经过去，他要未雨绸缪，为自己铺条后路。于是张俊率先向朝廷表示，愿把自己的部队交给朝廷，归隶于御前军，而且力主与金和议。张俊的表态，乃是投秦桧之所好，自然得到其赏识并引为同党。

在削三帅兵权后，秦桧又把矛头对准另一位抗金名将刘锜。在南宋将领中，刘锜算是后起之秀，他在顺昌保卫战中一举成名，后又参加柘皋之战。张俊、杨沂中诬告刘锜在淮西一战中作战不力，秦桧解除其兵权，贬为荆南知府。

很显然，朝廷是铁了心要与金议和，曾经讨回来的河南地也不要了，只要保住现在的一亩三分地就行。

但是，岳飞仍不识时务。他每见宾客，都以恢复中原为己任，言辞慷慨，反对朝廷的议和政策。他作为枢密副使，与张俊一同前往楚州视察军务，张俊主张修城防御，而岳飞则主张收复中原，不赞成修城这种消极防御的策略。张俊曾是岳飞的顶头上司，在平乱战争中一起为朝廷立下汗马功劳。后来岳飞的声望渐隆，战功也在张俊之上，这引起他的嫉妒。如今张俊投靠秦桧，一味主和，与岳飞的立场截然相反，两人关系也急剧恶化。

考虑到岳飞的威望与影响力，秦桧视他为宋金议和的最大障碍。与此同时，金国统帅兀术向秦桧提出一个苛刻的和谈条件："汝朝夕以和请，而岳飞方为河北图，必杀飞，始可和。"你大宋王朝口口声声说要议和，而岳飞却一直在谋划夺取河北，诚意何在？要真有诚意，就先杀了岳飞吧。

其实，就算兀术没提，秦桧也对岳飞动了杀心。杀岳飞，可以为朝廷与金议和铺平道路；杀岳飞，可以震慑诸将，为朝廷彻底解决武将权柄过重的心腹之患。无论哪一点，都能除去皇帝的一块心病，同时秦桧的宰相位置会坐得更稳。

在古代，要铲除异己最好的办法就是诬以谋反！

七月，秦桧指使右谏议大夫万俟卨弹劾岳飞："枢密副使岳飞，爵高禄厚，志满意得，平昔功名之念，日以颓废。"并诬告岳飞淮西之战逗留不前。高宗皇帝也因为岳飞反对在楚州筑城而不满，认为"飞意在附下以要誉，朕何赖焉？"

自岳飞被架空兵权入枢密院后，龙脱于渊，命运由人不由己。他进取中原的政治路线与皇帝、宰相议和投降的路线完全不同，下场已隐隐可见。在宋金战场上岳飞是战无不胜的卓越统帅，在政治斗争这个特殊战场，他则一败涂地。

攻击弹劾岳飞的人，是秦桧的爪牙，而判决权又握在秦桧手中，这显然是一次必输之局。岳飞被罢兵权后几个月，又被罢掉枢密副使一职，而这只是秦桧陷害岳飞的第一步。

宋代政治相对宽松，杀戮大臣的情况是比较少的。要杀岳飞，就必须以谋反的罪名。在古代，要诬以谋反真不是什么难事，因为可以借鉴的历史案例太多了。所以有这么一句话：欲加之罪，何患无辞！

岳飞被调离军队，又丢了枢密副使之职，无兵无权，怎么诬告他谋反呢？这难不倒秦桧这个奸贼。要罗织谋反罪名，得从"岳家军"寻找突破口，先诬告岳家军将领谋反，再"顺藤摸瓜"牵扯到岳飞身上。在岳家军诸将中，与岳飞关系最密切的，除了其子岳云，便是张宪。秦桧的阴谋是这样的：诬告张宪与岳飞之子岳云密谋占据襄阳，恢复岳飞的兵权。说白了，就是意图谋反。

为了陷害岳飞，张俊甘愿充当秦桧的爪牙与帮凶。张俊是四大中兴名将之一，曾是岳飞的老上级，他打算从岳飞的部将中，找到几个做伪证的人。他找到的第一个人是王俊，此人是前军都统制，比较贪财，这显然不合岳家军的作风，故而屡屡被张宪批评。在张俊指使下，王俊告发张宪的"阴谋"，诉状是张俊亲自帮他捏造的。另一个卷入作伪证的将领是王贵，他是岳飞麾下名将，被张俊所胁迫，不得不为之。现在情形很明朗，从枢密使张俊到宰相秦桧再到皇帝宋高宗，都想置岳飞于死地，在权力与生死面前，人性很难经得起考验，岳飞部将的反水就不足为奇了。

张宪被捕后，张俊亲自审讯。其实枢密院本是朝廷最高军事机构，并不是法院，哪来的审讯权呢？有人向张俊提醒这点，张俊根本不理睬，把枢密院当作审讯公堂，对张宪采取严刑逼供，要他承认与岳云谋据襄阳、还岳飞兵权的阴谋。这根本就是子虚乌有的事，张宪哪肯承认？于是乎他被拷打得体无完肤，死去活来。张宪是一条硬汉子，坚决不承认所诬告之事。

其实，承不承认并不重要，张俊捏造一份所谓口供送交秦桧，而后把张宪打入大理狱。秦桧当即下令逮捕岳飞、岳云父子。岳飞没有反抗，只是说了一句："皇天后土，可表此心。"

秦桧命中丞何铸、大理卿周三畏审讯岳飞。岳飞裂衣示背，只见他背上刺着"尽忠报国"四字，何、周二人亦不禁肃然起敬。这本就是秦桧设计的冤案，审来审去，哪里有谋反的罪证。何铸不由得向秦桧求情："强敌未灭，无故戮一大将，失士卒心，非社稷之长计。"秦桧哪里肯从，遂把此案交由曾诬陷岳飞的万俟卨审理。

万俟卨的诬告本领着实不小，又杜撰一些无中生有的事以陷害岳飞。秦桧一党要把谎言说到底，一口咬定岳云曾给张宪写信，筹划让岳飞重掌兵权。可是根本就没有这么一封信，万俟卨却坚持说是岳云把信给烧掉了。总之，为了干掉岳飞，这帮人不惜颠倒篡改事实，附会成狱。

大理卿薛仁辅、寺丞李若朴、何彦猷等都为岳飞鸣屈，称其无罪。韩世忠也向秦桧讨要说法，秦桧答说："岳飞子岳云与张宪书虽不明，其事莫须有。"什么叫"莫须有"呢？有不同的说法，有的认为是"或许有"，有的认为是"不须有"，有的认为是"没必要有"。总之，意思就是说，不管有没有证据，都要治岳飞的罪。韩世忠愤然道："莫须有三字，何以服天下！"

韩世忠不仅对秦桧陷害岳飞深感不平，还极力反对与金议和。他上书皇帝，批评秦桧误国。秦桧恼羞成怒，指使言官弹劾韩世忠。对于秦桧的恶毒手段，韩世忠是知道的，而且此时枢密院已被张俊所操纵，自己若不急流勇退，只怕也要被陷害了。于是韩世忠上书请求辞去枢密使一职，从此闭门谢客，不问政事。

该年年底，秦桧、张俊、万俟卨等人炮制出一份罪状书，罗列的岳飞罪状莫名其妙。比如他们捏造说，岳飞被授予节度使时，曾说自己当节度使的年龄与当年宋太祖一样，暗示有当皇帝的野心。反正一句话，罪名不重要，秦桧就是要置岳飞于死地。最后，宋高宗下诏，赐死岳飞，张宪、岳云则斩首。

一代名将岳飞就这样死于奸臣之手。

在岳飞之死中，宋高宗扮演了什么角色呢？

宋高宗当然不会真的认为岳飞有谋反之事，但他默认秦桧对岳飞的迫害。没有皇帝最后拍板，秦桧也杀不掉岳飞，那些乱七八糟的"谋反证据"，根本都站不住脚。那么宋高宗为什么要杀岳飞呢？至少有两个原因：

其一，为了与金国议和。尽管岳飞是在宋金达成和议后一个月被杀，但实际上在此之前死罪已成定局。在皇帝看来，岳飞的存在，是宋金关系的一个极不稳定因素。岳飞是抗金运动的一面旗帜，当时中原许多抗金义军，都打着"岳家军"的旗号，如果岳飞不死，即便他没有兵权，仍然是抗金义士的精神领袖。

其二，宋高宗需要杀岳飞以立威，剪除军人在国家政治中的影响力，重新回到北宋时代抑制武将的老路。我们看看历史上几个续绝存亡的王朝，西周之后的东周，西晋之后的东晋，明朝之后的南明，这些政权的天子或皇帝，没有一个能恢复原有的权力。而南宋绝对是个例外，皇帝竟然成功地收回权柄，朝廷竟然得以恢复权威。宋高宗曾手书"精忠岳飞"以赐岳飞，固然知其精忠报国，固然知其没有谋反之事实，可最后还是制造千古奇冤。因为在皇帝看来，保住自己的权力才是第一要义，杀岳飞是震慑诸将，树朝廷之权威的政治需要。正因为如此，宋高宗与秦桧沆瀣一气，狼狈为奸，成为杀害忠良的凶手。

岳飞是中国历史上最伟大的爱国英雄之一，就抗金事业而言，他终究未能看到山河一统的那天，含冤饮恨而死。岳飞虽死，其影响力实贯穿于整个南宋历史。南宋第二位皇帝宋孝宗登基后一个月，便为岳飞平反，他曾这样说："卿家纪律、用兵之法，张（俊）、韩（世忠）远不及。卿家冤枉，朕悉知之，天下共知其冤。"宋宁宗时，岳飞被追封为鄂王。岳飞死后二十年，他的部将李宝在唐岛海战中大败金国舟师，成为拯救帝国命运的英雄。在南宋后期光芒四射的名将孟宗政、孟珙父子，是岳家军的后代，继承岳飞精忠报国的精神，成为南宋帝国之长城。

后人都同情岳飞的悲剧，但悲剧往往更具有震撼人之心灵的力量。倘若岳飞没死，甚至收复中原，他将成为与卫青、霍去病、李靖一样的英雄人物，但对中华文化绝不可能有那么深远的影响。岳飞的血没有白流，他的肉体生命被消灭了，其精神生命却得到传承，正如孙中山先生所说："岳飞魂，是中华民族的精神代表，也就是民族魂。"

岳飞是一代名将，战功卓著，他的军事思想，特别是练兵、治军的思想，是中国军事史上的光辉篇章。岳飞武艺高强，曾多次在战斗中击毙敌方将领，但他用兵更重视谋略，他曾说："勇冠不足恃，用兵在先定谋。"又说："谋者胜负之机也，故为将之道，不患无勇，而患无谋。"岳飞在宋金之战、平乱之战、伐伪齐之战都有卓越的表现，他用兵常出奇制胜，他强调说："兵家之要，在于出奇，不可测识，使能取胜。"又说："阵而后战，兵法之常；运用之妙，存乎一心。"

宋朝整体上说是个军事力量不太强大的王朝，但竟然能出现"岳家军"这样钢铁般的军队，此岳飞之功也。岳飞在练兵、治军上，除了以身作则、严格训练、整肃军纪、赏罚分明等外，还有两点值得重视。首先，岳飞极其重视思想政治工作，经常对部下勉以忠义，宣传"精忠报国"的思想。据史料载，"临戎誓众，言及国家之祝，仰天横泗，士皆欷欤而听命。"知道为何而战，军队才能在任何险恶环境下都保持昂扬的斗志，成为打不垮的铁军。其次，岳飞强调军民关系的重要性，军队"冻死不拆屋，饿死不掳掠"，"兵所经，夜宿民户外，民开门纳之，莫敢先入。晨起去，草苇无乱者"，"取人一钱者，必斩"。岳家军保持人民子弟兵的本色，因而也受到民众的支持与拥护，岳家军所到之处，民众"举手加额，感慕至泣"。岳飞练兵、治军的思想，对明代的戚继光、郑成功以及近代湘军都产生很大的影响。

四一 / 海战史上以弱胜强的经典战例

在岳飞被杀前一月，即绍兴十一年（1141年）十一月，南宋与金国达成不平等之和约。

根据和约，宋向金称臣，金主册封宋主为皇帝；宋每年贡金银二十五万两，绢二十五万匹；每年金主生辰，宋应遣使致贺；金归还徽宗皇帝的灵柩及高宗生母；宋金两国东以淮水，西以大散关为国界；宋割唐、邓两州以及陕西商秦之半给金国。

这份和约就是丧权辱国的条约。

曾经一段时间，史学界颇有为秦桧翻案之风，认为他对实现宋金之和平有贡献。这着实是危险的论调。这不是真正的和平，而只是屈尊投降。我们必须思考一个问题，为什么宋高宗一直以来想与金国议和却屡屡被拒绝呢？因为当时南宋毫无反抗之力，任人宰割，金人取宋土易如反掌。兀术本是坚决主战者，在绍兴十一年不得不接受议和，实则金国的力量已经不足以打垮南宋了。南宋有机会收复失地，最终却以屈辱议和收场，试问秦桧何功之有？这根本不是和平，而是投降。看看淮河以北的广大地区，"遗民泪尽胡尘里，南望王师又一年"，他们根本没有盼头，因为他们早被宋高宗、秦桧之流的人抛弃了。这岂是真正的和平？

宋金和议达成后，秦桧因"功"晋为太师，封魏国公。很快，秦桧就把矛头对准曾经与他同流合污的张俊。南宋朝廷之所以能从诸将手中夺回权柄，张俊起到了至关重要的作用。他附和秦桧的议和主张，并率先把自己的军队交给朝廷，在陷害岳飞一事上，他更是急先锋。岳飞被杀，韩世忠隐退，刘锜被贬后，张俊仍是风风光光的枢密使。要知道大宋传统枢密使多为文臣担任，秦桧对张俊显然不放心，遂指使人弹劾，张俊最终被罢免枢密使。至此，中兴诸将基本上都退出权力核心。在要阴谋诡计方面，秦桧确实有独到的功夫，无怪乎赢得宋高宗的信任。

秦桧没有忘记对岳飞旧部的迫害。牛皋原是岳飞麾下猛将，后来担任鄂州御前左前统制。岳飞被杀六年后，牛皋应都统制田师中之邀，前往赴宴，被暗中下毒。牛皋回家后向家人交代后事，便毒发身亡。时人认为田师中是受秦桧指使而谋害牛皋，又一位抗金名将死于非命，令人扼腕叹息。

不仅武将遭到秦桧的压制，中兴名相赵鼎、张浚也没躲过迫害。当初秦桧失势，大力讨好宰相张浚、赵鼎，张、赵二人被秦桧蒙蔽，把他当作人才，多次举荐，秦桧才得以东山再起。然而，秦桧得势后，翻脸不认人。为了独掌权柄，他不遗余力攻击陷害张、赵二人。秦桧指使御史大夫弹劾赵鼎，诬称他有邪谋诡计，宋高宗把赵鼎贬到海南岛，永不复用。不仅如此，秦桧还要求当地官府每月向尚书省报告赵鼎的情况，赵鼎悲愤交加，自撰墓铭，竟绝食而死。张浚还在相位时，就意识到自己看错秦桧了，他曾说："近与共事，始知其暗。"一起共事才发觉秦桧这个人极其阴险。只是后来张浚因郦琼叛逃案而罢相，已无法阻止秦桧。秦桧整倒赵鼎后，又故技重演，命人弹劾张浚，张浚被贬到连州。

秦桧倒行逆施，人神共愤。绍兴二十年（1150年），发生施全刺杀秦桧的案件。施全是殿前司一名小军官，对奸相秦桧恨之入骨，遂决定实施刺杀。在秦桧上朝时，施全埋伏于半途行刺，可惜刺杀未能成功，施全被捕，押送大理寺。秦桧亲自审案，施全大义凛然道："举国与金为仇，尔独欲事金，我所以欲杀尔也。"秦桧大怒，竟以凌迟酷刑处死施全。

绍兴二十五年（1155年），秦桧病死。秦桧两度入相，共计十九年，其权势远远超过之前任何一个宰相，即便是北宋末期的蔡京也没法与之相比。南宋朝廷曾有过短暂的中兴，当是时，内有张浚、赵鼎等名相，外有岳飞、韩世忠、吴玠等名将，朝廷得以度过最困难的时期，迅速从低谷走出，摆脱逢金必败的窘境，甚至有望恢复中原。可惜啊，遇到宋高宗这么一个无作为的皇帝，加上奸臣秦桧弄权，遂使中兴之业戛然而止。经秦桧十几年的折腾，南宋帝国军政大坏，又回到积弱的老路。

怯懦的南宋朝廷以牺牲岳飞与国家利益的双重代价，换来二十年的所谓"和平"。然而，用屈辱换来的和平，并非真正的和平。宋高宗并没有意识到，促成金国议和的人并不是秦桧为首的投降派，而恰恰是以岳飞为首的主战派。金国是在战场上屡遭败绩后,才同意议和。没有武力为后盾,连议和的资格都没有,这就是所谓的弱国无外交。现在居然有人主张秦桧有功,实是令人无语。事实上,在秦桧当权那些年,为了讨好金人,南宋自废武功,名将被杀的杀,罢的罢。没有强大国防为后盾的和平,终究是不长久的。

绍兴三十一年(1161年),金国单方面撕毁和约,以举国之兵大举入侵南宋,晚年的宋高宗终于还是蒙羞了。

在宋金和平的二十年里,金国政局跌宕起伏。金国元帅兀术去世后,金熙宗日益荒淫嗜杀,大失人心。熙宗皇统九年(1149年),完颜亮发动政变,杀死金熙宗,自立为帝。完颜亮为人残暴,又好大喜功,很快就打起南宋的主意。在他看来,南宋帝国实在太软弱了。举个例子,南宋权臣秦桧死后,宋高宗担心主战派势力卷土重来,便下诏禁止议论边事,诏书称:"如有妄议,当置重典。"连边防事务都不可以议论,国防荒废到什么程度可想而知。于是完颜亮便有了窥宋的野心。

从绍兴二十八年(1158年)始,完颜亮就开始各种找碴儿,说南宋对金国的态度,已经没有秦桧在世时那么听话了。显然,他在为战争寻找借口。完颜亮放言:"宋虽臣服,但无诚意。"于是开始大造战船,扩编军队,从民间征用五十六万匹马,同时加紧打造兵器。

有一种说法称完颜亮打算南侵是因为受一首词的影响,这便是北宋著名词人柳永的《望海潮》,词里描绘南宋都城临安(杭州)的繁华与胜景——"市列珠玑,户盈罗绮","有三秋桂子,十里荷花"。完颜亮不由得对宋都向往之至,以至于想把秀丽江南纳入金国版图。这种说法虽然不一定可信,但完颜亮的确对杭州心有独钟。他曾派画工绘制一幅杭州的湖山风景图,再画上自己策马立于吴山,还题了一句诗:"立马吴山第一峰。"他已经想象自己立马吴山,把大宋的土地踩在脚下,这将是其人生的高光时刻。

然而,完颜亮大兴民力,扰动天下,致使民怨沸腾。山东、河北、河东等地相续爆发民众大起义,人数有数万之多。完颜亮一边派兵镇压起义军,一边把重兵集结于南线的宿州、泗州,准备大举南侵。

金国的动作这么大,南宋朝廷当然有所察觉。为了预防金兵入寇,朝廷以岳飞旧部李宝为两浙西路副总管,加强海道防御;同时命令镇守两淮的诸将加强防备，筑壁垒，广积粮。尽管南宋对金国入侵有心理准备，也提前做了安排，但是武备荒废那么久，岂是一朝一夕就能恢复的呢？

绍兴三十一年（1161年）五月，完颜亮遣使入宋，狮子大开口，索要淮、汉之地。对于金人的无理要求，南宋朝廷一口拒绝。九月，金帝完颜亮大举南侵，动用的兵力多达六十万人，分为三十二军，几乎是举国之兵。金兵在漫长的边界线上，东起淮东，西至陕西，千里战线上同时发起进攻，声势之浩大，为宋金战争以来所仅有。

唉，宋高宗要的并不多，"苟安"而已。残酷的现实证明，"苟"绝不可能带来"安"。无奈之下，宋高宗下诏谴责金国背盟南侵，号召军民抵抗入侵。

让金帝完颜亮没想到的是，自己前脚刚刚踏入南宋国土，金国后院便起火了。金兵出动才一个月，后方便传来政变的消息。金国东京（辽宁辽阳）留守完颜褎发动政变，自立为皇帝。这是怎么回事呢？

原来完颜亮篡夺皇位后，便大肆屠戮宗室。金太宗子孙七十余人，全部被完颜亮杀害。开国名将完颜宗翰子孙三十多人，也全部被杀。除此之外，完颜亮还杀掉诸宗室五十余人，无情镇压异己势力。更骇人听闻的是，在入侵南宋前一个月，完颜亮竟然弑杀母后图克坦氏。消息传到东京，完颜褎大为恐惧。完颜褎是金太祖完颜阿骨打的孙子，担心自己终有一天会被残暴的完颜亮所害。他便与自己的舅舅合谋，趁完颜亮用兵于南方，无暇北顾之机，杀掉东京副留守，登基称帝，史称金世宗。

完颜亮得知政变消息后勃然大怒，但他并没有放弃入侵南宋，只是调一部分军队北返，以镇压完颜褎。在他看来，吞掉南宋是手到擒来之事，先灭掉南宋，回头再收拾那些叛逆者还来得及。这个决定，最终让完颜亮输掉战争，连小命也丢了。

金兵兵分四路南下，三路从陆上进攻，一路从海上进攻。东路军攻击两淮，水师则计划沿海路南下，直接插向南宋都城临安，就是杭州。

为了消灭南宋，金帝完颜亮打造一支庞大的舰队，总计有六百艘战船与七万战士。能否在海上顶住金国舰队入侵，直接关系到京城临安的安危，也关系到南宋帝国的生死存亡。朝廷把艰巨的任务交给水师名将李宝，然而拨给的兵力少得可怜，只有一百二十艘海船与三千能胜任水战的弓弩手。凭这支残破水师，能打败战船数量五倍于己的敌人吗？

我们且来说说李宝的故事。

李宝本是山东人，靖康之变后山东沦陷，他纠集三十几人谋刺金国濮州知州，事败后逃往南宋临安。当时岳飞正好由鄂州返回京师，李宝十分仰慕这位抗金英雄，遂前往投奔其麾下，并追随岳飞赴鄂州，成为一名骑兵军官。由于朝廷一味与金国谈和，李宝英雄无用武之地，便暗中拉上四十几人，打算私自离开军营，回山东打游击。岳家军向来军纪严明，李宝逃跑没成，被抓起来关了三十九天。不过，李宝因祸得福，他引起岳元帅的注意，并很快接受一项艰巨的任务。岳飞派李宝渡河北上，联络义军，开展敌后抗金活动。岳飞的确没看错人，李宝在沦陷区组织一支抗金武装，神出鬼没，以"泼李三"的绰号名震黄河南北。

在敌后抗金三年后，李宝南返，此时他已是遐迩闻名的抗金英雄。韩世忠派人迎接李宝归来，并把他招致麾下。李宝对韩世忠生活奢靡十分反感，他竟然在韩世忠面前痛哭流涕，请求回归岳飞麾下。韩世忠相当尴尬，只得写信征求岳飞意见。心胸坦荡的岳飞写信给李宝："均为国家，何分彼此。"李宝才打消原先的想法。岳飞当时没想到，此举却保留了岳家军一棵独苗，倘若李宝回归岳飞帐下，很难避免不遭秦桧的毒手。

一年后，岳飞以枢密副使的身份巡视淮东，特地召见李宝，提出一个大胆的构想。他授意李宝从海路发动进攻，奇袭登州城。李宝领命，率领一支舰队奔袭金国后方，大获全胜。正是在岳飞的关怀与鼓励下，李宝从一个普通的山东汉子逐渐成长为身经百战的抗金英雄与水师名将。

自接手海防重任，李宝便向宋高宗提出一个极其大胆的作战计划。由于敌强我弱，且海上无险可守，李宝认为一旦金国舰队进入南宋海域，是非常难歼灭的。上策是先发制人，南宋舰队长距离奔袭金国海军基地，出其不意，攻其不备，寻机歼灭其水师。事实证明李宝高瞻远瞩，在完颜亮大举南侵之前，南宋水师已经悄悄向北挺进了。

要打败强大的金国海军，李宝需要翔实可靠的情报，还要招收更多的士兵。

他先派儿子前往密州，收集大量金国水师的情报。随着宋金战争全面爆发，中原沦陷区再掀抗金起义狂潮，其中最有名的是山东耿京起义。山东豪杰义士赵开等人乘机聚众起兵，与耿京部将王世隆会合，攻打莒县。李宝派人前往招抚，赵开、王世隆遂归附大宋。据《宋史·李宝传》所记，归附的义军有数万人之多，大大弥补李宝在兵力上的不足。

此时李宝获悉一个重要情报，金帝完颜亮命令海军统帅苏保衡于十月十八日发舟师入钱塘江，直取南宋都城临安。时间急迫，李宝立即命舟师北上，泊于石臼山，金国舰队泊于唐岛（又名陈家岛），双方相距仅三十余里，一场大战已是不可避免。

金国水师虽然拥有六百艘战船与七万人，远远超过李宝的兵力，但水战经验严重不足。李宝还获悉一个极其重要的情报：金国战船为了防水，竟然使用极易燃烧的油布为帆。针对敌船的弱点，李宝设计火攻方案，在风向、洋流的配合下，以火箭密集攻击。

战斗开始后，金船很快着火，在风力的作用下愈烧愈旺。貌似强大的金国海军几乎遭到全军覆没的下场，六百艘战船损失了五百余艘，除了总统领苏保衡侥幸逃跑外，金国海军将领不是被杀就是被俘，士卒死亡数万人。金帝完颜亮苦心打造的庞大舰队，还没开到南宋海域就被摧毁了。

唐岛海战是绍兴三十一年宋金战争的关键一役，倘若李宝不能阻止金国舰队南下，则南宋危矣。《宋史》高度评价李宝的功绩："向微唐岛之捷，……钱唐之危可忧也，宝之功亦大矣。"得知南宋海军取得伟大胜利后，宋高宗称赞道："李宝第一功！"并赐锦旗一面，上有皇帝亲笔题写的四个字："忠勇李宝"。

具有讽刺意味的是，当年宋高宗为了与金议和杀害岳飞，如今保存宋室，仍然是依靠岳飞的旧将。而李宝也以近乎完美的一战，跨入中国历史上最伟大的海军名将之列，这也是对岳飞知遇之恩的最大回报。

四二 / 一介书生如何拯救国家

唐岛一战，解除金人来自海上的威胁。然而在陆地战场，南宋军队节节失利，长江防线危在旦夕。

金帝完颜亮的进攻重点是东线的两淮地区，曾在二十几年前顺昌之战大败兀术的名将刘锜临危受命，再度披甲上阵。自宋金议和以来，南宋中兴名将陆续谢世，刘锜也年过六旬，垂垂老矣。更要命的是，在秦桧主政的十几年里，武备不修，军队素质与战斗力都大不如前。尽管刘锜仍雄心壮志，老病缠身的他喊出"取重阳日到京师（开封）"的豪言壮语，然而奇迹却不再重演。

刘锜试图自江阴北渡淮河，出击失利，其左翼的王权不战而弃庐州。金帝完颜亮兵分两路，自己率主力南下，进抵长江沿线的采石；另一路十万大军破滁州、占真州，直逼扬州。被宋高宗寄予厚望的刘锜被迫弃扬州，退守瓜洲，不久瓜洲又告失陷，刘锜只得再退镇江，与金军隔江对峙。

前线宋军一败再败，金兵已抵长江北岸，随时可能渡江南下。只要长江防线被突破，金国铁骑将横扫江南。高宗皇帝不由得想起当年被兀术追得满世界跑的往事，怎么办？还是趁金人未过江先跑吧。他紧急召开群臣会议，商议避难于海上的事宜。时任左相的陈康伯认为在此生死存亡之际，圣驾绝不可逃避，否则大势去矣。他力劝高宗亲征，以鼓舞士气。过惯幸福日子的高宗实在不想在年老时还颠簸于风浪中，这时传来李宝在唐岛大破金国水师的消息，给皇帝服下一粒定心丸。于是宋高宗放弃逃跑的念头，下诏由叶义问巡视江淮兵马，虞允文以参谋军事身份随行。

由于王权作战不力，不战而弃庐州，被朝廷解除兵权，由李显忠接替其职。当时李显忠还未赴任，朝廷派虞允文先前往采石犒师，暂时接管王权的部队。这只是一件临时差事，只是谁都不会想到，从来没有上过战场的虞允文竟然一战封神，打出中国军事史上的经典一役，成为南宋帝国的拯救者。

从虞允文的简历看，并不那么出彩。尽管他年少便聪颖过人，七岁能文，但直到四十五岁才考中科举，被授彭州通判。完颜亮上台后，积极扩军备战，南宋朝廷仍控制在一帮主和派手中，"置边备不问"。虞允文忧心忡忡，他于绍兴三十年（1160年）正月上书皇帝，指出"金人必将败盟"。不久后，虞允文出使金国，见金人忙于运粮、造船，更加坚信战争不可避免，奏报朝廷应加强淮、海一线的守备。一年后，虞允文的预言成真，金国果然背盟攻宋。

虞允文抵达采石，发现形势非常危急，比自己预想的要糟糕得多。采石守军只有一万八千人，马匹更是少得可怜，仅数百匹，部队群龙无首，前任长官王权被调走，续任长官李显忠还未到。更可怕的是，在经历一系列败仗后，守军全无斗志，士气涣散，毫无军纪章法，如同一盘散沙，三三五五一群，解鞍束甲于路旁。江的对岸便是金帝完颜亮的主力，兵力十倍于采石守军，随时可能渡江。

事不宜迟，必须马上行动起来！

如何让这群残兵败将恢复士气呢？虞允文决定开展政治动员、思想教育。他把一万多名将士召集起来，发表演说，勉以忠义，并指着所带来的犒军物品道："金帛、诰命皆在此，以待有功。"这些将士多是爱国志士，只是因为前任统领王权无能，遂导致军心离散，如今见虞允文挑起重担，纷纷表示道："今既有主，请死战。"

有人悄悄对虞允文说："公受命犒师，不受命督战，倘有人背后说公的坏话，公难辞其咎。"这是告诫他：您别越权了，您的任务是犒劳将士，不是指挥作战。虞允文听罢大怒，斥责道："危及社稷，吾将安避。"正是有虞允文这样的忠义之士，南宋才不至于迅速亡国。

长江对岸，金帝完颜亮在渡江之前参观西楚霸王祠。作为好勇斗猛之人，完颜亮对西楚霸王项羽十分钦佩，他赞叹道："如此英雄，不得天下，诚可惜也。"项羽没能得到天下，他完颜亮一定要得到。回到金营后，完颜亮下令：第二天渡江，先渡江者赏黄金一两。

完颜亮的命令，很快通过谍报人员传到虞允文耳中。虞允文亲自到江滨督战，他做了如下安排：骑兵、步兵列阵于江岸，水师分为五队，一队驻守中流，两队分驻左、右两侧，另两队船则埋伏于小港内，作为机动部队。

这时江北已筑起一座高台，上面坐着一人，正是金帝完颜亮。完颜亮挥动小红旗，发出渡江的信号。金兵数百艘船浩浩荡荡驶过来，虞允文出动水师在江面阻击，但江面宽阔，仍有七十余艘敌船冲破封锁，登陆长江南岸。金兵上岸后，猛攻宋军阵地，宋军防线动摇，有溃败之危险。虞允文见势不妙，驰入阵中，拍拍宋军统制时俊的背，说道："你以胆略闻名四方，怎么跟娘儿们似的躲在阵后呢？（汝胆略闻四方，立阵后则儿女子耳。）"这是激将法，时俊听罢当即挥舞双刀，身先士卒，奋勇前驱，遏制住金兵的攻势。

与此同时，江中激战正酣。宋军水师在船只性能上要优于敌军，所用的船称为海鳅船，采取冲撞战术，犁沉敌船无数。采石之战一直打到天黑，金船损失过半，仍然不肯退却。关键时刻，正好有一支从江州溃败的宋军逃到采石，虞允文乘机将其招来，授予旗鼓，命他们从后山出，摇旗擂鼓。金人大恐，还当是宋军援兵已到，遂无心恋战，掉转船头逃去。虞允文又命水师以强弓劲弩尾追射击，大败金兵。侥幸生还的金兵，被残暴的完颜亮下令全部杀掉。

这就是宋金战争的转折之战：采石大捷。

金帝完颜亮在采石大败后，知道从这里无法渡江，遂移师瓜洲。不久后，李显忠赴任，虞允文判断金兵将从瓜洲强渡长江，而与瓜洲相望的京口守备薄弱，他自告奋勇前往京口（镇江），并向李显忠借兵一万六千人，加强京口守备。到镇江后，虞允文去看望正在休病中的老将刘锜。刘锜对这位胆识俱优的书生大加赞赏，称赞道："疾何必问！朝廷养兵三十年，大功乃出书生手。"

由于完颜褒在东京政变，自立为帝，完颜亮面临两难选择：是撤师北返消灭完颜褒呢？还是继续强渡长江平定江南呢？部将李通认为，皇帝亲征无功而返，军队士气就会涣散，到时南宋军队乘机追击，就大势不妙了。他提出一个建议：不如先渡江，得胜之后再北返，宋军就不敢轻举妄动。完颜亮接受这一建议，要求部下三天之内渡江，后渡者斩。

虞允文率军入援京口，出动车船游弋于江面。车船就是当年钟相、杨太起义时对付官府的利器，用脚踏驱动轮转以航行，在当时是极其先进的武器。车船行进速度很快，又不像帆船那样受制于风向，在长江两岸来回穿梭，又绕着金山转了三圈。金人见宋军战船如此优良，无不骇然，有一员将领便对完颜亮说：不如先驻扎于扬州，力农练兵，再慢慢考虑渡江之事。完颜亮大怒，下令杖打五十。

金营中很多士兵开小差，要渡江嘛，金国的小船根本不是南宋先进战船的对手；渡江不成，等待他们的只会是死刑。进也是死，退也是死，还不如逃走。针对逃兵现象，完颜亮出台一条严厉的惩罚令："军士亡者，杀其领队；部将亡者，杀其主帅。"

进不得，退不得，逃不得，金营上下人人自危。金兵浙西路都统耶律元宜与诸将密谋道："今进退皆死，新天子已立于辽阳，不若共行大事，然后举兵北还。"次日黎明时分，耶律元宜发动兵变，率众军士杀入金帝完颜亮所在御营。完颜亮听得一片喊杀声，还以为宋军前来偷袭，正要取弓，突的一箭飞来，仆倒在地。此时乱兵杀了进来，冲着他又捅了几刀，然后将其缢杀。这位一心想征服宋朝的金国皇帝，就这样死于非命矣。

完颜亮死后，耶律元宜退兵三十里，派人前往镇江议和，而后金兵悉数北去。这场由完颜亮发动的规模空前的南侵，从九月出兵，到十一月结束，前后不到三个月。金兵退去后，宋军陆续收复泗州、和州、楚州、汝州等地。

这场战争，表面上看南宋最终获得胜利，实际上暴露出南宋国防的巨大弱点，胜利的赢得，实有运气成分。在绍兴议和后整整二十年时间里，南宋政府荒于兵事，以至于大战来临时，在战场上一溃千里，备战严重不足。以两场关键战役为例，唐岛海战宋军只有一百二十艘战船，而金兵则有六百艘；采石之战宋军只有一万多人，而金兵至少有十五万人。这两大战役，都是险中求胜，死地求生，如果不是李宝、虞允文的沉勇与智慧，很难大获全胜。

金国的内乱，是导致完颜亮败亡的主因。侵宋之战，是完颜亮在错误的时间发动的一场错误战争。完颜亮靠弑君政变夺权，屠戮宗室，实行残暴的高压统治，君臣离心，民怨沸腾，金国内部存在巨大的不稳定因素。完颜亮以倾国之兵南侵，后方空虚，民众揭竿而起，起义烽火蔓延中原大地；完颜褒乘机在东京发动政变，自立为帝，更是给完颜亮致命一击。完颜亮迷信武力，不施仁义，最终恶有恶报。若非金国政局动荡，完颜亮死于兵变，战争之结局实在难以预料。

完颜亮败亡后，南宋内部主战呼声四起。

此时形势对南宋是很有利的。

首先，金国政局不稳。金世宗政变夺权与完颜亮之死，震动金国政坛。契丹人耶律窝斡乘机起事，拥众五万，自立为帝，与金世宗分庭抗礼。金人花了一年的时间，付出重大伤亡才把耶律窝斡的叛乱镇压下去。其次，在完颜亮南侵后，中原爆发大规模的汉人抗金起义，有力地支援江淮一带的抗战。

在采石之战中立下奇功的虞允文被任命为川陕宣谕使，他趁机向高宗皇帝进言："金亮既诛，新主初立，彼国方乱，天相我恢复也。和则海内气沮，战则海内气伸。"宋高宗居然对虞允文所言表示赞同。抵达川陕后，虞允文与吴璘联手，共谋恢复。

在金国方面，金世宗急于收拾国内残局，无意推行完颜亮的南侵政策，遂派使者前往南宋议和，重申二十年前的条约。在击败强敌入侵后，南宋朝廷的腰板也挺直了，不愿接受当年条约中的不平等条款，特别是规定宋必须对金称臣。宰相陈康伯是主战派人物，他坚持宋、金两国应采取对等的原则。宋高宗派洪迈出使金国，在国书中采取敌国之礼。所谓"敌国之礼"，就是对等国家的礼节。

洪迈入金国后，金人见宋朝国书用的是"敌国礼"，勒令他改为臣子礼，在朝见金世宗时，也须用旧礼。洪迈坚决不从，被金人反锁在使馆里，不提供水与食物，饿了三天三夜。洪迈表现出毫不屈服的民族气节，金人没有办法，只得将他释放回国。

对于南宋朝廷，和战之间真正的转折点，是宋高宗的退位。

当了三十六年皇帝的宋高宗，怎么会突然宣布逊位呢？

四三 / 孝宗北伐为什么失败

绍兴三十二年（1162年）六月，宋高宗出人意料地宣布退位，由太子赵昚继位，史称宋孝宗。

宋高宗是比较复杂的历史人物，他之所以选择退位，我想大概有几个原因：

其一，宋高宗心累了。自南宋开国到宋金达成和议的十几年里，宋高宗始终处于高度紧张的状态。父兄两个皇帝都被金人掳走，高宗担心步其后尘；苗傅兵变时高宗被废失去自由，从此猜忌防患武将。直到秦桧把这两件事都搞定，与金国缔约，收回诸将之兵权，高宗才了却一桩心病。然而，高宗没有想到的是，秦桧打击异己，大权独揽，皇帝仍然没有好日子过。秦桧死后，高宗才长长舒一口气说："朕今日始免靴中置刀矣。"为防止被秦桧所害，高宗居然每天在靴里放一把短刀，皇帝当到这份儿上，着实心累啊。好不容易挨到秦桧死了，没几年金帝完颜亮又兴师动众杀来。金兵刚退去，主战派又要北伐。唉，就不能让朕享受几天吗？

其二，宋高宗晚年思想有较大变化。当年杀害岳飞，宋高宗铁定是幕后元凶。我们从史料分析，宋高宗并不能算是暴君，他有良心未泯的一面。比如说，当初他下令杀害陈东、欧阳澈，后来均给予平反，以示悔杀忠良。在高宗晚年，有两件事值得注意。一是金人大举南侵，他起用岳飞旧部李宝，委以海防重任，而李宝是岳飞的铁杆粉丝；二是高宗退位后次月，岳飞马上被朝廷平反，如果没有高宗的默许，宋孝宗怎么可能刚上台就敢跟太上皇作对呢？虞允文提出主战建议，高宗持赞同意见。这些说明宋高宗晚年思想有较大变化，杀害岳飞就成了他内心一个沉重的负担，退位或许就是高宗悔过的选择。

其三，宋高宗退位或许还受到哥哥宋钦宗之死的影响。靖康之变后，徽宗、钦宗被金人掳走，宋金达成和议时，徽宗已死。高宗生母韦氏与徽宗棺椁都被迎回南宋，但宋钦宗却没能回来。一山不容二虎，一国不容二君，钦宗要是回来，谁是正牌皇帝呢？韦氏离开时，宋钦宗挽住其车轮，表示自己若能返回，只要当个太乙宫主就够了，表明无意夺高宗的皇位。然而，宋钦宗还是被无情抛弃了。绍兴二十六年（1156年），钦宗死于金国，多数人认为钦宗是被金人杀害。钦宗的死讯是在五年后，即绍兴三十一年（1161年）才传到南宋，高宗闻讯痛不欲生。有人认为高宗是在作秀，我认为不可能全是作秀，他在抛弃哥哥钦宗的同时，也戴上沉重的心灵枷锁。次年宋高宗就退位。把这两个时间点联系起来，或许钦宗之死让高宗万分内疚，也成为其退位的一个诱因吧。

宋孝宗登基后不到一个月，便下诏追复岳飞原官职，隆重改葬，并寻觅岳飞后人，加以录用。岳飞被杀是高宗时代最大的一起冤案，高宗刚退位就平反昭雪。要知道高宗当了三十六年皇帝，孝宗又不是他的亲儿子，怎么敢一上台就跟太上皇对着干呢？因此，背后原因，肯定是高宗本人的意愿。

此时北方的金国正陷入内乱，无暇南顾，南宋军队乘机收复若干失地。特别值得一提的是吴璘在西线取得重大胜利，陆续收复顺德军、熙州等地。在这种极为有利的形势下，宋孝宗却下了一步臭棋。时任参知政事的史浩是孝宗的老师，他认为应该放弃陕西，避免对金人的挑衅。于是宋孝宗下诏，放弃吴璘在西北收复的秦凤、熙河、永兴三路。此议一出，虞允文大惊失色，上书皇帝："恢复莫先于陕西……一旦弃之，则窥蜀之路愈多，利害至重，不可不虑。"朝廷非但不听，反而把虞允文贬为夔州知州。

不得已之下，吴璘被迫与当年的岳飞一样，奉诏班师。当时有部将抗议道："将在外君令有所不受，奈何退师？"吴璘无奈地答道："璘握重兵在远，有诏，璘安敢违。"宋孝宗一面为岳飞平反昭雪，另一面又做出与当年宋高宗同样的事，可谓矛盾矣。吴璘在西北收复的三路十三州之地，一夜之间全部放弃，这是所有将士拿命拼来的，如此结局谁也没法接受，整个兵营充斥着悲伤的哭泣声。由于匆促撤军，金人尾随其后发动攻击，吴璘军伤亡三万多人。

南宋中兴诸将中，由于吴璘远在西疆，在秦桧掌权时受到冲击较小，故而在南宋诸军中，吴璘的部队仍是精锐之师。完颜亮南侵，东线宋军节节败退，而吴璘却在西线取得一系列胜利。由于宋孝宗一纸诏令，所有胜利顷刻化为乌有，诚可痛心矣！

后来宋孝宗召虞允文进京入对，问及弃地之事。虞允文慷慨陈辞，由于没有纸笔，他用手中的笏板为笔，在地板上画起地图来，向皇帝说明放弃土地的危害。宋孝宗顿足道："史浩误朕！"只是为时晚矣，十三州之地早已落入金人之手了。唉，看来宋孝宗也不比宋高宗强多少。

不过，宋孝宗还是做了件令人振奋的事：任命张浚为枢密使。张浚在高宗皇帝时就当过宰相，在朝野都享有极高的威望。秦桧当权后，张浚失势，直到完颜亮南侵，宋高宗才重新起用张浚。随着张浚入主枢密院，朝中主战派的势力逐渐取得优势。

张浚出任枢密使后，金国遣使前来索取被南宋收复的海州、泗州、唐州、邓州、商州之地，并致信张浚称，要按照旧约（即绍兴十一年之条约）来划定边界以及岁币，否则将兵戎相见。此时金国已经平定耶律窝罕之乱，南宋政府坐失良机，错过最佳的北伐时机。张浚坚决拒绝金人之要求，他回信答复说："疆场之一此一彼，兵家之或胜或败，何常之有？"言下之意，彼一时，此一时，金国未必有能力打赢南宋。

张浚的强硬立场令金世宗勃然大怒，遂派遣蒲察徒穆、萧琦等将领分别屯兵于虹县、灵璧，积粮修城，做好南侵的准备。

看来宋金之间势必要有一战。

张浚入见皇帝，力劝宋孝宗移驾建康府以鼓舞士气。他分析说："金人秋必为边患，当乘其未发攻之。"不能被动挨打，应该先发制人。自从下诏放弃三路十三州后，宋孝宗颇受指责，内心挺后悔，故而决意北伐。他对张浚说："公既锐意恢复，朕难道独甘偷安吗？"于是决定出师渡淮，收复中原。

当时金兵重兵屯于虹县与灵璧，拔掉这两处据点便成为北伐的首要目标。时任淮西招抚使的李显忠自告奋勇，表示愿意充当先锋。李显忠早年曾参加宋金战争，胆略过人，武艺超群。如果我们把岳飞、韩世忠、吴玠、吴璘、刘锜等称为第一代将领，那么李显忠算是第二代将领。绍兴三十一年完颜亮南侵，李显忠接替逃跑将军王权，率部收复淮西。在南宋第二代将领中，李显忠算是出类拔萃的人物。

除了李显忠之外，建康都统邵宏渊也主动请缨，并献上攻取虹县、灵璧二城之策。张浚遂派遣李显忠出濠州攻灵璧，邵宏渊出泗州攻虹县。

隆兴元年（1163年）五月，众人翘首以盼的北伐开始了。

李显忠率部渡过淮河，金将萧琦率领精锐骑兵拐子马来战。北伐军士气如虹，大破金兵，进而收复灵璧。李显忠率军入城，秋毫无犯，中原百姓风闻王师北伐，纷纷前来投奔。不久后，金将萧琦向李显忠投降。

另一路宋军在邵宏渊的指挥下进攻虹县，遭遇金兵顽强抵抗，久攻不克。李显忠便令灵璧投降的金兵前往虹县劝降守军，告以利害祸福。在李显忠的心理攻势下，金守兵军心瓦解，守将蒲察徒穆放下武器投降。

拔取金兵两城后，北伐军再接再厉，挥师进攻宿州。李显忠再度发威，大败金兵，追击二十里，克复宿州。当宋孝宗得悉捷报后，大为鼓舞，他写信给张浚，称赞说："近日边报，中外鼓舞，十年来无此克捷。"

不过，宋孝宗高兴得太早了。

问题出在北伐军指挥系统混乱。不知是故意还是疏忽，张浚任命的两路北伐军并没有统一的指挥，此乃是用兵之大忌。没有统一指挥两路大军根本不可能协同作战，因为谁也指挥不了谁。邵宏渊本是主攻虹县，最后攻克虹县却是李显忠的功劳，这让邵宏渊心里不是滋味。再者，邵宏渊军中有一名士兵违纪，被李显忠逮住处决，更令他感觉没面子。两员主将之间出现裂痕，为北伐失败埋下伏笔。

宿州失守后，金国很快组织大军反扑，出动十万步骑兵欲夺回失地。李显忠邀邵宏渊夹击金兵，邵宏渊却按兵不动。不仅如此，在李显忠与金兵血战时，邵宏渊居然还跟部下说风凉话："当此盛夏，摇扇于清凉且犹不堪，况烈日被甲苦战乎？"试想想，主将都袖手旁观，将士哪有死战之心。李显忠孤军难敌金重兵集团之围攻，连夜撤军到符离。金兵追至此，李显忠大败，军资军械损失殆尽。幸亏金人没有乘机南下，否则的话，宋军的损失将更加惨重。

张浚主持的北伐就这样草草而终。

南宋发动的这次北伐战争，失败的原因是多方面的。

首先，时机选择不对。宋孝宗上台之初在和战之间犹豫，错失利用金国内乱的良机，又下诏放弃西北三路十三州之地，不仅大大减轻金国在西部的军事压力，还严重挫伤抗金将士的士气。当张浚北伐时，金世宗已经平定国内耶律窝罕的叛乱，其统治已经稳固，能投入更多的兵力对付南宋。

其次，北伐的规模有限。与完颜亮集六十万兵力从海陆大举南征相比，南宋的北伐只是小打小闹，进攻方向单一，符离一战败北，北伐便宣告失败。

最后，没有统一的指挥。如果张浚指定李显忠节制邵宏渊的部队，无疑北伐军会取得更好的战果，至少不会输得那么惨。张浚所用非人，邵宏渊不仅无能，还嫉贤妒能，坑了友军一把，成事不足，败事有余。

综合以上三点，南宋北伐，无天时（错失金国内乱之机），无地利（放弃西北十三州），无人和（李显忠、邵宏渊不和），安得不败！

张浚作为北伐总策划人，对战争的失败是有责任的。张浚是南宋名臣，也是坚定的主战派，但论及才能，实在无法与宗泽相比，只能说是志大才疏。当初张浚负责关陕战局，在富平之战惨败，丢了关陕；如今主持北伐，又以失败而告终。以前张浚当宰相时，就想把岳飞、韩世忠等武将的兵权收归督府。或许是担心武将兵权过重，因而他让李显忠、邵宏渊相互制衡，最后却坏了大事。

四四 / 英雄无用武之地

北伐失利，令朝中主和派势力重新抬头，他们诬蔑主战派"邀功钓誉"。身为皇帝的宋孝宗处境尴尬，进退两难，只得下罪己诏称："朕明不足以见万里之情，智不足以择三军之帅，号令既乖，进退失律。"

此时金国方面抛出和谈条件，总共四条：其一，故疆，就是宋金两国边境如旧约所规定；其二，岁币如旧，每年金银二十五万两及绢二十五万匹；其三，称臣，宋仍然向金称臣；其四，还中原归正人，就是把中原逃往南宋的人遣返。

对于金国开出的和谈条件，南宋朝廷只同意岁币一条，其余三条均不接受。

在完颜亮南侵败亡后，金国陷入内乱，南宋军队乘机收复海、泗、邓、唐等州。金国方面要求宋朝应该按照旧条约规定，把这几个州归还金国。南宋则认为，金人背约侵宋，旧条约就不再有约束力，新条约应该以实际控制区重新划定边界。

同样，按照绍兴十一年的和约，宋向金称臣。完颜亮撕毁和平条约后，南宋拒绝称臣。朝廷派洪迈出使金国，使用"敌国礼"，就是对等国家的礼节，引起金世宗的不满。如今金世宗重申宋国要称臣，宋孝宗显然不愿意。

金国提出另一个苛刻条件是归还中原南逃之人，对南宋朝廷来说，这是不可接受的。中原南逃之人，既有大量的抗金志士，又有金国的降将，如果把这些人遣送回金国，岂非把他们送上死刑台吗？

谈判陷入僵局。为了保全南宋君臣的面子，金国方面修改一条：把金宋之礼，由君臣变成叔侄，宋主向金主称侄而不称臣。

由于北伐的失败，朝中大臣大多想息事宁人，力主和谈。说实话，多数人对国家的军事实力没信心。尽管南宋挫败完颜亮的南侵，但大家都晓得实有运气的成分，如果不是金国后院起火，完颜亮被叛军所杀，南宋能否赢得胜利实是不确定。如今金世宗的政权已经稳固，如果金国再度大举南下，南宋还能顶得住吗？

张浚、虞允文、胡诠等是坚定的主战派，反对任何议和立场。为了防止金兵大举南侵，张浚做了大量工作，在各战略要地修筑堡垒，江淮一线增置大量战舰，招揽淮北、山东豪杰，各军的弓矢器械都十分充足。同时，张浚重用金国降将萧琦，萧琦本是契丹望族，沉勇有谋，张浚意在约契丹为援，牵制金国。

主和派头头汤思退本是秦桧党羽，完全继承秦桧的投降主张。他把张浚视为眼中钉，欲除之而后快。汤思退纠集党羽，攻击张浚飞扬跋扈，浪费国家钱财，还抓住北伐失败大做文章，劝皇帝"以符离之溃为戒"。宋孝宗没了主意，张浚悲愤之下，连续八次上书乞致仕。

几个月后，张浚在忧愤中病死。临死前，他给儿子张栻（南宋著名理学家）写了一封家书，也是他的遗言："吾尝相国不能恢复中原，雪祖宗之耻。即死，不当葬我先人墓左，葬我衡山下足矣。"作为南宋名臣，张浚一直有恢复之志，是主战派的代表人物之一，这点是值得肯定的。但是张浚军事才干不足，能力难以撑起收复中原之大业。人无完人，张浚早年曾起兵勤王，平苗傅之乱，后宣抚川陕，重用吴玠，确保川蜀之安全。及至晚年，值国家危难之际，他不顾年迈，挑起重担，策划北伐，事虽不成，亦足可见其精忠报国之心。

张浚死后，主和派更是一手遮天。

汤思退人如其名，一心"思退"，不求进取。为了和议速成，他竟然尽废边备，罢筑寿春城，解散万弩营，停修海船，撤海、泗、唐、邓四州之兵。张浚为抗击金兵所做的努力，竟然在短短的时间内毁于一旦。

南宋的主和派一直有个混乱的逻辑，似乎认为我示弱于敌，就越显得有诚意，越容易和对方达成妥协。但人性其实恰恰相反，你越示弱，对方反而越欺负你；反倒你示强，对手才愿意跟你谈和。这点张浚倒是看明白的，他曾对宋孝宗说："金强则来，弱则止，不在和与不和。"金国如果能碾压你，不会跟你谈和的；如果想跟你谈和，那就表明他没实力碾压你。

事实证明张浚是有远见的。汤思退以自毁长城的方式，向金人摇尾乞怜，换来的不是金人的谈和，而是进攻。你南宋自废武功，我不打你我傻啊。金人不傻，乘机发兵南下，连续攻克楚州、濠州、滁州。东南为之震动。

这一次，汤思退罪无可恕了。

宋孝宗下旨，将汤思退流放永州。这样轻的惩罚怎么能平息众人的愤怒呢？太学生张观等七十二人伏阙上书，痛陈汤思退等人怀奸误国，以致金兵长驱直入，乞斩汤思退以谢天下，并请求皇帝起用陈康伯、胡铨、虞允文等主战派人士主持国事。当汤思退听说一大群人上书欲置其死地时，刀还没上架，自己就惊吓而死了。

主战派领袖张浚与主和派领袖汤思退死于同一年。主战派北伐失利，损兵折将；主和派更糟，放弃边备，导致数州沦陷。在这种情况下，南宋朝廷不得不最后选择议和的方案。在金国一方，尽管在军事上占尽便宜，但国内动乱刚刚平息，国家急需休养生息。与之前金熙宗、完颜亮的残暴相比，金世宗"性仁孝，沉静达理"，是金国历史上难得的一位贤君。

南宋无力再战，金国也无意扩大战争，双方和谈基础有了，具体条款仍要磋商。对南宋朝廷来说，在和谈中争取更多权益，减少损失，便成为第一选择。

最终宋金达成的谈判结果是：两国疆域仍然按照绍兴和议所划定的界线，即东为淮河，西为大散关；岁币银、绢各减五万；南宋归还金国战俘，对于叛亡者则不予遣返；宋不再向金称臣，而称侄，在国书的格式方面，宋致金的格式为"侄宋皇帝眘谨再拜致书于大金圣明仁孝皇帝阙下"，金致宋的格式为"叔大金皇帝致书于侄宋皇帝"。

这份和约仍是不平等的条约。在领土问题上，南宋完全放弃所收复的土地。金世宗也作出一点让步，不再追回南逃之人，同意岁币减五万。这样，双方在互派使者往来后，于乾道元年（1165年），订立新的条约。

这就是所谓的"乾道和议"。

在乾道和议中，南宋方面尽管争取到若干权益，仍然避免不了屈辱的地位。对于有恢复之志的宋孝宗来说，这只是权宜之计。汤思退死后，陈康伯拜相，虞允文签枢密院事。陈康伯与虞允文都是主战派，也清醒地认识到主战时机并不成熟。陈康伯曾上书皇帝说："敌意欲和，则我军民得以休息，为自治之计，以待中原之变而图之，是万全之计也。"

南宋开国后，曾有过一小段"中兴"，当时内有张浚、赵鼎等名臣主持政局，外有岳飞、韩世忠、吴玠、吴璘、刘锜等中兴名将，南宋对金战争从战略防御转向战略相持乃至局部反攻。在形势一片大好之时，朝廷选择委曲求和，杀岳飞，收诸将兵权，朝政亦落入奸相秦桧之手。从此，南宋军政大坏，中兴之局面只是昙花一现。

到宋孝宗时，中兴名将基本都去世，军队高级将领出现青黄不接的现象，没有一个新生代将领能独当一面。名将的产生是需要土壤的，北宋一百多年就没出过几个名将，因为一位优秀的将领需要一定的能动性，古代说的"将在外君令有所不受"就是给予将领较大的自主权限。北宋的军事制度是对将领各种约束与捆绑，故而严重限制将领能力的提升。在北宋灭亡的特殊历史背景下，南宋朝廷为了自救，不得不给将领更多的权限，故而一大批名将应运而生。后来朝廷又回到北宋的老路，把兵权收归于中央，失去自主能动性的将领只能趋于平庸化。

绍兴和议后二十年，南宋荒于兵事，金帝完颜亮南侵时，如入无人之地。南宋抗金的核心人物，仍然是老一代的张浚、刘锜、吴璘、李宝等，以书生建奇功的虞允文也已经五十多岁了。反观"中兴"时期，岳飞当上节度使时只有三十二岁，和尚原之战时吴玠三十八岁，吴璘不到三十岁。到宋孝宗时，最后一批中兴名臣、名将谢世，大宋历史进入一个新时代。

乾道三年（1167年），守卫川陕达二十年之久的吴璘去世，中兴时代最后一抹余晖散去。他与哥哥吴玠同为南宋最出色的将领，是川蜀的保护神。在临终前，吴璘虑及国家的军事现状，向皇帝留言，希望孝宗不要轻弃川蜀，也不要轻启战端。

吴璘去世后，皇帝能与共商恢复大计者，只有虞允文一人了。宋孝宗任命虞允文为四川宣抚使，接替病逝的吴璘，欲把四川打造成为一块进取中原的基地。虞允文到任后，兢兢业业，精兵强政，淘汰弱兵，为国家节省四百万两的军费开支。他亲力亲为，甚至还动手编写了一本推广先进武器制造及使用的工具书，士兵们人手一册。

两年后，虞允文回到京师，出任宰相。他心胸宽广，光明磊落。有一回，御史萧之敏上书弹劾虞允文。早已逊位的宋高宗跳出来为虞允文辩护，并说："采石之功，之敏在何许？毋听其去。"也就是说，当年虞允文在采石之战中立下奇功，你萧之敏人在哪儿呢？太上皇开了金口，宋孝宗想罢免萧之敏。虞允文却站出来为萧之敏说情，认为他品行端正，皇帝应该留用以广开言路。

宋孝宗把恢复中原的希望寄托于虞允文身上，他曾经对虞允文说："靖康之耻，当与丞相共雪之。"可见他对虞允文之器重。为了实现收复中原的理想，虞允文于乾道九年（1173年）又一次出任四川宣抚使，为出兵中原做准备。

虞允文回到四川后，立即着手战备，他订立七条民户养马的规定，从民间搜罗大量良马，并挑选青壮年进行训练。作为一名出色的战略家，虞允文深知欲速则不达的道理，不打无把握之战，兵者，国之大事，不可不慎重。然而虞允文的一片苦心，却受到皇帝的误解。宋孝宗一直盼望着虞允文早日确定出兵的日期，可是一年过去了，虞允文却没有明确的表示。皇帝终于等得不耐烦，便下一道密旨催促他。虞允文没有附和皇帝，他强调军需物质还未准备完毕，不可贸然出师。

可惜的是，造化弄人。不久后，虞允文积劳成疾，病逝于任上。这对宋孝宗是莫大的打击，进取中原的计划就此泡汤。

其实虞允文算是幸运的人，他以一介文人为国家建不朽之功，甚至得以跻身历史名将之列，官至宰相，功显于当日，名扬于后世。伟大领袖毛主席曾这样评价虞允文："伟哉虞公，千古一人。"

在宋孝宗时代，还有一位奇才，他有不世之英雄气概，有为国家建功立业之伟大理想，最终却壮志难酬。失之东隅，收之桑榆，他没能实现自己的政治抱负，却在另一个领域取得至尊地位。

他就是南宋最伟大的词人辛弃疾。

辛弃疾，字幼安，号稼轩，山东济南府历城县人，生于绍兴十年（1140年）。该年宋金两国在中原爆发大战，刘锜与岳飞分别在顺昌、郾城之战中大败金兵，抗金形势一片大好。北方沦陷区的人民翘首以盼王师，可是最后梦想破灭。不久后，南宋帝国接受丧权辱国的和议，而抗金名将岳飞无罪获诛，中原百姓被软弱的朝廷彻底抛弃了。辛弃疾便是在金人的统治下度过人生的童年、少年，直到长大成人。尽管中原沦陷数十年，但人心思宋，只要机会成熟，抗金的烈焰会再次熊熊燃烧。

绍兴三十一年（1161年）金帝完颜亮大兴发兵南侵，北方的抗金运动也掀起高潮。当时山东活跃着一支起义军，首领耿京因不满金国苛政，揭竿而起，竖起抗金大旗。随着起义军队伍的扩大，山东、河北豪杰纷纷接受他的节制。这一年辛弃疾二十一岁，他毅然参加义军，并在耿京麾下当了掌书记。后来发生一个意外，辛弃疾差点因此丢了性命。

辛弃疾有一位朋友名叫义端，当时聚众一千余人起义。在辛弃疾的劝说下，义端归顺耿京。不料义端归顺没多久，突然盗走耿京的大印叛逃。耿京大怒，归罪于辛弃疾，打算杀掉他。如果辛弃疾就这么被砍了，中国文坛就少了一位巨人。生死关头，辛弃疾大喊道："给我三天时间，倘若我没抓到义端，再杀我不迟。"夺回大印是要紧事，耿京便同意了。

要上哪找义端呢？辛弃疾冷静判断，义端盗走耿京大印，定是要投降金人。于是他朝着金营方向快马急追，终于追上义端。大家都知道辛弃疾是个大文豪，却不一定知道他也是一位武林高手，功夫十分了得。义端以朋友的身份乞求道："我知道你力能杀人，希望你别杀我。"既是叛徒，还称什么朋友？辛弃疾手起刀落，砍掉义端的脑袋，夺回大印后返回大营。耿京为辛弃疾的胆识所折服，越发器重他。

完颜亮败亡后，辛弃疾劝耿京率部众归顺朝廷。耿京便遣辛弃疾奉表入奏，宋高宗亲自接见，并对他在敌后的英勇表现大加赞赏。朝廷决定授予耿京天平军节度使之职，辛弃疾为天平军节度掌书记。辛弃疾返回耿京大营途中，却传来一个噩耗，耿京被叛徒张安国所杀，义军溃败，张安国已叛逃到金营。

为了惩罚叛徒，辛弃疾当机立断，与统制王世隆、马全福等五十人，勇闯金营。当时叛徒张安国正与金国将领在帐中饮酒，没料到辛弃疾竟以区区数十骑前来劫营。辛弃疾化身为孤胆英雄，以迅雷不及掩耳之势生擒张安国，进出金营如入无人之境。叛徒张安国最终被押回临安斩首，辛弃疾一战成名！

后来他在词中追忆这段激情燃烧的岁月："壮岁旌旗拥万夫，锦襜突骑渡江初。"何等豪迈，何等英雄气概，正所谓"金戈铁马，气吞万里如虎"。

以辛弃疾之文韬武略，完全是虞允文一类的安邦定国之材。然事与愿违，辛弃疾没能在军政上大展拳脚，壮志难酬。原因有二：其一，南宋帝国与金国达成和议，偃武休兵，英雄遂无用武之地；其二，辛弃疾性格耿直、孤傲，爱憎分明，疾恶如仇，为官场所不容。

返回南宋后，辛弃疾写了一系列文章，包括《九议》《应问》《美芹十论》等，呈献给朝廷。在这些文章中，他详细阐述自己的战略主张，纵论宋金两国消长之势，技之长短，地之要害，处处可见其精辟见解与深谋远虑。可惜的是，当时和议方定，不可能因为几篇文章就改变国家政策，故而宋孝宗没采纳其意见。

虞允文当政时期，宋孝宗锐意进取，谋复中原。辛弃疾又上书论南北之势，持论劲直。作为沦陷区归来者，他对中原百姓"遗民泪尽胡尘里"有更多的感受，因而恢复之心，较他人为切，在抗战立场上，无妥协回旋之余地，故而难以迎合朝中多数大臣，自然被弃而不用。虞允文去世后，恢复中原之梦愈行愈远，辛弃疾的理想也越来越难实现。悲愤而不得志的他，只得寄情于诗词，写下大量爱国主义词章。

辛弃疾的词作雄奇峻丽，充满豪迈之气，贯穿满腔爱国之情。"道男儿到死心如铁，看试手，补天裂"，"了却君王天下事，赢得生前身后名"。在文学作品中，他也表现出自己的无奈与悲愤："栏杆拍遍，无人会，登临意"，"却将万字平戎策，换得东家种树书"。以辛弃疾之才华，本来应该做出一番轰轰烈烈的事业，他胆识无双，慷慨有大略，但最终被埋没了。这是辛弃疾的悲剧，也是时代的悲剧。

四五 / 南宋时代的党禁党争

南宋一百多年历史，挑不出几个出色的皇帝，宋孝宗勉强算一个。他统治帝国二十七年，国家相对安定，有史家称为"乾淳之治"，誉之"卓然为南渡诸帝之称首"。淳熙十六年（1189年），六十三岁的宋孝宗感到恢复中原的梦想无望实现，遂心灰意懒，索性依高宗旧例，把皇位传给太子赵惇，自己当太上皇。

宋孝宗本想抛开繁重的政事，安享晚年。可是他哪里知道，自己这一退位，居然惹起无尽的烦恼。原因起自一个女人：皇后李凤娘。

太子赵惇登基，史称宋光宗，原先的太子妃李凤娘便成为皇后。宋光宗性格懦弱，李皇后则是个刁蛮骄横、妒悍跋扈的母老虎。夫弱妻强，可以想象，宋光宗就是一个被李皇后随意摆弄的木偶人罢了。李皇后还是太子妃时，宋孝宗对这个儿媳就看不顺眼，多次批评她，告诫勿染指政事，否则将废了她。彼一时，此一时，光宗上台后，李皇后便开始展开报复行动，挑拨孝宗与光宗父子俩的关系。最后，宋光宗与父亲势同水火，竟然拒见宋孝宗。

李皇后妒忌心很强，凡是被光宗皇帝看上的嫔妃、宫女，她势必要加以迫害。她害死光宗宠幸的黄贵妃，又把一个宫女的双手砍下来，只是因为皇帝称赞宫女的手白皙好看。李皇后残忍独断，把宋光宗折磨得精神失常，堂堂一个皇帝，居然成了个"疯子"。以后皇帝的病时好时坏，朝中政事"多决于后"。

绍熙五年（1194年）六月，太上皇宋孝宗在郁郁中去世。直到这时，光宗还不肯出面主持丧礼，令孝宗葬礼迟迟无法进行。朝廷大臣对光宗皇帝的表现相当失望，宰相留正向光宗提出速速册立太子，遭到皇帝的拒绝。留正索性假装跌倒受伤，辞了相位。

朝中一帮大臣开始密谋逼光宗退位，赵汝愚、赵彦逾、郭杲、叶适等人商量后，决定向太皇太后（宋孝宗母亲）求助。要找谁去向太皇太后陈情呢？他们选了一个人：韩侂胄。他是北宋名臣韩琦的五世孙，也是太皇太后的姨侄。

鉴于光宗已经不适合当皇帝，太皇太后以国家大局为重，同意大臣们的意见，传谕由赵汝愚主持此事。在大臣们的逼宫下，宋光宗被迫退位。与其他朝代相比，宋朝皇帝逊位的特别多，前面的徽宗、高宗、孝宗都是主动退位，而光宗则是被逼退的。光宗之子赵扩继位，史称宋宁宗。

南宋政治与北宋有一个不同，就是权臣比较多。宋高宗时代秦桧把持大权十几年，宋孝宗继位后，吸取经验教训，在位期间换了十五个宰相，三十四个参知政事，无论哪个大臣都无法大权独揽。但是从宋宁宗开始，南宋开启一个漫长的权臣时代，第一个出场的权臣是韩侂胄。

光宗被逼宫退位，赵汝愚在政变中立下首功，韩侂胄也起到重要作用。

韩侂胄心里有些飘飘然，自以为有定策之功，定当受到重重封赏，岂料朝廷只给了个宜州观察使兼枢密院承旨之职。韩侂胄心里极不平衡，认为起码得当个节度使。他去找赵汝愚理论，赵汝愚当面给他泼了一盆凉水，说："我是宗臣，汝是外戚，都不应论功求赏。"韩侂胄非常失望，对赵汝愚有怨恨之心。

别看韩侂胄职位不是很高，后台却很硬。他是宋宁宗皇后韩氏的叔叔，跟太皇太后也是亲戚，凭这些关系得以出入宫禁，近水楼台先得月。加之拥立皇帝有功，宋宁宗初即位也急需有可以倚赖之亲信，因而韩侂胄深得皇帝的信任。利用皇帝这张牌，韩侂胄广植党羽，对异己势力打击报复。

当时在南宋学术界里，理学正逐渐占据统治地位，而朱熹则是理学的代表人物。时任宰相的赵汝愚是理学的忠实信徒，他掌权后，便推荐朱熹为讲筵侍讲。除了朱熹之外，李祥、杨简、吕祖俭等理学名士，也纷纷被赵汝愚招罗到朝中。一时间，理学派成为朝廷中一支重要的政治力量。

朱熹对韩侂胄有很强的警惕心，认为此人善于弄权，又凭恃其外戚身份扩张实力。他警告赵汝愚："侂胄怨望已甚，应以厚赏酬劳，出就大藩，勿使在朝预政。"赵汝愚不以为然。朱熹遂直接向皇帝进谏，直言韩侂胄奸邪。韩侂胄得知后，勃然大怒，决定要给朱熹点颜色瞧瞧。

韩侂胄打听到一个消息，朱熹给宋宁宗讲课时，总讲些"正心诚意""存天理去人欲"的东西，听得皇帝直打瞌睡。皇帝根本不喜欢理学！对韩侂胄来说，这可是扳倒理学派的良机。于是他故意设计了一出闹剧。

· 四五 / 南宋时代的党禁党争 · 265

有一回，皇帝召优伶入宫唱戏。韩侂胄暗地里吩咐这些戏子穿戴峨冠阔袖，打扮成大儒的模样，在唱戏时，把理学家说的"性理之说"拿来说笑解嘲。要知道理学家们讲正心诚意，个个严肃得不得了，却被韩侂胄找来的戏子丑化了一番。对理学不是十分感冒的宋宁宗，看到这出抹黑大儒的戏，亦不禁感到解气。这时，韩侂胄趁机说："朱熹迂阔，不可再用。"皇帝早就对朱熹的讲学深感厌烦，听韩侂胄这么一说，遂下诏罢免朱熹。

对韩侂胄来说，朱熹只是一颗小棋子罢了。

醉翁之意不在酒。韩侂胄的真正目标，是扳倒宰相赵汝愚。

朱熹事件，成为朝廷中两派（理学派与韩侂胄党）交锋的导火线。

朱熹被罢后，赵汝愚、陈傅良、刘光祖等人纷纷上书皇帝，要求收回成命。皇帝非但不挽留朱熹，还把陈傅良、刘光祖两人贬职。赵汝愚一怒之下，请求辞职，皇帝不批准。曾经从学于朱熹的彭龟年弹劾攻击韩侂胄，结果被罢官。陈骙出面为彭龟年辩护，也坐罪免官。

有皇帝这把保护伞，韩侂胄连连告捷，他的矛头很快对准宰相赵汝愚。

要攻击赵汝愚什么呢？韩侂胄与一帮党徒研究半天，找了一个理由。自大宋开国以来，就有一条不成文的规定，宰相一职不由赵氏宗室担任。赵汝愚是赵元佐（宋太宗赵光义的长子）的七世孙，这下子韩侂胄有理由了。他便指使李沐上书弹劾赵汝愚，称他"以宗室同姓居相位，将不利于社稷"，并告他"植私党""专功自恣"。这一击实在致命，赵汝愚被罢相。

韩侂胄的时代来了。

但理学派也不是好惹的。自从理学兴起后，自称继往圣之绝学，就是把孔、孟当年的绝学接过来继续发扬光大。理学虽然不是宗教，但有着宗教般的信仰，他们强调正心诚意，要培养浩然之气。在理学派眼中，韩侂胄就是个奸佞之徒。

李祥、杨简、吕祖俭等理学名士，纷纷上书请留赵汝愚，并攻击韩侂胄。正人君子既然不屑使用小人手段，如何抵得过对手的阴招呢？遂纷纷败下阵来，要么被贬，要么被流放。理学自从北宋二程、张载倡导以来，到南宋朱熹时已俨然成为学术之主流，信众基础坚实。老师被打倒了，轮到学生上场。

太学生杨宏中、周端朝、张道、林仲麟、蒋传、徐范六人，伏阙上书，为赵汝愚等鸣冤,言辞激烈。在皇帝看来,学生此举,无异于公然要挟朝廷,大怒之下,把六名太学生流放到五百里外。这六名太学生虽遭流放,却赢得人心,时人称其为"六君子"。

赵汝愚罢相后,韩侂胄因为外戚身份,不好就任宰相之职,便把他的同党京镗推到宰相宝座。韩侂胄虽不是宰相,但实际权力比宰相还要大。

"六君子"上书后,韩侂胄深感理学派根深叶茂,不容易一网打尽。要彻底清除理学在朝中的影响,就必须在理论上给予致命一击。韩侂胄与同党何澹等人研究后,出笼了一个伪学的名目。所谓的伪学,就是伪道学、伪儒学。

韩党攻击伪学的根据何在呢?

这里要说一个故事。

理学产生于北宋,特别是经程颢、程颐以及张载的倡导,成为时代显学。理学家对道统是这样认为的:孔子得到尧、舜、文、武的真传,孟子得到孔子的真传,孟子之后,就没有人传承了。直到千年后,程颐继承孔孟真学。程颐开创的伊川学派学说奠定了理学的基础,与后来朱熹之学合称为"程朱理学"。

宋高宗曾一度对程颐学说大加赞赏,后来陈公辅上书,斥责伊川之学为"狂言怪语,淫说鄙论"。当时南宋正值存亡关头,推崇伊川之学的人,多数只会高谈阔论,标榜道德,在国家存亡问题上实在起不到什么作用。宋高宗遂下诏:"天下士大夫之学,一以孔孟为师,庶几言行相称,可济时用。"就是说儒学应该回归孔孟之说,应该师法于孔孟,而不是师法于伊川(程颐)。

宋高宗这道诏书,便成了韩侂胄一党攻击理学为"伪学"的依据。何澹向宋宁宗提出:"臣愿陛下以高宗之言,风励天下,使天下人皆师孔孟。有志于学者,不必自相标榜,使众人得而指目。"韩侂胄一党攻击理学为"伪学",虽是出于政治目的,却也道出理学的一些弊病,比如"自相标榜","同门则相庇护",门户之见颇深。

问题来了,什么才是真儒学,什么是伪儒学,标准为何?

切不要以为韩侂胄要跟朱熹探讨学问,他没那兴趣,也没那水平。他巧立名目,是为了打击政敌,实施专政。但凡攻击韩侂胄一党的,无论是不是真的理学家,统统打上"伪学"之名。于是乎,朝中同情理学者纷纷被罢,而严斥"伪学"者则加官晋爵。太常少卿胡纮上书称:"宜严行杜绝,勿使伪学奸党,得以复萌。"这样,伪学与奸党挂钩,党禁由是大兴。

既然是奸党,自然要揪出其党魁。

朱熹是理学的领袖人物,被视为奸党党魁。朱熹被罢出朝廷后,皇帝给了他一个秘阁修撰的闲职,其实并未赴任,而是隐退在家。韩侂胄想打倒朱熹,胡纮、沈继祖等人本与朱熹有隙,乘机大肆攻击,罗列所谓十大罪状,嘲讽朱熹不学无术,不过是剽窃张载、程颐等人的思想。皇帝不分青红皂白,便把朱熹秘阁修撰这个闲职也罢了,其弟子蔡元定被流放。

理学领袖朱熹被打倒,党禁却未结束,反而愈演愈烈。

庆元三年(1197年)底,所谓的伪学籍隆重出台,就是朝廷编制伪学名册,列入名册的伪学奸党共计五十九人。其中有四人曾经担任宰辅,包括赵汝愚、留正等;有十三个曾担任待制以上官职,包括朱熹、彭龟年等;有三十一人担任过散官,包括刘光祖、吕祖俭、叶适等;还有八名士人,包括前面提到的"六君子"及朱熹弟子蔡元定等。

这就是所谓的"庆元党禁"。

表面上看,韩侂胄在党争中大获全胜。事实上,情况比他想象的复杂得多,双方的较量还没完。

庆元六年(1200年),朱熹去世。

在奸党名册中,除了四位宰辅之外,其余五十五人中,朱熹排名第一。可是这位"奸党"党魁之死,居然引起朝廷的恐慌,当时朱熹四方门生信徒,齐聚于信州,欲为老师送葬。朝廷认为,这一群儒生聚在一起,准要妄谈时人短长,议时政得失,便下令地方官员严加防范,以约束其众。对朱熹的葬礼,尚且如临大敌,看来这场党争的胜败还未有定论呢。

朱熹死后不久,吕祖俭(列入奸党名册)的从弟吕祖泰向韩侂胄发难,他击登闻鼓上书,攻击"侂胄妄自尊大,卑陵朝廷",请朝廷诛杀韩侂胄以防祸乱。此书一出,震动朝廷内外。此时韩侂胄的势力如日中天,而吕祖泰不过一区区进士,竟然敢单枪匹马向他发难,这胆子也忒大了。朝廷以吕祖泰"挟私上书,语言狂妄"为罪名,杖责一百,发配钦州。

看来党人的力量不可低估。

这时也有人劝韩侂胄:"不弛党禁,恐后不免报复之祸。"得饶人处且饶人吧,不然哪天党人上台,你韩侂胄也不免要遭殃。此时的韩侂胄已加太师,又封平原郡王,可谓权倾天下。他思忖着"伪学党"动摇不了他的地位,遂稍弛党禁。被列为奸党的徐谊、刘光祖等人先后复官。

从党禁事件可以看出,到南宋时理学已蔚然成风,其影响力不仅局限在学术领域,也深入政治领域。那么,理学究竟是个什么样的学说,在中国学术思想史上又有怎样的地位呢?下面,我们就简单说一下宋代的理学。

四六 / 从理学到心学：宋代儒学之革命

自汉代后，儒学虽有兴衰，但作为官方正统意识形态这一点基本没有多大改变。不过，作为社会主流思想的儒家不断遭到佛道两家的挑战。特别是唐末五代百年乱世，战祸不断，人命如草芥，加剧"出世"思想的蔓延，佛道两家给艰难时世中的底层人民提供一个心灵慰藉的居所，而儒家所推崇的礼义廉耻等道德观念则被尔虞我诈的社会现实所取代。另外，传统儒家在理论上也存在重大缺陷，偏重于伦理与政治，哲学理论上缺乏坚实的根基，特别在宇宙论、本体论上都存在短板。大宋开国后，摆在儒家学者面前的艰巨任务，是重振儒学，注入新鲜血液以适应新的时代，从而挽救人心社会。

宋代的儒学并非对孔孟之道的简单继承，而是一次革命性的突破。这种新的儒学，就是理学。宋代理学的代表人物，有"北宋五子"与南宋朱熹。"北宋五子"是邵雍、周敦颐、张载、程颢、程颐。五子中最年长的邵雍生于1012年，最小的程颐生于1033年，基本上五人处于同时代。在北宋五子的努力下，为传统儒学构建起庞大的哲学体系。他们援道、释入儒，结合《易》之思想，重构儒学本体论基础，由此开创中国哲学的新纪元。

邵雍、周敦颐的宇宙观，皆源于《易》及道家的太极阴阳五行之说，本身并没有多大创造性。譬如周敦颐在《太极图说》中写道："无极而太极，太极动而生阳，动极而静，静而生阴，静极复动，一动一静，互为其根。分阴分阳，两仪立焉。阳变阴合，而生水火木金土，五气顺布，四时行焉。"

张载则提出"气"的概念，"太虚无形，气之本体。其聚其散，变化之客形尔"。张载所说的"气"，略相当于今天所说的"能量"，气聚则万物生，气散则万物散。同时，他还认为，气之聚散，并不是混乱无序的，而是遵循某种规律："天之生物也有序，物之既形也有秩。"宇宙是有秩序的，把这种宇宙观向社会观推导，那么社会也是有秩序的。

程颢、程颐则提出"天理"说，"理"与"气"是新儒学的重要基石，对后世中国哲学产生重大影响。宋代理学的"理"字就是天理，程颢曾颇为自得地说："吾学虽有所受，天理二字，却是自家体贴出来。"所谓天理，就是"自然的道理"，"天下物皆可以理照，有物必有则，一物须有一理。"因此便有了"格物穷理"之说，实际上已经非常接近科学的大门了。

南宋的朱熹是理学的集大成者，他综合张载的"气说"与二程的"理说"，把气与理统一起来："天地之间，有理有气。理也者，形而上之道也，生物之本也；气也者，形而下之器也，生物之具也。是以人物之生，必禀此理，然后有性，必禀此气，然后有形。"理与气之间又是什么关系呢？朱熹认为，"但有此气，理便在其中"，"理未尝离乎气"。中国哲学的一大特色，就是整体观念很强，认为万事万物万理皆有关联，不可单独切割开来。

如果我们对比一下同时期的世界文明，就会察觉宋儒"理气说"思想的先进性。当时的欧洲、阿拉伯或印度，全都是神学占据统治地位，把创造宇宙之力量归结于神。独独中华儒家文明排斥种种"怪力乱神"，认为天地万物之生成由自身之法则决定，并不出于神灵之创造。宋代儒学在佛、道的冲击下，依然坚持以人为中心的学术传统，这点殊为不易，在中世纪人类思想史上绽放其独特的光芒。

当然，理学也有不足，重体悟，轻逻辑，重思考，轻实验。理气说实际上很接近科学，但最终并没有发展出科学。为什么儒家提出"格物穷理"，却没能发展出物理学或生物学呢？有两个原因。其一是方法论的问题。举个例子，明代王阳明为格物穷理，格了七天竹子，最后吐血也没格出什么名堂。这就是方法出问题了，搬个凳子紧盯竹子，格上一百年恐怕也格不出什么。其二是目的论的问题。儒家的目的不是当科学家，而是要"修身齐家治国平天下"，道德伦理及政治理想仍是主要追求。他们探讨宇宙论本体论，是为人生观、社会观做铺垫，他们更关心的是如何完善自我人格，以及人与人的关系、人与社会的关系、人与宇宙的关系。

儒家哲学的一大殊胜之处，就是"天人合一"的思想。这一观念最早出自孟子,他曾说万物皆备于我。又说:尽心则知性知天。个体是宇宙中极小的一个部分,但其中包含宇宙全部的"天理"。张载说:"大其心则能体天下之物。""其视天下,无一物非我。"程颢、程颐认为,"万物皆备于我"不仅仅对人,凡物皆然,"只是物不能推,而人能推之"。

在当时整个世界皆拜倒在神权之下时,唯有中国独标人的价值。邵雍说:"人也者,物之至也。"天地万物人最贵,在宋儒中没有神的位置。邵雍还认为,人能体悟到宇宙最高真理,就是圣人。那么宇宙的真理是什么呢?周敦颐认为,天地化育万物,"至公而已",至公则无私,则中正仁义,这就回到传统儒家的"仁义"思想。程颢更是把"仁"提高到宇宙精神的高度:"仁与天地一物也","仁者浑然与物同体"。今天西方有鼓吹所谓的普世价值,其实在古代中国也有普世价值,便是"仁义"精神。

理学里最为人所知的一句话,就是二程说的"存天理,去人欲",朱熹则说"存天理,灭人欲"。这句话在后世广受争议,有两个方面的原因。其一是误解,二程与朱熹说的"欲",指的并不是人内心正常的渴求,而是指私欲。儒家虽然不是宗教,却有类似宗教的信仰,"天理"实际上是非神格化的上帝,在宋儒是一种绝对真理。中世纪无论东方文化或西方文化,基本上都认同"去私欲"这一观点。其二是理论上存在缺陷,宋儒既然认为万物皆从天理,如果天理中没有包含"私欲"的种子,试问私欲从哪儿来的呢?在先秦诸子中有杨朱一派,与程朱截然不同,观点是"贵己""为我","拔一毛而利天下,不为也",是典型的个人主义。杨朱有自己的逻辑,只要每个人都利己,则天下治矣。程朱理学与杨朱都有合理的成分,也都有失偏颇。私欲特别是统治者的私欲,往往造成灾难,但同时社会进步很多时候是靠人的"私欲"推动的,比如商业与技术革新,程朱显然忽视了后者。杨朱的理论也有问题,人毕竟不是单独存在于世,人与人的关系是复杂的,单讲"利己"而忽视公德,自己遇到困难时谁会帮助你呢?予人方便就是予己方便,一个人与人之间漠不关心的社会,肯定不是好的社会。因此,如何平衡"公"与"私",这是对人类智慧的考验。

对宋儒的精神追求,我们要给予充分肯定。张载曾说过:"为天地立心,为生民立命,为往圣继绝学,为万世开太平。"有吞吐天地之胸襟,有壁立千仞之气节。冯友兰先生曾把人的境界分为四等,最上等者为"天地境界",又称"同天境界"。张载之人生境界，便是大气磅礴的天地境界。

到了南宋，儒学形成一个重要分支——心学，代表人物便是陆九渊，他与朱熹是同时代人。朱熹讲求格物致知穷理，深受禅宗思想影响的陆九渊则认为天理并不是向外求索，相反，心就是理，理就是心。陆九渊有一句名言："宇宙便是吾心，吾心即是宇宙。"因此追求的不是"格物穷理"，而是"明心"。他还说："宇宙内事，乃己分内事；己分内事，乃宇宙内事。"

心学之于儒家，如同禅宗之于佛家，是具有划时代意义的思想。它为个体精神发展铺平了道路，我们知道儒家是讲等级秩序的，但心学的本质却是平等的。万物皆备于我，故而陆九渊说："收拾精神自作主宰。"吾心即是宇宙，推而广之，每个人的心都是宇宙，至少在哲学意义上人与人是平等的。每个人都可以通过"明心"而直达宇宙真理，都有成圣的可能性。值得注意的是，陆九渊对经典并没有那么重视，他有一句很著名的话："六经注我，我注六经。"还有另一个表达是："学苟知道，六经皆我注脚。"既然心可以体悟宇宙真理，六经难道比宇宙真理还高吗？如果中国之学术能沿着陆九渊这个思路发展下去，整个社会思想肯定会发生翻天覆地的变化，历史也会为之一变。我们看陆九渊的心学，可以读到很多现当代的精神元素：个体的平等，精神的自由，反对权威、自我价值实现等。

宋代儒学之所以得到跨越式发展，得益于援佛、道入儒，在宇宙论、本体论、心性论、方法论等诸多领域吸纳两家理论之长。但是无论是理学还是心学，与佛、道仍有本质之区别。在宋儒看来，佛家求解脱，道家求长生，立足点都是一个"私"字，而儒家精神孜孜以求者是一个"公"字。陆九渊曾这样评论："儒者虽至于无声无臭，无方无体，皆主经世。释氏虽尽未来际普度众生，皆主出世。"儒者是入世的，佛道是出世的，这是根本区别。尽管佛家说普度众生，但这是宗教意义上，而非真正的经世济民。

心学并没有成为南宋的主流学说，当时在学术界占统治地位的是程朱理学。程朱理学对后世数百年中国的学术、政治产生深远影响。自理学兴起后，儒学有了新的活力，填补自身的理论短板。"存天理去人欲"亦可视为对唐末五代以来道德沦丧、上流社会物欲横流的反动与纠偏。宋儒大力提倡忠孝节义，故而有宋一代忠臣义士极多，民族之精神亦由此而凝聚。

不过，理学亦存在诸多弊病。明末清初思想家颜元曾这样评论："宋、元来儒者却习成妇女态，甚可羞。无事袖手谈心性，临危一死报君王。"切中要害，点到理学家的死穴。早期理学家还是比较务实的，比如张载年轻时的兴趣是谈兵论战，一心想报效国家。后来因范仲淹的点拨，他才发奋求学，终成一代大师，但经世济民、开万世太平始终是他的最高追求。后世理学家则喜谈心性之学，鄙视功利，在国家日益衰微没落之际，不能挺身而出，建功立业。同时，很多理学家内心有一种道德优越感，大事做不来，又喜欢站在道德的高度上去指责攻击别人。其实这种人现在也很多，特别是文人，自己啥事也做不来，就是自我感觉良好，俨然如正义之化身，实际上这是道德傲慢的一种体现。

针对理学空谈心性的弊病，陈亮、叶适等学者提出功利主义儒学。陈亮与朱熹有过"义利之辨"，他旗帜鲜明地反对程朱理学"坐以论道"的风气，驳斥朱熹"理在事先"的理论，提倡"功利之学"。他批评理学信徒们"知议论之当正，而不知事功之为何物"，"今之君子，欲以安坐感动者，是真腐儒之谈也。"反对理学家标榜道德却没有实际行动的做法，不能振衰起敝，只流于空谈。叶适也认为："既无功利，则道义者乃无用之虚语。"

正因为理学家多数只会高谈阔论，标榜道德，才会被韩侂胄一党抓住把柄，攻击为伪学。

四七 / 北伐失败，韩侂胄赔上一颗脑袋

宋朝政治有好的一面，也有坏的一面。

往好处说，总体上是比较清明的，也比较人道，以韩侂胄之专权，大兴党禁，仍然只是采用免官、流放、造奸党名册这些手段，绝少采用杀戮手段，固而宋朝党争频繁，但没有酿成东汉党锢血流成河之惨剧。往坏处说，党争频频，大大消耗国家力量，各党都把精力放在对付对手上，却没有放在富国强兵之上。南宋未能好好利用和平年代以加强国防建设，等到战争来临时，又要一败涂地了。

当南宋朝廷内部热衷于口水战时，北方的金国处境也不太妙。从1195年始，北方鞑靼（又称阻卜，是对蒙古草原诸部族的通称）屡屡扰边，搞得金人连年兴师，士卒疲敝，府库空虚，赋敛日重。曾经强盛一时的金国已江河日下矣。

韩侂胄本是将门之后，对建功立业非常向往，他认为金国气数已尽，正是收复中原千载难逢的机会。于是他开始大议北伐，招募士卒，从国库中取黄金万两，待赏有功之臣。对于主战派人士来说，一直期待着出兵北伐的这一天，自然举双手赞成。伟大爱国词人辛弃疾时任浙东安抚使，他入见韩侂胄，称金国必然乱亡，应该做好充分准备以应对时局变化。此时，使臣邓友龙从金国归来，报说金国困弱，取之易如反掌。韩侂胄听罢大喜，以为是建立盖世功业的良机，遂决意北伐。为了鼓励将士，他还在镇江修了一座韩世忠庙，奏请皇帝追封岳飞为鄂王。

对韩侂胄北伐的志向，我们要给予肯定，同时也不能不指出，南宋根本没有做好北伐的准备，对金国的实力存在严重误判。金国虽然由盛转衰，但瘦死的骆驼比马大，其军事力量还是不容低估的。

自1165年道乾和议以来，南宋帝国有将近四十年没打过大仗，无论将领还是士兵都缺乏丰富的作战经验。韩侂胄专权的这些年，把精力都放在讨伐伪党上，对国防建设并不上心。更糟糕的是，北伐计划从一开始保密工作就做不到位，使

金国得以从容部署防御。

从韩侂胄决意北伐到出兵，整整用了两年又四个月的时间。尽管宋宁宗下诏要求内外诸军秘密制订行军计划，实际上南宋军队在边界线上频频调动，早就被金国方面察觉了。金章宗判断南宋将有大动作，遂于开禧元年（1205年）十一月下诏，命令陕西、山东诸将训练士兵以备非常，并派出间谍收集南宋方面的情报，在边界上加强巡逻部队，以备宋军突击。

开禧二年（1206年）四月，宋军发动试探性进攻。

山东京洛招抚使郭倪下令攻占泗州。南宋军队尚未进攻，消息便已走漏，所幸的是宋将毕再遇当机立断，提早一天发动进攻，总算顺利攻下泗州，旗开得胜。紧接着，宋军又收复几座县城。

由于宋军的进攻是试探性的，规模并不大，金章宗紧急召集群臣商议研判战局，究竟宋军只是在边界线上挑衅，还是打算大举进攻呢？金国左丞相布萨端认为，宋军既然发动攻击，宜早为备。金章宗遂派布萨端坐镇汴京（开封），总领一方，同时尽征诸道兵，分守要害。

韩侂胄果然不是将帅之才，小规模的进攻，既不能重创敌军主力，又让敌军有充足的时间进行战前准备，可谓是一错再错。泗州等地得手后，他才向宋宁宗提出下达伐金的诏书。这个北伐诏令来得太晚了，此时的金兵已经严阵以待。

北伐战争的发起，已全然失去突然性。

韩侂胄接到的前线战报，几乎都是坏消息。宋将郭倬以五万人攻宿州，为金兵所败；李爽攻寿州失利；皇甫斌败绩于唐州，王大杰兵败于蔡州。可以说，宋军是全线溃败。令韩侂胄没有想到的是，陕西河东招抚使吴曦竟与金人暗地里往来，密谋反叛。

吴曦是什么人呢？他为什么要反叛呢？

他是抗金名将吴璘的孙子。在南宋史上，据守川蜀的吴氏家族十分富有传奇色彩。吴玠、吴璘兄弟都是难得的名将，为保卫南宋西北、西南立下殊功。吴璘去世后，其子吴挺任利州安抚使，仍然手握兵权。由于吴氏执掌兵权太久，在川陕一带声望极高，麾下军队有"吴家军"之称，朝廷认为难以驾驭，担心尾大不掉。吴挺去世后，朝廷便将其子吴曦调入朝中，担任殿前指挥使。你想想，吴氏几代人在川陕奋斗，为国家建立那么多功勋，换来的结果是功高震主，是朝廷的猜疑。吴曦内心强烈不满，渐有叛反之心。

后来，吴曦用金钱贿赂朝中权贵，得以回到川陕，任兴州（陕西略阳）都统制，把吴家军旧部招揽过来，再起炉灶。正好韩侂胄欲发动北伐，便委任吴曦为四川宣抚副使，总揽川蜀军政大权。既然朝廷寡恩，他也不想为朝廷卖命了。北伐战争刚刚开打，吴曦便与金人秘密接触，表示愿意献上阶、成、和、凤四州之地，换取金人支持他当蜀王。金章宗求之不得，遂一口答应。

此中细节，韩侂胄当然一无所知。他一再催促吴曦在西北发动攻势，吴曦却以种种借口按兵不动，以待叛变的时机。

南宋北伐军全线受挫，金章宗酝酿全面反击。

十月，金兵集结十五万兵力，分兵九道大举南下伐宋。如今战局颠倒过来了。原来是宋军北伐，现在成了金兵南侵。南宋军队再度暴露出战斗力差的弱点，在金兵的猛烈攻击下，几乎毫无抵抗能力。宋军将领中，唯一值得一提的是毕再遇，他接二连三地打败金兵的进攻。毕再遇的出色表现，也挽救不了宋军的败局，在其他战线上，宋军一溃千里。

韩侂胄寝食难安，他寄希望于吴曦在西北发动攻势，以牵制金兵，减轻东南的军事压力。福无双至，祸不单行。早已同金人秘密勾结的吴曦乘南宋兵败东南之机，宣布投降金国，奉上降表，同时献上蜀地图志以及吴氏牒谱予金人。一时间朝野震惊，吴家军的抗金旗帜在飘扬数十年后，竟然改旗易帜了。金章宗遣使持诏书、金印，立吴曦为蜀王。

倘若吴曦的阴谋得逞，川蜀不复是南宋的土地。

吴曦开始做起蜀王的美梦，他在兴州设行宫，置百官，俨然已是一独立王国之主。吴家世代为南宋守疆捍土，深得川陕人民的拥护与爱戴，吴曦叛宋降金，无异于给家族抹黑。对吴曦的倒行逆施，伯母赵氏、叔母刘氏站在民族大义的立场，痛斥他的叛国行为，可是吴曦哪里听得进去。

吴氏家族治川陕多年，以至于外人皆道吴家军只知有统领，不知有朝廷。但不要忘了，吴家军自吴玠、吴璘始，便是南宋抗金的中坚力量，将士们无不为这支军队的光荣传统而深感骄傲。吴曦公然叛变降金，大失众望，一股反吴曦的力量也悄然兴起。

部将杨巨源联络一批将领、义士，决意推翻吴曦。被吴曦任命为丞相长史的安丙也有平乱之志，遂召杨巨源至卧所，对他说："必得豪杰，乃灭此贼。"杨巨源慨然道："非先生不足以举此事，非巨源不足以了此事。"与此同时，任兴州中军正将的李好义也密谋诛杀吴曦，在民族大义面前，他毫不含糊地表示："此事誓死报国。"

安丙、杨巨源、李好义等人结成反吴曦联盟。

吴曦还在做着蜀王的美梦，只是春梦了无痕，很快就要破灭。

开禧三年（1207年）二月某天，李好义、杨巨源等七十四人闯入吴曦行宫。当时行宫里有卫兵一千多人，若交起手来，七十几人焉为对手。李好义急中生智，喝道："奉朝廷密旨，以长史安丙为宣抚使，令我诛反贼，若有敢反抗者夷其族。"卫兵们本来就不想为吴曦卖命，听后纷纷放下武器。杨巨源一行人闯入行宫，踢开宫门，把吴曦一刀两断，砍下头颅。从吴曦称蜀王到被杀身亡，仅仅四十一天。

吴曦败亡后，众人推安丙为四川宣抚使，趁机出兵收复和、成、阶、凤四州，西北之局势转危为安。

川陕是保住了，但东南的危机并未解除。在金兵九路南侵的巨大压力面前，韩侂胄方寸大乱，赶紧又回到议和的立场。

韩侂胄想议和，金人也无心再战。金国原本就政局动荡，不可能在南线发动旷日持久的战争，同样倾向谈和。但金人毕竟掌握战场主动权，对南宋政府乘人之危、落井下石、毁约背盟十分不满，遂在谈判中狮子大开口，提出五大条件：其一，南宋割两淮之地；其二，添岁币银、帛各五万；其三，归还南逃之人；其四，支付金国犒师银一千万两，也就是战争赔偿；其五，诛杀发动北伐的主谋。

对于这些条件，南宋使臣方信孺当然不敢答应。

方信孺回朝后，韩侂胄赶紧召他前来，询问和谈情况。方信孺说了金人提出五项要求中的前四项，说及第五项时，他吞吞吐吐地说："第五事不敢言。"韩侂胄一听心中大为不快，割地赔款你都说了，还有什么不敢说的呢？便催着他答。方信孺只得硬着头皮答道："欲得太师头。"韩侂胄听罢不禁跳了起来，勃然大怒，拂袖而去。

韩侂胄恼羞成怒，老子的头是你金人要得的吗？大不了再决一战。不久后，方信孺以谈判不力，被贬官三级。韩侂胄撤换两淮制置使，打算继续与金人开战。

但他实在太不得人心了。韩侂胄掌权这么久，屡兴党禁，打击异己，得罪的人太多了。若只是得罪朱熹这些理学家，尚不至于被拉下马，可是他竟然得罪了皇后。

宋宁宗的皇后韩氏本是韩侂胄的侄女，韩皇后死得早，皇帝后来又立杨氏为皇后。韩侂胄本是外戚出身，担心杨氏当皇后对自己不利，遂极力反对，这便与杨皇后结下梁子。

如今韩侂胄北伐大败，金人指名道姓要他的脑袋，他早已是声名狼藉，风光不再。杨皇后乘机指使皇子赵曮入禀皇帝："侂胄再启兵端，将危及社稷。"宋宁宗对韩侂胄比较信任，并不理会。杨皇后不肯善罢甘休，在一旁煽风点火，指陈韩侂胄只是奸邪之徒罢了。皇帝耳根软，最后决定杀韩侂胄与金人议和。

韩侂胄弄权这么久，势力极其庞大，皇帝想杀他也不是件容易的事，不是下一道诏令就可以搞定的。在历史上，皇帝被权臣弄死的多了去了，要杀掉韩侂胄得谨慎行事。杨皇后请哥哥杨次山帮忙，物色可以铲除韩侂胄的人选。这个人很好找，礼部侍郎史弥远曾密禀皇帝诛杀韩侂胄，岂不是最佳人选吗？史弥远得到密诏后，决定采取刺杀手段除掉韩侂胄。

十一月三日，史弥远派中军统制夏震埋伏于六部桥旁，韩侂胄上朝路经此桥，被逮个正着。夏震将韩侂胄拖至玉津园，以锤击杀。可怜一代权臣，就这样命丧黄泉了。

韩侂胄死后，朝廷把他的人头砍下，携往金营向金人议和。人有人格，国有国格，南宋几乎是中国历史上最没有国格的王朝。不管韩侂胄如何弄权，起码在民族大义上，要强过许多人。他推崇岳飞、韩世忠，有建功立业之心，同时贬抑秦桧，给予如下定论："一日纵敌，遂贻数世之忧；百年为墟，谁任诸人之责。"谁曾想到，他的人头竟被朝廷献予金人以换取苟安，国格沦丧至此，真是可悲。

经过一番讨价还价，宋金达成以下协定：其一，金国归还所占领的淮、陕之地；其二，改"叔侄之国"为"伯侄之国"；其三，岁币银、帛各由20万增加到30万；其四，南宋支付战争赔偿银300万两。

开禧北伐，是南宋朝廷在准备不充分的情况下发动的战争。韩侂胄严重低估对手的实力，加上吴曦叛变的影响，遂造成全面溃败之局。韩侂胄因为发动这场战争而丢了性命，南宋帝国也再度蒙羞，被迫接受丧权辱国的条约。

四八 / 成吉思汗蒙古帝国的崛起

韩侂胄北伐这一年（1206年），在北方斡难河源（蒙古国乌兰巴托以东），蒙古诸部尊铁木真为大汗，称为成吉思汗。谁也没想到，数十年后蒙古将建立起一个前无古人、后无来者的大帝国。

蒙古本是大漠南北众多游牧部落中的一个部落，在唐代时称蒙兀室韦，数百年来过着自给自足的生活，以放牧为生。北宋灭亡后，南宋与金国打了十几年，北方的蒙古乘机崛起，在首领合不勒可汗的带领下，举兵对抗金国。1139年，金将胡沙虎率部进攻蒙古，由于粮草耗尽不得不退兵，蒙古军乘机反扑，追击至上京附近，在海岭大败金兵。金国权臣完颜挞懒被杀后，其子率部叛变，与蒙古人联手反金。从1143年始，金国连年出兵讨伐蒙古，都无法取胜，无奈之下只得选择议和，并割让若干土地给蒙古。

然而，蒙古人的好运没维持多久。合不勒可汗的继承者俺巴孩可汗被塔塔儿部落出卖给金国人，金熙宗把他钉死在木驴上。在金国与塔塔儿部的打击下，蒙古陷入一个低潮期。这时，一位枭雄横空出世，改写了蒙古历史，也将改写世界历史，他便是被尊为"成吉思汗"的铁木真。

铁木真的父亲也速该是合不勒可汗的孙子，铁木真十三岁那年，父亲被塔塔儿人毒死。铁木真的少年时代历经坎坷，颠沛流离，这也培养了其坚韧不拔的性格。他收罗父亲旧部，积蓄力量，逐渐发展壮大，不少部落前来归附。1189年，二十八岁的铁木真被推举为可汗。在与大漠南北其他部落的战争中，铁木真展现出非凡的军事天赋，他被认为是人类历史上最杰出的军事家之一，有人把他列为世界名将的第一人。经过多年征战，铁木真打败了塔塔儿、乃蛮、克烈等部族，统一大漠南北。1206年，他被蒙古诸部尊为"成吉思汗"，"成吉思"的原义是大海，就好比唐太宗李世民被尊为"天可汗"，乃指"可汗中的可汗"或至尊可汗。

统一大漠南北，仅仅是成吉思汗辉煌军事生涯的第一步而已。在不久的将来，蒙古骑兵将纵横亚欧大陆，所向无敌，令大地为之震颤。

第一个倒霉的国家是西夏。此时西夏臣服于金国，已经不复李元昊开国时的强盛。在铁木真扫荡大漠南北时，西夏曾收留蒙古的敌人，故而成为成吉思汗报复的目标。成吉思汗连续发动三次征讨西夏的战争，西夏损兵折将，不堪再战。1209年，蒙古军包围西夏国都中兴府（宁夏银川），引黄河水灌城。西夏国主李安全被迫献女求和，同意归附蒙古，年年纳贡。

第二个倒霉的国家是金国。1208年，金章宗去世，他的叔叔卫绍王继任金国皇帝。当时金国刚挫败韩侂胄的北伐，南宋为了求和，竟然拿韩侂胄的人头做交易，这让金国人产生一种错觉，自以为仍是军事强国。其实，金国已经失去昔日的锋芒，不是自己强大，而是对手南宋实在太差。卫绍王显然没有意识到这点，登基后还把蒙古视为藩邦。他派使者前往蒙古宣读诏书，要求成吉思汗跪拜接诏。成吉思汗问道："金国新皇帝是何人？"金使回答："乃是卫绍王。"成吉思汗不禁啐了一口唾沫，挖苦道："此等庸懦之辈，也能当皇帝？何以要拜！"说罢骑着马，头也不回地走了。从此之后，蒙古断绝与金国的关系。成吉思汗抓紧时间训练军队，准备发动对金国的战争。

击破西夏后，成吉思汗把矛头对准金国。1211年，蒙古大举伐金。金国派遣西京留守胡沙虎在野狐岭一带布防，总兵力达三十万人。野狐岭一战，金国总算领教了蒙古骑兵的厉害，三十万大军被打得大败，死伤过半。金主卫绍王果然不是英雄之辈，他赶紧派人向成吉思汗求和，却被一口拒绝。蒙古人攻陷金国西京，金国西部诸州也纷纷落入蒙古之手。成吉思汗的军队还一度攻到居庸关，大掠而去。

此后数年，蒙古几乎年年对金国发动进攻，如秋风扫落叶，从西打到东，从北打到南。蒙古人想来就来，想战就战，所过之处，无不残破。这种劫掠式的进攻，不仅严重消耗金国的军事力量，且对经济造成巨大的破坏。

1213年，金国右副元帅胡沙虎发动政变，杀掉卫绍王，立完颜珣为皇帝，史称金宣宗。不久后，胡沙虎被部将高琪所杀。一连串的政变，令金国之国力更加衰微。蒙古人的攻势依然凌厉，除了燕京等十余城外，河北山东之地几乎都被蒙古铁骑攻破。在蒙古人的步步紧逼下，金宣宗被迫于1214年迁都到汴京，即开封城。

风水轮流转，金宣宗终于体会到当年宋高宗失魂落魄的滋味。1215 年，蒙古人攻克金国北京大定府（内蒙古宁城西），之后再破中都燕京（今北京），甚至有一支骑兵攻到距离汴京只有二十里的地方。无奈之下，金宣宗决定与蒙古议和。蒙古开出的条件是：金国把河北、山东残存诸城割让给蒙古，向蒙古称臣，去掉帝号改封为河南王。这个条件，金宣宗着实无法接受。

金国在中原战场的溃败，严重影响其与南宋帝国的关系。

我们回过头，说说南宋帝国的故事。

自从蒙古大举入侵金国后，南宋朝廷怀着幸灾乐祸的心态看热闹。眼看金人在战场上节节败退，南宋朝廷索性把每年三十万两白银与三十万匹帛的岁币扣下，连续两年不交给金国。金国连年战争，损失惨重，正亟须用钱，南宋却要赖账，怎么办？

嘉定七年（1214 年），金宣宗派使者到南宋，催促朝廷赶紧补交两年的岁币。这笔款项，要不要给金人呢？

真德秀表示反对，理由如下：金人遭蒙古攻击，已迁都汴京。蒙古意在消灭金国，既然蒙古骑兵可以越三关攻打燕京，自然也可以越过黄河攻打汴京。蒙古的兴起，乃是南宋帝国面临的最大忧患。真德秀总结道："今当乘敌之将亡，亟图自立之策，当事变方兴之日，示人以可侮，是堂上召兵，户外延敌。"

此论实有远见卓识，真德秀早已看出蒙古比金国更富侵略性，金国灭亡不可避免，宋朝应当做好自立自强的准备。以当时金国面临之窘境，绝对没有力量发动对南宋的大规模进攻，宋宁宗采纳真德秀的意见，停止对金国输纳岁币。

南宋的强硬态度，令金宣宗大为恼火，只是金国今非昔比，也只能干瞪眼了。到 1215 年秋，蒙古攻占的金国城邑已达八百六十二座。金国除了要面对蒙古无休止的进攻外，还得对付另一个强劲的对手：红袄军。

中原沦陷后，汉人为反抗金人统治，起义此起彼伏，一直未断绝。只要金国政局有所动荡，抗金起义之烽火便复燃。成吉思汗对金国发动战争的那一年（1211 年），山东杨安儿乘机起事。杨安儿本是个盗贼，后归顺金国，被任命为副都派往戍边。蒙金战争爆发后，杨安儿逃回山东聚众起义，杀掠金国官吏，开仓济贫。起义军攻占莱州、登州，队伍发展到数十万人。

在杨安儿起义的鼓舞下，1214年潍州爆发抗金起义，起义军全部身着红衣，故而称为"红袄军"。在金兵的围剿下，杨安儿战败入海，坠水而死。杨安儿死后，他的妹妹杨妙真嫁给了红袄军首领李全，两支起义军合并。李全武艺高强，能耍一把大铁枪，江湖人送绰号"李铁枪"。由于金国首先要应对蒙古的进攻，未能集中全力讨伐红袄军，始终无法消灭这支抗金武装。

此时北方战局非常微妙，情况极其复杂，这里笔者只能长话短说。

嘉定十年（1217年），北方战局突然出现大变化。重创金国后，成吉思汗改变战略方向，欲大举西征。在成吉思汗统一蒙古诸部的战争中，消灭了许多对手，其中一大劲敌是乃蛮部落太阳可汗。太阳可汗战死后，其子屈出律逃往西辽，联合中亚花剌子模国夺取西辽政权，欲兴兵为父报仇。成吉思汗决定先下手为强，消灭屈出律，便把继续进攻金国的任务交给木华黎，自己则率主力西进。尽管木华黎仍不时出兵攻略金地，但金国所承受的军事压力已大大减轻。

金人稍有喘息之机，对南宋政府落井下石的背约行为十分恼怒，决定发兵侵宋，给宋人一个教训。这年四月，金兵越过淮河，攻光州、樊城、枣阳等地，同时在西北方向越过大散关，进攻和、阶、成诸州。淮河与大散关一直是宋金边界线，金兵企图先发制人，克敌制胜。

南宋政府不甘示弱。六月，宋宁宗下诏伐金，并在诏书中表示："若能立非常之功，则亦有不次之赏。"谁能立非常之功呢？楚州知州应纯之想到了一支可资利用的力量，便是活跃在山东的红袄军。他密报朝廷，请求招纳红袄军，并建议朝廷利用蒙古打击金国之机，收复中原。

朝中宰相史弥远却不敢大举北伐。他心里最清楚，当年韩侂胄怎么死的，不就是贪功北伐，结果打不赢，敌人非要他的脑袋才肯议和。史弥远是策划杀韩侂胄的人，他可不想自己也落得个北伐不成反被杀的下场。在招纳红袄军一事上，史弥远比较谨慎，密令应纯之对外不说招纳，只是暗中招抚红袄军诸帅，拨给军粮，改称为"忠义军"。嘉定十一年（1218年），李全率部归顺宋朝，被任命为京东路主管。

在往后几年里，金与南宋之间你一拳我一脚地在边界上交锋，互有胜负。

在这场长达七年的宋金战争中，南宋涌现出不少名将，最卓越的有镇守枣阳的孟宗政与忠义军首领李全。

孟宗政的父亲是岳飞的部将孟林，由于出身将门之家，他"自幼豪伟，有胆略，常出没疆场间"。嘉定十一年（1218年）四月，金军攻襄阳，围枣阳。孟宗政"蹀血以战"，大败金军，解枣阳之围，以功兼权枣阳军节度使。次年（1219年），金兵再度围攻枣阳，孟宗政率领军民英勇抵抗，历时三个月，大小七十余战，赢得保卫战的胜利。

嘉定十二年（1219年），不甘心失败的金兵卷土重来，第三次大举进攻枣阳。金兵动用云梯、天桥、挖掘地道等手段攻城，始终未能得手。双方血战十五阵，金兵始终无法破城。此时南宋又派遣将领扈再兴、许国分两路攻略唐州、邓州以牵制金军。金兵包围枣阳城八十余日，最终仍被孟宗政击败，损失三万多人。金人连续三年在枣阳折戟，自此不敢再窥襄阳、枣阳。孟宗政三战枣阳，威名远扬，被金人称呼为"孟爷爷"。唐州、邓州一带汉人纷纷前来投奔，他从中挑选两万名壮士，编为"忠顺军"。

值得一提的是，孟宗政的儿子孟珙青出于蓝而胜于蓝。在父亲去世后，孟珙接手忠顺军，以一系列辉煌的胜利，当之无愧成为南宋后期第一名将。

再来说说归顺朝廷的忠义军首领李全。

嘉定十二年（1219年），金国大举发兵入侵淮南。金国骑兵前锋进抵采石杨林渡，南宋建康府（南京）为之震动。忠义军在此役发挥巨大作用，李全率领忠义军（红袄军）抄截金兵后路，在涡口（安徽怀远）与敌展开激战。在忠义军的顽强阻击下，金兵不得不退师，李全乘势追击，大获全胜。鉴于忠义军之骁勇，金兵不敢再窥淮东。

不久后，李全为朝廷再立殊功。

在蒙古入侵与红袄军起义的双重打击下，金国在山东的统治已是摇摇欲坠。蒙古大军虽然攻破很多城池，基本上抢掠完就走了，蒙古人一走，便成了一个权力真空带。有个益都人名唤张林，乘机占据青州，山东诸郡纷纷前来依附。当时李全率忠义军攻打齐州，金国守将献城投降。李全有意招揽张林，遂仅带数人入青州，与张林见面，劝他归顺朝廷。张林与李全十分投缘，两人结为兄弟。张林宣布山东十二郡七十余城归顺大宋朝廷，他上表称："举七十城之全齐，归三百年之旧主。"

宋金战争从嘉定十年（1217年）打到嘉定十六年（1223年），前后七年。这一段时间的战事十分混乱，不仅宋金开战，蒙古军在木华黎的指挥下，几乎年年攻略金国，只是由于蒙军主力西征，金国尚能勉强支撑。除了蒙古外，西夏也不断攻击金国。四国大混战已经令人眼花缭乱，还有形形色色的义军，各方势力犬牙交错。总体上说，金国的处境最为不妙，在东西南北四个方向都受到威胁，可谓四面楚歌。

七年战争，南宋与金国互有胜负，大体上维持均势。鉴于南宋之前对金战争的糟糕表现，能打个平手也算不容易了。有两个方面因素：其一是金国在蒙古打击下损兵折将，丢了大半土地，实力大衰；其二是南宋的军事力量有所上升，收编大量中原抗金义军，特别是忠义军；另外将领选兵择将的权限亦有所放宽，如孟宗政组建的"忠顺军"，后来成为宋军中之精锐。

然而，对于忠义军这样的编外部队，南宋朝廷难以驾驭。忠义军首领李全骁勇善战，为朝廷立下不少汗马功劳，可是他毕竟是绿林出身，又恃功自傲，最终惹出不少事端。

张林与李全称兄道弟，献出山东十二郡归顺南宋，但两人很快就反目成仇。当时张林在山东拥有几个盐场，这是他的主要收入来源。李全的哥哥李福要求分得一半盐场，张林不同意。因为利益问题，张林与李全兄弟闹翻，索性投降蒙古。

李全兄弟逼反张林，朝廷又不得不倚重李全以稳定山东局势。嘉定十五年（1222年），南宋出师征讨张林，李全率军占领青州。朝廷为表彰其功，授予保宁军节度使之职，兼京东路镇抚副使。占据青州后，李全拥兵自重，俨然一军阀割据势力矣。

朝廷一味以高爵厚禄羁縻绿林出身的李全，反倒令他更加跋扈嚣张，目中无人。时任淮东制置使的贾涉警告朝廷，李全骄暴难制。朝廷仍然幻想利用李全的名望与才能，在山东、河北鼓动义军，抗击金兵。

贾涉去世后，朝廷委派许国为淮东制置使，也是李全的顶头上司。

许国对来自北方的忠义军向来轻视，采取种种手段压制，令李全极度不满。

李全到楚州谒见许国，又遭到他的冷遇。后来李全要返回青州，许国故意在楚州城外搞了一场大阅兵，参加阅兵的部队是十三万两淮马步军。这是向李全示威，以示忠义军不过只是乌合之众罢了。

心高气傲的李全哪里忍受得了这种羞辱，遂心生杀机。他留部将刘庆福待在楚州，伺机除掉许国。刘庆福率部众作乱，许国被乱军所伤后缢死，全家男女老少全部遇害。这件事背后的主谋就是李全，当朝宰相史弥远当然心知肚明，但他深恐李全叛变，不仅没有任何责罚，反倒极力安抚。

杀死堂堂两淮制置使，李全居然毫发无损。

朝廷越怕事，李全越胆大妄为。

许国死后，李全的野心更大，妄想吞并其他忠义军。除了李全之外，还有几支被朝廷招安的忠义军，其中实力最强的是彭义斌部。彭义斌是著名的义军领袖，曾率部收复京东州县，经略河北，战功颇著。李全写信给彭义斌，要求他接受其节制。彭义斌把李全的信使斩首示众，并宣布李全罪状："背国厚恩，擅杀制使。"两支义军的火并已是不可避免。

李全先发制人，率军进攻彭义斌，岂料偷鸡不成反蚀把米，被彭义斌打得大败。彭义斌收编李全的降卒后，实力更加强大。他向朝廷建议："若不诛杀逆贼李全，恢复中原无望。"由于李全横行霸道，南宋诸将早就看他不顺眼，特别是擅杀许国后，更是大失人心。诸将纷纷表示支持彭义斌的建议，出兵讨伐李全。宰相史弥远担心局势失控，未予批准。

不久后，彭义斌在与蒙古人的作战中兵败，不幸被俘殉难。彭义斌之死，对李全来说是一个好消息，但此时的山东局势更加错综复杂了。

山东原本是金国的辖地，经历多年战乱后，金国的势力几乎已经全部被扫出山东，蒙古与忠义军各控制一部分地盘。在此之前，蒙古只对金国开战，并没有对南宋开战。如今蒙古人与忠义军势力相交错，争端便难以避免。

擒杀彭义斌后，蒙古人转而攻打李全的忠义军。李全固守青州，蒙古人采取围困手段，断其粮援。青州被蒙古人围困达八个多月，李全粮尽援绝，于宝庆三年（1127年）五月突围，遭到蒙古人的截击，损失七千余人，被迫退回城内。无奈之下，李全最终向蒙古人投降。

南宋朝廷本想借用忠义军的势力，图谋山东、河北，岂料竹篮打水一场空。随着彭义斌败亡、李全降蒙古，南宋帝国在淮河以北的扩张停顿。南宋朝廷错失一个千载难逢的机会，没能乘蒙、金战争的有利时机渔翁得利，这反映出当时南宋政府之无能。有一个人难辞其咎，他就是执掌大权达二十六年之久的权相史弥远。

四九 / 政坛不倒翁史弥远

与北宋相比，南宋的权臣特别多。

先是有秦桧，后来又出了一个韩侂胄，紧接着来了史弥远。宋太祖、宋太宗苦心制定种种限制权臣的政策，在南宋时期已经行不通了。

在诛杀韩侂胄的行动中，史弥远立下首功，深得杨皇后的信任。有皇后为靠山，史弥远很快从礼部侍郎跃迁为帝国宰相。为了巩固自己的权势，博取人心，消除韩侂胄的影响，他大力为所谓的"伪学党人"平反昭雪。恢复赵汝愚、朱熹、彭龟年、吕祖俭等人的名誉，并招揽理学名士入朝。当然，史弥远推崇理学与当初韩侂胄打击理学，目的是一致的，就是借此来扩大自己的权力与影响力。

史弥远在宋宁宗时当了十七年宰相，在宋理宗时又当了九年宰相，身居相位二十六年，权势之大，无人可及。

在史弥远当政前几年，由于南宋帝国刚刚与金国缔结和约，两国恢复和平，故而帝国倒没有发生什么大事情。从嘉定十年（1217年）开始，宋金战火重燃。此时金国遭到蒙古人的猛烈打击，形势对南宋十分有利。史弥远却未能放手一搏，显得畏首畏尾。甚至在招抚红袄军及其他中原义军时，也不敢公开化，生怕得罪金人。史弥远的这一政策非常失败，以李全为代表的忠义军始终是体制外的军队，未能编入政府军，故而朝廷对忠义军的控制力度有限，导致十分严重的后果。

显然，史弥远更关心的是自己的权势与地位。

表面上看，史弥远的地位固若金汤。当初诛杀韩侂胄时，他与杨皇后、皇子赵曮结为同盟，不久后，赵曮被立为皇太子（改名为赵询）。倘若事情顺顺利利，宋宁宗百年之后，赵曮继任皇帝，史弥远的权势丝毫不会受影响。

人算不如天算，皇太子竟然比皇帝死得早。嘉定十三年（1220年），皇太子赵曮病死，这无疑给史弥远的前途蒙上了一层阴影。

宋宁宗曾有几个儿子，都死得早，被册立为太子的赵曮不是他的亲生子。现在连赵曮也死了，以后谁来接班呢？皇帝只得从宗室中挑选继承人，挑来挑去，选中宋太祖的十世孙赵竑。

对于赵竑这个人，史弥远既不熟悉，也不知其底细。正所谓"知彼知己，百战不殆"，史弥远打探到赵竑喜欢弹琴，便想出一个主意。他花大价钱买了一个善于弹琴的美女，献给赵竑。这个女子知书达理，且聪颖过人，很快便得到赵竑的宠爱。赵竑哪里知道，该女子其实是史弥远安插在他身边的眼线。

相处时间既久，赵竑对美女愈加信任，常向她倾诉心声。这位皇帝的接班人显然没有意识到，作为权力核心之人，谈情说爱乃是奢望，他无条件地对宠爱的女人推心置腹，最后却被女人出卖了。

作为赵宋宗室，赵竑对史弥远独揽大权、专横独断十分不满。有一回，他心血来潮，指着墙上一幅地图上所标的琼厓，对心爱的女人说："他日我若得志，置史弥远于此。"更有甚者，他还给史弥远起了一个"新恩"的绰号，"新"指的是新州，"恩"指的是南恩州，这两个州都是放逐大臣的流放地。言下之意，待赵竑当上皇帝后，他就要把史弥远踢出朝廷，流放到南方去。

这些话很快便通过美女间谍传到史弥远耳中，史弥远听后毛骨悚然。怎么办呢？首先他想到讨好赵竑，改善关系，博取其好感。于是他收罗一些奇珍异宝，送给赵竑。偏偏赵竑不领情，这位温室中长大的皇子显然缺乏圆滑的政治手腕，喜怒形于色，好恶分明。他假装喝醉酒，把史弥远送来的奇珍异宝打碎在地，用这种直接的方式拒绝宰相的讨好。此举固然快意，但赵竑低估了政治斗争的复杂，也低估了史弥远玩弄权术的本领。

史弥远发出不怀好意的冷笑：就凭你小子能扳倒我吗？鹿死谁手还没定论呢。

从那天始，史弥远便把赵竑当作一号敌人，必须阻止他登上皇帝的宝座。赵竑是皇位继承人，想要整垮他，得抬出另一个人选。史弥远相中一个合适的人：被立为沂王的赵昀。

如何推赵昀上位呢？史弥远苦苦思索。

一个机会出现了，皇帝要给沂王赵昀找一位老师，史弥远眉头一皱，计上心头。史弥远与国子学录郑清之的关系不错，便找他密谈："皇子（赵竑）不能担当重任，我听说沂王（赵昀）十分贤明，现在正要挑选一名讲官，你去好好训导他吧。"这个意思说得相当明白，就是想让赵昀取代赵竑，让郑清之去沂王府当内应与参谋。

郑清之本是个学者，突然卷入政治斗争的旋涡，他有几分害怕。史弥远把话挑明了："事成之后，我史弥远的位置就是您的。不过您要记得，今天在这里所说的话，出于我之口，入于君之耳，若是有一语泄露，你我都要被族诛了。"郑清之心头一颤，连声道："不敢不敢。"就这样，史弥远以利诱加威胁的手段，把郑清之拉入这场政治阴谋中。

在史弥远的推荐下，郑清之顺利进沂王府，当了赵昀的老师。要扶赵昀上位，硬件上得达到要求才行。什么硬件呢？要能写好文章，还要有一手好书法。宋代极其推崇文治，历代宋帝都有很高的文化素养，还出现宋徽宗这样在中国艺术史上留名的大家。赵昀本非宋宁宗的亲生子，倘若才艺不过关，要当上皇帝那绝对不可能。

在郑清之的悉心教导下，赵昀的文章、书法都有长足进步，连史弥远都赞不绝口。史弥远还不放心，又问郑清之：赵昀究竟贤明到什么程度。郑清之回答说："其贤明之处，我不能一一列举，然而可以一言断之：不凡。"史弥远不禁捋须点头，脸上流露出得意神情。只要赵昀不凡，便有机会取代赵竑。

转眼已到嘉定十七年（1224年），宋宁宗终于听到死神的召唤。
宋宁宗病危之际，史弥远加紧废立步伐。

史弥远令郑清之把废立计划告诉赵昀，告之欲废掉赵竑，立他为皇帝。赵昀听完默不作声，既没同意，也没反对。郑清之急了，一而再地催问，赵昀仍然一声不吭。谁都知道当皇帝好，但搞政变风险极高，万一失败脑袋就保不住了。赵昀不表态，老师郑清之以几近哀求口气说："您不答一语，清之将如何向丞相复命？"赵昀这才开口，冒出一句没头没脑的话："绍兴老母尚在。"这位皇子果然聪明，他如果明确表示同意，万一政变失败就撇不清关系；如果明确表示反对，说不定要被史弥远给灭口。我不能表态，因为老母尚在，我有顾虑。这叫进可攻，退可守。

对史弥远来说，只要赵昀不反对就够了。

闰八月初三，宋宁宗去世。

史弥远开始行动了。

杨皇后的态度至关重要，史弥远早有准备，收买杨皇后的侄子杨石、杨谷。杨石、杨谷入宫禀告皇后，请求废掉赵竑、改立赵昀。杨皇后不禁愕然道："皇子赵竑乃先帝所立，岂敢擅变？"坚决不答应。杨石、杨谷只得悻悻而退，回禀史弥远去了。这天晚上，对史弥远来说是生死攸关的一夜，他必须尽全力赌上一把。他令杨石、杨谷再入宫固请废立之事，一夜之间往返七次。在史弥远的坚持下，杨皇后最终做出让步，答应立赵昀为皇帝。

史弥远闻讯大喜，立即遣人前往迎接赵昀入宫。他担心去的人搞错，特地交代说："现在宣旨入宫的是沂王府的皇子（赵昀），不是万岁巷的皇子（赵竑），不要搞错了，否则都要处斩。"

赵昀入宫拜见杨皇后，杨皇后抚着他的背说："今后你就是我的儿子。"就这样，赵昀在宋宁宗灵柩前继位，史称宋理宗。

在这场宫廷政变中，老谋深算的史弥远最终成为胜利者。姜还是老的辣，赵竑在政治上还是太嫩了，登基前一刻竟被掀翻在地。

赵竑丢了皇冠后，被封为济王，赐第湖州。

当时湖州有一名志士，名叫潘壬，他听闻史弥远一手遮天，擅行废立之事，心里愤愤难平，打算起兵谋立济王赵竑。潘壬知道自己的实力不够，便派人与忠义军首领李全联系，求他援助。李全满口答应，并与潘壬约定起兵时间。其实李全并非真心拥护赵竑，只是想搞政治投机罢了，当他发现潘壬一伙人只不过是乌合之众时，便打消起兵的念头。

到了约定的起义时间，李全的忠义军并没有出现，潘壬所拼凑的部队，不过是只有千来人的贩夫走卒，哪能成得了大事？很快，潘壬的起义被迅速镇压下去，毫无悬念。潘壬不仅自己送了命，还连累济王赵竑。史弥远深感赵竑不除，后患无穷，便诈称赵竑生病，派亲信余天锡带着太医到湖州为他治病。治病只是幌子，余天锡到湖州后，假传谕旨，逼赵竑自杀，对外则宣称病死。

史弥远果然胆大妄为，先是废掉赵竑，又逼其自杀，岂能不激起朝中正直大臣的义愤呢？真德秀、魏了翁等人纷纷上书为赵竑鸣冤。但鸣冤有什么用呢？史弥远杀赵竑，宋理宗在皇位上坐得才踏实，谁是赵竑之死的受益者，不是很明白吗？

在皇帝的庇护下，史弥远的权势未受任何动摇，即便杀了济王赵竑仍逍遥法外。

但是有一人让史弥远相当头疼，这个人就是李全。

当初为了利用山东抗金力量，史弥远令边将暗中招抚抗金义师，并冠以"忠义军"之名。忠义军不负所望，为朝廷立下赫赫战功，其中战绩最辉煌的就是李全。随着势力的膨胀，李全野心越来越大，越来越难约束。他逼反张林，擅杀两淮制置使许国，攻打彭义斌，最后投降蒙古。

李全投降时，他妻儿及哥哥李福尚在楚州。与李全结仇的张林乘机回到楚州，大开杀戒，杀死李全之子李通、哥哥李福与爱妾刘氏，向朝廷邀功。得悉消息后，李全大为悲恸，向蒙古人请求率兵南下。蒙古人起初不答应，李全断指发誓道："李全倘若再回归南朝，有如此指。"于是改服蒙古衣冠，发兵下淮南，占领楚州。

此时的李全，已俨然成为中原一大势力。为了拉拢李全，蒙古、金与南宋都开出大价码。蒙古有经略天下之志，但光靠蒙古人是不够的，必须倚重汉人降将，于是授予李全山东行省，把山东的军政大权都给他。金国以"淮南王"的封爵招揽李全，遭到李全的拒绝。南宋宰相史弥远仍然主张以招抚政策羁縻李全，打算授予他彰化、保康节度使兼京东镇抚使之职。史弥远虽是弄权之人，对付李全却毫无办法，李全不仅一口回绝，还嘲讽道："朝廷待我如小儿，啼乃授果。"

李全本是狡智之徒，他拒绝史弥远扔来的官衔，却不拒绝南宋给他的粮饷。在李全问题上，史弥远难辞其咎，一味给好处，最后却是肉包子打狗——有去无回。南宋还在拨粮饷给李全，李全却拿来大造舟师，积极为侵宋做准备。前方将士直呼看不懂："朝廷唯恐贼不饱，教我辈何力杀贼？"

史弥远最终搬起石头砸了自己的脚。

绍定三年（1230年），鉴于李全已经不可能招抚，史弥远才转变态度，奏请皇帝下诏停给钱粮并讨伐李全。李全恼羞成怒，进攻扬州以索取钱粮。宋将赵范、赵葵率一万四千人守城，怒斥李全道："朝廷待汝以忠臣孝子，汝乃反戈攻陷城邑，朝廷安得不绝汝钱财。"李全虽然骁勇善战，然而投降蒙古后，部下离心，无心与南宋军队作战。李全在扬州城下大败，率数十骑仓皇而逃，半途陷入泥淖中，被宋军追上后当场格杀。

李全败亡后，赵范、赵葵乘势进剿其残部，以十万之众攻破盐城，继而再下楚州，李全余部皆降。至此，李全之乱方被平定。

史弥远本想笼络李全，利用义军以进取中原，不料最后搞得乌烟瘴气，令两淮百姓深受其害。这位帝国权臣在朝廷之上呼风唤雨，不可一世，对外政策上却极度无能，白白错失进取中原的有利时机。与此同时，蒙古的崛起不可阻挡，南宋朝廷要何去何从呢？

五十 / 南宋与蒙古联手灭了金国

蒙古人正在缔造历史上绝无仅有的大帝国。

成吉思汗与木华黎分兵后，向西挺进，消灭太阳可汗之子屈出律，西域的畏吾儿人也归降蒙古。征服西域诸国后，蒙古之势力扩张至中亚。由于中亚伊斯兰大帝国花刺子模国擅杀蒙古使者，成吉思汗大怒，于1219年大举西征，征服花刺子模及附近小国。又遣大将速不台征服亚美尼亚、格鲁吉亚等地，而后越过高加索，打败基辅大公统率的俄罗斯诸部，兵锋直抵顿河流域。此番出征历时七年，攻略范围之广，取得战绩之伟大，足以震动世界。蒙古骑兵战无不胜，攻无不克，狂风暴雨般地扫荡亚洲大陆。

西征归来后，成吉思汗全力攻打西夏。西夏自臣服蒙古后，亦卷入与金国的战争，前前后后打了十年，直到1224年两国才罢战休兵。经此一战，西夏、金两国都元气大伤。成吉思汗以西夏不守诺言、不纳质子、不出兵西征为由，于1226年发动灭夏之战。西夏的军事力量与蒙古完全不是一个级别，1227年西夏灭亡。西夏自1038年李元昊称帝到灭亡，前后共一百九十年。

蒙古灭西夏的这年，一代天骄成吉思汗去世，享年七十三岁。成吉思汗去世前，对未能在有生之年灭掉金国而引以为憾，他临死前留下灭金战略："金精兵在潼关，难以遽破。若假道于宋，宋金世仇，必能许我，则下兵唐邓，直捣大梁。金必自潼关以数万众千里赴援，人马疲弊必败。"这足见成吉思汗深邃的战略眼光。

成吉思汗去世后，蒙古立窝阔台为大汗。窝阔台是成吉思汗的第三子，在伐金与西征之役中战功最著。西夏的灭亡令金国人有唇亡齿寒之感，为了缓解与蒙古的关系，金国派遣使者前往吊丧，又送给蒙古人羊酒币帛等。然而，窝阔台并不领情，仍决意灭金，以完成父亲之遗愿。

1231年（宋绍定四年），蒙古大汗窝阔台依成吉思汗遗策，计划兵分两路进攻金国首都汴梁（开封），一路由窝阔台统领，自黄河北岸渡河进攻；另一路由拖雷统领，借道南宋汉中，迂回到唐州、邓州，进而包抄汴梁城。

窝阔台的计划不错，但出了差错。

蒙古派使臣前去与宋军商量借道之事，岂料南宋将领张宣竟把蒙古使臣杀死。托雷大怒，挥师入大散关，破凤州，围兴元，南宋军民伤亡惨重。之后，拖雷引兵东向，攻破饶风关，向汴京挺进。原本想借道，最后成了强行以武力通过南宋地界，虽与预定的计划不同，蒙古人还是顺利完成对汴京的夹击之势。

当时窝阔台的部队已抵汴京附近，金哀宗急令邓州守将完颜合达率步骑十五万人增援汴京。完颜合达尚以为蒙古主力在北，哪知拖雷的部队绕道汉中后，已经抵达唐州、邓州。拖雷集中兵力，追击这支十五万人的金国大军。完颜合达急着解汴京之围，无心与拖雷纠缠，且战且行。大雪阻滞金兵的前进，拖雷的蒙古军队终于赶上来，包围金兵。当时金兵距离钧州只有三十五里，拖雷故意围三缺一，让金兵往钧州方向逃窜。这一逃，金兵阵形全乱，蒙古人乘机前后夹击，大破金兵。

窝阔台得知拖雷与金兵交战，派遣一支精兵前来相助。蒙古援军与拖雷合师后，全力进攻钧州。此时金兵精锐皆丧，岂能挡得住蒙古人的凶悍一击。钧州一役，完颜合达与诸多将领皆战死，其中以完颜彝之死最令人惋惜。

完颜彝是金国抗蒙战争中最卓越的将领，小字陈和尚。其麾下部队名为忠孝军，本是一支由回纥、乃蛮、羌、浑与中原汉人组成的杂牌军，由于完颜彝带兵有方，忠孝军纪律严明，所过州县，秋毫不犯。每有战事，完颜彝必身先士卒，在与蒙军的战争中，忠孝军脱颖而出，成为金军中的王牌。完颜彝曾在大昌原之战中，以四百骑兵击破八千蒙古兵，这是蒙金战争以来，金国取得的最大胜利。钧州一战，完颜彝被擒，不屈而死。至此，金国之沙场宿将损失殆尽，国势不可复振矣。

在蒙古铁骑的扫荡下，金国只有招架之功，无还手之力了。很快，商、陕、洛、睢等州纷纷落入蒙古之手，军事重镇潼关举旗投降。

金国首都汴京已是风雨飘摇，能否顶得住蒙古的猛烈一击呢？

蒙古军队横行天下，一靠骑兵，二靠砲兵。在攻城战中，砲兵发挥巨大的作用。汴京城墙坚固，为了破城，蒙古人从太湖及灵璧运来大量的假山石，大小约一斤重，以投石砲轰城。蒙古人的投石砲可击穿铁甲，他们在每一个城角外都置砲轰击。短短几天的时间，蒙古砲所轰出的石块，几乎堆得与城墙一样高。

不过，蒙古的投石砲厉害，金国的火器更厉害。

自占据中原后，金国利用汉人先进的科技装备军队，火器水平相当高。在汴京之战中，金人祭出看家法宝：震天雷与飞火枪。震天雷是一种火炮，据史载："铁罐盛药，以火点之，炮起火发，其声如雷，闻百里外，所爇围半亩之上，火点著甲铁皆透。"飞火枪是什么，史载不详，李约瑟先生认为："飞火枪肯定为飞火之枪，而不是飞之火枪。"大约是类似喷火器的武器。

蒙古人攻城十六天，死亡上万人，仍无法攻破。此时已近夏季，天气渐热，负责攻城的蒙古大将速不台心知汴京不易攻下，遂同意与金国媾和，暂时撤围退兵。

三个月后，蒙古派唐庆为特使入汴京，与金国商议和谈之事。唐庆仗着是胜利的一方，入汴京后出言不逊，狂妄无礼，要求金哀宗须亲自前往蒙古谈判。唐庆的傲慢惹怒了金国人，当天夜晚部分金兵哗变，杀死唐庆及蒙古使团。此举固然快意，却令和谈破裂，金国由此陷入万劫不复之境。

为了灭掉金国，窝阔台决定联合南宋，共同出兵。蒙古派王楫为特使前往南宋襄阳城，谒见京湖制置使史嵩之，商议联合出兵事宜。史嵩之赶紧向朝廷奏报，朝臣们一商议，纷纷表示机不可失，应该答应蒙古，灭了金国，一雪靖康之耻。

不是所有人都认同联蒙灭金，淮东安抚使赵范警告说："宣和时，海上之盟，初约甚坚，后卒取祸，不可不鉴。"当年宋朝不也跟金国结盟灭了辽国吗？后来怎么样呢，自取其辱罢了。宋理宗不理会，仍然令史嵩之遣使报蒙古，并要求灭掉金国后，宋朝收回河南之地。

金哀宗感到大事不妙，汴京城怕是守不住了，他决定东逃，逃往归德（河南商丘）。速不台得知金哀宗东逃后，遂进兵再度包围汴京。

经过四个月的围困，蒙古人终于攻下汴京。金国太后、皇后及诸嫔妃及宗室男女五百余人被蒙古人掳至北方，这几乎是靖康之难的翻版，当年残暴的金国统治者哪能料想到，百年后悲惨的命运会落在自己子孙身上，这算不算是一种报应呢？

这时的金哀宗惶惶如丧家之犬，天地茫茫，他能逃到哪里呢？

镇守唐州、邓州的金国将领武仙、武天锡等人认为，要避开蒙古的兵锋，重振金国声势，最好的去处莫过于川蜀。若是能攻破川蜀以迎金帝，金国尚有一线生机。于是武仙、武天锡出兵入侵南宋的光化（湖北襄樊北），试图打开通往川蜀之路。

金兵的入侵，遭到南宋军队的迎头痛击。

镇守于此的南宋守将孟珙，是孟宗政的儿子。在宋金七年战争中，孟宗政曾与金兵三战枣阳，杀敌数万，威震四方。孟宗政麾下有一支忠顺军，主要是由唐、邓两州归附的汉人组成，作战极为骁勇。孟宗政去世后，其子孟珙被朝廷任命为京西路兵马钤辖，驻守枣阳，同时接管父亲的忠顺军。

孟珙与岳飞、吴玠一样，极富军政才干。他屯守枣阳期间，修建水利工程，开拓田地，边关得以丰饶。为了对付女真、蒙古的游牧骑兵，他极其重视马匹的饲养，发动忠顺军将士每家每户都养马，官府拨给马粮，因此马匹数量增长很快，令孟珙拥有一支精锐的骑兵。

在得知金兵入侵光化后，孟珙立即率军迎战，首战告捷，斩金将武天锡。紧接着，孟珙攻克顺阳，金兵统帅武仙败走马蹬山。

当时有一个名叫刘仪的金国将领向孟珙投降，孟珙详细询问金兵在马蹬山的守备情况。探明敌情后，孟珙率领大军，兵围马蹬山。武仙一直轻视南宋军队的战斗力，哪里料想得到孟珙的部队如此生猛。经过六天的战斗，金兵在马蹬山的九个据点，已经被孟珙攻破七处，阵亡金兵的尸体，更是堆积如山。

金兵已陷入重围，统帅武仙带着五六名骑兵逃命去了，剩下来的七万人，全部向孟珙缴械投降。

孟珙这次辉煌的胜利，打碎金人窥蜀之梦。金哀宗只得另找落脚点，最后他选择了蔡州（河南汝南），这里也将是他生命的最后一站。

想当年，女真兴起于白山黑水之间，灭辽伐宋，雄视天下，何其壮也。只是彼一时，此一时，好汉也不能提当年勇了。金国绝大部分土地已落入蒙古之手，首都也被攻陷，金哀帝成了落魄皇帝，不仅没了奢华宫殿，连吃饭都成问题。

金哀宗的想法与窝阔台一样，想拉拢南宋。他派人前往南宋，两个目的：其一是借点粮食；其二是说明宋金联手的必要性。金哀宗是这样说的："今蒙国灭国四十，以及西夏；夏亡，及于我；我亡，必及于宋。唇亡齿寒，自然之理。若与我连和，乃为我及彼也。"这是警告宋朝，蒙古乃是狼子野心，只有宋、金联手，才能自保。

对于金哀宗的话，宋理宗懒得理会。

宋朝一直受金国欺负，就算议和，要么称臣，要么称侄，何其辱也。现在你金国已是落水狗，别居高临下训导我。其实金哀宗说的，并非没有道理，我们也必须看到，宋与蒙古并无世仇，与金则有不共戴天之仇。本来就非唇齿相依，何来唇亡齿寒呢？

宋理宗非但不借粮给金人，还盘计着履行与蒙古的约定。倘若宋朝不赶紧出兵，等蒙古灭了金国，想讨回河南地也不可能了。此时窝阔台已经派遣都元帅塔察尔进攻蔡州，宋理宗诏令孟珙率忠顺军主力前往助战，与蒙古夹击蔡州。

孟珙接到命令后，立即率忠顺军两万余人，携三十万石粮食，开赴蔡州。孟珙的到来，令塔察尔大喜过望，马上着手准备攻城器械，开始攻城。蒙古军攻城的北面，孟珙攻城的南面。蔡州的防御工事本来就远不如汴京，粮食又严重缺乏，已是孤城一座，如何抵挡得住蒙、宋两国的夹攻呢？

端平元年（1234年）正月，蔡州在顽强抵抗三个月后，终于被攻陷。金哀宗自缢身亡，其部下将其尸体火化。被金哀宗指定为继承人的完颜承麟也未能幸免，为乱军所杀。至此，金国灭亡。自金太祖完颜阿骨打建国，到金哀宗亡国，金国历史共计一百二十年。其兴也勃焉，其亡也忽焉。

蔡州即将沦陷之时，南宋权臣史弥远去世。

史弥远弄权二十六年，竟得以善终，也算是个幸运的人。由于宋理宗是史弥远一手扶植上台的，故而对这位权臣恩宠不衰。史弥远的两个儿子、一个女婿以及五个孙子，都加官晋爵。当然，宋理宗这样做，也是对史弥远怀有某种畏惧心理，他既有能力立皇帝，也有能力废掉皇帝。

登基九年之后，宋理宗终于有出头之日，开始摆脱史弥远的影响，亲自主持政事。他把年号改为"端平"，并把史弥远的私党清理出朝廷，同时给冤死的济王赵竑平反，恢复其官爵。

史弥远的时代过去了，朝廷中的乌烟瘴气稍稍散去。此时又传来攻破蔡州、金国灭亡的好消息，更是举国共贺。百年宿敌灰飞烟灭，百年国耻终得一雪。正是福无双至今日至，南宋军民似乎已经看到一个美好时代的到来。

金国灭亡后，蒙、宋议定，以陈蔡西北地为界，以北归蒙古，以南归南宋。根据这个议定，南宋仅得到一部分河南地，与预期相差甚远，特别是河南三京，即东京开封（汴京）、西京洛阳、南京应天府，一个也没能收回。

曾经平定李全之乱的宋军将领赵葵、赵范抛出一个计划：守河据关，收复三京。就是把大宋的边界线北推到黄河、潼关一线，收复三京之地，抚定中原。

河南经过多年战争，城池残破，十室九空，蒙古虽取得陈蔡以北的土地，却无心逗留，主力已经渡河北返。南宋军队若此时出兵，占领空城并不难，但此举无异于对蒙古宣战，故而引起朝臣与边将们的极力反对。皇帝与宰相郑清之好大喜功，全力支持赵葵、赵范的计划。

蒙金战争刚刚落下大幕，蒙宋战争又要一触即发了。

五一 / 大宋双星：孟珙与余玠

端平元年（1234年）六月，南宋军队开始行动。

首个目标，就是收复故都汴京（东京开封）。南宋派出两支军队直取汴京，一支由淮西制置使全子才率领，共一万人；另一支由淮东制置使赵葵统领，共五万人。守卫汴京的是投降蒙古的金国降将崔立，此人声名狼藉，素为汴京军民所厌恶。崔立部将李伯渊、李琦等人风闻南宋军队欲收复汴京，便刺杀崔立，打开城门迎接全子才。

汴京在沦陷104年后，又回到宋人之手。

这当然是可喜可贺的事。全子才收复汴京后半个月，赵葵率领的五万主力军前来会师。赵葵对全子才大为不满，抱怨说："汝师到此已半月，不急攻潼关、洛阳，尚待何时？"

全子才答道："粮饷未集，如何发兵？"

赵葵怒道："现在蒙古兵还未到，正是乘虚而入的机会，若等朝廷发饷，恐怕蒙古人早南下了。"

全子才没办法，只得派徐敏子率军前去攻取洛阳，另派杨谊率军作为后应，两路人马都只携带五日口粮。徐敏子抵达洛阳时，洛阳早已是一座空城，没有军队驻守，全城只有三百人家。西京洛阳轻而易举收复了，然而这只是昙花一现罢了。

蒙古军队很快杀回来了。

策应徐敏子的杨谊部队共计一万三千人，行至洛阳以东三十里处，忽然遭到蒙古人的袭击。杨谊被突如其来的袭击打得晕头转向，向南逃窜，蒙古人追到洛水河畔，宋军大量士兵在抢着渡河时溺水身亡。击败杨谊之后，蒙古人转而进攻洛阳。徐敏子率部苦战，起初还胜负相当，但宋军的粮食很快消耗一光，如何再战？无奈之下，徐敏子只得放弃洛阳。

蒙古军攻下洛阳后，一路向东，直取汴京。汴京守将赵葵、全子才多次催促朝廷运送粮饷，但望穿秋水，粮饷却迟迟未到。蒙古人从汴京城外决黄河引水灌城，宋军本来就饥饿难战，又被洪水淹死不少人。赵葵、全子才无力回天，只得放弃汴京，狼狈而逃。

从收复汴京到放弃，前后不到两个月的时间。

就这样，南宋发动的"守河据关，收复三京"的军事冒险计划，以彻底失败而告终。

纵观宋朝历史，可以发现宋朝廷在外交上一直很被动，要么懦弱，任人宰割，要么逞强，打肿脸充胖子。稍有挫折，便自信心崩溃；稍有收获，又自尊心膨胀。联金灭辽与联蒙灭金有许多相似之处，宋朝都是以弱势的一方联合强势的一方，获取若干利益。其实无论是灭辽还是灭金，宋朝都出力甚微，但是灭掉对手之后，又想捞取更多好处，结果就得罪了势力强大的盟友。

宋军从洛阳、汴京败退后，蒙古马上遣使者赴宋，指责南宋朝廷负约背盟。从此以后，在河淮一带，战火又要熊熊燃烧了。

端平二年（1235年）六月，蒙古大汗窝阔台大举南侵，蒙宋战争爆发。

蒙古兵分三路：西路军由阔端统领，进攻川蜀；中路军由库春统领，进攻襄阳；东路军由温不花指挥，南下江淮。

且来看看蒙古人三路出击的情况。

先说西路军。

阔端入侵川蜀的路径，与当年金兵相仿，乃是由陕入川。首战沔州（陕西略阳），宋知州高稼孤军无援，力战而死。继而蒙古军兵围青野原，利州统制曹友闻连夜前往救援，截击蒙军，解青野原之围。蒙古先锋汪世显率军攻打大安（陕西宁强北），又被曹友闻击退。为了阻止蒙军入川，曹友闻驻守于当年吴玠大破金兵的仙人关，严阵以待。

在数个月的相持后，蒙军攻入兴元（陕西汉中），直趋阳平关。曹友闻率军救援，不想天公不作美，狂风暴雨突至，蒙古乘机围攻宋军，曹友闻兵败，捐躯沙场。曹友闻一死，由陕入川的通道洞开，蒙军长驱直入。

自吴玠、吴璘守川蜀以来，百余年来，四川境内倒是比较太平。如今蒙军突然杀到，各州府备战不足，不到一个月的时间，四川境内大半州府都落入蒙军之手。蒙古人只是在进攻文州时，才遇到强有力的抵抗。文州军民在知州刘锐、赵汝乡的领导下，固守一个多月。蒙军切断汲水道，全城断水，守军盼不来援军，最终被攻破，死数万人。

蒙军统帅阔端收买吐蕃部落，联合攻陷成都。不久后，阔端得悉皇子库春的死讯，遂放弃成都。宋军才陆续收复成都及川西一些州府。

再来看看蒙军在中路的进展。

中路蒙军在库春的率领下，先攻取枣阳，而后进攻郢州。郢州（湖北钟祥）临汉水，城池坚固，蒙军大造木筏，从水面发动进攻，双方展开激战。宋军顽强抵抗，江陵统制李复明战死，蒙古人最终没能攻下该城。

偏偏这个时候，襄阳出了大乱子。

襄阳守军内部向来分裂为两派势力，一为北军，一为南军。北军将领的权势在南军之上，故而两派不和。镇守襄阳的京湖制置使赵范驾驭无方，竟使得北军将领王旻、李伯渊等人起反叛之心，抢了襄阳城郭的仓库，然后一把火烧了，投降蒙古去了。南军将领李虎等人，又乘火大掠一番，也扬长而去。赵范回天乏力，只得弃城而走，襄阳遂为蒙古所占领。

自岳飞收复襄阳城后，这里一直是南宋的军事重镇，城高池深，固若金汤，储备有财粟三十万，军械武器二十四库，就算被围困几年都不成问题。经过这般折腾后，经年累月的积贮，付诸东流矣。

襄阳失陷后，均、房、随、郢诸州也先后沦陷。

后来蒙军统帅库春病死于军中，蒙古人在中路的攻势方才告一段落。

最后看看东线战事。

温不花大举南下，兵锋直指唐州，曾经收复汴京的全子才弃城而逃。当蒙古军队进入淮西时，南宋几乎没有像样的抵抗，蕲、舒、光三州的守将均弃城而逃，大量的兵马粮械都落入蒙军之手。温不花兵分两路，一路进逼黄州，一路进逼合肥。

此时宋理宗颇为懊悔挑起战端，他把积极主张收复三京的宰相郑清之罢免，又下了一道罪己诏。现在反悔也迟了，首要任务还是得遏制住蒙古人潮水般的进攻。皇帝任命史嵩之增援光州，赵葵增援合肥。

史嵩之得知蒙古人已攻至江陵（湖北荆州），派遣孟珙率军前往救援。

孟珙是南宋军队中第一号将才，在破蔡灭金之战中功绩卓著，受到宋理宗的接见。宋理宗询问孟珙对议和的看法，孟珙答道："臣系武夫，理当言战，不当言和。"宋理宗点头称善，遂命孟珙率部驻扎黄州。孟珙到黄州后，仍然开荒田修水利，搜访军实，增置兵寨，黄州俨然已成为一军事重镇。

此时温不花的蒙军主力正向黄州挺进，攻至江陵。孟珙奉令前往援救，他见蒙军人多势众，遂采取疑兵之计，先令部将张顺渡江，自己率主力随后，过了江后，又密令士兵不断变换衣服旗号。到了夜晚，孟珙命人在江岸高举火炬，数十里相接，营造宋军人数众多的假象。蒙古人果然中计，不知宋军究竟来了多少援军。孟珙乘机发动进攻，连破蒙军二十四寨，救出难民二万余人。

在孟珙取得江陵之役胜利的同时，宋军在真州保卫战中也击败强敌。

真州知州丘岳是个人才，能文能武。他治军严明，守备周详，蒙古进攻真州，屡攻不下。丘岳并不单纯防御，他守中有攻，预设伏兵后诱敌来攻，等敌人追来时，以震天雷之类的火炮伏击，令蒙军伤亡惨重，不得不引兵退去。

至此，蒙古对南宋的第一波攻击结束。

蒙宋战争暂时缓和，主要原因是蒙古正全力西征。

蒙古的西征与南侵是同时进行的。这次西征的规模与范围，较成吉思汗的第一次西征还要大。蒙军在荡平中亚后，挥师入俄罗斯，征服南俄平原，而后攻陷基辅，继续西进，入波兰境内。在蒙古铁骑的疯狂进攻下，全欧洲震动，蒙军大败波兰与日耳曼联军于利格尼兹，大败匈牙利军于萨约河畔。而后进军维也纳，兵锋直抵南欧。直到窝阔台去世，蒙军才从欧洲撤军。

因为西征的缘故，蒙古人对南宋的进攻并没有倾尽全力。蒙军在江陵、真州受挫后，进攻势头明显减弱。即便如此，蒙古仍不时给南宋施加军事压力。

嘉熙元年（1237年）十月，温不花卷土重来，再破光州，攻占复州。但在进攻黄州时，又被孟珙打败了。

这时的孟珙已经成为宋军胜利的旗帜。蒙古人纵横天下，罕有对手，孟珙则是为数不多能屡屡战胜蒙古军的将领。朝廷迁孟珙为荆湖制置使，诏令他收复襄阳、樊城。嘉熙二年（1238年）冬，孟珙开始展开反攻，收复鄂州、荆门。次年（1239年）孟珙挥师北上，进攻襄阳、樊城，与蒙军交战三次，三战三捷。襄阳守将刘义反正，打开城门迎接宋军。

孟珙这次反击战取得赫赫战果，收复襄阳、樊城、信阳、光化、息、蔡等地。襄阳、樊城地处南北要冲之地，战略地位十分重要。孟珙上书朝廷："襄、樊为朝廷根本，今百战得之，当加护理，非甲兵十万不足守。"朝廷对孟珙的意见十分重视，遂命他把襄阳、樊城两地的降兵收编为"先锋军"，把息、蔡两地的降兵收编为"忠卫军"。

襄阳刚刚告捷，四川却频频告急。

蒙古大汗窝阔台由于全力西征，打算与南宋媾和。嘉熙二年（1238年），蒙古派使臣抵宋，提出议和条件：南宋朝廷每年输岁币银、绢各二十万。与往常一样，朝廷又出现主和与主战两派的对立，史嵩之力主议和，而李宗勉则认为主和"不无退缩之意，必致虚损岁月，坐失事功。"皇帝对此犹豫不决。

和议迟迟未有进展，孟珙又乘机收复襄樊。窝阔台大怒，决意大举攻宋。

嘉熙三年（1239年），蒙古大将塔海率大军入川，号称八十万，四川再遭蹂躏。一时间，邛、简、眉、阆、蓬诸州纷纷沦陷，蒙古人进而再破重庆、顺庆诸府。塔海欲渡江东下，直取湖南。由于孟珙早有防备，扼险控要，阻止了蒙军出蜀东下的计划。

东进不成，塔海派部将汪世显再杀入四川，进围成都。四川制置使陈隆之坚守成都，誓与城共存亡。陈隆之部将田世显却暗中向蒙古投降，打开成都北门迎敌军入城。成都因此失守，陈隆之被俘后坚决不投降，被蒙古人所杀，其全家数百口皆死难。蒙古军继续攻略，先后占领汉州、泸州、叙州等。

在蒙古军攻陷成都的同月（淳祐元年十一月，1241年），蒙古大汗窝阔台去世。窝阔台死的时候，由于子侄多数都征战在外，遂由皇后马真氏暂时摄政。为了确定新君人选，出征在外的各路大军纷纷返回，南征川蜀的蒙古军也陆续北返。

尽管川蜀的军事压力骤减，由于蒙古军的破坏，原本富饶的天府之国已是残破不堪，许多城池都只剩下残垣断壁，失去军事防御价值，完整的州郡所存无几。自蒙军入侵以来，历任四川宣抚使、制置使因府库不足、地方政府开支入不敷出而捉襟见肘，束手无策。更糟糕的是，四川实际上已处于失控状态，监司戎帅，各自为令，官无法纪，民不聊生。

朝廷必须派一个强有力的人去恢复川蜀秩序。

淳祐二年（1242年）朝廷以余玠为兵部侍郎、四川安抚制置使兼重庆知府。

余玠本是蕲州人，家世贫寒，为人落拓不羁。他曾在淮东制置使赵葵手下效力，赵葵非常欣赏其才华。蒙宋战争爆发后，余玠屡立战功，升迁为淮东制置副使。朝廷派余玠去收拾川蜀残局，总算用对人了。

朝廷给余玠很大的权限："任责全蜀，一应军行调度，权许便宜从事。"余玠走马上任后，立即着手整饬军政，简选官员，重贤礼士，招揽豪杰。在招揽的人才中，以冉琎、冉璞兄弟两人贡献最大。

冉氏兄弟乃蜀中卧龙，有文才武略，精通兵法，尤其深谙川蜀的山川地势。兄弟两人总结蒙军攻破川蜀的经验教训，提出新的防御观念，认为应当利用巴蜀地势险峻之优势，依山筑城，以抵御蒙古之骑兵。兄弟两人殚精竭虑，遍察川蜀，挑选十余座适宜筑城之山，包括青居山（顺庆）、大获山（阆州）、云顶山（成都）、钓鱼山（合州）等。这些山之所以入选，有几个条件：其一，分布要均衡。不能十余座山城都集中在一个地域，而是要分布于川蜀战略要地与重要城市附近。其二，必须要依山傍水，地势险峻，水源不可缺少，否则无法坚守。其三，要适宜筑城。城要有一定规模，城堡要足够坚固，能储备大量粮食与军备物资。

余玠对冉氏兄弟的构想大加赞赏，并付诸实施，在川蜀建山城十余座。在这些城堡中，钓鱼城更是饮誉全球。钓鱼城三江（嘉陵江、涪江、渠江）环绕，地势极险峻，峭壁悬崖，城墙雄伟而坚固。用冉氏兄弟的话说："功可过十万师。"在后来的战争中，钓鱼城确实发挥了非常重要的作用。

在余玠的主持下，川蜀渐渐恢复秩序，此后十年没有遭遇大的战乱。

五二 / 钓鱼城：攻不破的堡垒

蒙古大汗窝阔台去世后，围绕汗位的权力斗争整整持续了十年之久，直到 1251 年蒙哥继位方才告一段落。蒙古的汗位之争，使南宋帝国获得喘息之机。

在这十年里，蒙古仍不时骚扰南宋，但规模都不大。南宋捍疆卫土的重任落在几个制置使身上，其中孟珙守卫京、湖，余玠守卫巴、蜀，吕文德守卫淮西，此三人皆一时之良将。可惜的是，南宋第一名将孟珙由于长年征战，积劳成疾，于 1246 年病逝，时年不过五十一岁。孟珙在宋金战争中粉碎金人入川的企图，降敌七万，毙敌统帅，后又参加灭金最后一战；在蒙宋战争中，孟珙挫敌于江陵，保卫黄州，收复襄樊重镇，战绩之显赫，为南宋将领的第一人。

孟珙死后七年（1253 年），南宋另一名将余玠暴死。

余玠治川蜀，前后十二年，功绩卓著。赴任之初，川蜀残破，他实行轻徭薄赋政策以宽民力，通商贾以富蜀地。经十余年治理，川蜀大有改观，不但经济得以改善，百姓得以安居，军事防御能力也大大增强。朝廷给予余玠"便宜从事"的特权，当时川蜀将领拥兵自重现象严重，"乱世用重典"，余玠以霹雳手段治军，处死飞扬跋扈的利州统制王夔。余玠铁腕治蜀，权力太大，引起朝廷的担忧，加上一些川将联合朝中重臣恶语中伤，皇帝不得不生疑心，召余玠回朝。余玠接到诏令后不久暴卒，死亡原因不明，当时传闻他是服毒自尽。

不管余玠是怎么死的，对南宋来说，都是无可挽回的损失。

余玠与孟珙堪称南宋之长城、一时之名将。余玠入川时，蒙军主力虽撤出川蜀，仍留有一部分军队。仅在淳祐三年（1243 年），余玠便与蒙军交战三十六次，收复不少失地。余玠死的时候，正是蒙古人发动大举南侵的前夕，川蜀更是首当其冲的战场。值此关键时刻，朝廷迫死余玠，自毁长城。

蒙哥上台后，积极着手准备对南宋发动更大规模的攻势。蒙古军横扫天下，战斗力之强，举世无双。其实蒙古军队不仅作战顽强，在战略上亦有高人一等之处。为了消灭南宋，蒙古制定了一个大战略：先攻川蜀南部的大理国及西南夷，完成对南宋帝国的大包围。蒙哥把攻略云南的任务，交给弟弟忽必烈。

要绕过四川攻略云南，这不是件简单的事。蒙古人以坚忍不拔的意志，从四川西部的崇山峻岭穿行，越过大渡河，行山谷两千余里，乘革囊木筏渡过金沙江，历经艰辛，抵达云南。1253年底，忽必烈征服云南大理国后北返，留下大将兀良合台扫荡西南诸部落。到1257年，蒙古完全征服西南夷与安南。这样，蒙古在北、西、西南三面包围南宋帝国，只差没有海面封锁。

征服南宋的时机已成熟！

1258年，蒙哥汗下诏，大举侵宋。

蒙哥的计划是这样的：兵分三路，先占领南宋的西部与中部，而后向东挺进，灭掉南宋。三路人马分别从北面、西面、西南面挺进。其中蒙哥大汗攻川蜀，得手后顺长江而下；忽必烈从北面进攻，夺取鄂州；兀良合台从安南出师，向北进攻，在鄂州与忽必烈会师。

蒙古人南北夹击，东西并举，声势浩大，南宋朝廷大为震动。

在蒙军三路出击方向中，进攻重点仍是川蜀。

自余玠死后，朝廷先后换了几名四川制置使，才能都远不及余玠，在蒙军大举进攻下，宋军很快溃败。

蒙军前锋在大将纽璘率领下，进逼成都。四川制置使蒲择之派军在遂宁江箭滩阻击，经过一天激战，宋军战败。蒙古人长驱直入，占领成都。而后彭、汉、怀、绵诸州及威、茂诸蕃，纷纷投降蒙古。

纽璘连连得手，蒙哥大汗闻前锋得胜的消息，遂渡过嘉陵江，攻剑门关，破苦竹隘，围长宁山，鹅顶堡不战即降。隆州、雅州、利州、隆庆、阆州、蓬州、广安等地，要么被攻破，要么举旗投降。

这里有一个问题，当初余玠修筑的十几座山城，怎么没有发挥很大的作用呢？因为人才是战争的决定性因素。山势再险峻、城堡再坚固，若将士毫无斗志，甚至举旗投降，还不是白搭？川蜀山城，多数并不是被攻陷的，而是投降的！余玠的心血岂非白费？其实不然，在接下来的战斗中，钓鱼城创造了战争史上的奇迹。

根据蒙古预定计划，四川得手后，即顺长江东下，与忽必烈、兀良合台会师鄂州。蒙哥攻克阆州后，随即向南挺进，进攻合州（重庆合川）。

当初冉琎、冉璞兄弟建议余玠在合州建钓鱼城，并将合州治所迁徙到此。在蒙古大举南侵时，蜀地南宋将领纷纷投降，以至于蒙哥认为只消一纸招降书，便可不战而下合州。蒙哥派汉奸晋国宝前去招降合州知州王坚，晋国宝进了钓鱼城，被王坚大骂一通，赶出城外。晋国宝还未走远，王坚气犹未消，又派人把他抓回来，押至阅武场，数落他不忠不义之罪，当场枭首示众。

王坚怒斩汉奸，以示同蒙古人抗战到底的决心。在巴蜀大半沦陷的背景下，钓鱼城以弹丸之地，能抵挡住蒙古雄兵吗？王坚召集人马，誓死守城，他以忠义激励部下，说到动情处，涕泪四流，将士无不动容。王坚本是名将孟珙麾下忠顺军将领，在作战中勇敢而有谋略，深得孟珙的器重。岳飞之后有李宝，孟珙之后有王坚，这就是人格力量的传承。强将手下无弱兵，孟珙虽死，王坚要将他的忠勇精神发扬光大。

派去劝降的汉奸被杀，蒙哥大汗很生气，亲自引兵进攻合州钓鱼城。当年冉氏兄弟与余玠精心设计的杰作，终于发挥出"功可过十万师"的巨大威力。

钓鱼城保卫战从开庆元年（1259年）二月拉开序幕。蒙哥大汗亲自督战，蒙古人以一往无前的勇气发起冲锋，仍然望城而兴叹。在王坚及其士兵的英勇抵抗下，钓鱼城始终岿然屹立。自入川以来，这是蒙古军队所遇到最顽强的抵抗。蒙哥陈兵于钓鱼城下，遇到一些不利因素，军中疠疫流行，后又遭遇暴雨天气达二十天之久。

朝廷十分关注钓鱼城战事的发展。皇帝亲自下旨，奖谕王坚忠节，表彰他坚守钓鱼城的功绩，特命优加奖赏。不过，一道谕令只能起到鼓舞士气的作用，要解钓鱼城之围，还得有实际行动。朝廷调回四川制置使蒲择之，命吕文德代任。当时吕文德与孟珙、余玠齐名，曾多次打败蒙军入侵，为宋军中之名将。

吕文德临危受命，率艨艟巨舰千艘，攻破蒙军设在涪江的浮桥，转战至重庆，溯嘉陵江而上，救援钓鱼城。蒙哥令大将史天泽阻击，史天泽把舟师分为两翼，顺流迎战吕文德。吕文德逆流而上，相当被动，最终被蒙军击退，战船被夺走百余艘。

南宋这次解围救援无功而返，蒙哥乘机集合大军，猛烈攻城。蒙军大将汪德臣招募敢死队，发动夜袭，被王坚击败。汪德臣恼怒之下，骑马到钓鱼城下呼道："王坚，我来活汝一城，快早投降。"王坚根本不予理会，反倒令人抛出巨石，击伤汪德臣，后伤重死亡。

此时王坚已是孤城无援，虽说城中储备尚足，但伤亡也不断加大，情形十分危急。关键时刻，天气又一次帮了宋军大忙。进入六月后，下起大雨，蒙古军的攻城云梯已使用数月，本来就损坏严重，被雨水一浸，纷纷折断。此时蒙军已攻城五个月仍未有进展，将士们情绪低落。

钓鱼城之战的转折点发生在七月。

蒙古大汗蒙哥意外身亡。蒙哥是怎么死的，有不同的说法。一种说法是，蒙哥被钓鱼城守军射伤，伤势发作不治而亡。另一种说法是，蒙哥是染病而死的。当时蒙古军中传染病流行，士卒病倒甚多，蒙哥染疾是完全有可能的。不管死因是什么，蒙哥死于钓鱼城下是事实。

蒙哥一死，蒙古军放弃攻打钓鱼城，史天泽等将领护送蒙哥灵柩北归，合州由此而得以保全。钓鱼城之战，是蒙宋战争中的重要一战，倘若战败，蒙哥顺长江而下，与忽必烈、兀良合台会师，南宋恐怕大势去矣。

合州钓鱼城保卫战的最终胜利，虽说有侥幸成分，但若没有守将王坚的坚忍不拔与将士的浴血奋战，是不可能取得的。在余玠所筑的十余座山城中，唯有钓鱼城发挥了应有的战略作用，仅此一点，就物超所值了。

在蒙哥攻略川蜀的同时，另外两路蒙军也按计划展开行动。

兀良合台率南路兵团从西南挥师入广西，攻取宾、象两州，入静安府（广西桂林）。而后向北进军入湖南，攻辰州、沅州，进抵潭州（湖南长沙）。

蒙古军北路兵团兵分两路，一路由忽必烈率军出大胜关，一路由张柔率军出虎头关，分道并进，势如破竹，进逼鄂州。此时忽必烈接到蒙哥大汗的死讯，究竟是战还是退呢？忽必烈认为大军南下，岂可无功而返，不肯退兵，强行渡江，包围鄂州。

鄂州为湖北重镇，不容有失，朝廷急遣枢密使贾似道发兵救援鄂州。贾似道抵达汉阳后，竟畏惧不前。鄂州在蒙古军的猛攻下，坚守两个多月，守将张胜战死，伤亡万余人。此时传来潭州被兀良合台包围的消息，贾似道更是惊恐万分，狗急跳墙，竟然派人前往蒙军大营，向忽必烈求和。

忽必烈本不想接受谈和，这时从北地传来消息，蒙古诸王侯谋立阿里不哥为大汗。忽必烈担心后院起火，遂同意议和，并商定江北之地归蒙古，南宋岁奉银绢各二十万。其实议和这件事，怎么是贾似道一人可以决定的呢？贾似道别的本领没有，玩弄权术倒是很精通，只要先忽悠蒙古人退兵，他自然有办法把私下议和这件事给压下来。

鄂州解围了，忽必烈拔寨北去，同时命令正在潭州作战的兀良合台渡江北返。兀良合台接到命令后，遂引兵北上，以浮桥渡江。岂料先前议和的贾似道突然派出水师，以大船撞断浮桥，把来不及渡江的蒙军殿后部队数百人杀个精光。

蒙古发动的大规模南侵，因为蒙哥大汗意外之死而宣告结束，南宋又一次逃过一劫。若要说抗蒙第一功，当然是坚守钓鱼城的将士，蒙哥大汗便是命丧于此。

可是干苦力活的，不如会吹嘘的。

在战场上畏畏缩缩甚至私自与蒙古议和的贾似道，竟然成了保家卫国的民族英雄。

因为他会吹。

明明是蒙古人自行撤鄂、潭之围而去，贾似道却吹嘘为宋军大捷，江汉肃清，宗社危而复安，实万世无疆之福。会打仗还不如会耍嘴皮子，粉饰辞藻。皇帝宋理宗览表后大喜，还当贾似道有再造宋室之功呢，进封少师，又封卫国公。贾似道还朝时，皇帝令文武百官在京城郊外迎接，俨然是英雄凯旋。

可笑又可悲，可叹又可恨。

宋理宗未即位时，老师郑清之用两个字来形容他：不凡。

现在我们可以送他两个字：平庸。

在宋朝三百年历史里，权臣用事最严重的，便是宋理宗一朝。前有史弥远，中有丁大全，后有贾似道，搞得朝廷乌烟瘴气，这预示着南宋国祚已经不长了。

五三 / 末世权臣贾似道

宋理宗是南宋在位时间比较长的一位皇帝，总计四十年。理宗登基时，天下局势非常复杂，蒙古对金国鲸吞蚕食，金国与宋国打了七年战争，此外还有夏金战争以及活跃于山东的红袄军（忠义军）起义，等等。新皇帝即位后就做了一件事，追谥岳飞为"忠武"。南宋历史有一个有趣的现象，朝廷对岳飞的态度，几乎可视为政策之风向标。宋孝宗时恢复岳飞名誉，后有隆兴北伐；宋宁宗时追封岳飞为"鄂王"，后有开禧北伐；宋理宗追谥岳飞，表明朝廷的政策又转向进取中原，这才有了后来联蒙灭金。

在宋理宗皇帝生涯的前九年，基本上大权旁落，权相史弥远一手遮天。史弥远的如意算盘是招抚忠义军，使之成为进取中原的一把尖刀。然而，忠义军首领李全桀骜不驯，加之朝廷处置不当，最终竟然反叛，反倒成为南宋一大劲敌。1233年，史弥远病死，二十九岁的宋理宗终于得以亲政。

理宗亲政后两个月，名将孟珙就给皇帝献上一份厚礼：南宋军与蒙军联手攻破蔡州，金国灭亡。皇帝内心激动啊，遂批准赵范、赵葵等将领的提议，乘机收复汴京、洛阳。由于宋理宗改年号为端平，故而史称"端平入洛"。然而，这一事件却导致蒙宋反目，两国战争随之爆发，收复的汴、洛又很快沦陷。

再来看看内政。宋理宗亲政时不满三十岁，正是年富力强，他还是颇有雄心。理宗以老师郑清之为宰相，郑清之慨然以治理天下为己任，向朝廷推荐一大批贤才，包括著名理学家真德秀、魏了翁等。在理宗亲政的前几年，虚怀求治，实施一系列吏治、财政改革，史称端平更化。嘉熙三年（1239年），宋理宗擢升史嵩之为相兼枢密使。史嵩之曾担任京湖制置使，颇有军政才干，在其执政期间，南宋在边防建设上取得比较大的成果。由于史嵩之是史弥远的亲戚，大家担心史弥远专权一幕重演，遂群起而攻之。在执政六年后，史嵩之于淳祐四年（1244年）去职。《宋史》对史嵩之的评价是"将才"，时值蒙宋战事频繁，史嵩之下野对南宋是一个比较大的损失。

在理宗亲政后十余年时间，南宋帝国遭到蒙古强大的军事压力，基本上每年都有战事。尽管宋军在战场上总体处于下风，属于防御的一方，但能坚持抗战，也算难能可贵。在蒙宋战争中，一批优秀的将领迅速成长，包括孟珙、余玠、吕文德等，皆为一时之良将。考虑到蒙古人令人恐怖的战斗力，以及南宋长期以来对外战争的屡样，不能不说理宗时期的军事力量着实有不小的进步。

可惜的是，到宋理宗晚期，渐渐荒于政事，权臣弄事，遂使南宋帝国一步步滑向深渊。

宋理宗的皇帝生涯可分为三个阶段：前九年是史弥远当权，皇帝形同傀儡；中间十余年皇帝亲政，任用郑清之、史嵩之等，军政上有所起色；后期十余年则沉溺于声色之中，国家亦陷入空前的危机。

自1235年蒙宋战争爆发，蒙军劫掠式的进攻使得南宋帝国的经济遭到严重打击。蒙军进攻的重点是帝国的经济重心地带，包括川蜀、襄樊、两淮，经过多轮战争，这些曾经富饶之地都已残破不堪。在此背景下，宋理宗的生活却日益腐朽，把人力物力用于大兴土木，建造寺观园林。当时朝廷财赋本就不足，哪里经得起如此浪费，只得滥发纸币，导致纸币严重贬值，通货膨胀。

董宋臣是理宗身边的一个宦官，此人善于察言观色，讨好人君。有一回理宗去禁苑观赏荷花，由于没有凉亭遮日，不免有些扫兴，董宋臣仅用一天的工夫就修了一座凉亭，皇帝龙颜大悦。靠着投机取巧逢迎圣上，董宋臣深受皇帝信任。宋理宗极为好色，后宫佳丽那么多，他意犹未足，董宋臣摸准皇帝心思，把名妓唐安安引入宫中以供皇帝淫乐。宋代宦官擅权的现象并不严重，但仍有例外，北宋末期有童贯，南宋末期有董宋臣。时人把董宋臣称为"董阎罗"，宦官由于生理残缺，多数人心理是比较扭曲的，一旦有了权力，一般是比较凶残的。

除了宦官董宋臣外，还有一帮朝臣也竭力投皇帝所好，这些人包括谢方叔、丁大全、马天骥等，其中以丁大全权势最大。丁大全出身低微，靠着巴结皇帝宠妃阎氏及董宋臣，官运亨通，先后官拜右谏议大夫、签书枢密院事，宝祐六年（1258年）出任右丞相兼枢密使。当时丁大全及其同党马天骥掌权于外，阎贵妃专宠于内，宋理宗昏聩不理朝政，南宋帝国又遭到蒙古年复一年的侵掠，国是日非，人人自危。当时有人在朝门上题了八个字："阎马丁当，国势将亡。"

在丁大全弄权用事之时，蒙古兵大举南侵。1259年蒙古大汗蒙哥蹂躏川蜀，兵围钓鱼城；忽必烈渡过淮河、长江，围鄂州，南宋为之震动。国势危急，执掌大权的丁大全束手无策，引起朝野愤慨，纷纷上书弹劾。丁大全终于被免职，后被流放新州；宦官董宋臣也被流放吉州。然而，丁、董的失势并未能扭转朝廷腐朽黑暗之局面，去了一个权臣，来了一个更大的权臣，他就是贾似道。

南宋亡国，与贾似道有直接关系。

贾似道是将门之后。父亲贾涉曾经担任淮东制置使，是忠义军将领李全的直接上司。父亲死时，贾似道只有十一岁，没有老爹的约束，他整天游手好闲，不务正业，喜欢游乐赌博，俨然就是纨绔子弟的形象。宋朝有个制度叫"恩荫"，就是老子有功，朝廷会照顾其后人。靠着老子积下的德，贾似道长大后当了个嘉兴司仓，就是芝麻大的官。

后来，贾似道的姐姐入宫，深得宋理宗宠幸，被封为贵妃。一人得道，鸡犬升天。贾似道靠着贵妃姐姐，开始平步青云，先后升迁为太宰丞、军器监。升了官后，他照旧过着浪荡的生活，白天泡妓，晚上常常与一帮人在西湖边饮酒作乐。

有一晚，宋理宗登高楼远望西湖边上灯火通明，对左右说："这肯定是贾似道。"第二天派人去一查，果不其然。皇帝觉得这个小舅子太能折腾了，令京兆尹史岩之去教训教训贾似道。史岩之估计也是想巴结贾贵妃，便扯淡道："贾似道虽有少年习气，然其才可大用也。"皇帝被他这一忽悠，还真以为小舅子有经天纬地之才。从此，贾似道官运亨通。

后来贾似道出任澧州知州，又任湖广统领，三十岁当上户部侍郎。名将孟珙死后，贾似道接替京湖制置使的位置。不久后，他又兼任淮西安抚使。宝祐四年，他成为参知政事，一年后（宝祐五年，1257年），贾似道升枢密使兼任两淮宣抚使。

贾似道从一个地方小官吏一跃而成南宋军政界巨头，除有皇帝姐夫、贵妃姐姐的力挺之外，还赶上了一个好时光。在贾似道崛起的这十几年里，北方劲敌蒙古内部争权夺利，尽管时不时发兵敲打南宋帝国，但战争规模都比较小，一般就是抢掠一番便离开。贾似道当过京湖制置使、淮西安抚使等，没遇到什么大的战事，故而他虽对军事一窍不通，却也得以浑水摸鱼、滥竽充数。

该来的终究会来。

贾似道出任枢密使次年（1258年），蒙古大举入侵南宋。这是蒙宋战争以来蒙古发动的最大规模入侵，蒙古分三路进击，蒙哥大汗攻川蜀，忽必烈由北向南攻，兀良合台由南向北攻，根据预先计划，三路大军会师长江后将一路向东灭掉南宋。由于蒙哥在钓鱼城下受挫并意外身死，整个军事计划就打乱了。不过，另两路蒙军南北夹击，仍然对南宋有巨大威胁。在此背景下，朝廷把总揽军事大权的贾似道派上场。在皇帝眼里，贾似道是个奇才，但在前线将领看来，他就是不学无术的指挥官。贾似道行至鄂州时畏首畏尾，有些将领甚至对他冷嘲热讽。不过皇帝对贾似道信任满满，还把右丞相一职塞给他。贾似道竟然私自与忽必烈议和，允诺江北之地归蒙古，南宋岁奉银绢各二十万。由于蒙哥大汗去世，忽必烈无心恋战，遂同意议和并率部北返。

蒙军北撤后，贾似道竟然撒了个弥天大谎，谎报大捷，对私下议和掩而不谈。皇帝深信不疑，还暗自得意自己慧眼识才呢，下诏褒奖，封赏甚厚。

却说忽必烈北返后，被拥立为蒙古大汗。不久后，忽必烈派使臣郝经抵宋，打算履行与贾似道达成的和议。这时贾似道正雇用一帮门客文人，撰写一部《福华编》，为贾似道救援鄂州、再造宋室歌功颂德。他听说蒙古使者前来，惶恐不安，担心私下和谈之事败露，遂命令两淮制置使李庭芝在半途拦截郝经，把他扣押在兵营。

郝经莫名其妙失踪，令忽必烈十分生气。由于蒙古内部权力斗争加剧，陷入内战，忽必烈无暇南顾。原来忽必烈被推为大汗后，阿里不哥自立为帝，蒙古内战爆发。这场战争历时五年，最后以忽必烈的胜利而告终。

在蒙古内战期间，发生南宋将领刘整叛降的事件。

自鄂州之战后，贾似道靠着忽悠吹牛的本领，成为朝廷第一权臣。他那三脚猫的功夫，皇帝不知道，前线将领们岂能不知呢？有些人懂得见风使舵，比如吕文德，甘心沦为贾似道的鹰犬；有些将领则对贾丞相嗤之以鼻。

贾似道决心对军队进行大清洗以巩固自己权势，他发明了一个"打算法"，

· 五三 / 末世权臣贾似道 · 315

追究将领在战争期间擅自支取官物、侵用官款的罪行。大将赵葵等人被清扫出门，高达、曹世雄等人曾经对贾丞相的军事指挥水平冷嘲热讽，两人均遭到报复，高达被罢官，曹世雄被逼死。

大清洗蔓延到四川，驻守泸州的将领刘整恐惧难安，他与四川制置使俞业不和，俞业准备用"打算法"整他。刘整被逼无奈之下，以泸州十五郡、共三十万居民向蒙古投降，蒙古授予他夔路行省兼安抚使。

刘整是颇有才华的一位将领，他投降蒙古后，积极出谋划策。在后来元灭南宋的战争中，刘整起到非常大的作用。

忽必烈是蒙古雄才伟略的一位君主，他没有急着发动对南宋的全面进攻，而是先致力于政权建设。一直以来，蒙古政治制度比较粗放，长于破坏而短于建设。每有大汗去世，势必要内斗一番。有鉴于此，忽必烈积极吸收中原文化，引入汉地制度，定官制，设百官，立中书省、枢密院、御史台等。劝农桑、建学校、修水利、通河渠、立平准库以抑物价等，国力益强。

1264 年，宋理宗去世，宋度宗登基。

宋理宗无子，宋度宗并非其亲生子，而且有点弱智，他之所以能当皇帝，与贾似道的支持分不开。故而度宗上台后，贾似道更加威风八面，加太师衔，又封魏国公。宋度宗每上朝，必答拜贾似道，称呼他"师臣"而不呼其名。此时朝中大臣也纷纷拍贾似道的马屁，把他称为"周公"。

由于忽必烈暂缓南进，贾似道又过上几年神仙般的日子。

此时贾似道已是呼风唤雨，位极人臣，皇帝还是搞些新名堂加封他为"平章军国重事"，把军政大权都拱手交给他。皇帝赐给贾似道一座豪华宅邸，坐落于葛岭，很快这里成了一个小朝廷，官吏们都抱着文书前来批示。贾似道哪里会去看这些文书，都交给馆客廖莹中、堂吏翁应龙处置，两个管家的权力要比朝中宰辅还大。

表面上看，贾似道躲进葛岭豪宅，貌似隐居，其实不然。凡是有什么台谏弹劾的事，有什么举荐迁升的事，统统得通过他才行。一时间，贿赂成风，想加官晋爵的人，挤破头皮，争献黄金宝玉，求个将帅、监司、郡守之类的官。

南宋朝政败坏到这个程度，忽必烈自然看在眼里。时任蒙古南京宣慰使的南宋降将刘整乘机献上伐宋攻略，他对忽必烈说："攻宋方略，宜先攻襄阳。若得襄阳，则浮汉入江，宋国可平。"忽必烈遂诏征诸路人马，命南都元帅阿术与刘整经略襄阳。

蒙宋最大规模的一次会战就此拉开序幕。

五四 / 襄阳之战：宋亡元兴的大决战

襄阳是南宋帝国的军事重镇，具有重要战略价值。以刘整的计划，蒙军攻陷襄阳，便可顺汉水而入长江，控制长江航道，一鼓作气东进消灭南宋政权。由于襄阳特殊的地理位置，成为兵家必争之地，在南宋历史上爆发多次争夺战。1133年，金国扶植下的伪齐政权大举出兵，夺取襄阳及其周边六郡之地。岳飞指出襄阳六郡是恢复中原的基本，必须收复以除"心膂之病"。1134年，岳飞北伐，收复六郡之地，并把襄阳打造成一座钢铁堡垒。后来秦桧陷害岳飞，罗织一条罪状就是岳云、张宪"谋据襄阳，还飞兵柄"。

到了南宋后期，宋金交恶导致两国爆发旷日持久的战争，襄阳及其邻近的枣阳成为主战场之一。金兵三度进攻襄阳、枣阳，遭到孟宗政迎头痛击，均以失败告终，自是不敢再窥襄、枣。蒙宋战争爆发后，蒙军在库春的统领下进攻襄阳，1236年由于宋朝守军内讧导致襄阳沦陷。三年后（1239年），南宋名将孟珙收复襄阳、樊城，他上书朝廷："襄、樊为朝廷根本，今百战得之，当加护理，非甲兵十万不足守。"襄阳、樊城在孟珙的精心经营下，防御工事几乎无懈可击。据吕文德的说法："襄、樊城池坚深，储粟可支十年。"孟珙经营的襄阳、樊城与余玠经营的钓鱼城一样，都是经典之作，在两位名将去世后，都发挥了巨大的作用。虽然襄阳城与钓鱼城未能拯救南宋，至少大大迟滞了南宋的灭亡。孟珙去世后，蒙古先后在光化（湖北襄阳北）、枣阳等地筑城，囤积粮食，以图经略襄樊。1257年，蒙军渡过汉水，包围襄阳城。襄阳守将高达奋力抵抗，击退蒙军的进攻。

南宋帝国对蒙古的防御集中于三大战略区：西部为川蜀战区，中部为京湖战区，东部为两淮战区。襄阳属于京湖战区，蒙军为什么选择这里作为突破口呢？首先，经历多轮战争后，襄阳附近的州郡基本沦陷，襄阳成为一个战略突出部，容易被切割包围；其次，襄阳作为一座军事重镇，兵精粮足，是蒙古南略必须拔除的钉子；最后，鉴于襄阳的重要性，南宋政府必定会全力救援，这就有可能打一场大决战，这一战将关乎南宋的存亡。

襄阳之战，是蒙宋战争中最为旷日持久的一战。从咸淳三年（1267年）蒙军围城，至咸淳九年（1273年）襄阳陷落，总计六年。此役蒙宋双方都投入庞大军队，在战争过程中不断增兵。这次会战并不局限于襄阳一城，而是以襄阳为中心的大区域战争。

襄阳所在的中部战区最高军政长官是京湖制置使吕文德，他是南宋末期与孟珙、余玠齐名的将领，在历次蒙宋战争中有不俗的表现。1237年，蒙军包围安丰，遭到守军的英勇抵抗，时任池州都统制的吕文德率兵入援，击败蒙军，一战成名。次年，蒙军兵围庐州，吕文德率部多次伏击蒙军，给予重大杀伤。1244年，蒙古进攻寿春，吕文德率水、陆诸军抗击，解寿春之围。1245年，吕文德败蒙古兵于五河，收复五河城。在孟珙、余玠去世后，吕文德成为南宋军队的顶梁柱，哪里战况紧急就奔向哪里。1259年，蒙哥大举进攻钓鱼城，吕文德率舟师救援，被蒙将史天泽击败。不过，宋理宗还是肯定其功劳，认为钓鱼城保卫战的胜利有吕文德"应援之力"。1261年发生刘整以泸州十五郡投降蒙古的事件，吕文德于次年收复泸州，得到"开府仪同三司"的殊遇。

从上述这份履历可以看出，吕文德确实是非常优秀的将领，是南宋军队中为数不多能屡败蒙军的名将。不过，吕文德也有一些问题，在政治上依附于权相贾似道，生活比较腐化，任人唯亲。吕文德打造一个南宋末期最大的军事集团，兄弟子侄为将者不下十数人，除此之外还有女婿范文虎、同乡夏贵等，均为南宋重要将领。吕文德这个军事集团有一个古怪的名称叫"黑炭团"，最早是以吕氏亲族及家乡樵夫、炭夫为主，故得此名。南宋叛将刘整曾说："南人惟恃一黑炭团。"指的就是吕文德军事集团。毫不夸张地说，此时南宋之生死存亡，便系于吕文德集团之手。刘整向忽必烈献策，认为灭宋应先取襄阳，只要歼灭吕氏军事集团，南宋大势去矣。

吕文德身为京湖制置使，坐镇鄂州总揽全局，襄阳由吕文焕（吕文德之弟）镇守，樊城由范天顺、牛富镇守。襄、樊两城互为掎角，中间隔了一条汉水。

为了发动襄阳之战，蒙古一方做了大量的准备。在襄阳之战爆发前几年，蒙古就派人向吕文德提出设榷场，就是蒙宋交易商品的市场，地点设在襄阳城外。

南宋经济比较发达，设榷场从经济角度上讲是有利的，吕文德遂奏请朝廷开设榷场。然而，蒙古考虑的不是经济，而是军事。蒙古以保护货物为由，筑了两个堡垒，吕文焕深感不妙，写信报告给吕文德，吕文德才意识到蒙古求设榷场是醉翁之意不在酒，后悔莫及。此外，蒙军大力加强水战训练，以弥补短板。

咸淳三年（1267年），蒙古派阿术经略襄阳。阿术出身将门之家，祖父速不台、父亲兀良合台都是一代名将。阿术早年追随父亲参加征服大理的战争，后从南方出兵进攻南宋，转战千里，大小十三战未尝败绩。忽必烈继承汗位后，阿术逐渐成为蒙军最重要的军事统帅。1262年，蒙军将领李璮叛变降宋，阿术追随丞相史天泽平定叛乱。1265年，阿术率兵进攻庐州、安庆，南宋军大败，多名主将皆战死。次年，阿术又攻略蕲州、黄州，俘获以万计。由于阿术战功卓著，被忽必烈任命为攻略襄阳的总指挥。

宋军出动步骑兵，打算在襄阳、樊城之间阻击蒙军。阿术设疑兵之计，在牛心岭埋伏五千骑兵，把宋军引诱至此，蒙军伏兵突然杀出。宋军大败，死者万余人。襄阳大战就此打响，当时无论是蒙古还是南宋，都不会想到这将是一场旷日持久的战事，整整打了六年之久。

在襄阳之战乃至灭宋之战中，南宋降将刘整起到很大作用。刘整在南宋得不到重视，还挨了整，投降蒙古后却如鱼得水，忽必烈提拔他为都元帅，与阿术平起平坐。为了加强水上力量，忽必烈敕陕西、四川建造五百艘战船交付给刘整。在此之前，蒙古借设榷场在襄阳外围筑了两座堡垒，刘整建议在白河口再筑堡垒。阿术观察白河口地形，认为"若筑垒于此，以断宋粮道，襄、樊可图也"。在筑垒的同时，阿术又在汉水中筑一座高台，与堡垒相呼应。自此，南宋救援襄阳的通道被切断。在包围襄阳的同时，阿术同时包围樊城。为了打破蒙军的包围，吕文焕主动出击，发兵攻打蒙军沿山诸寨，然而损失颇大，收效甚微。

襄樊战局很不乐观，京湖战区最高统帅吕文德却对形势做出严重误判。当吕文焕派人报告襄阳陷入重围时，吕文德不以为然。自孟珙收复襄、樊后，至今已近三十年，吕文德认为襄、樊两城固若金汤，粮食兵械充足，守上十年也不成问题。吕文德竟然认为阿术筑的城堡只是假城，虚张声势而已，还声称倘若刘整不识好歹，自己将亲自发兵前往，只是到时刘整恐怕望风而逃了。

吕文德之所以有如此误判，是因为以往蒙军的进攻往往是劫掠式的，扫荡一番就撤走了。他远远低估了蒙军夺取襄阳的决心，也未能察觉到蒙军战略思想的转变。这一致命的误判，导致白白丧失救援襄阳的最佳时机。

转眼已是1269年，襄阳之战进入第三个年头。蒙军继续围困襄阳、樊城，同时阿术攻打复州、德安府、荆山等地，俘获万余人。蒙古再发民兵两万赴襄阳前线，阿术兵力得到补充后，在樊城外鹿门山再筑城堡，显然意在长期围困。

直到这时，吕文德不能不重新评估战局了。他派都统制张世杰前往阻击阿术，援军在赤滩浦被蒙军击败。而后阿术又派遣一万五千人，扼守万山、射垛冈等几处通道，试图完全切断襄、樊与外界的联系。

救援襄樊已是迫在眉睫。一支庞大的水师浩浩荡荡开赴襄阳，舰队指挥官是沿江制置副使夏贵，总计有三千艘船只。夏贵水师行至鹿门山，遭到蒙军水师的阻击，士卒两千多人被俘杀，战船有五十艘被掳。吕文德的女婿范文虎率另一支舟师支援夏贵，行至灌子滩，也被蒙军击败。

南宋援军进展极不顺利，更要命的是，京湖制置使吕文德病逝于鄂州。吕文德之死，对摇摇欲坠的南宋帝国绝对是重大打击。尽管吕文德在襄阳之战中有若干失误，有轻敌的思想，但他毕竟是沙场宿将，与蒙军作战经验之丰富非他人可比。同时，他还是南宋最大军事集团的领袖，他的去世意味着军事集团的凝聚力大大削弱，后来许多部将都叛降蒙军。

再来说说南宋朝廷的情况。自襄阳之战爆发，警报传至都城临安，贾似道竟扣下不发，皇帝被蒙在鼓里。襄、樊陷于苦战之时，贾似道还在过他的逍遥生活。他以休闲的心情在葛岭修起亭阁楼榭，美女当然是少不了的。贾似道挑选美女挺另类，特爱挑宫女、娼妓与尼姑为妾，日夜淫乐。他还有一个癖好，就是斗蟋蟀，而且是专家级的水平。至于什么军国大事，他哪里放在心上呢？

一天入朝时，皇帝突然冒出一句："襄阳被围三年，如何是好？"贾似道马上装腔作势道："哪有这回事，北军早已退了。"当他得知皇帝是从一个宫女那儿得悉前线战事，竟然诬告宫女与人暧昧，逼她自尽。

贾似道果然一手遮天！

吕文德死后，朝廷以李庭芝为京湖制置使，接手京湖战区防御，督师救援襄樊。李庭芝曾是孟珙的幕僚，在南宋末期也是响当当的人物，在军政上颇有才华。以当时情形论，李庭芝确实是出任京湖制置使的合适人选，问题是他根本指挥不动吕文德麾下的那些骄兵悍将。吕文德的女婿范文虎拒绝听命于李庭芝，李庭芝多次要他出兵救援襄阳，范文虎总是找各种借口拖延。贾似道满脑子权术思想，也想利用范文虎制衡李庭芝，遂使救援行动一拖再拖，毫无进展。

镇守襄阳城的吕文焕迟迟等不来援兵，只得主动出击以自救。他出动步、骑兵一万多人，兵船一百多艘，袭击蒙古修筑在万山的堡垒。这次出击未能收到预想的效果，在蒙将张弘范的阻击下，宋军战败，只得逃回城内。

蒙军在陆地上的战斗力，几乎无敌于天下，但水上力量仍然不足。刘整对阿术说："我精兵突骑，所当者破，惟水战不如宋军，若取彼所长，造战舰，习水兵，则事济矣。"阿术深以为然，于是两人上书，提出"围守襄阳，必当以教水军、造战舰为先务"。蒙古的办事效率很高，竟然打造五千艘战船，训练七万名水兵。蒙军训练极其严格，哪怕遇到雨天船只不能出航，也要画地为船勤以训练。除了加强水上力量外，蒙军仍不停在襄阳外围筑环形城堡，步步进逼。

李庭芝主持京湖军政以来，根本指挥不动范文虎的水军，致使救援行动拖延九个月。范文虎实在找不到借口了，才不得不出兵，率二千艘战船救援襄阳。此时蒙军的水师已经大大增强，刘整、阿术在灌子滩击败范文虎，杀千余人，掳获战船三十艘，范文虎败走。

时间已是1271年，襄阳之战进入第五个年头。该年忽必烈建国号为"元"，大约是取《易经》中"乾元"之义："大哉乾元，万物资始，乃统天。"围困襄、樊的元军，并不只是蒙古人，还有大量的汉人军队。元军许多名将都是汉人，比如史天泽、刘整、张弘范等，元朝与后来的清朝一样，在一统中国的过程中都倚重汉人将领。在襄、樊前线，蒙古部队由阿术指挥，汉人部队由刘整与阿里海牙指挥。

襄阳城的粮道完全断绝，外面粮食已经无法运进来，幸好城内储备颇丰，尚可勉强支撑。范文虎再次率水师救援，与阿术战于湍滩，又遭败绩，统制朱胜等百余人被俘。为了牵制宋军的救援，元军在嘉定（四川乐山）、重庆、泸州、汝州四个方向同时出击。襄阳之战，不单纯是一城的争夺战，而是关乎南宋国运的战略大决战。

自襄阳战争以来，范文虎与元军交战三次，三战三败，还不听上司李庭芝的命令。按理说，朝廷早就应该把他换下。但范文虎一来有权相贾似道罩着，二来别人也指挥不动他的军队，故而其地位并未受动摇。

兵败湍滩后两月，范文虎又率舟师救援襄阳，这次动用十万大军。舟师行至鹿门山，正值汉水暴涨，阿术率兵迎战，双方战于会丹滩。元水师的实力已是今非昔比，南宋舰队不敌，乘夜遁去，被元军掳获的战船超过一百艘。宋军四次水路救援行动，无一突破元军封锁，皆以失败告终。襄阳守军处境更加困难，只得再次主动出击，宋军将领来兴国率部进攻百丈山的元军兵营，又一次被阿术击败，损失二千余人。

1272年，蒙军取得重大进展。阿术、刘整、阿里海牙督师猛攻樊城，终于攻破外城，斩首二千人，生擒将领十六人。樊城守军退入内城，坚持抗战。阿术又增筑几道封锁线，把樊城团团围困。

身为京湖制置使，李庭芝实际上被范文虎等人架空，有名无实。不得已之下，他只得招募一支民兵。李庭芝在襄阳西北的清泥河造了约一百艘轻型船只，招募壮士三千人。民兵部队由张顺、张贵统领，此二人胆识俱优，临出发前他们对众人说："此行有死而已，汝辈或非本心，宜亟去，毋败吾事。"众人听罢无不感奋，纷纷表示愿效死。于是一百艘船于深夜拔碇起航，以红灯为信号，张贵的战船在前开道，张顺负责断后。这支英勇的舰队乘风破浪，杀入重围。当时元军战船密密麻麻分布于江面之上，几乎无隙可入，张顺、张贵这支民兵队伍一路血战，其英勇剽悍令元军望风披靡，竟然奇迹般地闯过封锁线，于黎明时抵达襄阳城下。

民兵的到来，令襄阳守军士气大振，自襄阳被围困以来已经五年，这是第一支抵达的援军。不过，在突破元军封锁线的战斗中，民兵统领张顺失踪。几天后，有一具浮尸漂到江边，正是张顺的尸体，身上中了四枪六箭，仍怒目圆睁，仿若生前。见惯死人的襄阳将士无不震惊，以为天神，收敛其尸体安葬。

尽管民兵的人数不多，但证明元军的封锁线并非无懈可击。谁都知道，几千人的民兵对襄阳城来说，只不过是杯水车薪，要解襄阳之围，还得需要范文虎的十万水师。民兵另一位统领张贵挑选两名水性极好的壮士，携带蜡书泅水穿越元军封锁线。自从民兵入城后，元军加强封锁，水路连锁数十里，布满密密麻麻的木桩，据史料说"虽鱼虾不得度"。然而这两位好汉竟然奇迹般地冲出封锁线，他们随身携带一把小锯子，遇到木桩时便锯断，神不知鬼不觉地逃了出去。

二人逃出襄阳后，直奔郢州，把张贵所写的蜡书交给范文虎。范文虎答应派出五千人开赴龙尾洲，与张贵夹击元军。范文虎有十万之众，却只派出五千人，很明显是敷衍了事，意在保存自己实力。两位信使又泅水返回襄阳，此二人史不载其姓名，但真是英雄好汉！

到了约定的时间，张贵拜别吕文焕，率领民兵水师东下，欲前往与范文虎部会合。登上战船后，张贵发现有一名手下逃跑了，而这个人曾因为犯事挨了鞭打。张贵大惊失色道："吾事泄矣。"他预感到此人一定投降元军去了，自己的军事行动便会完全泄密。怎么办呢？对张贵来说，这是他一生中最难的选择。倘若慎重起见取消行动，所有努力都泡汤了；倘若明知情报已泄露仍按原计划执行，此行可能全军覆没，有去无回。经过一番痛苦的心理斗争后，张贵决心一赌，他还抱有一点侥幸心理，他说："亟行，彼或未及知。"赶紧走，或许敌人还没来得及获悉情报。张贵连夜发舟，破围而出，直奔与范文虎部约定的会师地点。

行至小新河，张贵见到远处有一队船只，以为是友军前来，心中大喜，加速前行。然而到了近处，发现完蛋了，对面的舰队不是友军，而是阿术与刘整指挥的元水师。原来叛逃者已经将情报出卖给阿术，元军比张贵早先一步抵达龙尾洲，以逸待劳，正等着张贵落网呢。唉，张贵最后一点侥幸之心破灭，只得拼死力战。这支英勇的民兵武装最终伤亡殆尽，张贵身披数十创，力竭被擒。阿术十分欣赏张贵的勇武，欲招降之，张贵宁死不屈，最终被杀。张贵被杀后，元军弃尸于襄阳城下，吕文焕派人出城收尸埋于张顺之旁，并立庙以祀张顺、张贵两位忠义之士。

在张贵最后一战中，范文虎的五千水师并没有出现，如果有友军接应，他还是可以杀出一条血路。可以说，张贵是被范文虎给害死了。张顺、张贵以三千之众救援襄阳，是襄阳一战中最悲壮的一幕。在朝廷援军一败涂地之时，张顺、张贵的民兵却打得相当漂亮，凭借那丁点部队，频频突破元军严密的封锁线，堪称奇迹。大宋帝国并非没有人才，并非没有忠义之士，然而朝中有贾似道弄权，地方有范文虎拥兵自重，怎么可能打赢一场大决战呢？

大宋朝廷救援襄阳不力，便想了个点子，打算策反刘整。朝廷开出的条件是授刘整为卢龙节度使，封燕郡王。李庭芝派一位永宁僧携带金印、符信潜入元境，不料被元军逮个正着。刘整闻讯大惊，急急禀告忽必烈，认为这是宋廷的反间计："此宋人患臣用兵襄阳，欲以此杀臣耳，臣实不知。"忽必烈安慰刘整，并加以赏赐，让他返回兵营。

元将阿里海牙向忽必烈献策，认为襄阳与樊城互为犄角，应该先全力攻樊城，只要樊城一破，襄阳可不攻而得。正好此时有回人亦思马向元朝献上新研制的巨石炮，俗称回回炮，可以抛出巨大的石块，用力省而射程远，威力巨大。忽必烈如获至宝，马上将回回炮送抵前线。刘整为表忠心，在攻樊之战上十分卖力。他派人连夜在樊城外修筑炮簾，即护炮的栅栏，樊城守军出城迎战，企图破坏元军的炮群阵地，最终未能成功，被迫退回城内。

樊城与襄阳中间隔着汉水，最初吕文焕在河中置大木，加铁索，造了一座大浮桥，这座浮桥连接两城，可以互通援兵。后来，阿术派人锯断大木，以斧头砍断铁索，把浮桥一把火烧掉，襄、樊两城便被彻底切割了。守卫樊城的主将是京湖都统制范天顺与侍卫马军统制牛富，浮桥被毁后，他们与襄阳吕文焕以射箭通书的方式保持联系，相约固守城池。正因为两城精诚合作，互相鼓励，才得以坚持五六年之久。

咸淳九年（1273 年）正月，在回回炮的猛轰下，樊城的城墙被轰塌，元军一拥而入。范天顺无力回天，仰天长叹："生为宋臣，死为宋鬼。"他宁死不降，自缢殉国。牛富率将士与元军巷战，杀伤大量元军后，身负重伤，不肯束手就擒，跳入火海壮烈牺牲。

从 1267 年襄樊保卫战打响，战争进入第七个年头，这场旷日持久的战事终于接近尾声。樊城陷落，意味着襄阳已是孤城，不可能有援兵，樊城的友军也没有了。令襄阳守军寒心的是，他们被朝廷彻底抛弃了。在整个襄阳保卫战过程中，朝廷有过几次救援行动，都是从水路救援。按理说，南宋军队整体战斗力虽逊于元军，但在水战上还是略有优势，至少是旗鼓相当。可范文虎等前线将领意在保存实力，从未全力以赴，每次都是稍稍遇挫就逃之夭夭。如果援军能像张顺、张贵民兵那么英勇，襄、樊还是可以守得住的。可以说，朝廷的无能与军阀的自私葬送了襄阳，同时葬送了南宋帝国。

樊城沦陷后，元军把回回炮移至襄阳城外，列炮轰城。飞出去的巨石砸烂城墙上的谯楼，发出震耳欲聋的响声。襄阳城内人心惶惶，大家都明白一个事实：襄阳守不住了。有不少将领信心动摇，翻墙出逃者甚多。元将阿里海牙跑到城下，向城内守军宣读忽必烈的招降谕："尔等拒守孤城，于今五年，然势穷援绝，若能纳款，悉赦勿罪，且加迁擢。"吕文焕面临一个艰难的选择，是投降以保全城中军民呢，还是像范天顺、牛富那样选择殉国呢？如果投降，元军会不会反悔杀降呢？为了消除吕文焕的疑虑，阿里海牙折矢为誓，吕文焕最终选择出降。

襄阳保卫战前后跨时七年，从咸淳三年（1267年）八月阿术始攻襄阳算起，至咸淳九年（1273年）二月吕文焕降元，实际打了五年又七个月。

襄阳之战，是宋元战争持续时间最长、战事最激烈的一场大决战，决定了宋、元两国的命运。此后，元帝国以秋风扫落叶之势席卷整个中国，实现大一统。而南宋帝国则分崩离析，迅速走向灭亡。

南宋帝国输掉这场大决战，原因很多。其一是朝廷腐朽无能，贾似道作为丞相竟然刻意对皇帝隐瞒前线战况，未能及时出兵救援，导致元军轻而易举地完成对襄、樊的合围。其二，战争初始阶段，作为京湖战区最高军事长官的吕文德犯下一系列错误，特别是过于轻敌，对元军的战略企图有明显误判。其三，吕文德死后，接替其职位的李庭芝无法掌控其部众，有名无实，难以实现各个部队的协同作战。其四，手握十万精锐水师的范文虎挟兵自重，在救援襄阳一事上敷衍了事，致使襄、樊外援中断。其五，南宋政府未能像当年宗泽那样广泛发动义军投身抗元斗争，在救援襄阳中表现最好的不是朝廷军，而是三千名民兵，如果能组织更多的民兵参战，那么战争的结局或许就不同了。

再来说说襄、樊守城将士的表现。在将近六年的战争中，襄阳守将吕文焕，樊城守将范天顺、牛富都表现杰出，在外援断绝的情况下能坚持抗战那么久，着实不易。特别是范天顺与牛富，战斗到最后一刻，与城池共存亡，最终壮烈殉国，实是华夏好男儿。吕文焕守襄阳的功绩应该得到肯定，最终能保全襄阳城中军民，也算不易了。但是吕文焕在投降元朝后，还献上攻鄂之策，并自告奋勇为先锋，从这点看，毕竟大节有亏。

五五 / 临安陷落与南宋灭亡

如果要说襄阳战败的罪魁祸首，首推贾似道。在国家生死存亡关头，他仍只图自己利益，一心玩弄权术。他对皇帝隐瞒实情，纵容范文虎的胡作非为，打压李庭芝，导致救援不力而全盘皆输。不过，这个奸臣并未受到惩罚，弱智皇帝宋度宗被他玩弄于股掌之间。

襄阳之战后一年（1274年），宋度宗死了。贾似道乘机洗清自己的战争责任，他又一次施展巧言令色的本领，吹嘘道："始屡请行边，先帝皆不之许，向使早听臣出，当不至此尔。"也就是说，我屡屡自告奋勇申请上前线，先帝都不允许，如果早听我的，结果就不会是这样了。

自欺欺人罢了，谁会相信他的鬼话呢？

但是不要紧，皇帝死了，我再立一个不就成了。贾似道立了个小皇帝，四岁的赵㬎，史称宋恭帝。立了皇帝，他又成为朝廷功臣。贾似道面带微笑，管他皇帝是谁，我都是政坛不倒翁。

再来说说元朝一方。元军尽管取得襄樊会战的胜利，六年战争下来也元气大伤，故而休整了一年。这一年的时间，宋元两国没有大的战事，这只是暴风雨来临前的平静。时间进入1274年（宋咸淳十年，元至元十一年），元将阿里海牙向元世祖忽必烈建议："荆襄自古为用武之地，汉水上流已为我所有，顺流长驱，宋必可平。"阿术也说："臣略地江淮，备见宋兵弱于往昔，今不取之，时不再来。"从阿术的话可以看出，在襄樊六年战争中，南宋并没有积极练兵备战，军队战斗力反而倒退了。

忽必烈对阿里海牙、阿术的建议很重视，召来重臣史天泽商议。史天泽也是元军名将，如今年老，他向忽必烈推荐由伯颜出任统帅，都督诸军。阿里海牙与阿术认为伐宋得三路进击，元军兵力不足，必须增加十万兵源。忽必烈采纳二将的建议，并在汴梁造八百艘战船，以备南征。

准备就绪后，元军于九月（1274年）大举南征。伯颜为统帅，下辖二十万大军进攻南宋，拉开灭宋之战的序幕。

南宋的防御力量，主要集中在三大军区，分别是四川、京湖、两淮。四川自遭到蒙哥入侵后，又加之刘整叛降，已无实力可言。京湖最精锐的部队在襄、樊战役中损失殆尽，实力大衰；相比之下，两淮兵马尚属完整，只是实力不敢恭维。

伯颜率阿术、吕文焕等，沿汉水而下，直趋郢州。郢州的宋军有十余万人，守将张世杰在汉水对岸筑一新城，两岸以铁锁横江，水中密插木桩，江面上有战舰千艘。伯颜认为元水师难以通过宋军的封锁线，遂转道绕过封锁线，袭击郢州城。张世杰据城固守，伯颜派人前往招降，被张世杰一口回绝。伯颜采取大胆策略，置郢州于不顾，顺流而下。当时诸将皆认为郢州乃咽喉之地，弃而不攻，恐有后患。伯颜不以为然，他的目标是灭掉南宋，而非争夺一城一地。

水师原本是南宋的看家法宝，在南宋历史上多次拯救帝国的命运，比如李宝之唐岛海战，虞允文采石之战，均是以水师克敌制胜。但是元朝的水师后来居上，特别在襄阳之战期间，元军一下子造了五千艘战船，训练七万名水师，三番五次打败南宋水师的救援，其实力已是后来居上。

凭借强大水师的优势，元军的进攻势如破竹。十月，元军攻破新郢（湖北钟祥西南）；十一月，复州（湖北沔阳）投降。十二月，元军进攻阳逻堡（湖北黄冈西北），南宋守将王达战死，淮西制置使夏贵弃师逃往庐州。伯颜兵锋直指鄂州（湖北武昌），鄂州不战而降。伯颜把鄂州戍军编入诸军，下令禁止元军侵暴百姓。他留下阿里海牙四万人马镇守鄂汉，自己率大军沿水、陆东下，继续攻城略地。

第一张多米诺骨牌倒下后，接下来倒下的就一大片。继鄂州投降后，短短一个月时间，黄州、蕲州、江州等地望风投降，连个像样的抵抗都没有。当时长江沿岸诸州很多将领都是吕文焕的部下，吕文焕都投降了，自己就跟着投降呗。

元军大举入侵，南宋朝廷把抵抗元军入侵的希望寄托在贾似道身上，诏令他都督诸路兵马，设都督府于临安。贾似道除了会玩弄权术之外，哪里会打仗呢？

眼看沿江诸州纷纷不战而降，坏消息一个接一个传来，他不由得内心慌乱。就在这时，又传来范文虎投降的消息，贾似道如五雷轰顶。

在襄、樊之战中，范文虎救援不力是战败的主要因素之一。战后，范文虎遭弹劾，朝中大臣主张诛之以谢天下。范文虎作战不力，不服从上级，都是得到贾似道的默许，故而贾似道只把他官衔降一级，出任安庆知府。即便从轻处理，范文虎仍心有不甘，他认为贾似道"优礼文士，独轻武官"，内心积久不平，便有了投降的念头。当时安庆城依山而建，兵精粮足，易守难攻。作为吕文德的女婿，范文虎在军中名望颇高，也打过很多大仗，伯颜把他列为劲敌。岂料仗还未打，范文虎就举白旗投降了，令伯颜喜出望外。

战略要地安庆轻而易举就丢失了，贾似道大惊失色，赶紧派人去与伯颜议和。贾似道提出的议和条件是：元军归还已降的州郡，宋廷则每年向元帝国缴纳岁币。伯颜轻蔑一笑，派人回禀贾似道："未渡江时，入贡议和则可，今沿江诸郡皆已内附，欲和，则当来面议也。"要议和，你贾似道亲自来吧。

贾似道哪里敢去？

更让他狼狈的是，朝中大臣纷纷上书，你老贾不是吹嘘自己多厉害吗？现在还不出马，更待何时？无奈之下，贾似道只得打肿脸充胖子，亲率十三万人马上前线。他拨七万人马给部将孙虎臣，驻扎于丁家洲，布兵船于长江南北两岸，同时命淮西制置使夏贵列战船二千五百艘于江中，摆开与元军一决死战的架势。

伯颜以步、骑兵攻击两岸宋军，阿术率舟师顺流而下。元军的巨炮再发神威，孙虎臣很快就抵挡不住。夏贵见势不妙，掉转船头便逃，正好经过贾似道的座船，便高喊道："彼众我寡，势不支矣。"贾似道听罢，惊慌失措，赶紧鸣锣退兵。宋军一下子乱了套，全线崩溃。仅仅一战，两淮精锐部队基本上报销了。阿术率舟师及步骑兵追杀一百五十里，缴获宋军战船两千多艘，军资器械无数。

贾似道逃到扬州，很快因战败之罪被朝廷解职。这位奸臣当权日久，自以为权势固若金汤。岂知这"权力"二字，又不是他的专利，他觊觎权力，难道别人就不觊觎吗？别看朝廷那帮人平日对贾丞相俯首帖耳，唯唯诺诺，现在老贾既不在朝中，又成了落水狗，正是痛打的良机。于是朝臣们纷纷慷慨激昂，上疏请诛贾似道以谢天下。民众更不用说了，公道自在人心，对于贾似道的弄权误国，无人不咬牙切齿，恨不得将其千刀万剐呢。

太皇太后谢道清念在贾似道"勤劳三朝"的分儿上，没把他杀掉，先是押往越州，越州军民竟然闭门不纳。鉴于民怨沸腾，谢太后最后下旨，将贾似道流放到南方循州。尽管太后法外开恩，贾似道仍然难逃一死。

也算是报应，贾似道遇到冤家对头了。押送贾似道的郑虎臣与他有深仇大恨，当年其父曾遭此奸臣陷害，流放而死。如今郑虎臣要为父报仇，为民除害。行至漳州木棉庵时，郑虎臣拔刀杀死贾似道，此举可谓大快人心。笔者曾探访木棉庵，庵外立有一块石碑，碑上刻有十个大字："宋郑虎臣诛贾似道于此"。

奸臣已诛，可南宋王朝已回天无力了。

却说贾似道兵败后，临安已是风声鹤唳。

前文说过，南宋抵御元军入侵的三大战区分别是川蜀、京湖与两淮。在伯颜大举伐宋的同时，元军在川蜀同时发动一系列攻势，元军东川元帅杨文安自达州出兵，拔云安等三堡，大败宋军；另一路元军在汪良臣指挥下败宋军于夹江，进围嘉定（四川乐山）。宋军在川蜀仅能勉强自保，根本不可能分兵救援朝廷。京湖防区基本失守，两淮精锐损失殆尽。

时间已是三月，江南草长，杂花生树，群莺乱飞。在大宋首都临安，谁也没闲情去欣赏西湖美景。各路兵马，死的死，降的降，何以保卫临安呢？朝廷只得下诏勤王。在南宋正规军中，只有郢州的张世杰部相对完整。当初伯颜以水、陆两路伐宋，认为郢州守备严密，弃而未攻，故而张世杰便成为朝廷的希望。张世杰本是吕文德的部将，在战场上多次立功，从一名小校晋升为京湖重要将领。他积极响应朝廷勤王号召，领兵东还，中途收复被元军攻占的饶州，最后抵达京师。

另外，江西提刑文天祥发郡中豪杰志士，散尽家资，聚众万余人，率师北上抗元，朝廷授予他江西安抚副使兼赣州知州。湖南提刑李芾也派遣三千人入援临安，被朝廷授予湖南安抚使兼潭州知州。

元军自鄂州分兵，伯颜、阿术一路继续向东推进，阿里海牙则在中部扫荡宋军残余力量。阿里海牙进攻岳州（湖南岳阳），高世杰把临近三个州的兵力集中起来，有数万人，战船数千艘，扼守荆江口，与元军对峙。然而元军的攻击力太强大，一战下来，高世杰败走，最终被杀，岳州总制孟之绍献城投降。阿里海牙乘机扩大战果，进攻江陵，南宋京湖制置使朱禩孙举旗投降。紧接着，峡州、归州、澧州、常德等城皆降。

在宋元战争末期，南宋许多州郡都是不战而降，这里有很多原因。一方面是对朝廷失去信心，对国家失去希望。经丁大全、贾似道等权臣折腾后，朝政混乱，在决定大宋命运的襄阳之战中，朝廷救援不力，葬送前方将士的性命，令天下寒心。如今南宋精锐更是损失殆尽，而元军则掌握越来越多的土地、人口与资源，战争结局可想而知。另一方面，忽必烈也一改过去蒙古屠戮式、抢掠式的战争模式，他在写给南宋降将高达的诏谕中说："昔我国家出征，所获城邑，即委而去之，未尝置兵戍守，以此年年征伐不息。无争国家者，取其土地人民而已，虽得其地而无民，其谁与居。今欲保守新附城壁，使百姓安业力农，蒙古人未知之也。"显然，忽必烈的治国理念受到中原文化的影响，强调让百姓"安业力农"。另外，对于宋军投降的将领，忽必烈都给予重用，这个政策无疑很有诱惑力。在伐宋期间，统帅伯颜比较约束军纪，制止军队暴行，这点还是要给予肯定。

在元军萝卜加大棒的政策下，南宋许多城池都望风而降，辰州、隋州、均州、沅州、靖州、房州，以及嘉定、江安等地陆续投降。

在抗元战场上，最卖力的当数扬州的李庭芝与姜才。德祐元年（1275年）四月，阿术率元军进围扬州。姜才多次出城迎战，均被元军击败，伤亡惨重。七月，朝廷遣张世杰、孙虎臣率舟师救援扬州，在焦山与元军交锋。阿术以火矢攻击宋舟师，并派张弘范、董文炳从南北包抄，宋师大败，损失数百艘船。此后宋、元军队在扬州相持，一直到朝廷降元后，扬州的抗战仍在继续。

灭宋之役已进入最后阶段，忽必烈诏伯颜返回上都，听取当前形势汇报。在伐宋之战中战功卓著的伯颜升右丞相，阿术为左丞相。忽必烈做了如下安排：伯颜领兵直取临安，阿术攻淮南，阿里海牙继续扫荡湖南。

伯颜兵分三路，进攻临安。一路由阿剌罕率骑兵从建康、广德出独松岭；一路由董文炳率舟师趋浙江；一路由伯颜亲自率领。伯颜在常州遇到宋军顽强抵抗，时任平江知府的文天祥派尹玉增援，尹玉及其部众杀敌数千，最终寡不敌众，全部战死，无一人投降，常州沦陷。

此时南宋朝廷全无斗志，只有文天祥认为地大力众，足以抗敌。然而，文天祥的看法被认为不切事理。在常州陷落的同时，整个江西基本都落入元军之手。对南宋朝廷而言，只剩下一条路：议和。朝廷派夏士林、陆秀夫前往元军大营，以称侄纳币乞和。伯颜不同意，要求大宋皇帝亲自前来投降，不同意伯侄之称。陆秀夫回到临安，谢太后同意南宋向元称臣。

转眼间，到了德祐二年（1276年，元至元十三年）。

新年钟声刚敲响，便从前线传来坏消息。重镇潭州在坚守三个月后，终于被元军攻破，湖南安抚使李芾自焚殉国。

朝廷抵抗的信心完全崩溃。谢太后赶紧派人奉表称臣，并同意岁贡银二十五万两，绢二十五万匹，乞求保全南宋之境土，并与伯颜约定在长安镇（杭州东北）会晤。朝廷派右宰相兼枢密使陈宜中前往，陈宜中不想落得个历史罪人的骂名，违约不去。伯颜大怒，继续向临安推进。谢太后为表诚意，先派人把传国玉玺交给伯颜，伯颜才停止进军。朝廷仍然指派宰相陈宜中前往议降，陈宜中索性连夜逃走了。

谢太后没办法，只得让文天祥当右宰相兼枢密使，作为宋廷代表与伯颜会晤于明因寺。文天祥要求元军先退至平江或嘉兴，然后议岁币，又说："以元军北还为上策，若欲毁宋宗庙，则淮、浙、闽、广尚多未下，兵连祸结，必自此始。"伯颜听罢大怒，宋廷是派你来议降的，不是来说教威胁的，于是把文天祥扣留，并押往北方。

南宋朝廷气数已尽。二月五日，小皇帝宋恭帝出临安城投降，南宋灭亡。三月二日，伯颜入临安城。南宋皇帝、后宫、宗室、百官等数千人以及宫里的奇珍异宝、各种器物，统统押送到元大都，这不禁令人想起北宋徽宗与宋钦宗的命运。

当年北宋政权覆亡，南宋政权随之而起，又延续一百多年。如今南宋政权覆亡，但南方还有许多州郡仍未被元军占领，存亡续绝的故事还会上演吗？

五六 / 崖山：波涛怒吼，风雨苍茫

在南宋朝廷投降前夜，有两个亲王逃出临安，一个是益王赵昰，一个是广王赵昺。这两个亲王都是不满十岁的小孩子，他们是在驸马都尉杨镇、国舅杨亮节的护送下，逃到温州。很快，一批坚定的主战派人士纷纷前往温州会合，其中包括陆秀夫、张世杰、陈宜中等。他们奉益王赵昰为天下兵马都元帅，赵昺为副元帅，共议起兵复兴宋室。

与此同时，镇守扬州的李庭芝、姜才正秘密策划营救宋恭帝。元军押送宋恭帝及后宫行抵瓜州，对李庭芝、姜才来说是营救皇帝的绝佳机会，也是唯一的机会。李、姜二人散尽金帛犒劳士兵，以四万之众夜袭瓜洲。在苦斗三小时后，元军不敢恋战，挟持宋恭帝逃去，姜才追击到蒲子市，但未能夺回皇帝，不由得仰天长叹。其实以当时的情形论，救没救回皇帝，对大局都不会有大的改变。元军逼太后、恭帝下诏要求李庭芝投降，李庭芝登上城楼回答道："奉诏守城，未闻有诏谕降也。"坚决不降。

国不可一日无君，这是古人的观念。既然没能救回宋恭帝，只能另立新帝，益王赵昰是宋恭帝的哥哥，自然成为皇帝最佳人选。由于温州容易遭到元军攻击，张世杰、陆秀夫等便南下福州，把赵昰扶上皇帝宝座，史称宋端宗，改元景炎，这一年又称景炎元年（1276年）。小朝廷以陈宜中为左丞相兼枢密使，张世杰为枢密副使，右丞相之位留给正在扬州抗战的李庭芝。前帝国丞相文天祥被元军押往北方途中侥幸逃脱，被小朝廷任命为枢密使，在江淮及温州一带招兵买马，并在南剑州（福建南平）设立督府，打算经略江西。

南宋流亡政府成立不久，北方传来噩耗：李庭芝败亡，扬州沦陷！

李庭芝与姜才镇守扬州一年多，元军始终无法攻破。扬州保卫战是襄阳保卫战之后，宋元交锋最激烈的战场。李庭芝是南宋残存抵抗力量中最具实力的将领，他铁骨铮铮，忠肝义胆。元世祖忽必烈特地亲自下诏，欲招降李庭芝，李庭

芝当场把忽必烈的诏书焚毁，斩杀来使。

南宋流亡小朝廷成立后，便把右丞相之职空出来，留给李庭芝，同时派人召他回朝主持大事。当时长江沿岸基本上都落入元军之手，李庭芝要从扬州回到福州，谈何容易！李庭芝只考虑国家利益，不顾及个人安危，遂把扬州城交给部将朱焕，自己与姜才率领七千兵马出城，打算经泰州抵达海边，而后乘船南下。阿术率兵紧追不舍，将李庭芝逼入泰州，并包围该城。由于叛徒打开城门投降，元军破城，李庭芝投池自尽，水浅未死，与姜才皆被俘。此时扬州守将朱焕已献城投降，李庭芝、姜才被押回扬州，英勇就义。

文天祥还没来得及经略江西，元军已经杀向福建。元军兵分两路，一路走海道由浙江攻入福建，一路走陆路由江西进攻。

元军入闽后，连下建宁、邵武，由北、西两路进逼福州。小朝廷不得不再度流亡，张世杰、陈宜中以海船运送十七万军队及小皇帝，南逃至广东潮州。元军占领福州后，继续向南推进，攻下兴化，泉州不战而降；在另一个战场，元将阿里海牙已攻陷广西诸州郡。与此同时，江西的元军也进入广东，攻下循州（广东龙川）、梅州，离流亡的南宋小朝廷已是近在咫尺。

在元军步步进逼下，文天祥从福建转战至广东，力挽狂澜。

景炎二年（1277年）三月，文天祥收复梅州，紧接着攻入江西，收复会昌。六月，文天祥在江西雩都打败元军，派遣部将收复吉州、赣州属县，继而包围赣州。文天祥毕竟是文人出身，行军打仗并非其所长，我们也不能期望他成为虞允文那样文武双全的人。元江西宣慰使李恒出其不意地发动反攻，文天祥猝不及防，被打得大败，只好撤回广东循州。这一战，代价惨重，不仅文天祥的几个得力部将都战死，而且连他的妻儿、家属都被元军俘虏，押往燕京，其中两个儿子死于半途。

李恒打败文天祥后，与吕师夔率步兵穿越瘐岭（梅岭），进入广东。宋帝赵昰转移到潮州浅湾，以便随时渡海而逃。元军又出动一支舟师，由唆都、刘深率领，从泉州沿海路而下，志在摧毁流亡朝廷。唆都攻占潮州后，刘深奔袭宋端宗所在的浅湾，张世杰遂带着小皇帝逃往海上。继而惠州、广州也陆续被元军占领。

想想小皇帝也怪可怜的，生不逢时，他还只是一个小孩子，被戴上皇冠，却没有皇帝的命。这个皇冠除了让他的人头比较值钱之外，并没带给他荣华与富贵，反倒是流亡、漂泊，终日惶惶不安。在海上颠簸六个月后，小皇帝再也经受不住各种恐惧的折磨，他解脱了，死了，年仅十岁。

对抗元志士们来说，皇帝只是一个象征，象征大宋王朝仍然顽强存在着。大宋旗帜不倒，才能激励更多的志士抗击元军。张世杰、陆秀夫把赵㬎的弟弟赵昺推上皇位，又是一个小皇帝，年仅七岁。看来出生于帝王家，也不见得都是好事，你想当平民百姓都当不了，就你这么个龙种了，你不当皇帝谁当？

这几个月来，张世杰、陆秀夫率残余水师，漂荡于海中，在各个海岛中流亡。最后，张世杰找了一个海岛：崖山。

崖山是广东新会南八十里处的一座海岛，呈狭长状，南北长而东西短。张世杰考察后，认为此地有天险可守，便驻足于此，造行宫二十间，军屋三千间。尽管建筑简陋，总算有个落脚点。

张世杰、陆秀夫心里肯定明白，以崖山这个弹丸之地，要想对抗元军，无异于天方夜谭。南宋偌大的土地，都挡不住元军的进攻，何况是小小崖山。他们只是为民族气节而战，为信念而战，为荣誉而战。人固有一死，或重于泰山，或轻于鸿毛。为信念而死，不失为大丈夫。肉身可灭，精神不死。

还有一个人在苦苦支撑。

他就是文天祥。

坚持意味着艰难。死亡并不可怕，生存更加困难。文天祥曾这样说："死生昼夜事也。死则死矣，而境界危恶，层见错出，非人世所堪。痛定思痛，痛何如哉。"活着这么艰辛，为什么还要苦苦支撑？因为他有精神信仰，他心中有一股不可摧毁的正气："天地有正气，杂然赋流形。下则为河岳，上则为日星，于人曰浩然，沛乎塞苍冥。"这种精神也，"清操厉冰雪""鬼神泣壮烈""是气所磅礴，凛烈万古存，当其贯日月，生死安足论"。

我们说文天祥是伟大的抗元英雄，论事功，他比不上宗泽、岳飞、吴玠、孟珙、余玠，甚至比不上李庭芝，但是他体现出另一种力量，精神的力量，信仰的力量。事功只是一时之事，当历史翻过那一页时，总是烟消云散。而精神却是永存的，跨越时间，跨越地域，即便千年后也仍熠熠发光。

张世杰率军流亡海上后，文天祥在陆上更是独木难支。元朝任命张弘范为都元帅，李恒为副帅，全力清剿闽广残余宋军。在元军的打击下，文天祥退至潮阳。元军进攻潮阳，文天祥败走海丰，行到五坡岭山麓，被元军追上。一场鏖战后，宋军大败，文天祥力战被俘。

元军活捉这位前任南宋宰相，自然满心欢喜，押文天祥至元帅张弘范处。左右命文天祥向张弘范跪拜，文天祥虽是战俘，却仍傲骨铮铮，绝不下跪。倒是张弘范有点风度，给文天祥松绑，以宾客之礼待之。文天祥只求速死，张弘范却不杀他，把他押囚于船上。

当船行至零丁洋时，文天祥感怀于故土沉沦，山河破碎，自己身陷囹圄，壮志难酬，遂写下一诗，以明心志，这便是著名的《过零丁洋》：

辛苦遭逢起一经，干戈寥落四周星。
山河破碎风飘絮，身世浮沉雨打萍。
惶恐滩头说惶恐，零丁洋里叹零丁。
人生自古谁无死？留取丹心照汗青。

被俘四年后，文天祥在大都英勇就义，践行了他"留取丹心照汗青"的人生信条。

春风化雨，又是新的一年。

1279 年初，四川合州的光荣堡垒钓鱼城降下大宋旗帜。自从 1243 年余玠筑钓鱼城，整整三十六年时间，钓鱼城从未被蒙军攻破，堪称奇迹。即便从 1259 年蒙哥攻钓鱼城之战算起，也足足守了二十年。在这段时间里，元军多次对钓鱼城发动进攻，均未能破城。这里不能不提到一个人：张珏。

细读历史我们往往会发现一种精神的传承或人格的传承。岳家军后人孟宗政传承岳飞精忠报国的精神，传之给儿子孟珙，孟珙传之给王坚，王坚传之给张珏，这就是一种精神的传导。另外，李庭芝曾是孟珙的幕僚，而陆秀夫又曾是李庭芝的幕僚，这也是一种人格的传承。

笔者曾前往钓鱼城凭吊古迹，城并不大，一两小时就可以走完。遥想当年腥风血雨的岁月，此弹丸之地却能独存数十年，心生敬佩，感慨万千。城内有忠义祠，立五人之牌位，分别为余玠、冉琎、冉璞、王坚、张珏。其实忠义祠设立之初，仅有王坚、张珏之牌位。王坚之事迹前文已述，这里说说张珏。

张珏与钓鱼城有不解之缘，他十八岁参军时，就是驻守钓鱼山。到1259年钓鱼城之战时，张珏已是王坚的副将，因英勇善战而被誉为"四川虓将"。1263年，张珏升为合州知州，钓鱼城进入"张珏时代"。据史书载，张珏"善用兵，出奇设伏，算无遗策"。他治理下的合州，"士卒必练，器械必精，御部曲有法"，"故人人用命"。

元军为了孤立、围困钓鱼城，派兵占领大良平山城（位于四川广安），又筑虎相山城。1266年，张珏发动突袭，收复二城，打破元军的包围。次年（1267年），元军以数万之众沿水路杀到合州城下，张珏将大船抛锚停泊在江中，构成水上堡垒，元军攻之不克，只得退兵而去。1273年，叛将刘整献计，元军在马鬃山、虎顶山筑城，控扼三江口以图合州。当时合州诸将都认为应出兵干扰元军筑城，张珏却兵行险着，出其不意攻打元军统帅汪良臣的总部，烧毁其资粮器械，又奔袭七十里，焚毁元军的船场。经此一击，元军不得不停止筑城计划。

1275年，伯颜大军沿长江一路东进，南宋朝廷危在旦夕。朝廷把张珏擢升为四川制置副使加检校少保，诏令率兵入卫京师。然而，朝廷诏令只是一纸空文，当时长江沿线都落入元军之手，张珏怎么可能一路杀回京师呢？他能做的，只是在川蜀坚持抗战。

1276年，南宋临安政权覆亡，全国抗元形势陷入低潮，许多州郡纷纷投降。在此背景下，张珏竟然在四川连续取得几场胜利，先是解重庆之围，又收复泸州与涪州。张珏入重庆城，被拥为四川制置使。他派兵四处出击，屡败元军，川东抗战形势一度好转。然而，凭张珏个人能力，根本无法扭转大局。南宋流亡小朝廷自身难保，无法给张珏任何援助，而元军则投入更大的力量以对付张珏。

张珏的失败，其实是注定的。自1277年始，张珏的处境越发艰难。这一年，涪州、万州、泸州相继失守，元军包围重庆。次年，张珏几次派兵出战，在元军优势兵力的阻击下，遭到惨败。重庆城内粮食耗尽，张珏麾下几个部将灰心丧气，打开城门投降。元军入杀城中，张珏率兵巷战，最终不支，搭小舟出逃，被元军追上沦为俘虏。元军把他押往京师，在途中张珏以弓弦自缢身亡。

张珏败亡后，钓鱼城仍在宋军手中。此时的钓鱼城已是孤独的堡垒，犹如一座小岛耸立于无边海水的包围中。尽管南宋流亡小朝廷还在崖山苦苦支撑，但大局已定，整个大宋江山都保不住，何况一个区区钓鱼城呢？守将王立以不杀城中一人为条件，最终向元朝投降。钓鱼城能坚守到最后一刻，也算不负余玠的一片苦心了。

最后来看看南宋流亡小朝廷的结局。

在钓鱼城投降的同时，元军终于探明南宋小皇帝的藏身之所。张弘范马上出动大军，大举进攻崖山。为了防止宋帝逃脱，张弘范命令舟师阻塞出海口。

一场大战已是不可避免。

崖山北面水浅，元军舟师开不进去。张弘范便转而从南面进击，与张世杰的舟师相遇。为了对付元军，张世杰是有准备的，他尚有战船千艘，呈一字形排开，抛碇（就是锚）入海以固定，船与船之间用大索固定相连，四周均搭起形状如城堞的楼棚，小皇帝的大船居中。这种布局十分奇怪，不合常理，乃是兵家之忌。张世杰指挥舟师多年，岂会不知？他的真实意图是赌上一把，赌赢了乃国家之福，赌输了为大宋王朝陪葬。

张弘范率先攻击，宋军水师如铜墙铁壁，根本攻不进去。这时元军又采取火攻战术，以火船逼近，纵火焚之，这正是三国周瑜大破曹操水师之计。张世杰岂会蹈曹操覆辙，早有防备，他的战船都涂上湿泥，火烧不进。

相持十余日后，宋军出了严重问题：淡水不足。宋军士兵只得喝海水，上吐下泻，战斗力大大受到影响。此时元军的力量又得到增强，李恒从广州带来援兵，攻崖山北。

二月六日，崖山海战进入决定性的时刻。

张弘范觑准早潮时机，令李恒率舟师乘潮攻击宋舟师北侧，自己则率其余几路舟师攻南侧。一时间，张世杰腹背受敌。更严重的是，宋军士兵因数日缺淡水，已是体力不支，难以再战。张世杰的布阵，虽然在防御上很坚强，但问题很大。由于船船相连，一船倾倒，势必会拉倒几艘船陪葬。

此时张世杰感到大事去矣，想着保护皇帝要紧，遂抽调精兵到中军。这么一来，宋军更混乱不堪，有些将领乘机向元军投降。张世杰派人去接小皇帝，陪在小皇帝身边的陆秀夫坚决不肯走。张世杰只好自己割断绳索，带着十六艘船突围而出。眼看着南宋最后的舰队正在毁灭，陆秀夫宁死不当俘虏，他先把自己妻儿推入海里，转身看着小皇帝，以沉痛的语气说："国事至此，陛下当为国死。德祐皇帝辱已甚，陛下不可再辱。"不待小皇帝回话，他就为小皇帝做好决定了，不管赵昺愿不愿意，一把抓住他，往背上一背，跳入冰凉的海水中。

张世杰突出重围后，得悉小皇帝死讯，内心悲痛万分。当时正好台风大作，将士们劝他登岸避风雨。也许是受天气恶劣的影响，张世杰情绪十分低落，登上船楼，对天自言自语道："我为赵氏，也算尽力了。一君亡，又立一君，岂料又亡。我苟活未死，只是想敌兵退后，别立赵氏以存社稷。今风涛若此，岂天意耶？"他在崖山未能殉死，如今风涛大作，在他看来，乃是上天对他的惩罚。在狂风骤雨中，将士们看到他坠入海中，很快被汹涌的波涛吞没。

小皇帝赵昺、陆秀夫、张世杰都死了。

崖山海战给宋朝的历史画上了句号。

从赵匡胤陈桥兵变夺权（960年），到陆秀夫负幼帝蹈海（1279年），宋朝存活了三百二十年，是中国历史上最长命的王朝之一。以靖康之变为分界，北宋一百六十八年，南宋一百五十二年。开国时气吞万里如虎，亡国时悲壮而苍凉，这也是封建王朝不可改变的宿命。

在中国历史上，宋朝是个很特别的存在，与其他朝代相比很另类。首先是政治文明程度很高，政治杀戮特别少。即便是岳飞冤案，也只限于少数几人，不要说杀戮几百几千几万人，就是杀几十人也十分少见。而在其他朝代，只要一起所谓的谋反案，几千颗脑袋落地也是很常见的。宋代政治斗争也很激烈，但手段是比较温和的，只是互吐口水，顶多立个党人碑或流放，绝少从肉体上消灭对手。士大夫地位很高，更重要的是有尊严，即便是党禁，也没像汉代或明代那样被抓到诏狱或东厂严刑拷打，完全丧失人的尊严。再者，宋代社会充满活力，在文化、经济、科技等方面都生机勃勃，富有创新精神，对比当时世界其他国家，宋人在自由程度上无疑是最高的。

但是很可惜，宋代过于注重文治而忽视武功，这里有很复杂的原因，前文有过分析，此处不再细说。奇怪的是，曾一度有另一种言论，夸大宋朝的武力值，还不知从哪里统计来宋朝对外战争胜率超过七成，远胜汉唐。试问一下，有哪个国家一直打胜仗，却不断签订丧权辱国的不平等条约呢？有哪个国家一直打胜仗国土面积却不断缩水呢？

对于宋代，国外许多汉学家、史学家都极为推崇，称之为"中国最伟大的时代"（费正清）、"世界上最大也是最成功的国家"（史景迁）、"最令人激动的时代"（墨菲）、"当时最先进的国家"（谢和耐），等等。这些老外的赞美之词，令我们这些大宋后人深感鼓舞与骄傲。我们也要冷静地反思一下，何以在多数国人眼中，宋朝的形象并非如此。千古流传的《杨家将》《精忠岳传》都有一种悲壮的旋律，陆游、辛弃疾的诗词，总带着望不到尽头的无奈与悲怆。

这种看法的不同，我想在于感受的不同。

其一，这些老外学者生活在一个以科技、经济来衡量国家的时代，当他们发现中世纪的大宋帝国在这些方面远远胜过同时代的欧洲时，由衷地发出赞叹。中国汉代时，西方世界有罗马与之媲美，大唐盛世时，西亚有阿拉伯帝国与之匹敌，而在宋代，中国鹤立鸡群，更彰显其耀眼的光芒。

其二，作为局外人，他们很难有那种一个国家遭受屈辱的感受。当把文明从历史中抽离出来，其他事件，譬如"遗民泪尽胡尘里"的感伤、譬如"山河破碎风飘絮"的痛苦，就轻而易举地被抹杀了。

从文明的角度说，大宋帝国是胜利者。它的敌人辽、金乃至蒙古，都为其灿烂的文明所吸引，并自动吸纳其文明的果实。汤因比在论及宋代中国时，有一句精彩的评论："中华帝国的收缩由于中国文明的扩张而得到补偿。"放在大历史的视野来看，确是如此。可我们若是设身处地来考虑，假设自己是大宋帝国的百姓，恐怕也不愿意接受这种补偿的论调，我把文明传播给你，还要受你欺负，这是哪门子的事呢？

历史是一面镜子，宋朝的历史给我们许多启示，让我们深思。一千年前大宋帝国所创造的辉煌文明，证明中国人无与伦比的智慧与创新精神，这足以给国人更多自信与自豪。同时，宋朝历史也告诉我们，不仅是落后要挨打，先进同样可能挨打，一个国家不管文化、科技、经济如何发达，若没有强大的国防，若没有居安思危的忧患意识，璀璨的文明之花也会在疾风暴雨下凋落枯萎。

俱往矣，往事越千年。

只是在发黄的史册中，我们依稀看到大宋帝国在崖山谢幕的那一刻，波涛怒吼，风雨苍茫。

大事年表

960 年　陈桥兵变，赵匡胤夺后周之权，大宋开国；平李筠之乱。

961 年　罢石守信、王审琦等兵权。

963 年　平荆南、湖南。

965 年　王全斌平西蜀。

969 年　宋太祖亲征北汉未克。

971 年　潘美平南汉。

975 年　曹彬克金陵俘李后主，平南唐。

976 年　宋太祖赵匡胤暴死。

979 年　太宗亲征北汉，北汉亡；伐契丹，败于高梁河。

980 年　耶律休哥大破宋军于瓦桥关。

982 年　辽萧太后临朝。

986 年　曹彬、潘美伐契丹，先胜后败，杨业战死。

989 年　尹继伦败耶律休哥于徐河。

993 年　王小波、李顺起义。

997 年　宋太宗去世，宋真宗立。

1005 年　宋与契丹澶渊之盟。

1038 年　西夏元昊称帝。

1041 年　宋夏好水川之战，宋军大败。

1043 年　范仲淹主持庆历新政。

1044 年　宋夏议和，诏封元昊为夏国王。

1053 年　狄青大败侬智高于邕州。

1056 年　包拯知开封府，以刚毅立朝。

1067 年　宋神宗登基。

1069 年　以王安石为参知政事，实施变法。

1070 年　以王安石、韩绛为相，大力推行新法。

1073 年　王韶开熙河之地。

1076 年　王安石免相。

1085 年　宋神宗去世，宋哲宗立，太皇太后高氏听政，起用司马光，罢保甲、保马诸法。

1086 年　司马光为相，罢青苗、免役诸法。

1093 年　宋哲宗亲政，起用新法人物章惇、吕惠卿。

1100 年　宋哲宗去世，徽宗立。

1102 年　追贬司马光等四十余人，立党人碑；蔡京为相。

1115 年　完颜阿骨打称帝，国号金。

1118 年　宋与金约夹攻辽国。

1121 年　平方腊、宋江起义。

1122 年　宋发兵攻辽，败绩；金兵攻克燕京。

1123 年　金归还宋燕及六州之地。

1125 年　金大举南侵宋；宋徽宗传位于钦宗。

1126 年　贬蔡京、诛童贯；金兵攻破京师。

1127 年　金兵俘徽、钦二帝，立张邦昌为楚帝，北宋亡；宋高宗赵构即位。

1128 年　宗泽去世。

1129 年　兀术大举南侵，高宗逃亡入海。

1130 年　金攻破东京，立刘豫伪大齐政权。

1131 年　张俊、岳飞平江淮乱军。

1134 年　吴玠大破金兵于仙人关；岳飞收复襄阳六郡。

1140 年　刘锜、岳飞大破金兵于顺昌、郾城；岳飞班师。

1142 年　岳飞冤死；宋与金议和。

1161 年　金帝完颜亮以六十万众南征；虞允文破金兵于采石。

1162 年　宋高宗逊位，宋孝宗立。

1163 年　宋张浚北伐，败于符离。

1189 年　宋孝宗退位，宋光宗立。

・大事年表・　343

1194年　赵汝愚逼宋光宗退位，宋宁宗立。

1197年　韩侂胄大兴党禁。

1206年　韩侂胄北伐，大败。

1207年　史弥远诛韩侂胄。

1210年　蒙金开战。

1224年　宋宁宗死，史弥远矫诏立宋理宗。

1234年　宋、蒙攻蔡州，金哀宗死，金国灭亡；宋收复汴京、洛阳，旋败退。

1235年　蒙古大举攻宋。

1239年　孟珙收复襄、樊。

1241年　蒙古大汗窝阔台卒。

1242年　宋以余玠为四川制置使。

1257年　蒙古分三道大举攻宋。

1259年　蒙古攻合州钓鱼城未下，蒙哥汗死。

1260年　蒙古忽必烈即位。贾似道伪奏鄂州大捷。

1264年　宋理宗死，宋度宗继位。

1267年　蒙古进围襄阳。

1271年　蒙古始建国号为元。

1273年　襄阳之战第六年，襄阳、樊城陷落，吕文焕降元。

1274年　元以伯颜为统帅，大举伐宋。

1275年　贾似道兵败，郑虎臣杀贾似道；宋沿江诸城多陷，元军进逼临安。

1276年　伯颜俘宋幼主及太后北去；张世杰、陆秀夫等立赵昰。

1278年　文天祥抗元，被俘于五坡岭。

1279年　崖山海战，陆秀夫负幼帝投海死，宋亡。